U0128627

本书出版得到国家社科基金一般项目"先秦时期城市经济发展思想研究"（项目批准号：17BJL024）资助

比较经济思想史（1776年前）

e | *Economic*
　　Thought

t | 柴　毅　主编

中国社会科学出版社

图书在版编目（CIP）数据

比较经济思想史：1776 年前/ 柴毅主编 . —北京：中国社会科学出版社，
2023.7

ISBN 978 - 7 - 5227 - 2575 - 8

Ⅰ. ①比…　Ⅱ. ①柴…　Ⅲ. ①比较经济学—经济思想史—世界—古代
Ⅳ. ①F064.2 - 091

中国国家版本馆 CIP 数据核字（2023）第 167465 号

出 版 人	赵剑英
责任编辑	马　明　郭　鹏
责任校对	刘文奇
责任印制	王　超

出　　　版	中国社会科学出版社
社　　　址	北京鼓楼西大街甲 158 号
邮　　　编	100720
网　　　址	http://www.csspw.cn
发 行 部	010 - 84083685
门 市 部	010 - 84029450
经　　　销	新华书店及其他书店

印　　　刷	北京明恒达印务有限公司
装　　　订	廊坊市广阳区广增装订厂
版　　　次	2023 年 7 月第 1 版
印　　　次	2023 年 7 月第 1 次印刷

开　　　本	710×1000　1/16
印　　　张	22.25
字　　　数	350 千字
定　　　价	98.00 元

前　　言

　　30 多年前（1988 年），辽宁人民出版社出版了胡寄窗先生的《政治经济学前史》。胡寄窗先生在序言中写道，此书出版的目的"还不在于使中国的经济思想挤进世界学术之林，而在于用古代中国经济思想的光辉成就来丰富世界古代经济思想的内涵，并藉以破除经济学家们心目中广泛存在的欧洲中心论的偏见"。当时改革开放的大门正在缓慢打开，中国这艘经济巨轮该如何从计划经济的湖泊走向市场经济的海洋，亟需较为成熟的经济理论协助。西方经济学引进后，在"欧洲中心论"声浪中，胡寄窗先生指出"由于近代从事经济研究的人们中，绝大多数是在固有的或外来的希腊罗马和中世纪经济思想传统下培育起来的，他们不理解其他古代文明民族也有同样可贵的经济分析成就"。胡寄窗先生从中国古代辉煌的经济思想出发，希望这部《政治经济学前史》，有助于消除这一偏见，开阔我们自己的胸襟，扩大国外同行的视野。经过 40 多年的发展，中国已经从积贫积弱的区域性经济体发展成全球第二大经济体，但我国的经济学理论发展仍然任重道远。西方经济学引进和传播导致固有的马克思主义政治经济学逐渐边缘化。高等教育体系中经济学的教育仍然以西方经济学为主，经济学说史教学中仍然以"欧洲中心论"为主，沿着古希腊、古罗马、中世纪、重商主义、重农学派、古典经济学、新古典经济学路径阐述，依然不见中国古代经济思想的影子。从经济理论的发展来讲，30 多年来这一窘境并未有多大改善，甚至思想更有固化之迹象。

　　党的十八大以来，创建"中国经济学"的呼声不绝于耳，但仍然不被深受西方经济学培育起来的人们认可。当前多数本科生和研究生所了解到的经济思想仍然是"欧洲中心论"的文化产物，依然对中国古代的经济思想知之甚少。这种情况亟待改善。

1776 年以前，经济思想（理论）中政治性和经济性的关系不可分割。中西方经济思想发展路径截然不同但两种思想相映生辉，这也是本书取名《比较经济思想史（1776 年前）》的原因所在。这部教材希望能给读者提供一种对比视域。西方经济学是研究资本主义市场经济条件的理论，是"狭义政治经济学"。中国古代是否存在经济理论，取决于对"经济理论"的定义。1776 年《国富论》出版前的中国和西方主要是自然经济或小商品经济社会，中国和西方的经济思想——与西方经济学探究资本主义社会发展和资本主义市场经济运行规律一样——顺理成章表现了自然经济或小商品经济社会运行的规律。

正如胡寄窗先生 30 多年前所言，"就本书的理论内容而言，并没有什么新的发现和创见"。本书只是选取其中一部分重要的经济理论（思想），按照它们出现的时间序列加以概述。目的是阐述 1776 年以前，中国和欧洲都是沿着各自路径促进生产力发展，从两千多年的发展来看，两种路径既没优劣之分又无相互竞争之意。

加快构建中国特色、中国风格、中国气派的经济学学科体系、学术体系、话语体系，离不开中国传统经济思想或者"中国传统（古代）政治经济学的历史基础"。本书的著作意义就如上所言。

目　　录

绪　　论

第一节　研究背景

　　人类社会发展的演变往往伴随各种文明的发展，人类文明最直接的体现则是物质的增加。人类财富的增长并非呈直线形，而是呈几何形增长。18 世纪以后财富的总量和增速远超以前。1776 年《国富论》诞生后，人类步入了采用经济理论指导财富生产、交换、分配、消费的时代。经济思想的频现，引领着资本主义社会市场经济的发展，也逐渐形成了规范化的经济理论。经济思想沿着两大路径稳步前行。一是沿着主流（正统）经济路径发展。从以亚当·斯密、大卫·李嘉图、马尔萨斯、约翰·穆勒等为代表的古代经济理论，到杰文斯、瓦尔拉斯、门格尔的边际革命，再到马歇尔、庇古的新古典经济学，凯恩斯革命以后，掀起了经济学的大潮。新古典综合派、货币主义学派、供给学派、理性预期学派等经济学流派你方唱罢我登场，促进了经济学的发展。21 世纪以后，包括区域经济学、空间经济学、生态经济学的分支也陆续发声，带动经济理论的发展。二是沿着非主流（非正统）经济路径发展。马克思主义经济学、制度学派、演化经济学等也一直发声。此外，还有部分学者以独立研究者形态出现，对经济思想、经济理论做出了贡献，如熊彼特、卡莱茨基等。

　　改革开放后我国取得巨大的经济成就，中国的经济总量早已跃居世界第二，在短短 70 多年内走过了发达国家几百年的道路。这一现象引发了经济学界对中国经济成就取得原因的探索。一方面，西方主流经济学从内外部因素进行分析，非主流经济学也积极从国外非主流理论中寻找答案；另一方面，马克思主义经济学与中国实际相结合，焕发出勃勃生机，陆续产生了毛泽东思想、邓小平理论、"三个代表"重要思想、科学发展观、习近平新时代中国特色社会主义思想。此外，经过若干年的经济实践和理论探索，亟须构建符合中国实际的经济学理论，中国特色社会主义政治经济学呼之欲出。

基于经济理论的发展历程，学界形成了对研究对象、产生原因、分析框架、政策建议等的描述，成为经济思想史的基本要素。经济思想史，顾名思义是阐释经济思想发展的历史。经济思想不仅指西方经济思想，也应包括中国经济思想在内的其他地域的经济思想。我国当前高校教育体系，经济学学科分为理论经济学和应用经济学。经济思想史（经济学说史）是理论经济学下的二级学科，成为经济学专业的必修课。然而，经济思想史的授课教育多偏好阐述西方经济学发展历程，更多聚焦于 1776 年《国富论》发表后经济学体系的演化，从这一方面来讲，当前的经济思想史更应该命名为"西方经济思想史"（"西方经济学说史"）。

经过 70 多年的发展，我国实现了"站起来、富起来、强起来"的历史性飞跃。西方经济学在改革开放初期引进中国，不可否认对我国经济发展起到了很大的促进作用。但在当前的经济学理论探索与授课体系中，出现了一种不和谐现象。因经济思想史只介绍西方经济学的发展演化，以致多数本科生"只知西方经济思想，不晓中国经济思想"，甚至部分研究生也产生"中国是否有经济思想"的疑问。产生这样疑问的原因很多，其中之一与我们的授课教材有关。从教材来看，介绍西方经济学发展演化的以《经济思想史》《经济学说史》《经济学流派》等命名种类繁多、著作频现，成为多数高校本科教育的首选；以中国经济思想为题的著作相对匮乏，概有《中国经济思想史》（胡寄窗）、《中国经济思想史》（唐庆增）、《中国经济思想史述要》（赵靖）、《中国经济思想史》（赵晓雷）、《古代中国经济思想史》（叶世昌）、《中国经济思想史》（陈勇勤）等，数量较少。而对比中西方经济思想的教材则更少，成为高校教育从业者的两难悖论。

习近平总书记指出："哲学社会科学的特色、风格、气派，是发展到一定阶段的产物，是成熟的标志，是实力的象征，也是自信的体现。我国是哲学社会科学大国，研究队伍、论文数量、政府投入等在世界上都是排在前面的，但目前在学术命题、学术思想、学术观点、学术标准、学术话语上的能力和水平同我国综合国力和国际地位还不太相称。要按照立足中国、借鉴国外，挖掘历史、把握当代，关怀人类、面向未来的思路，着力构建中国特色哲学社会科学，在指导思想、学科体系、学术体系、话语体系等方面充分体现中国特色、中国风格、中国气派。"① 尊重中国的历史与国家制度，在经济发展的逻辑框架里识别清楚中国的初始条件和特有的约束条件，才是理解中国经济发展道路的关键。②

就如何构建哲学社会科学话语体系，习近平总书记指出，第一，体现继承性、民族性。第二体现原创性、时代性。第三体现系统性、专业性。③ 本书正是沿着这一思路进行尝试，既要从研究资本主义社会的经济学中借鉴思想又要从前资本主义社会的古代政治经济学中汲取养分，通过对比中西方政治经济思想，给广大学生和科研从业者提供更为宽广的视角，为正确对待西方经济学的当代价值和中国传统经济思想的历史价值提供渠道。

本书集中阐述古典政治经济学产生（1776 年）以前的中西方经济思想：从演化路径来看，西方经济思想按照古希腊、古罗马、中世纪、重商主义、重农学派的路径演进，而中国的经济思想则按照先秦、秦汉、三国两晋南北朝、隋唐、宋元、明清的路径演进；从经济体制来看，中西方社会都经历了奴隶社会、封建社会的演变；从研究对象来看，中西方经济思想都集中在生产力发展和生产资料的积累；从宗教文

---

① 习近平：《在哲学社会科学工作座谈会上的讲话》，人民出版社 2016 年版，第 15 页。

② 张军：《原创性理论要经得起时间考研》，《经济学动态》2020 年第 7 期。

③ 习近平：《在哲学社会科学工作座谈会上的讲话》，人民出版社 2016 年版，第 16、19、22 页。

化来看，中西方都经历宗教文化（西方为基督教、天主教；中国为道教、佛教等）影响；从经济基础来看，中西方国家农业、手工业、商业等基础行业都促进了经济发展；从治理结构来看，中西方社会都经历了政府统治（中央集权或相对松散）。遵循时间脉络和研究对象，这给本书提供了对比的基础。

第二节　基本定义、研究方法与研究对象

一　基本定义

经济思想史是研究自古以来人们对于经济社会的各种见解、主张和政策方案及其赖以产生的思想基础和互相之间的影响等的科学。

经济学说史以经济学的产生和发展作为研究对象，是研究在一定的经济生活、经济现象和经济制度下产生的经济学说的历史的科学。

经济史是研究人类社会各个历史时期不同国家和地区的经济活动和经济关系的具体发展演变过程及其规律的学科，研究具体的经济事实历史，内容包括制度、社会结构、文化思想以及习俗惯例等。作为经济学与历史学的交叉学科，它是用经济学的理论来分析和解释原来历史学中的经济内容。

经济思想史和经济学说史研究使用的材料有相似之处，任务也是一致的——通过研究经济科学的历史发展过程了解经济理论的形成，起到“温故而知新”的作用。但二者不能等同，经济思想古而有之，凡是有关人类社会各个历史时期社会经济问题的观点、政策，无论是否形成体系，都可以列入考察；而经济学说史本身就是包含内在联系的经济概念或范畴的整体，反映人们对于社会经济关系的较深程度的认识，故形成体系。因此，经济学说史是经济学本身的历史，把经济学的产生和发展作为研究对象；而经济思想史则包含了经济学学科产生以前的各种经济思想，相比经济学说史，经济思想史包含更广泛的内容。

二　研究方法

（一）学科框架

按照胡寄窗先生的定义是，"一定历史时期或历史人物所接触到的经济范畴为表述内容"①，是指作为一门独立学科存在时所研究的范围与涉及对象。针对学科框架在"前科学"时段是否还有必要，赵晓雷指出"即使是研究经济学前史，也应力求有学科界定和理论的专业规定性"②。在中国经济思想史还没有真正形成一门学科之时，其研究对象的范围被当成本学科的范围，中国经济思想史从先秦到近代，研究对象呈现数量逐渐增多、理论层面逐渐加深的特点。

（二）方法论

赵靖等认为早期的研究学者是以"资产阶级的历史学和经济学方法批评封建主义的学术思想"③。关于对比的研究方法，胡寄窗很早就指出，古今对比与中外对比的重要性，尤为指出不能笼统地进行对比分析，而是要在一定范围与框架内进行分析比较。④ 对于经济思想与方法论的关系问题，吴承明指出"经济思想成为系统的理论之后，才具有方法论的重要意义"⑤。李守庸认为在中国经济思想史研究中要采用阶级分析的方法，分清剥削与被剥削的阶级界限，在后来的一篇文章中，李守庸针对方法论还指出"在坚持马克思主义的科学的历史观、方法论的前提下，还必须同时有分析、有选择地吸收与容纳国外学者研究经济思想史及有关学科中带有科学性新的观点和方法。"⑥马伯煌指出"把经济思想放在一定的历史时期的社会经济生活中去分

---

① 胡寄窗：《关于目前中国经济思想史研究的几个问题》，《学术月刊》1964 年第 1 期。
② 赵晓雷著：《中国人民共和国经济思想史纲》，首都经济贸易大学出版社 2009 年版，第 228 页。
③ 赵靖、张鸿翼、郑学益：《中国经济思想史研究的历史回顾》，《经济科学》1984年第 3 期。
④ 胡寄窗：《中国经济思想史研究的方法论歧见》，《学术月刊》1986 年第 3 期。
⑤ 吴承明：《经济学理论与经济史研究》，《经济研究》1995 年第 4 期。
⑥ 李守庸：《关于中国经济思想史学科跨世纪发展问题的若干思考》，《经济评论》1998 年第 3 期。

析考察，这是符合历史唯物主义和辩证唯物主义的要求的"[1]。陈绍闻、叶世昌等在方法论方面强调"科学的运用马列主义，找出中国古人经济思想的内在联系，防止古人思想现代化"[2]。熊彼特早在 20 世纪就已经指出，"经济学的内容，实质上是历史长河中一个独特的过程，由于理论的不可靠性，我个人认为历史的研究在经济分析史方面不仅是最好的、也是唯一的方法"[3]。

本书引用史料学与考据学作为方法论的补充。而要对中西方政治经济学前史有一个全面的认识，在重视历史史料和研究方法基础上，还要在哲学上寻求根基、历史上反映趋势、思想上追本溯源，注意理论边界与应用环境。

三　研究对象

为了进行对比，需要建立统一框架。区分几种思想：个人的经济思想、经济学派（流派）、经济制度。

一般而言，很多人容易混淆上面三种思想。个人的经济思想是单个个体对社会现实、社会经济要素运动发生的基本思考，这种思考或最初源于对经济现象（经济要素）发生规律的一般总结，或是对经济现象（经济要素）运动规律总结的提升。经济学派（流派）是个体经济思想的集中体现，是个体在某一时期（或不同时期）对经济现象运动规律做出的详细总结，一般来讲选择相近的分析方法、得到相似的理论观点、采用相仿的政策主张。经济制度是指经济思想上升到国家（区域）层面，被政府（社会）采用的发展经济、制定经济政策的思想理论。三者之间既有联系又有区别：联系是普遍存在着递进演化关系，即个人的经济思想汇总后形成（融入）学派，学派的经济思想（经济主张、经济理论）凝聚升华为国家意志，形成经济制度；区别是三者之间存在着跳跃式发展，即个人的经济思想直接上升到国家（区域）意志，

---

① 马伯煌：《研究中国经济思想史的几个问题—关于古代部分的讨论》，《社会科学》1983 年第 12 期。

② 陈绍闻、叶世昌等：《关于中国经济思想史研究的若干问题》，《上海社会科学院学术季刊》1985 年第 3 期。

③ ［美］熊彼特：《经济分析史》第 1 卷，商务印书馆 1991 年版，第 29 页。

形成经济制度。

本书要回答的问题是：在同一框架内经济要素发挥作用的模式具有多样性。本书集中介绍中西方政治经济学前史，即政治经济学产生以前的经济思想。这里的"政治经济学"特指古典政治经济学，即以 1776 年亚当·斯密《国富论》出版为截止时间。《比较经济思想史（1776 年前）》介绍 1776 年以前经济思想发展演化历史，以地域为特色分为中国经济思想史和欧洲经济思想史。采用同一时期不同空间的方式，着重介绍中西方经济思想的演变。不可否认，两种经济思想的演化存在显著差异性，是否有必要将两种经济思想进行对比是一个很重要的问题。作者认为，两种思想能够对比的基本原则之一是处于统一的框架体系内。

当今世界，西方经济学已经发展了近 250 年，在很多国家早已成为经济政策的指导理论。然而，西方经济学的发展演变一直存有争议。过强的假设条件使得与现实环境相差较远，数学应用的泛滥使经济学自身的"科学性"遭到质疑。西方经济学理论无法解释改革开放 40 多年、中华人民共和国成立 70 多年来取得的社会成绩。毫无疑问，中国的崛起不能用西方经济学解释，而是要从上下五千年的社会、制度、文化、经济、政治等要素去分析，要从中国古代的经济思想去汲取养分，要从中华民族的精神命脉——中华优秀传统文化中吸收精华。

第三节　结构体系

第一，建立统一框架，回答五个主要问题。在介绍每个经济思想时，我们都会考虑这五个问题：经济思想产生前的社会历史背景是什么；经济思想产生的原因——外在、内在冲击——是什么；经济思想代表的社会阶层或利益集团是哪个；经济思想产生的社会效果是什么；经济思想的长期影响有哪些？

第二，经济思想的时间演化。经济思想既囊括个体的发展成长又蕴含思想的成长。经济思想是一种内部（外部）冲击的结果。如果没有外部冲击，那经济发展模式会沿着原来路径缓慢前行。当经济思想产生后，如果被当权者采用形成经济制度或经济政策，就会产生经济车轮的烙印，尽管这种车轮可能以"博弈后加快、争执中缓慢、失败里倒退"的情形表现。

第三，多视角、跨区域。1776 年前，社会经济发展与当前大不相同，但原理基本一致。单一的理论视角无法诠释当前的社会，亦如不能解释古代社会。因此，综合的分析视角非常有必要。地理影响、环境影响、文化影响、组织影响等因素，勾勒出在不同空间内中国和欧洲在同一时间下的经济发展模式的雏形，经济、社会、军事、政治等从某一侧面展示出古典政治经济学以前的社会发展和经济思想。

本书着重按照时间顺序，阐述相同历史时期的中欧经济思想的发展程度，主要如下：东周时期与古希腊时期；古罗马时期与秦至两晋时期；中世纪与南北朝至明朝中叶；重商主义与明朝中叶后期；重农学派与清朝中期。

在追溯历史前，我们必须明白什么是社会，而这又要求我们搞清楚什么是社会问题。简单意义来讲，社会是人类赖以生存与发展的边界。社会不是我们要考察的主要对象，但当我们考察所有的问题时，又都是社会问题的一个组成部分。社会的核心问题是存在问题，即保持人类社会生存与发展。社会问题的形式多种多样，小到个体生存食物生产，大到王朝更迭国家的兴衰。社会问题的核心仍然是"人"！麦克尼尔（1982）认为，当人类活动在某一时期发生巨大变化时，这些变化往往是对某位统治者的指令和行为的反映，而不是供求与买卖关系变动的结果。[①] 经济问题从属于社会问题。因其特殊性与广泛性，可把经济问题当成社会问题里面最重要、最核心的问题，一个经济社会必须具有如下三个特征。

一是持续性。保持这个社会的生存性与发展性。

二是复制性。为了保持可持续性，经济社会的某些特征必须可复制，尽管存在因地制宜的表现。

---

① 转引自赵鼎新《东周战争与儒法国家的诞生》，北京联合出版社 2020 年版，第 26 页。

三是分配性。生产的物质资料能够按照某种标准分配给经济社会的各成员，保证成员的生存和持续的生产性。

德国经济学家桑巴特将资本主义时期划分为三个阶段，即早期资本主义、高度资本主义和有组织的资本主义，他强调，资本主义的这些不同阶段需要区别对待，用不同的经济理论加以分析。[①] 那就是说，任何一种经济理论都不是普适的，而应该是有针对性的、特定的，在一定范围和一定阶段才是合适的。[②] 正如罗伯特·海尔布罗纳（2012）指出："在人类编年史中，每一页都充斥着权力与荣耀、信仰与狂热、思想与意识形态等内容。[③]"

思考题

1. 经济思想史的基本作用是什么？
2. 简要阐述政治经济学前史对当前中西方经济学的作用。

推荐阅读文献

1. 程恩富：《充分认识哲学对经济行为分析的积极效应》，《中国社会科学》1999 年第 2 期。

2. 程恩富：《马克思主义政治经济学理论体系多样化创新的原则和思路》，《中国社会科学》2016 年第 11 期。

3. 洪银兴：《以创新的理论构建中国特色社会主义政治经济学的理论体系》，《经济研究》2016 年第 4 期。

4. 胡寄窗：《"价值决定"不是价值规律》，《经济研究》1959 年第 7 期。

5. 谈敏：《重农学派经济学说的中国渊源》，《经济研究》1990 年第 6 期。

[①] ［英］杰弗里·霍奇逊：《经济学是如何忘记历史的：社会科学中的历史特性问题》，高伟等译，中国人民大学出版 2008 年版，第 149 页。

[②] 杜恂诚：《论中国的经济史学与西方主流经济学的关系》，《中国经济史研究》2019 年第 5 期。

[③] ［美］罗伯特·海尔布罗纳、［美］威廉·米尔博格：《经济社会的起源》，李陈华、许敏兰译，格致出版社 2012 年版，第 1 页。

6. 贾根良、兰无双：《经济学学界史：经济思想史新的研究对象与目的》，《教学与研究》2017 年第 6 期。

7. 程霖、张申、陈旭东：《中国经济学的探索：一个历史考察》，《经济研究》2020 年第 9 期。

8. 叶坦：《商品经济观念的历史转化——立足于宋代的考察》，《历史研究》1989 年第 4 期。

9. 邹进文：《近代中国经济学的发展——来自留学生博士论文的考察》，《中国社会科学》2010 年第 5 期。

10. 赵晓雷：《对中国经济理论争论热点的辨析》，《中国社会科学》1993 年第 2 期。

11. 赵晓雷：《改革开放制度变革特征与经济思想发展转型辨析》，《经济思想史学刊》2021 年第 4 期。

12. 张林：《马克思主义经济学、非正统经济学与中国经济学的多元发展》，《社会科学辑刊》2016 年第 4 期。

13. 张林：《经济思想史研究在构建完善中国特色社会主义政治经济学中的作用》，《光明日报》2019 年 6 月 18 日。

14. 柴毅：《中国特色社会主义政治经济学的历史基础》，《政治经济学研究》2022 年第 2 期。

第 一 章

东周与古希腊时期经济思想

第一节　周朝与古希腊时期社会
经济发展概述

　　中国古代从公元前 21 世纪开始，进入文明时代。夏朝从公元前 21 世纪至公元前 16 世纪，持续四百多年，经历 14 代 17 后。夏以后，商王朝约从公元前 16 世纪至公元前 1046 年，持续五百多年，传 17 代 31 王。周朝（前 1046—前 256 年），分为西周时期（前 1046—前 771 年）与东周时期（前 770—前 256 年）；东周时期又分为春秋时期（前 770—前 476 年）与战国时期（前 475—前 221 年），持续 791 年，传 32 代 37 王。

　　古希腊历史可以向前追溯到克里特文明（前 30 世纪—前 16 世纪）、迈锡尼文明（前 16 世纪—前 12 世纪）。随着多利安人①的入侵，古希腊进入黑暗时代（前 1200 年—前 800 年）。古希腊社会主要集中在公元前 800—前 146 年。位于爱琴海区域，包括巴尔干半岛的南部、爱琴海各岛屿和小亚细亚群岛，约呈正方形，南北长约 600 千米、东西宽约 600 千米。尽管同属于地中海区域，但内陆巴尔干半岛五分之四地区是崇山峻岭和多山高地，这一特殊的地缘地貌使地中海沿岸岛屿气候接近亚热带、远离海岸的内陆地区则接近欧洲大陆性气候。山区的平原

---

　　① 希腊的另一分支（又译作多利亚人）。

地貌较少，直接导致畜牧业的发展。山区提供家畜（如牛羊等）肉食和奶类产品，低地出产蔬菜、水果、谷物，构成了人们的主要饮食。但希腊今日可耕地的面积只占全部土地的 18%，古代可耕之地可能还要少些。[1] 耕地数量少导致粮食产量低，迫使岛内人口从事农业以外的商贸业和手工业。爱琴海区域特殊的地理位置，也为航海提供了有利条件，为地中海区域的航海业和商贸业提供了更安全的航路，而沿岸的雅典城、科林斯城最早成为商贸中心。

一　东周时期的社会背景

夏朝（约公元前 2070—前 1600 年）版图"东渐于海，西被于流沙，朔、南暨；声教讫于四海。"（《史记·夏本纪》），定九州、九山、九泽、四海。商朝的控制区域到底有多大？有学者依据卜辞中出现的"四方""四土""商"的对比，推算"商"指的是商王直接统治的王畿所在，而"四方""四土"则是远在中心地区以外的各类地方氏族（诸侯）所治理的区域。[2] 根据《史记·夏本纪》和《古本竹书纪年》的记载，夏朝直接统治今河南境内，商朝的统治疆域明显扩大。卜辞中显示商后期的属国主要集中在河南省中北部和山西省中南部，围绕商王畿展开，呈现藩屏王室的格局需要。[3] 王畿之内，商王具有绝对的权威。王畿以外的"四方""四土"，部分是商王族的有效统治区域（臣国），但也存在着一些名义上的属国（商王的势力范围之外）。王畿、臣国、属国构成了商朝的统治区域。偌大的政治版图，单一部落或部落联盟无力统治，很多氏族部落成为名义上归属、实际上独立的属国。一族独大、诸侯共治的局面既是统治者的无奈之选亦是统治效力最大化的必然选择。商朝的属国和臣国数量众多，周武王伐纣"诸侯叛殷会周者八百"（《史记·殷本纪》），《吕氏春秋》云"周之所封四百余，服国八百余"，"四百""八百"的数量未必准确，但说明当时数量众多，

---

[1]　李天祐：《古代希腊史》，兰州大学出版社 1991 年版，第 2 页。

[2]　杨升南：《卜辞中所见诸侯对商王室的臣属关系》，《甲骨文与殷商史》，上海古籍出版社 1983 年第 1 期。

[3]　李雪山：《卜辞所见商代晚期封国分布考》，《殷都学刊》2004 年第 2 期。

"服国""封国"侧面反映出"国"是相对独立政治实体。① 在商朝的统治区域内，存在着"商王权"与"诸侯权"两种治理机构。关于两种权力的重叠与边界，有学者把商王的权力归为五个：商王可在诸侯国拓展自己的耕地面积；商王可以自由田猎；对外征战时，商王可将诸侯国作为起讫点；商王可在诸侯国内巡游；商王可在诸侯国内举行占卜、祭祀等活动。②

人口是国家的重要构成与经济发展的重要依托。夏、商、周三代的人口稀少且增长迟缓。商朝的人口数量亦无从考量。《帝王世纪》中记载"殷因于夏，六百余载，其间损益，书策不存，无以考之。"有学者认为，商朝疆域相对夏朝扩大，而人口并无显著增长，加之战争与统治阶级的极端腐朽，武王伐纣时，所看到的殷代社会，已是一片"麋鹿在牧，蜚鸿满野"的景象。③ 公元前106年武王伐纣，倾全（周）国之力，"遂率戎车三百乘，虎贲三千人，甲士四万五千人"（《史记·周本纪》）。"帝纣闻武王来，亦发兵七十万距武王。"（《史记·周本纪》）人口总量减少，凸显商朝的国力羸弱。有学者估算西周初年的人口约为550万④，亦有估算为1370万⑤。

气候会影响植物、动物和农业。西周初期，温度偏低，最初的亚热带温度逐渐寒冷，春秋初期开始温暖。《竹书纪年》记载周孝王时期（前891—前886年），长江两次结冰，一两个世纪后才逐渐温暖。春秋时期（前770—前476年），山东等北方地区冬天不结冰。黄河流域主要食用黍与稷；战国时期（前475—前221年）主要食用小米和豆类。在战国时期，气候比现在温暖得多。⑥ 西周时期，黄河流域人民的主要粮食作物是稷和黍，战国时期转变为小米和豆类。三代时期的诗歌，大量描述了当时的粮食作物，《诗经·黍离》"彼黍离离，彼稷之苗"。《诗经·黍苗》"芃芃黍苗，阴雨膏之。"《楚辞·天问》中"咸播秬

① 《剑桥中国史》中记载"周代的分期春秋时期已有约170个政治实体"。
② 杨升南：《卜辞中所见诸侯对商王室的臣属关系》，《甲骨文与殷商史》，上海古籍出版社1983年第1期。
③ 竺可桢：《中国近五千年来气候变迁的初步研究》，《中国科学》1973年第2期。
④ 路遇、滕泽之：《中国人口通史》，山东人民出版社1999年版，第27页。
⑤ 赵文林、谢淑君：《中国人口史》，人民出版社1988年版，第22页。
⑥ 竺可桢：《中国近五千年来气候变迁的初步研究》，《气象科技资料》1973年第S1期。

黍，莆蓳是营。"一般来讲，人们日常食用的农作物分为粮食作物、瓜果蔬菜、经济类作物、其他草木植物。根据里耶秦简记载，粮食作物主要有粟、稻、秫、粢、菽、荅、芋；瓜果蔬菜有巴葵、芹、韭、冬瓜、菌、枝（枳）枸、栗、梅、橘等；经济作物主要有竹、漆、檀木；草木类植物有枲、蒲、菡、莞、芒、菅。[①]

二　古希腊社会发展状况

古希腊位于爱琴海区域，包括巴尔干半岛的南部、爱琴海各岛屿和小亚细亚群岛，约呈正方形，南北长约 600 千米、东西宽约 600 千米。尽管同属于地中海区域，但内陆巴尔干半岛五分之四地区是崇山峻岭和多山高地，这一特殊的地缘地貌使地中海沿岸岛屿气候接近亚热带气候、远离海岸的内陆地区则接近欧洲大陆性气候。山区的平原地貌较少，直接促进畜牧业的发展。山区提供家畜（如牛羊等）、肉食和奶类产品，低地出产蔬菜、水果、谷物，构成了人们的主要饮食。但希腊今日可耕地的面积只占全部土地的 18%，古代可耕之地可能还要少些。[②] 耕地数量少导致粮食产量低，迫使岛内人口从事农业以外的商贸业和手工业。爱琴海区域特殊的地理位置，也为航海提供了有利条件，为地中海区域的航海业和商贸业提供了更安全的航路，而沿岸的雅典城、科林斯城最早成为商贸中心。古希腊多种植橄榄、葡萄等经济作物，以及耐干旱的大麦等，且石材、木材等自然资源丰富，石材加工业、造船业与建筑业都很发达。

爱琴文明主要分为三个阶段：克里特文明时期（繁荣顶点是公元前 1600—前 1400 年）、迈锡尼文明时期（约公元前 1600—前 1200 年）、荷马时代（约公元前 1200—前 800 年）。在公元前 800 年，古希腊出现了移民运动。经济上，由于铁器的广泛使用，加速了农业的开发和手工业的发展，职业与劳作是古希腊人社会生活的重要组成部分。古希腊时代经济相当发达，工商业虽然规模不大，不过仍有一定程度的发展。古希腊人扩大了与周边的贸易，甚至在地中海周边建立了无数的殖民地，

---

① 李兰芳：《里耶秦简所见秦迁陵一带的农作物》，《中国农史》2017 年第 2 期。
② 李天祐：《古代希腊史》，兰州大学出版社 1991 年版，第 2 页。

古希腊人还出现了铸造货币；在文化上，希腊文字出现，这种文字是底比斯人改造腓尼基文字而形成的。古希腊文字成为欧洲文字之源。随着经济的不断发展，过去的氏族社会也不断解体，200 多个小国寡民的城邦出现在了古希腊。这些城邦的政体大多数都是从军事民主制演变而来的，长老议事会转变为贵族会议，掌握国家大权；原来的军事首领转为执政官，掌握国家行政权。

第二节　东周时期的经济思想

一　春秋以前的经济思想与经济描述

春秋以前的历史，常用"三代"称呼。"三代"一词来自《论语·卫灵公》："斯民也，三代之所以直道而行也。"一直到战国时期，三代都指夏、商、西周。本书选取《诗经》《尚书》《周易》《周礼》用来描述东周时期以前的经济思想。

（一）《诗经》中的经济思想

《诗经》描述了公元前 11 世纪到公元前 6 世纪社会经济状况，全书共 311 篇，共分为十五国风、二雅、三颂 3 类。描述了重视农业、社会阶级、贫富不均、商业交换、政府赋重等现象，是一部三代诗歌的宝库。尧舜时期，民无所食，后大禹平水土，教民播种以解民困，成我国务农之始。

三代时期，人口稀少，经济发展缓慢，很少出现经济压迫现象。《诗经·思文》描述了人们对农业的重视，"贻我来牟，帝命率育，无此疆尔界，陈常于时夏"。《诗经·良耜》描述了农业的耕种景象，"畟畟良耜，俶载南亩。播厥百谷，实函斯活。或来瞻女，载筐及莒，其饟伊黍。其笠伊纠，其镈斯赵，以薅荼蓼。荼蓼朽止，黍稷茂止。获之挃挃，积之栗栗。其崇如墉，其比如栉"。

诗中描述了商业情形，《诗经·瞻卬》描述了商人的言利之厚，"如贾三倍，君子是识。妇无公事，休其蚕织"。而《诗经·氓》介绍了币、丝等货币种类和商业互通的作用，"氓之蚩蚩，抱布贸丝。匪来贸丝，来即我谋"。

阶级社会产生后，赋税繁重，《诗经》中对此描述颇多。"小东大东，杼柚其空。纠纠葛屦，可以履霜。"（《诗经·大东》）阐述了赋税严重，四方邦国空荡荡，财货尽竭现象。《诗经·硕鼠》表达了对国君的讥讽和重敛之下人民的无奈，"硕鼠硕鼠，无食我黍！三岁贯女，莫我肯顾……硕鼠硕鼠，无食我麦！三岁贯女，莫我肯德……硕鼠硕鼠，无食我苗！三岁贯女，莫我肯劳"。

《诗经》一书，本身殊无何等经济思想可言，以其能映出我国上古时代之经济背景，供研究中国经济思想之参考，故殊觉其可贵。①

（二）《尚书》与《周易》的经济思想

《尚书》分为虞、夏、商、周四部分，记载了帝王之政绩，经济思想颇多，尤以《洪范》所概括的为最。《洪范》中包括了五行（水、火、木、金、土）、五事（貌、言、视、听、思）、八政（一曰食，二曰货，三曰祀，四曰司空，五曰司徒，六曰司寇，七曰宾，八曰师）、五纪（岁、月、日、星辰、历数）。从此这部历史文献，便成为二帝（尧、舜）三王（禹、汤、文武）以及周公、孔子的修身、齐家、治国、平天下的皇皇宝典，儒家所倡导的"道统"，就靠它很坚实地树立起来，构成统治中国人民几千年的中心思想。② 本书以《洪范》八政为切入，阐述内含的经济思想。《洪范》八政：一曰食，二曰货，成为八政之首，也是后世《食货志》之祖，"祀，司空，司徒，司寇，宾，师"，系官职。食，指谷物农殖可食用之物；货，指布帛刀币金龟贝可交易之物。食为首，体现了农业的基础作用和定国本之意；货次之，体现经济体系交易作用和资源流通作用。八政成为"中国古代政治经济学"的鼻祖。《洪范》中把"富"当成五福之一，把"贫"当成六极之一，掺杂着对"贫、富、食、货、政府"的早期研究。

《周易》被称为六经之首，包括《易经》和《易传》两部分，系何人所作，当前殆无定论。该书非一人一时所著，孔子所作《易传》十翼中，蕴含着上古经济发展经济思想。

---

① 唐庆增：《中国经济思想史》，商务印书馆 2011 年版，第 51 页。
② 刘起釪：《〈尚书〉学源流概要》，《辽宁大学学报》（哲学社会科学版）1979 年第 12 期。

1. 重财、生财、用财的财富观

第一，树立追求财富、重视财富的道德观。《周易·系辞》指出人们富裕谓盛德，国家富裕为大业，"富有之谓大业，日新之谓盛德"。追求财富、生产财富是高尚行为，是人间正道，"崇高莫大于富贵"（《周易·系辞》），"以财为天地之道"（《周易·泰·象》）。财富是聚人的前提，"人们必须首先吃、喝、穿、住，然后才能从事政治、科学、艺术、宗教等等；所以直接的物质生产资料的生产，达到一个民族或一个时代一定经济发展的阶段，便构成了基础"[①]。

第二，确定财富天生的自然观和生产观。《周易》并未充分认识劳动的作用，而把财富看成自然所产生，即大自然的馈赠，"大哉乾元，万物资始，乃统天"（《周易·乾》），"天地养万物"（《周易·颐》）。同时，《易经》也记载了从事农业、渔业等生产活动，"童牛之牿，元吉"（《周易·大畜》）。

第三，节而有度的用财观。国君应"节以制度，不伤财，不害民"（《周易·节》），臣民应"以俭德辟难"（《周易·否》）。《易经》阐述了节俭的观念，在《易经·既济·六四》《易经·损·初九》中，描述了祭祀时的节俭行为、财物使用的有度原则。《易经》主张采用崇俭戒贪来降低贪心对身体和国家的伤害，骄奢会导致心有所蔽，执迷不悟轻则害人害己、重则丧家亡国，"丰其屋，蔀其家，窥其户，阒其无人，三岁不觌，凶"（《周易·丰》）。

2. 农工商并重的产业观

《易经》中并无轻视工商业的思想，而是主张农工商三业并重。耕种农业是致富的途径，"不耕获，不菑畲，则利有攸往"（《周易·无妄》）。《易经》强调百工尤其是人力制作器物的作用，突出"百工"对"兴耒耜、造弓弩、筑宫室"的促进作用。《易经》记载集市景象，强调商业使人"各得其所"，以利天下，"日中为市，致天下之民，聚天下之货，交易而退，各得其所"（《周易·系辞下》）。

3. 对待欲望的修养观

《易传》中讲授了限制欲望的思想。"山下有雷颐，君子以慎言语，

---

① 牛占珩：《〈周易〉经济思想初探》，《周易研究》1988 年第 1 期。

节饮食"（《周易·颐》），强调以寡言、节食、修生、养心、劝诫，节制欲望，尤其采用礼制修身养德，"谦以制礼，复以自知，恒以一德，损以害远，益以兴利"（《周易·系辞下》）。

（三）《周礼》的经济思想

《周礼》原名《周官》《周官经》，在西汉末年，经过刘歆、郑众、郑玄等注解，成为儒家经典之一。《周礼》相传为西周时期周公所作，主要记载西周时期官制、礼制，国家政治和礼仪制度。但其成书年代一直为后世学者所争论。它可能是战国时人参考西周、春秋时代文献以及战国时代的现行制度，结合作者的儒家理想写成。① 鉴于此，学界多把《周礼》作为阐述西周时期经济思想的著作。《周礼》共分六篇，每篇一官，分为《天官冢宰》《地官司徒》《春官宗伯》《夏官司马》《秋官司寇》《冬官考工记》。

1. 对商业的认知

《周礼》从分工视角阐述了商业是国家经济中不可缺少的组成部分，商人是社会职业的一个重要构成。《周礼·冬官·考工记》记载："国有六职，百工与居一焉。或坐而论道，或作而行之，或审曲面执，以饬五材，以辨民器，或通四方之珍异以资之，或饬力以长地财，或治丝麻以成之。"《周礼·地官司徒》描述："颁职事十有二于邦国都鄙，使以登万民。一曰稼穑，二曰树艺，三曰作材，四曰阜蕃，五曰饬材，六曰通财，七曰化材，八曰敛材，九曰生材，十曰学艺，十有一曰世事，十有二曰服事。"从上述六职、十二职论述中，能看出商业和农业、百工（手工业）的地位相同，商业具有互通有无、流通财物，通四方之财、满足社会成员消费需求的重要作用。商人和农民与手工业者地位平等，并未出现歧视商业和商人现象。

2. 市场管理思想

第一，从交易时间来看，设置早、中、晚三种市场交易时间。"大市日昃而市，百族为主；朝市朝时而市，商贾为主；夕市夕时而市，贩夫贩妇为主。"（《周礼·地官·司市》）朝市服务商贾、大市（午市）服务城邑内外百姓、夕市服务城内居民，三种市场相互补充，体现了城

① 丁孝智：《〈周礼〉商业经济思想探微》，《社会科学动态》1997 年第 1 期。

邑市场集聚和商品扩展的作用。

第二，对交易物的管理。作为市场上的交易物品，《周礼·地官·司市》做了详细规定，"圭璧金璋，不粥于市。命服命车，不粥于市。宗庙之器，不粥于市。牺牲不粥于市。戎器不粥于市"。与礼仪、祭祀、武器相关的物品，都被禁止。交易物的质量会影响价格和公平，《周礼》对此也严格管理，"布帛精粗不中数，幅广狭不中量，不粥于市。奸色乱正色，不粥于市。锦文珠玉成器，不粥于市。衣服饮食，不粥于市。五谷不时，果实未熟，不粥于市。木不中伐，不粥于市。禽兽鱼鳖不中杀，不粥于市"（《礼记·王制》），体现了质价一致原则。

第三，对交易物价的控制。"贾师"是管理商品物价的官员，贾师的人数视市场上商户的多少而定，每一个贾师管二十个商户。[①]

第四，城市的空间集聚范畴。从空间范畴来看，城市基于两个层面：一是城市内部地域，以城墙（城垣）或城壕为特征的人口聚集地；二是城市外部地域，指城市周围影响的广大区域，这些区域分布在城市四周，周围缺乏交易的"市"。从地域空间来看，城市往往是"日中而市"所囊括的范围。[②] 固定的市的功能是以联络和交易为主，大都建在城邑之中或交通要道之上。在功能上起到联系王国与诸侯国、城邑与乡村的作用，"凡国野之道……五十里有市，市有候馆，候馆有积"（《周礼·地官·遗人》）。

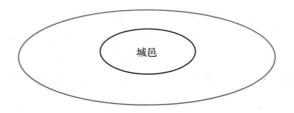

城邑

图 1 - 1　城市的空间区域

---

① 赵靖：《中国经济思想通史》第 1 卷，北京大学出版社 2002 年版，第 382 页。

② 柴毅：《中国古代城市产业发展思想研究》，人民出版社 2017 年版，第 40 页。

3. 政府管理思想

第一，政府管理思想。《周礼》一书集一代法制精华，成为后世经济制度和经济思想的制度源流。《周礼》六官共有三百六十职，天地春夏秋冬六官，周代依民任职，职分九种，"以九职任万民：一曰三农，生九谷。二曰园圃，毓草木。三曰虞衡，作山泽之材。四曰薮牧，养蕃鸟兽。五曰百工，饬化八材。六曰商贾，阜通货贿。七曰嫔妇，化治丝枲。八曰臣妾，聚敛疏材。九曰闲民，无常职，转移执事"（《周礼·天官·大宰》）。

表 1-1　　　　　　　　　　　　　九职任万民

名称	职务	名称	职务	名称	职务
（1）三农	生九谷	（4）薮牧	养蕃鸟兽	（7）嫔妇	化治丝枲
（2）园圃	毓草木	（5）百工	饬化八材	（8）臣妾	聚敛疏材
（3）虞衡	山泽之材	（6）商贾	阜通货贿	（9）闲民	无常职

第二，政府会计思想。周朝太宰执掌财政，每年岁末进行清算，内府掌受九贡九赋九功之财货，政府设置会计机构进行监管。周朝的财政收入来自九赋、九贡、九职，财政支出为九式。"以九赋敛财贿：一曰邦中之赋，二曰四郊之赋，三曰邦甸之赋，四曰家削之赋，五曰邦县之赋，六曰邦都之赋，七曰关市之赋，八曰山泽之赋，九曰币余之赋。……以九贡致邦国之用，一曰祀贡，二曰嫔贡，三曰器贡，四曰币贡，五曰材贡，六曰货贡，七曰服贡，八曰斿贡，九曰物贡。"（《周礼·天官·大宰》）九赋乃国家财政之重要赋税来源，九贡则是诸侯国对天子的贡赋，成为天子每年的财政基础。"以九式均节财用：一曰祭祀之式，二曰宾客之式，三曰丧荒之式，四曰羞服之式，五曰工事之式，六曰币帛之式，七曰刍秣之式，八曰匪颁之式，九曰好用之式。"（《周礼·天官·大宰》）九式之用表明了财政支出方向。

九赋乃是王畿内部的赋役，专供天子消费，九贡乃邦国贡赋，九职乃万民之赋，九式乃常态化支出，财政收入和支出具有严格的来源与用途，各司其职，财政平衡。以至于《文献通考》描述"司官之岁入财源，只有三项，九赋乃畿内之赋，以供九式之用，九职万民之贡，以充

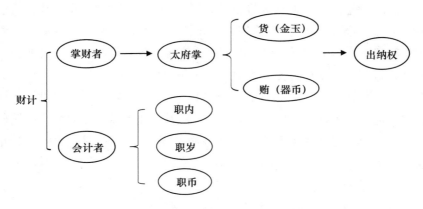

图1-2 周朝会计体系

府库，九贡乃邦国之贡，余财以供玩好。"

　　春秋以前的经济思想为东周时期"政府主导式"经济发展模式提供了基础，也奠定了中国古代政治经济学的基本风格，班固在《食货志》中感叹，"是以圣王域民，筑城郭以居之；制庐井以均之；开市肆以通之；设庠序以教之；士、农、工、商，四人有业。学以居位曰士，辟土殖谷曰农，作巧成器曰工，通财鬻货曰商。圣王量能授事，四民陈力受职，故朝亡废官，邑亡敖民，地亡旷土"。

二　春秋时期诸子百家的经济思想

(一) 管仲 (《管子》) 的经济思想

　　管仲 (约前723—前645年)，名夷吾，颍上人。我国春秋时期著名的政治家、思想家，曾相齐四十年，帮助齐桓公成为春秋时代的第一个霸主。管仲开了我国社会分工的先河，"四民分业定居"论在理论体系中占有重要地位。管仲的经济思想涉及富国、强兵、安民、商贸，司马迁认为"管仲既用，任政于齐，齐桓公以霸，九合诸侯，一匡天下，管仲之谋也"(《史记·管晏列传》)。

　　管仲的经济思想集中体现在《管子》一书中。《管子》是战国中期出现的一部经济著作，现存76篇，有三分之二以上是论述经济问题，虽然托名为管子，但非一时一人之作。

但《管子》一书对西方经济理论影响深远，20 世纪 30 年代，石一参在《管子今诠》中称赞道"欧化东来，其政见学风，尤多一一与管子相吻契"①。梁启超也指出："自百余年前，英人有亚丹斯密（亚当·斯密）者起，天下始翕然知此之为重……然吾国有人焉于二千年导其先河者，则管子也。"② 近代也有学者指出："今日之国家，离世界大同相差尚远，而斯密氏大倡其自由主义，此其陷于谬误而不自觉也。国民经济之观念，在欧洲近数十年始形注重，而《管子》则在我国二千年前，已力言之。"③

1. 重视农业思想

（1）重视农业的经济思想

《管子·牧民》记载"藏于不竭之府者，养桑麻育六畜也"，即认为国民从事生产的主要内容是粮食、棉麻、牲畜及民生用品、武器装备等，这些内容的不断生产与积累便构成一国的财富。主要的生产者是百姓（农）、工匠，主要的生产指导者和维护者是国君及各级官员（士），商人阶层则促进了商品贸易交换。

《管子·五行》提出"本、器、充"主张，"一者本也，二者器也，三者充也"，提出农事、农具、生产资料与生产方式相适应。在生产力发展落后的古代中国，农业的发展是一国最主要的财富来源，发展好农业才能管理好百姓，"凡治国之道，必先富民，民富则易治也，民贫则难治也"（《管子·治国》）。富民是治理国家的基础，在以农业为主的自然经济结构下，粮食是财富的体现，"民事农则田垦，田垦则粟多，粟多则国富，国富者兵强。兵强者战胜，战胜者地广"（《管子·治国》）。农业发展是一国经济、军事发展的前提及基础，管子强调农业生产的重要性，"地者，政之本也"（《管子·乘马》），君臣要引导百姓重视生产，"好本事，务地利"（《管子·立政》）。

（2）发展农业生产的经济思想

《管子》从"如何做"的角度阐述君王推进农业生产的主要原则：

---

① 曹俊杰：《浅析管仲的分工思想对斯密的影响》，《管子学刊》2001 年第 3 期。
② 梁启超：《管子传》，中华书局 1936 年版，第 46 页。
③ 黄汉：《管子经济思想》，商务印书馆 1936 年版，第 5 页。

注重遵从天时地利、增加人口、开垦土地、种五谷、养桑麻、育六畜。

第一，为农业生产提供劳动力。政府通过禁末作，止奇巧的方式，限制商业、手工业的人口，为农业提供劳动力，以利农事，"凡为国之急者，必先禁末作文巧；末作文巧禁，则民无所游食；民无所游食则必农"（《管子·治国》）。

第二，强调农业生产要尊重农时。国家颁布政令要与四时节令相匹配，要根据不同的时令、季节来发展农业生产，"不知四时，乃失国之基。不知五谷之故，国家乃路"（《管子·四时》）。在自然经济占据主导地位的传统农业社会，农业是其最主要的经济来源，因此保障农业的发展是至关重要的，这要求统治者做到"令有时"。管子认为提高生产应该顺应农时，"夫为国之本，得天之时而为经，得人之心而为纪，法令为维纲，吏为网罟，什伍为行列，赏诛为文武"（《管子·禁藏》）。握天时叫"经"，收得民心叫"纪"，顺应农时，最重要的就是顺应四季轮回，不同季节种植农作物都有规定，人们所做的就是探索自然规律并遵循规律。政府要根据五行之法来规定天时季节，在不同时节颁布不同的政令，调和人事与天道。农业生产的自然条件上，君主要注意处理好几方面关系，一是山泽要能够防止火灾，草木繁殖成长；二是用于灌溉的沟渠全线通畅，堤坝中的水没有漫溢；三是田野要发展桑麻，五谷种植能因地制宜；四是农家要饲养六畜，蔬菜瓜果能齐备，"务四时、守仓廪、地辟举则民留处、不务天时则财不生、不务地利则仓廪不盈、积于不涸之仓者务五谷也、藏于不竭之府者养桑麻育六畜也"（《管子·牧民》）。

第三，划分土地等级，以良补差。管子将土地划分为"上壤、中壤、下壤"，主张用上等土地的盈余去补充下等土地，从而平衡生产，"郡县上奥之壤守之若干，间壤守之若干，下壤守之若干。故相壤定籍而民不移，振贫补不足，下乐上。故以上壤之满补下壤之众，章四时，守诸开阖，民之不移也，如废方于地。此之谓策乘马之数也"（《管子·乘马数》）。

第四，国家干预经济发展。管子主张设置虞师主管山林胡泽、司田主管农田水利，官员还需要帮助百姓改善生产、生活条件，以促进农业生产的发展，"辟田畴，利坛宅。修树艺，劝士民，勉稼穑，修墙屋，此谓厚其生"（《管子·五辅》）。

（3）富民思想

管仲主张"民富基础上的国富"，"凡制国之道，必先富民。民富则易治也，民贫则难治也……是以善为国者，必先富民，然后治之"（《管子·治国》）。管子拓展了经济（财富）的广度，把谷物、桑麻、六畜、房屋等劳动产品及山泽、土地、沟渎等自然财富都看成经济的来源，"务五谷，则食足。养桑麻，育六畜，则民富"（《管子·牧民》），"实墟圹，垦田畴，修墙屋，则国家富"（《管子·五辅》）。

（4）修建基础设施的思想

管子认为需要修缮水利工程。他认为国家治理有水、旱、风雾雹霜、瘟疫、虫五害。水有大小，又有远近。从山里发源，流入大海的，叫作"经水"；从其他河流中分出来，流入大河或大海的，叫作"枝水"；在山间沟谷，时有时无的，叫作"谷水"；从地下发源，流入大河或大海的，叫作"川水"；由地下涌出而不外流的，叫作"渊水"。治理水害需要做到以下几点。首先，设置官吏，寻访水利，及时修缮。"大夫、大夫佐各一人，率部校长、官佐各财足。乃取水左右各一人，使为都匠水工。令之行水道、城郭、堤川、沟池、官府、寺舍及州中，当缮治者，给卒财足。"（《管子·度地》）其次，统计可以进行水利工程修缮的人数，以备不时之需，"常以秋岁末之时，阅其民，案家人比地，定什伍口数，别男女大小……水官亦以甲士当被兵之数，与三老、里有司、伍长行里，因父母案行"（《管子·度地》）。再次，准备好治水的工具，以备不时之需，"阅具备水之器，以冬无事之时。笼、臿、板、筑，各什六，土车什一，雨轝什二……故常以毋事具器，有事用之，水常可制，而使毋败。此谓素有备而豫具者也"（《管子·度地》）。最后，按时巡查水利工程，及时修缮，"常令水官之吏……已作之后，常案行。堤有毁作，大雨，各葆其所，可治者趣治，以徒隶给。大雨，堤防可衣者衣之。冲水，可据者据之"（《管子·度地》）。

2. 管子的"四民分业定居论"

管仲是中国历史上第一位提出将人们按职业划分为士、农、工、商四民[①]的。士、农、工、商四大阶级集权的划分，在以后两千多年的中

---

① 叶世昌：《古代中国经济思想史》，复旦大学出版社 2003 年版，第 28 页。

国一直成为社会各被统治阶级的典型分类。① 通过职业划分阶级，并非管仲首创，但这四类职业的划分确为其首倡。当时的社会环境中已经涌现出自由工商业者和武士阶层，管仲四民中的"士"主要指武士，武士脱离农业生产，从农民之"有拳勇股肱之力"（《国语·齐语》）选拔出来。在分业基础上，管仲又提出了"定居"思想。"士农工商四民者，国之石民也，不可使杂处，杂处则其言哤，其事乱。是故圣王之处士必于闲燕，处农必就田野，处工必就官府，处商必就市井。"（《管子·小匡》）士、工、商的区域在城市（国）内，城市以外区域（野），则按照乡、连、里、轨进行编制。5 家为轨，10 轨为里，4 里为连，10 连为乡。士所居为 15 乡，工、商所居各 3 乡。农居住区域称为"鄙"，按照邑、卒、乡、县、属的方式划分，30 家为邑，10 邑为卒，10 卒为乡，3 乡为县，10 县为属，全国共五属。按照"国、野、鄙"的划分方式，具体见表 1 – 2。

表 1 – 2　　　　　按照"国、野、鄙"划分的定居方式　　　　　单位：家

国		鄙	
名称	数量	名称	数量
轨	5	邑	30
里	50	卒	300
连	200	乡	3000
乡	2000	县	9000
国	42000	属	90000
叁其国	126000	伍其属	450000
总计		576000	

资料来源：《管子·小匡》。

当时的齐国按照管仲的推算，共有 576000 家，其中士 90000 家，农 450000 家，工 18000 家，商 18000 家。士家占 15.625%，农家所占的比重为 78.125%，工、商家各占 3.125%。阿瑟·刘易斯认为每个社

① 胡寄窗：《中国经济思想史》上，上海财经大学出版社 1998 年版，第 62 页。

会都有一部分居民作为独立生产者，这一部分人所占的比重，哪怕是在最贫穷国家的经济中也很少低于 5%①，反映了不同社会形态下的经济基础的差异。

管仲"四民分业定居"思想具有极强的效率导向。首先，提高劳动生产率。同一行业的人居住在一起，便于提高技术、刺激同业竞争。其次，促进商品生产与销售信息的交流，"相语以利，相示以时"，"相陈以知价"（《管子·小匡》）。最后，技术传承。"少而习焉，其心安焉，不见异物而迁焉"（《管子·小匡》）。其结果必然是"士之子恒为士，农之子恒为农，工之子恒为工，商之子恒为商"（《国语·齐语》）。一个人从少年起从事某一职业，通过常年积累，就会掌握专业化技术，而半路去学习另外一种技能，就增加了学习的时间成本，但分工可避免这种损失。② 在管子看来，如果国家和社会能够"明分任职"，就能达到"治而不乱，明而不蔽"（《管子·权修》）的情形。

3. 货币思想

（1）关于货币的起源

关于货币的起源，《管子·轻重》中有多处提及。《管子·国蓄》中有关于货币起源的论述："玉起于禹氏，金起于汝汉，珠起于赤野，东西南北距周七千八百里。水绝壤断，舟车不能通。先王为其途之远、其至之难，故托用于其重，以珠玉为上币，以黄金为中币，以刀布为下币。三币握之则非有补于暖也，食之则非有补于饱也，先王以守财物，以御民事，而平天下也。"统治者用货币掌控财货，管理民用从而治理天下。《管子·山权数》中也有相关论述："汤七年旱，禹五年水，民之无檀卖子者，汤以庄山之金铸币，而赎民之无饘卖子者；禹以历山之金铸币，而赎民之无粮卖子者。"《管子·轻重》强调"先王造币说"，模糊了货币的职能，不利于探究货币的作用。

（2）关于货币的职能

《管子·轻重》篇中提到的"中币"黄金和"下币"刀布（刀币和布币）都属于金属，具有价值。黄金是以其自然形态充当货币的，

---

① ［圣卢西亚］阿瑟·刘易斯：《经济增长理论》，商务印书馆 2009 年版，第 160 页。

② 柴毅：《中国古代城市产业发展思想研究》，人民出版社 2017 年版，第 72 页。

而文中也没有提到改变刀币、布币这些铸币的成色以及重量从而使币材价值脱离币值，由此看出《管子·轻重》在对货币本质的认识上接近货币金属论。《管子·地数》中又提到"令疾则黄金重，令徐则黄金轻"，国家号令重就会金价上涨，号令缓则金价下跌。管子认为国家法令会左右黄金的价值，而国家号令又等同"王权"，即"王权"对决定货币价值起重要作用，这一论述与货币金属论不符，更接近货币名目论。总之，《管子·轻重》对货币本质的认识是相互矛盾、比较模糊的。

第一，关于流通职能的认识。《管子·轻重》认为货币是便民交易的工具，商品流通离开货币便无法进行。《管子·国蓄》中提到："黄金刀币，民之通施也。"《管子·揆度》中也提到："刀币者，沟渎也。""通施""沟渎"等都有商品交换媒介的意思。

第二，关于储藏职能的认识。《管子·山权数》中提到："万乘之国，不可以无万金之蓄饰；千乘之国，不可以无千金之蓄饰；百乘之国，不可以无百金之蓄饰。"《管子·国蓄》中提到："使万室之都必有万钟之藏，藏镪千万；使千室之都必有千钟之藏，藏镪百万。"此处的"粮食"和"钱币"都是储藏的对象，同时也涉及货币数量与经济规模的内在关系。

第三，关于支付职能的认识。《管子·轻重》中不止一处提到使用货币纳税、支付、借贷及偿还债务，尤其是俸禄、租税、开支等都用到货币的支付职能，《管子·国蓄》中"月有三十之籍"，《管子·山至数》中"士受资以币，大夫受邑以币，人马受食以币"。

第四，关于黄金是"公用货币"的认识。管子还未认识到货币具有世界货币的职能，但论述了黄金作为"公用货币"而被天下接受，"吾国者衢处之国也，远秸之所通、游客蓄商之所道，财物之所遵。故苟入吾国之粟，因吾国之币，然后，载黄金而出"（《管子·轻重乙》）。这里涉及黄金作为天下都能接受的货币，已经承担起了诸侯国间的结算和支付职能，扮演了"公有货币"的角色。

第五，《管子·轻重》中关于货币作为价值尺度职能的认识是比较模糊的。《管子·乘马》中提到："俭则金贱，金贱则事不成，故伤事；侈则金贵，金贵则货贱，故伤货。"管子认为货币的价值取决于数量关系，而没有认识到作为货币的黄金本身是具有内在价值的。管子认为商人在社会层次操纵商品价格，从而影响货币的价值。君王要通过轻重之术缓解社会经济压力，应对大商人对国家经济的干扰，防止国家财富过多流入私人腰包，"今刀布藏于官府，巧币、万物轻重皆在贾人，彼币重而万物轻，币轻而万物重，彼谷重而谷轻。人君操谷、币金衡，而天下可定也。此守天下之数也"（《管子·山至数》）。

（3）关于货币的体系与货币政策

《管子·乘马》阐明了构建"黄金"主导的货币体系，"辨于黄金之理"，阐述了"黄金"货币的基本理论。在"货币"方面，增加"货币品种"，确立了多种货币之间比价，为社会提供了较为充足的货币，激发市场商品交换兴盛，推动商品经济的深化发展。

管子构建"上币""中币""下币"三大货币系列，又阐述三大货币间的比价关系，从而使多种货币之间有了汇兑关系，形成较为完整的货币池。但凡属于国家法定货币，通过比价参与市场交易、行使货币职能。《管子》对齐国当时的 3 种货币以及如何调节 3 种货币之间的关系做了分析和阐释，展示了齐国当时真实的货币调价使用情况。齐国的上、中、下三种货币分别为珠玉、黄金和铜币，而商品在齐国内部差价很大，货币购买力不稳定。在这种情况下，"金币者人之所重也"（《管子·轻重戊》），所以《管子·揆度》提出"高下中币，利下上之用"，在货币购买中，通过控制黄金的价格来制约珠玉和铜币价格。《管子·轻重甲》明确提出"粟贾平四十，则金贾四千"，规定一石粟值四十铜币，四十铜币等于一斤黄金，通过对适用范围广、信誉高的黄金的价格影响，达到掌握整个货币体系主动权，极大地促进了整个社会中的货币流通趋于合理稳定。

管仲还主张国家要控制信贷，防止富商大贾操纵信贷市场而导致农民破产，妨碍农业生产。"山田以君寄币振其不……苟合于国丰者，皆置而券之。"（《管子·山国轨》）如果农民春耕时苦于无生产资料，国家便可向农民贷款发放用于农业生产的资金，等到秋收时粮食价格下跌，再要农民以粮食偿还，这样粮食就可集中在国家手中，可以防止富商囤积居奇。管子还主张建立财政周转金，根据百姓的需要再贷放给百姓，扶持百姓进行农业生产，"民之无本者，贷之圉强"（《管子·揆度》）、"君直币之轻重以决其数，使无券契之责"（《管子·轻重乙》）。此外，国家通过行政手段提倡富豪之家以现金或实物贷予农民，并以低利率劝民农耕，甚至鼓励人民不索还本金，"令衡籍吾国之富商蓄贾称贷家以利吾贫萌……愿以为吾贫萌决其子息之数，使无券契之责"（《管子·轻重丁》）、"民多称贷，负子息……称贷之家皆折其券而削其书"（《管子·轻重丁》）。可见在当时，为了保护农民利益而制定的信贷制度已经比较完善了。

4. 对待消费的态度

（1）消费的等级礼仪观

管子认为消费的主要对象是衣食住行所需的粮食、布帛、宝器财用等。在消费观上，管子认为各阶层的消费应遵循相应的礼仪制度，"士"的消费需要"明确服制"（《管子·立政》），即按照爵位制定享用等级，根据俸禄规定花费标准。

从剩余产品消费的角度来看，国家与政府消费赋税与徭役，主要适用于国家基础设施建设需要与国家安全需要。赋税主要来自对粮食、丝绸布帛、土地使用等征收的税款；徭役则涉及对劳动力的划分折算及社会分工安排。

在重视农业发展的同时，也要注重发展工商业，即主要通过消费手段，刺激经济增长，增加国库收入，平衡收入分配。《管子·侈靡》指出，"兴时化若何？莫善于侈靡，贱有实，敬无用，则人可刑也""事末作而民兴之，是以下名而上实也"，发展奢侈性的工商业，通过消费，能够使人们的生活变得富裕起来，提高国民收入水平。"饮食者也，侈乐者也，民之所愿也。足其所欲，赡其所愿，则能用之耳"《管子·侈靡》，百姓生活安定就能够易于管教，实现社会稳定。

（2）适度消费、定地管辖

管子认为君主应根据国情来进行消费，制定合理的消费政策，定地管辖。在大国就要在更多时候进行消费，而弹丸之国更需要储备粮食减少消费，避免奢侈和铺张浪费。"此定壤之数也。彼天子之制，壤方千里，齐诸侯方百里，负海子七十里，男五十里，若胸臂之相使也。故准徐疾、赢不足，虽在下也，不为君忧。彼壤狭而欲举与大国争者，农夫寒耕暑芸，力归于上，女勤于缉绩徽织，功归于府者，非怨民心伤民意

也，非有积蓄不可以用人，非有积财无以劝下。泰奢之数，不可用于危隘之国。"（《管子·事语》）

由于从事每一行业的民众获利不同，为了对国民收入进行公平分配、缩小贫富差距，《管子·侈靡》提倡士农工商每一段时期就轮换工作以平衡民众收入，即"使农士商工四民交能易作，终岁之利，无道相过也。是以民作一而得均。民作一，则田垦，奸巧不生。田垦则粟多，粟多则国富，奸巧不生则民治。富而治，此王之道也"。这样一来可以促进社会安定和经济繁荣。同时，主张当国家出现灾年、财富大量积聚在部分富人手中、国家财富充裕有盈余三大情况时，应实施"侈靡"以稳定民生，主要通过国家财政手段增加就业，促进工商业发展，平衡收入分配。"巨瘗培，所以使贫民也；美垄墓，所以使文明也；巨棺椁，所以起木工也；多衣衾，所以起女工也"（《管子·侈靡》），这些扩张性的财政手段能够"作此相食，然后民相利"。"如以予人财者，不如无夺其时；如以予人事者，不如无夺其事"（《管子·侈靡》），当出现赋税繁重造成流民问题严重的现象时，要适当减税。"夫以一民养四主，故逃徙者刑，而上不能止者，粟少而民无积也"（《管子·治国》），赋税繁重会导致流民问题，从而使得民众粮食少、无积蓄。

"若岁凶旱水泆，民失本，则修宫室台榭，以前无狗后无彘者为庸。故修宫室台榭，非丽其乐也，以平国策也。"（《管子·乘马数》）管子认为适当修建宫室台榭是一种国家主导的经济政策，以国家财政作为担保，以国资修建宫室台榭从而带动就业。将失业劳动力转换为就业劳动力，体现了国家对人力资源的合理分配。

5. 管子的外贸思想

《管子》主张以轻重之术与诸侯国进行贸易，对于商品价格采取合理政策，"天下高则高，天下下则下"（《管子·地数》），若天下某种物资的价格高，则齐国价格也要高；反之，若天下某种物资的价格低，则齐国的价格也要随之降低。在与诸侯国的贸易中，《管子》特别强调价格策略的运用，通过轻重调节，引进外财，争夺其他诸侯国的重要物资，使其物资流向齐国，增加本国的财富和经济影响力。轻重论中的对外贸易不仅为取得某些国内不产的或产量不足的商品，也为在商品交换过程中取得对他国的轻重之势，实现"轻重无数，物发而应之，闻声而乘之"（《管子·轻重甲》）的目的。

第一，确立"内守国财、外因天下"（《管子·地数》）的贸易原则。一是内守国财。《管子》成书于生产力不发达的农业社会时期，主张通过贸易"斗国相泄"，交易以粮食等为代表的重要物资，实现"内守国财"。二是外因天下。强调在对外贸易中，要因天下之轻或乘天下之重，以实现最终控制天下的目的。要善于利用他国资源和物资为本国谋利，通过贸易取得对别国的轻重之势。

第二，"轻重相济"的贸易策略。首先，发挥本国"比较优势"，赚取高额利润。《管子》提出"官山海""官天财"，发挥本国的"比较优势"。齐国天然之利是盐，管仲建议齐桓公控制盐的出口量，提高盐的价格。为了买到齐国的盐，不产盐的国家只能接受高价，各国的黄金价格因此上涨，金重而万物轻，这时，管子再抛出卖盐换得的黄金，购买各国价格低廉的物资。通过这样反复操作，齐国积累了大量财富。其次，操纵他国某种特产的价格，改变其生产方向。有意识地在齐国提高某种特产的价格，诱使他国追逐这些特产的暴利，而无心无力从事农业生产，造成单一经济的局面。再次，以高价将他国某种生活必需品吸引至本国，以征服他国。在齐国将粮价提高十倍，其他国家的商人必然受高价的诱导，纷纷将粮食运到齐国售卖以谋取利益，这样，滕鲁之国的粮食就会大量外流到齐国，而它们自身却未逢荒年而缺米粟，陷入恐慌境地。这时，齐国就可以乘机征服滕鲁。最后，刺激某些商品的出口。对于这类商品，采取"天下高我下"的刺激出口措施，使要出口的商品的价格低于他国同类商品的价格。

外贸思想隐含着通过对价格干预实现对外政策的目标。第一，通过价格交易助推他国把绝对优势的商品普遍化、规模化，使该商品成为支柱产业而挤占其他产业的生产。第二，对外贸易是双边贸易。该国不能同齐国以外国家进行贸易而解决商品短期问题。第三，齐国具有强大的经济实力，可以承担高价格交换带来的物品过剩，成为该国绝对优势商品的唯一购买方。第四，通过停止交易促使他国成为齐国的附庸。

6. 轻重理论中的经济思想

《管子·轻重》是中国古代货币思想的重要著作。自秦汉以来，我国产业格局逐渐形成了以农业为主，城市工商业加速发展的局面，商品货币流通的作用逐渐增强，而《管子·轻重》的货币调控思想正是在这样的情形下产生。《管子·轻重》共 19 篇，包含《轻重甲》至《轻重庚》7 篇，而从《臣乘马》到《国准》12 篇，亦是以"轻重"为名。《管子·轻重》篇的写作体裁、风格、思想内容与《管子》中的经言、外言等部分并不相同，从文章内容和时代背景来看，《管子·轻重》是逐渐从汉文帝至汉武帝的八九十年间逐渐累积而成。不同政策在汉代初期的应用也不同，在经济上，对工商业实行放任发展的经济政策；在政治上，采取分封诸侯王以求稳固中央控制的措施。在稳定中央政权统治的同时，地方政权的势力得到了发展。《管子·轻重》的经济思想主要以商品货币流通的过程作为研究对象，是我国封建社会初期商品货币流通情况的全面总结。

　　"轻重"概念最初指金属货币的重量大小，重金属货币代表价值大，轻金属货币代表价值小。由于货币是一般等价物，一般等价物的价值是通过对一般商品的相对购买力来表现，"轻重"含义扩展到表示商品与货币二者的关系上来。同时，货币流通和商品供求会影响货币和商品的数量，促使国家利用"轻重"理论来调节经济生活、达到巩固和加强国家财政以及巩固中央集权的目的。《管子·轻重》则较为完整地阐述了轻重理论体系，是研究商品与货币流通的规律，后衍生成中国古代所独有的货币论。

　　轻重论体现了中国传统经济观念的特点，其出发点不是世俗利益而是维护政治秩序，研究对象不仅是经济过程还侧重于治理国家所需要运用的政策工具。轻重论提出商品经济与小农经济条件下的经济原理，作为国家干预经济的理论基础。第一，重视货币和谷物作为流通手段的作用。货币作为流通工具、粮食作为基本保障，将这两种商品作为政策杠杆，政府就可以调控经济运行。第二，认识供需与价格变化的关系。轻重论阐述了商品价格和数量的反向与正向关系，权衡实际流通中货币、谷物与其他物品的数量与相对的价格的关联效应，在物资不足时，将储藏物品卖出；在物资多余时，将商品收集存储，通过价格调整，低价购进、高价卖出，调控财富分配、实现物价稳定。第三，垄断重要的自然资源。轻重论主张将税收加在价格上，以隐藏税收。第四，重视收入分配。国家要掌握并控制人民的经济情况，并对财富进行分配，维护社会稳定。

轻重论的货币思想从国家干预经济的角度讨论市场的价格变化，对货币职能、货币发行数量、货币调控均有论述，成为农本经济条件下货币政策与货币思想的重要集成。

（1）轻重理论的思想渊源

轻重理论为中国古代重要学术流派之一，[①] 但中国后世思想家对此介绍很少，司马谈论六家时涉及了儒家、墨家、道家、法家、名家、阴阳家，但未涉及轻重之言。司马迁在《史记·管晏列传》中提到了《管子·轻重》，但未加重视。西汉以后谈轻重理论，大都与货币问题相联系。于是轻重论成了中国货币学的专有理论，这是莫大的曲解。[②]

《管子》则对轻重理论阐述得最为详细。轻重理论并非来自管子，孙叔敖及单旗都提到轻重之说。《管子·轻重》中也提到"自理国伏羲以来未有不以轻重而能成其王者也。""燧人以来，未有不义轻重为天下也。"《管子》中，又分别介绍到了几个轻重学派的代表：奢、请士、泰等，这从侧面说明了当时轻重学派的存在。

（2）轻重理论的基本构成

"轻重论由三个部分组成：轻重之势、轻重之学和轻重之术。"[③]

首先，轻重之势是关于封建国家在社会经济活动中取得举足轻重的地位，主张经济上的中央集权和经济领域推行封建专制主义的问题；轻重之学是关于商品货币流通的轻重变化的一些原理和规律性认识；轻重之术是关于实施轻重论的手段或方法的问题。这三者相互联系，形成轻重论的整个学说体系。[④]《管子》主张封建国家在政治上要实行专政，这样才能支配所有资源，实现强大，"圣人理之以徐疾，守之以决塞，夺之以轻重，行之以仁义，故与天壤同数，此王者之大辔也"（《管子·山至数》）。

轻重之势论述了如果在经济领域丧失轻重论的后果。第一，"国策流已"。在经济上不坚持中央集权，导致不能有效控制整个国民经济，"君不守以策，则民且守于上，此国策流已"（《管子·乘马数》）。第

①　胡寄窗：《中国经济思想史》上，上海财经大学出版社 1998 年版，第 318 页。

②　胡寄窗：《中国经济思想史》上，上海财经大学出版社 1998 年版，第 319 页。

③　赵靖：《中国古代经济思想史讲话》，人民出版社 1986 年版，第 241 页。

④　赵靖：《中国经济思想通史》第 1 卷，北京大学出版社 2002 年版，第 558—559 页。

二，国家贫困。"民人所食，人有若干步亩之数矣，计本量委则足矣；然而有饥饿不食者，何也？谷有所藏也。人君铸钱立币，民庶之通施也，人有若干百千之数矣；然而人事不及，用不足者，何也？利有所藏也。"（《管子·国蓄》）国家经济遭到破坏，城市经济停滞，人民困苦不堪，不利于国家稳定。第三，国家贫而诸侯益。"天子以客行，令以时出，艺谷之人亡，诸侯受而官之，连朋而聚与，高下万物以合其勇。内则大夫自还而不尽忠，外则诸侯连朋合与，熟谷之人则去亡，故天子失其权也。"（《管子·山至数》）国家经济停滞，诸侯因此受益，大臣不履行其职责，诸侯会兴风作浪，结果是天子失势。

其次，市场规律之价格理论——轻重之学。轻重理论不仅说明了商品和商品以及商品和货币之间的关系，还分析了货币数量与商品价格之间的关系，并提出利用商品价格的变动来调节经济的理论。对某一种商品的轻重规律，管仲学派提出商品的供求和货币数量这两种因素共同作用于商品的价格。先秦时代《管子》提出的货币数量学说和市场价格的均衡说比欧洲早两千多年。"轻重之学"是基于商品货币流通的价格、货币、供给、需求等变化，找寻其中内在的规律性。主要包含三个方面的内容：货币与粮食、货币粮食与其他商品、商品价格与供求关系。[1] 在先秦诸子中，《管子》是唯一把货币作为一个单独问题提出来论证的。[2] 其论述的重点是货币作为流通的媒介，其交换作用和流通作用随着商品经济的发展越发明显。货币在《管子》中共有珠玉、黄金、刀布三类。这三类货币也有区别："故先王度用于其重，因以珠玉为上币，黄金为中币，刀布为下币。故先王善高于中币，制下上之用，而天下足矣。"（《管子·国蓄》）

第一，供求决定价格。"散则轻，聚则重"（《管子·国蓄》）、"少或不足则重，有余或多则轻"（《管子·国蓄》）、"令急则重，令徐则轻"（《管子·轻重乙》）。这些论述说明商品集中在国家手中，市场上的供给就会减少，市场上对该种商品的需求没有减少的情况下该商品的价格就会提高；如果商品分散在市场之中，市场上的供给就会增加，在

---

① 赵靖：《中国经济思想通史》第 1 卷，北京大学出版社 2002 年版，第 568—574 页。
② 巫宝三：《先秦经济思想史》，中国社会科学出版社 1996 年版，第 578 页。

该商品的需求没有相应增加的情况下该商品的价格就会下跌。

第二，价格影响供求。"重则见射，轻则见泄。"（《管子·山权数》）管仲学派的轻重之学已认识到供求决定价格的同时价格的波动也会反过来影响供求。"射"指流入，当物价高时，为了追逐利润自然会有更多的商品投入市场。"泄"指流出，如果物价偏低，则商品泄散。价格成为商品数量的指挥棒，国家可以通过低买高抛的方式避免物价腾跃，保持价格稳定。

第三，货币数量影响价格。"国币之九在上，一在下，币重而万物轻。敛万物，应之以币。币在下，万物皆在上，万物重十倍。"（《管子·山国轨》）这里的"上"是指国家所持有的货币，"下"是指民间所持有的货币，即市场流通的货币数量。如果流通领域的货币数量少，则币值购买力增加而物价便宜，此时通过收购行为会使得货币流入市场，待物资都集中在国家手上，当货币流通数量大幅增加时，则物价大幅上涨。国家通过一"上"一"下"调节货币流通数量和商品数量，影响货币购买力和商品价格。轻重学派已认识到货币数量的变化会影响商品物价的变动和对货币购买力的影响，这一结论已经涉及现代货币理论中的观点。

最后，调控市场的具体措施——轻重之术。依据"轻重之学"，管子制定一系列国家调控干预经济的具体政策措施，实现控制经济发展、增加财政收入、治国安邦的目标。

第一，对重要的自然资源实行垄断，国家直接参与市场经营。"为人君而不能谨守其山林、沼泽、草菜，不可立为天下王。"（《管子·轻重甲》）轻重论中对重要的生产资料与生活用品都主张实行垄断，通过商品的数量影响价格，例如对盐铁加价，达到增税目的。

第二，运用价格机制实施"相机抉择"，"以重射轻，以贱泄平"（《管子·国蓄》）。当市场商品供过于求时，为了防止物价进一步下跌，应做到及时收购，扶持商品价格回升，防止商户趁机压价，反之亦然。结果是"君必有十倍之利，而财之横可得而平也。"（《管子·国蓄》）

第三，货币政策调控。通过掌控通货货币，驾驭调控战略物资粮食，达到调控整个经济，"人君操谷、币金衡而天下可定也，此守天下之术也"（《管子·山至数》）。调节这两者的轻重关系来影响其他商品的价格，既能平抑物价，"贵贱可调"（《管子·国蓄》），又能集富余物资于国家，"民可得而尽""君可得其利"（《管子·国蓄》）。

（3）轻重理论的具体应用

第一，采用经济手段控制富商大贾。富商大贾拥有资本，了解市场的需求和国家的物质消费，当富商大贾与地方诸侯相结合，这会危及中央集权的统治。另外，农本经济主要依靠农业、手工业，但商业作为流通环节的重要承担者，具备非常大的经济耦合作用，富商大贾控制了商业的流通环节，成为农本经济的主要破坏者。尤其利用其资本，囤积居奇、操控市场价格，"物适贱，则半力而无予，民事不偿其本；物适贵，则十倍而不可得，民失其用"（《管子·国蓄》）。当市场混乱之时，"蓄贾游市，乘民之不给，百倍其本"（《管子·国蓄》）。这种扰乱市场秩序的行为，其危害之大，"贫者失其财""农夫失其五谷"（《管子·轻重甲》）。对待商贾大户不能采用行政手段，只有依靠经济手段，采用"重本抑末"和鼓励官营。运用本末政策，既可增加农业产出又能形成轻商观念，刺激商人弃商从农。同时又能建立官营商业与私商竞争。

第二，对待地方诸侯采用削藩政策。《管子》一书由西汉刘向编撰、筛选，很多西汉时期的治国策略也有所显现，对待诸侯的轻重之术，主张"削弱"。在先秦时期，如何才能削弱他国、强大本国？"物无主，事无接，远近无以相因，则四夷不得而朝矣。"（《管子·轻重甲》）在主张"毋予人以壤"的同时还要主张"毋予人以财"（《管子·山至数》）。财、人、地，是国家的三个重要组成部分，把三者集中于"主"手中，就能最大限度地积累国家实力。这些思想具有明显的"先秦法家"的痕迹。

第三，对待人民主张"民重则君轻，民轻则君重"（《管子·揆度》）。中国封建社会中的主要矛盾是地主同农民的矛盾，封建国家对广大人民（农民占绝大多数）的轻重之势问题，是这种矛盾的直接体现，因而它在轻重之势的三个组成部分中占最基本、最主要的地位。①

---

① 赵靖：《中国经济思想通史》第 1 卷，北京大学出版社 2002 年版，第 565 页。

对于人民的轻重之势，主要从两方面实行：一是调通民利。"不能调通民利，不可以语制为大治。"（《管子·国蓄》）何为"民利"？这就要引导农民以农业为本业从事本业生产，需强调男耕女织的生产方式，通过扩大农业生产来获利。何为"调通"？统治者需要基于商品流通的视角考虑农业和商业的关系。农业与商业存在"与民争力"的情况，既要打压商业又需依靠商业的纽带作用不能完全取消。二是"为笼以守民"。以民守业，让地固民，与管仲的"四民分业定居"主张相似。轻重论主张"不通于轻重，不可为笼以守民。"（《管子·国蓄》）"为笼守民"是目的，以轻重为手段。货币与粮食的关系：粮食是社会的根本，是城市最重要的生活资料；货币作为流通手段，为广大民众所接受。两者的地位是："五谷食米，民之司命也；黄金刀币，民之通施也。"（《管子·国蓄》）货币和粮食的关系，涉及两者之间的交换比例，"粟重黄金轻，黄金重而粟轻"（《管子·轻重甲》）。粟的数量和价格是由市场中的供求关系决定。流通中的粮食数量少，市场的需求就旺盛，粟的价格就会上升，当流通中的货币超出实际的价格，就会造成购买力下降，粟重黄金轻。轻与重，只是相对价格而言。这种比价，又被看作完全是由多、寡、聚、散即供求状况决定的，粮食及货币自身的价值，都不在考虑范围之内。[1] 封建国家在经济领域中要取得支配作用的地位和威势，把对百姓的予、夺、贫、富的主动权全部掌握在自己手中。[2] 采用行业、地域的方式固定农业、农民，就可以采取主动权，控制国家。

掌握轻重之势和轻重之学后，就掌握基本的原则和规律，而涉及具体运用时就该阐述轻重之术，轻重之术是为取得和保持轻重之势服务的。因此，轻重之术的运用就遍及轻重之势的各个方面。[3] 分国家内部和国际间两方面。

第一，国家内部的运用。要满足"委施于民之所不足，操事于民之所有余。夫民有余则轻之，故人君敛之以轻。民不足则重之，故人

① 赵靖：《中国经济思想通史》第1卷，北京大学出版社2002年版，第570页。
② 赵靖：《中国经济思想通史》第1卷，北京大学出版社2002年版，第567页。
③ 赵靖：《中国经济思想通史》第1卷，北京大学出版社2002年版，第574页。

君散之以重。敛积之以轻，散行之以重。故君必有什倍之利，而财之横可得而平也。"（《管子·国蓄》）国家借助轻重理论，在商品价贱时聚之、在价贵时散之，一进一出之间可以获利。借此达到平衡物价的作用。然而，人民产生"不足"或"有余"的情况取决于农业生产的丰歉和国家赋税的使用。《管子》的基本目的是要求封建国家运用经济手段调整社会经济生活。使用轻重之术管理国家，其目的在于调节万物（包括谷物）之盈与不足，平定物价，并在这个基础上充实封建国家的财政。[①]

第二，国家间的运用。主要维持"天下轻，我重"（《管子·轻重乙》）的局面，既守住本国的重要物质又能"泄"到别国的重要物质。16 世纪以后的欧洲重商主义与这种方式比较相似。先秦时期，各个国家相互竞争，人口、土地、粮食、铁矿等资源都会成为交易的对象。为了保证本国的优势，采用轻重之术，实现"天下之宝，壹为我用"（《管子·地数》）。

轻重论是基于市场经济认识和社会生活规律的把握而产生的，本身是官商垄断理论。在破除奴隶领主贵族势力上、在巩固和形成新的封建生产方式和形成中央集权的体系中，起到很大的作用，也成为中国古代经济调控理论的重要表现。

（二）子产的保护商业思想

公孙侨（？—约公元前 522 年），字子产。春秋时期著名的政治家。公元前 543 年，子产执政郑国，在郑国掌权超过 20 年。子产通过"作封洫"和保护商业资本的措施，使郑国（城）国家富强。子产在执政过程中，强调宽以治民、养民生息。他看到统治者御民的三种手段——征伐、田猎、筑城。当时生产力落后，粮食生产主要受气候和劳动力影响，御民违时定会影响农业生产，他看到人们生活富裕、社会稳定，必然会增强国力。"作封洫"是在公元前 543 年实行的措施，"使都鄙有章，上下有服，田有封洫，庐井有伍"（《左传·鲁襄公三十年》）。按照军队编制建立农村基层组织，维修水渠水道，整修田界，整顿城乡秩序。子产与商人签订盟约（法律）保护商人的权利，得到

---

① 胡寄窗：《中国经济思想史》上，上海财经大学出版社 1998 年版，第 332—333 页。

商人阶层的拥护，"尔无我叛，我无强贾，毋或匄夺，尔有利市宝贿，我勿与知"（《左传·昭公十六年》）。子产以身作则，晋国使臣韩宣子出使郑国，要子产强买一支玉环，子产以签订协议为由予以拒绝。子产重视工商业的措施，极大地调动了农夫和商人的积极性，使郑国的实力大为提高，增强了抵御大国的实力。

（三）孔子的经济思想

孔子（前551—前479年），是中国历史上最伟大的思想家、教育家。孔子生活在周室衰微之际、礼乐崩坏之时。为匡扶周礼，孔子在《春秋》中倡导义行，主张恢复天子权威，对纷纷称王之人贬称"子"。孔子在乱世之中主推义行、礼仪，使天下乱臣贼子惧怕。

表1-3　　　　　　　　　　　　　孔子生平

时间	年龄	事迹
公元前551年	0岁	出生于昌平乡
公元前549年	3岁	其叔父梁纥病逝，被正妻逐，至曲阜阙里
公元前537年	15岁	志于学
公元前535年	17岁	母亲颜征去世 季氏宴请士一级贵族，被拒之门外
公元前533年	19岁	娶宋人之女为妻
公元前532年	20岁	生子，鲤。委吏（管理仓库）
公元前531年	21岁	改作乘田，管理畜牧
公元前522年	30岁	齐景公与晏婴适鲁，孔子与其讨论天下称霸之事。开始授徒讲学
公元前517年	35岁	孔子适齐，为高昭子家臣。与齐太师语乐，学韶音，三月不知肉味
公元前515年	37岁	景公问政孔子。欲封孔子，晏婴阻止。齐大夫欲害孔子，孔子逃到鲁
公元前512年	40岁	四十不惑
公元前510年	42岁	鲁昭公卒，鲁定公立
公元前505年	47岁	季桓子立

续表

时间	年龄	事迹
公元前 502 年	50 岁	阳虎不胜，奔于齐。孔子为中都宰
公元前 501 年	51 岁	孔子升司空、大司寇
公元前 500 年	52 岁	齐鲁会，孔子相事
公元前 497 年	55 岁	孔子与三桓矛盾暴露
公元前 496 年	56 岁	孔子行相事。齐国选美女 80 名入鲁。孔子离鲁。周游列国，适卫
公元前 495 年	57 岁	在卫国，居十月
公元前 479 年	73 岁	孔子卒，葬于鲁城北泗水之上

孔子以诗书礼乐教弟子三千人，身通六艺者七十二人。孔子门人列表 1－4 如下：

表 1－4　　　　　　　　　孔子门人列表

门人	出生时间	过世时间	事迹
颜回	公元前 521 年	公元前 481 年	颜回 40 岁，卒。少孔子三十年
子骞	公元前 536 年		少孔子十五岁
子路	公元前 542 年	公元前 480 年	62 岁，卒。少孔子九岁
子贡	公元前 520 年	公元前 456 年	64 岁，卒。少孔子三十一岁
子游	公元前 506 年		少孔子四十五岁
子夏	公元前 507 年	公元前 400 年	少孔子四十四岁
子我	公元前 522 年	公元前 458 年	64 岁，卒。少孔子二十九岁
子有	公元前 522 年		
仲弓	公元前 522 年		
曾子	公元前 505 年	公元前 435 年	曾子 70 岁，卒

1. 孔子的经济思想

（1）义利观

孔子认为自然物是财富的外在表现，追求财富是人之天性，"富与贵，是人之所欲也""贫与贱，是人之所恶也"（《论语·里仁》）。孔子主张追求"利"时要有"义"的约束。"以礼抑利"始于晏婴，经孔子发扬，成为中国古代经济思想的重要特征。后世思想家始终把注意力集中在"礼制"约束，而忽视了经济发展的本质在于释放"利"、追求"利"、实现民富国强，这成为古代经济思想的典型特征。孔子主张"因民之所利而利之"（《论语·尧曰》），依照政策对民有利原则，士、农、工、商等业对民有利，要因势利导，而非限制。

（2）惠农思想

孔子强调养民以惠，主张"藏富于民"，让人们富起来。孔子认为人们长期贫困，就会怨言丛生，"贫而无怨难，富而无骄易"（《论语·宪问》），长时间处于极度贫困而超出民众的忍受极限，百姓就会造反，国家陷入混乱。孔子认为统治者应该实行仁政（"爱人"），应围绕"足食"到"富民"施政。

（3）轻税薄敛思想

孔子提倡轻徭薄赋，他把轻徭薄赋作为财政原则来谈论。孔子主张国家应减少田租赋税，应先解决百姓生活才能增加国家用度。孔子主张征民服役时要遵守"使民以义"，不得任意苛派使百姓的徭役过于沉重。

2.《论语》《大学》《中庸》的经济思想

《论语》是孔子弟子及再传弟子记录孔子及其弟子言行的文集，全书共20篇492章。《大学》是《礼记》的篇目之一，相传为孔子弟子曾参（前505—前434年）所著。《中庸》是《礼记》篇目之一，相传为子思所作。朱熹将《大学》《中庸》《论语》《孟子》并称"四书"。因《论语》《大学》《中庸》记录孔子的言行，故以此为对象研究孔子经济思想。

（1）《论语》中的经济思想

第一，主张追求财富的"义利"观。孔子不反对追求富，反而提倡国家要富民，人们想要富贵而不想要贫贱，体现了"逐利"思想，"富与贵，是人之所欲也……贫与贱，是人之所恶也"（《论语·里仁》）。在孔子的观念里，先有人后成国；国君先要使国民富，才能用仁德教化之。孔子强调在"义"约束下追求富才会使国民富裕、国家富足，"义然后取，人不厌其取"（《论语·宪问》），孔子通过评价公叔文子阐释了"义然后取"的思想，认为只根据自己的利益做事，会招来怨恨，"放于利而行，多怨"（《论语·里仁》）。孔子提倡人们追求财富要符合道义，"饭疏食饮水，曲肱而枕之，乐亦在其中矣。不义而富且贵，于我如浮云"（《论语·述而》）。

第二，强调"节俭富国"的消费观。孔子倡导诸侯要带头节俭，百姓就会跟随、国家就会富裕，"道千乘之国，敬事而信，节用而爱人，使民以时"（《论语·学而》）。孔子主张，消费要合乎礼，一般的礼仪要摒弃奢侈而提倡节俭，丧事的关键在于怀念去世的人而不要铺张浪费，"麻冕，礼也。今也，纯，俭，吾从众"（《论语·子罕》）。对于读书人铺张浪费的现象，孔子表达了不屑与以吃穿不好为耻的读书人交流，"士志于道，而耻恶衣恶食者，未足与议也"（《论语·里仁》）！

第三，强调礼制为主的分配观。孔子遵循着严格的等级制度和礼仪制度，相同等级的分配要平均、不同等级之间依然有差异，"不患寡而患不均，不患贫而患不安。盖均无贫，和无寡，安无倾"（《论语·季氏》）。

（2）《大学》中的经济思想

《大学》的经济思想可以概括为德本财末的本末观，生财有道的生产观，先义后利的义利观。修养德行是基础，有了德行也就慢慢拥有财富；如果本末倒置，一开始便想着聚敛财富，最终也会失去财富，"是故君子先慎乎德。有德，此有人；有人，此有土；有土，此有财；有财，此有用。德者本也，财者末也"（《大学·治国平天下》）。生产的人多且勤奋，消费的人少且节省，这样就会达到物品充足，"生财有大道，生之者众，食之者寡。为之者疾，用之者舒。则财恒足矣"（《大学·治国平天下》）。《大学》强调一个国家应该先义后利，"国不以利为利，以义为利也"（《大学·治国平天下》）。

（3）《中庸》中的经济思想

中庸之道是儒家仁德的最高标准，作为一种指导观念贯穿整个经济行为。《论语》《大学》中出现的经济思想到《中庸》中达到新高度，"中庸之为德也，其至矣乎！民鲜久矣"（《论语·雍也》）。孔子认为"中庸"是修行"仁德"的最高标准，如果按照中庸之道考虑问题和行事，那就做到了儒家推行的仁德。"喜、怒、哀、乐之未发，谓之中。发而皆中节，谓之和。"（《中庸》）"中"是没有相互矛盾的稳定状态，

"和"是有了矛盾后能够达到的稳定状态。中庸之道在于论述为人处世的普遍原则，不要太过，也不要不及，应恰到好处，其核心是在过与不及之间选择一个平衡点，并不是简单对折而求中线或中点，是"时中"，是与时势最恰当结合的"中"。① 经济的"中庸之道"，就是达到经济要素有均衡状态的"中"和供需变化后调整到新的均衡的"和"。

随着人们对财富的认识提升，财富的来源也在扩大。《中庸》提出工业产生财富的思想，"来百工则财用足"。工业创造财富这一观点，不仅是对自然财富观的否定，并将传统的农业创造财富的思想作了充分的扩大和发展。② 并将"来百工"列为天下国家的"九经"之一，与修身、尊贤、举废国、继绝世等相提并论，可见对工业之重视。③

（四）老子的"欲望论"

老子，春秋时期道家学派创始人，生卒年不详。关于老子生平的记载，比较可信的是《史记·老子韩非列传》，"老子者，楚苦县厉乡曲仁里人也，姓李氏，名耳，字聃，周守藏室之史也"。亦有老子即太史儋一说，"或曰儋即老子，或曰非也"（《史记·老子韩非列传》）。两种说法，主要是年龄差异。太史儋见秦献公的时间是周烈王二年（前 374 年），孔子卒于公元前 479 年，孔子曾问礼于老子。老子年龄上应长于孔子，尽管"盖老子……以其修道而养寿也"（《史记·老子韩非列传》），但"世莫知其然也"（《史记·老子韩非列传》）。所以才有了司马迁的"老子，隐君子也"（《史记·老子韩非列传》）。老子著《老子》一书。《老子》又名《道德经》，分为《道经》和《德经》。

1. 肯定"欲"的合理性

老子开篇指出"有欲"和"无欲"，指出"欲"的来源，"无名，万物之始；有名，万物之母。故常无欲，以观其妙；常有欲，以观其徼"（《老子》）。同时，老子更认为，"有欲"和"无欲"也是观察和认识世界的途径，"此两者，同出而异名，同谓之玄，玄之又玄，众妙之门"（《老子》）。他指出欲望容易使社会动乱，只有淡化欲望，才能保持社会稳定，"不见可欲，使民不乱"（《老子》）。

2. 约束欲望的"寡欲"论

老子认为"欲望"来自"可见"和"可知"两方面。为了保持社会稳定、便于治理国家，他采用较为消极的"使民无知、使民不见"的"愚民"做法。老子从"寡欲"出发，把"愚民"作为治国之选，"见素抱朴，少私寡欲，绝学无忧"（《老子》）。在社会生产力低、物质资料匮乏的春秋时期，"愚民""蔽民"是诸侯治国的基本模式。"学在官府"形成知识垄断，把民众看成无知之众，虽便于统治，但也导致人才稀缺。

3. 强调"欲望"的层次性

针对不同的社会阶层，老子制定了差异性的"无欲""寡欲"道德标准。针对君主阶级，老子主张"无欲治天下"，"无欲"则为"自然"，"自然"的本性为"朴"，当统治者都追求"朴"时，天下自然就安定，"无名之朴，夫亦将无欲，无欲以静，天下将自定"（《老子》）。然而"无欲"是对人性彻底的否定，势必难以维系，老子在"无欲"的前提下提出"知足""寡欲"，并提倡"知足者富"（《老子》）。① 对于普通民众，老子希望对物质的追求要有度，不可放纵，对欲望要有所节制，要"知足"，要"获莫大于不知足。咎莫大于欲得，故知足之足，常足矣"（《老子》）。君主有欲望，会积极准备军事实力，参与称霸；民众有欲望，商人会从中经营，主动获利；民众的欲望得不到满足，会破坏社会活动。② 道家希望统治阶层的寡欲，使国家处于"无为"状态，"知足不辱，知止不殆，可以长久"（《老子》）。通过宣扬"无欲"，上至君王、下至百姓，知足长乐，实现天下太平。

（五）范蠡的经济思想

范蠡（约公元前 536—约前 448 年），字少伯，曾经事越王勾践二十余年（约公元前 496—前 473 年）。在越国大功告成之际，弃官而走。"逐什一之利。居无何，则致赀累巨万。天下称陶朱公"（《史记·货殖

---

① 柴毅：《中国古代城市产业发展思想研究》，人民出版社 2017 年版，第 69 页。
② 柴毅：《中国古代城市产业发展思想研究》，人民出版社 2017 年版，第 68 页。

列传》)。陶朱公的"计然之术"① 包含两个方面：治国之道和积著之理。范蠡认为经济活动必须与自然界的变化相适用，"夫人事必将与天地相参，然后乃可以成功"(《国语·越语》)。范蠡基于天地万物运行之理，产生"知斗则修备，时用则知物"的基本观点，达到"则万货之情可得而观矣"(《史记·货殖列传》)。

首先要掌握天时的变动，范蠡发展了有名的经济循环理论，这种经济循环理论是根据年丰、年歉的现象与社会经济活动相联系在一起，运用自然规律为自己服务，根据天时的变化，提前做好物质储备，掌握时机，销售货物，赚取差价。

"故岁在金，穰（丰收年）；水，毁；木，饥；火，旱……六岁穰，六岁旱，十二岁一大饥。"(《史记·货殖列传》)"太阴三岁处金则穰，三岁处水则毁，三岁处木则康（小丰收），三岁处火则旱。故散有时积，敛有时领，则决万物不过三岁而发矣……天下六岁一穰，六岁一康，凡十二岁一饥。"(《越绝书》) 根据收获的不同程度，赋予穰、美、衰、恶、旱（有水）、大旱等六种情形的权重画出图 1 – 3，可以看出其循环理论。

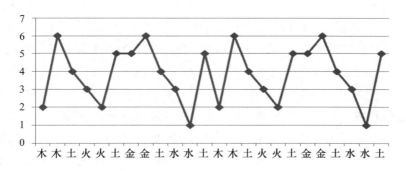

图 1 – 3　范蠡经济循环学说

从范蠡的经济循环周期可以看到，每 12 年为一个大周期，6 年为一个小周期。三年为一个小循环，把"五行"与农业收成的丰歉联系在一起，形成了对粮食周期特有的理解。它（循环学说）在一个最根

---

① 　所谓计然之术，是古代思想家运用商业观点来研究国家和私人的经济活动所得出的一些重要原则。引自胡寄窗《中国经济思想史》上，上海财经大学出版社 1998 年版，第 174 页。

本性的问题上，也缺乏逻辑的必然联系。① 但他毕竟承认农业的收成有其自身的规律，而这种规律是可以为人所把握和运用的，他把社会经济现象放在一个宏观层面中去把握，而非从局部去理解，这种理解的方式让他更能全面地看待问题。

在理解"天时"的基础上储备物质。根据对农业丰歉的理解，范蠡制定了与其相反的思路——"水则资车，旱则资舟"。这是供求定理与自然循环的综合运用，在旱年或涝年，物质十分匮乏，倘若提前预判出旱涝年份，购进相对缺乏的物质作为储备，当发生灾害，价格上升时出售，获利斐然。根据这一理论进而引申为同一年份，不同地区发生旱、涝，则可以采用同样原理。"水则资车，旱则资舟"，不能单纯理解"天旱时高亢的地区农业收获损失较大，而低洼多水的地区则收获较好，所以要利用舟船道低洼多水的地区去收购比较丰富低廉的商品"②。这一理论的使用，必须要收集市场信息。吴越争霸时，范蠡为了发展越国的经济，了解各地的地理环境，而经商后，范蠡也有足够的物质资金的资本投入。范蠡向后世阐述经济循环学说之时，把资本作为财富的来源，把市场作为累积财富的战场。

在做好先期准备工作后，范蠡的第三步也是致富的最后一个环节：市场销售、赚取差价。商人为了取得利润，就必须不断地买进货物卖出货物，与此相应，货币也必须不停流动。③ 计然之术要求"财币欲其行如流水"（《史记·货殖列传》）。商人主要在于流通环节，利用差价获利赚取利润。范蠡所处时期，粮食作为最大的需求刚性商品，决定了产品价格。为了赚取更多的利润，就要增加货币的流通性，"无息币""务完物"，要买进货物，赚取差价卖出货物，"以物相贸易，腐败而食之货勿留"（《史记·货殖列传》），对于某些容易变质的食物，需要尽快销售。范蠡的积著之理，是基于天时、市场信息、资本投入下，对供求运用的结果，"论其有余不足，则知贵贱；贵上极则反贱，贱下极则反贵"（《史记·货殖列传》）。提出要根据市场的供给和需求来判断价

① 胡寄窗：《中国经济思想史》上，上海财经大学出版社 1998 年版，第 179 页。
② 赵靖：《中国经济思想通史》第 1 卷，北京大学出版社 2002 年版，第 319 页。
③ 赵靖：《中国经济思想通史》第 1 卷，北京大学出版社 2002 年版，第 316 页。

格，商品供不应求，则价格上涨；反之，商品供过于求，价格下跌。商品的数量也会影响价格，当某种商品的价格十分昂贵时，就会有更多商品进来，价格就会下跌（贵上极则反贱）；而当商品的价格十分低廉时，厂商退出生产导致供给量下降，商品数量的减少导致价格上升（贱下极则反贵）。因为其地理位置特殊，范蠡选择"陶"来发展自己的事业，"陶，天下之中，诸侯四通，货物所交易也"（《史记·货殖列传》）。"为生可以致富矣。"（《史记·越王勾践世家》）雄厚的资本和敏锐的市场观察，加上先人一步的供求理论，范蠡成为天下景仰的大富翁，也是情理之中。

（六）晏子的经济思想

晏子（？—公元前 500 年？）春秋晚期齐国著名的政治家、思想家，相齐灵公、庄公、景公五十年，形成了治理国家的总体方略——"以民为本"。《史记·管晏列传》记载晏子"既为相，食不重肉，妾不衣帛；其在朝，君语及之，即危言；语不及之，即危行。国有道，即顺命；无道，即衡命。"其经济思想多见于《晏子春秋》。历史上，对于《晏子春秋》这部书的产生年代、作者和价值抱着怀疑态度。① 全书共八篇，内篇六篇（谏上、谏下、问上、问下、杂上、杂下）、外篇二篇（上、下），几乎都是记载晏子的立身行事，包括劝谏、论辩和个人生活的描述。

1. 薄于身而厚于民的节俭思想

晏子反对奢侈消费，认为统治者应该节俭，如果统治者奢靡就会加重人民的赋税徭役，增加社会矛盾，"君税敛重，故民心离；买市悖，故商旅绝；玩好充，故家货殚。积邪在于上，蓄怨藏于民；嗜欲备于侧，毁非满于国"（《晏子春秋·内篇问上》）。同时，晏子强调统治者应该对节俭起到引导作用，只有君王躬身节俭，官吏和百姓才会效仿，国家就会富裕。此外，晏婴在饮食、衣物、宫室等方面建立了一整套节俭准则，强调饮食要"男不群乐以妨事，女不群乐以妨功"（《晏子春秋·谏上》），衣着要"冠足以修敬……衣足以掩形"（《晏子春秋·谏下》），宫室"不以为奢侈也"（《晏子春秋·谏下》）。晏子把节俭上升到国家治理策略的高度，他指出"其政任贤，其行爱民，其取下节，其自养俭"（《晏子春秋·问上》），从国家治理的视角，主张国君适度

---

① 董治安：《说"晏子春秋"》，《山东大学学报》1959 年第 4 期。

消费形成示范效应，引导社会风气。

2. "义利观"与"幅利论"

人性的义与利，在晏子的经济思想中占有重要地位。第一，他肯定人民追求利的合理性，认为"凡有血气者，皆有争心"（《晏子春秋·杂下》），这就肯定了通过竞争来追求利益，肯定利益之心是人之本性。第二，晏子把义与利提到相同高度，强调义对利的约束作用，把义当成道德规范约束人们对物质利益的追求，"利不可强，思义为愈。义，利之本也，蕴利生孽"（《左传·昭公十年》）。第三，提出"幅利论"。幅利论是晏子对义和利的理论诠释，是对人欲望的制度约束。他指出"夫富，如布帛之有幅焉，为之制度，使无迁也。夫民生厚而用利，于是乎正德以幅之，使无黜嫚，谓之幅利。利过则为败，吾不敢贪多，所谓幅也。"（《左传·襄公二十八年》）晏子看到了追求利的行为应有所限度，不能不加限制。在幅利论的约束下，并非不追求利，而是强调不要追求无义之利、不能贪得无厌。在具体实践中，要把"义利观"和"幅利论"相结合，强调以廉为指导、让为路径，"廉者，政之本也；让者，德之主也"（《晏子春秋·杂下》）。晏子还阐述了"过"与"足"的危害，认为欲望满足容易导致家庭灭亡、国家失败，"足欲，亡无日矣"（《左传·襄公二十八年》）、"利过则为败"（《左传·襄公二十八年》），而节制欲望则会使人们富裕，"节欲则民富"（《晏子春秋·问下》）。晏子主张对农业和手工业采用宽恤政策，"君商渔盐，关市讥而不征；耕者十取一焉。"（《晏子春秋·杂下》）。

三　战国时期诸子百家的经济思想

（一）孟子、荀子等儒家的经济思想

1. 孟子的经济思想

孟子（前 372—前 289 年）[①]，授业子思之门人。学界有三种认识，

[①]　孟子生平，学界仍有争议。记载孟子生卒年（约前 385—前 305 年），参见杨宽《战国史》，上海人民出版社 2016 年版，第 534 页。胡寄窗（1998）引孟子生卒年（前 372—前 289 年），本书采纳此观点。参见胡寄窗《中国经济思想史》，上海财经大学出版社 1998 年版，第 226 页。

孟子授业于子思、孟子授业于子思之门人、孟子授业于子思之私塾弟子。[1] 从表1-5可以看出，孟子不能直接授业于子思，而是授业于子思之门人。从时间上推理，孟子应授业于子思门人之门人[2]，此外他在《孟子·离娄下》中说自己"予未得为孔子徒也，予私淑诸人也"[3]。孟子生于战国晚期，各国之间的战争加剧，动荡的社会让其思想难被采纳。孟子也曾周游列国，阐述思想及抱负，但未得重用。

表1-5

时间	年龄孟子生平（一说）	事迹
公元前 372 年	1 岁	出生于战国邹国（现山东济宁邹城）
（约）公元前 327 年	45 岁	率领弟子周游列国，到达齐国
公元前 329 年	43 岁	孟子到达宋国。见到滕文公。受宋君馈赠 70 金，回到邹国
公元前 320 年	53 岁	离开邹国到魏国
公元前 319 年	54 岁	魏国国君去世。孟子离魏去齐
公元前 318 年	55 岁	孟子再游齐国，受到礼遇
公元前 314 年	59 岁	齐燕战争，齐国获大胜。齐宣王质疑孟子学说。孟子离开齐国
公元前 312 年	61 岁	楚秦大战之际。孟子去宋国。推行仁政主张。离宋到鲁
公元前 312 年	62 岁	离鲁回邹
公元前 311—前 290 年	82 岁	著书立说，讲学，著《孟子》
公元前 289 年	83 岁	孟子去世

《孟子》一书共有七篇共十四部分（每篇分上、下两部分），囊括了孟子所有思想。孟子的思想以国家为对象，通过推行"仁政"，实现

---

[1]　参见胡寄窗《中国经济思想史》，上海财经大学出版社 1998 年版，第 226 页。

[2]　子思与孟子相差 50 年，算上其弟子生卒年和孟子年幼时间，授业于子思门人之门人应更为相符。

[3]　方勇译注：《孟子》，中华书局 2015 年版，第 159 页。

天下太平。

（1）义利思想

战国后期，诸侯争霸，战争持续。国君追求"利国"，把人口看成国家力量的依托，追求人口增加、强国之术；大夫追求"利吾家"、士庶人追求"利吾身"，五亩之宅、百亩之田、衣食有物；面对逐利本色，孟子主张追求"仁义"，先义而后利，治乱于世。孟子定义了财富的构成，谷物、鱼鳖、树木都是财富的表现，他坚持"仁者无敌"，主张薄赋税、省刑罚，深耕细作，无夺民时。在处理对外关系上，孟子主张利用诸侯个人的仁义本性，达到"以大事小、以小事大"。孟子认为，诸侯国不应追求"霸天下"，而应以仁政称天下。仁政的核心是"爱民"，孟子主张通过"尊贤使能。市廛而不征、法而不廛、关讥而不征、耕者助而不税、廛无夫里之布"（《孟子·公孙丑上》）五点，无敌于天下。

（2）仁政思想

孟子的经济思想是以其仁政为基础，"王如施仁政于民，省刑罚，薄税敛，深耕易耨"……（《孟子·梁惠王上》）。孟子认为只有实行仁政于民，减少刑罚，减轻税负，发展农业生产才能君临天下。孟子强调农业生产季节的重要性，劝告滕文公要实行仁政，不要违背农时。孟子主张低税赋，主张通过低赋税徕民。孟子对高税收有一个形象比喻，认为国家高税赋却不开始减税类似于"偷鸡"。"戴盈之曰：什一，去关市之征，今兹未能，请轻之，以待来年，然后已，何如？孟子曰：今有人日攘其邻之鸡者，或告之曰：'是非君子之道。'曰：'请损之，月攘一鸡，以待来年，然后已。'如知其非义，斯速已矣"（《孟子·滕文公下》）。

（3）治国理政思想

首先，他主张民要有恒产，"民之道也，有恒产者有恒心，无恒产者无恒心"（《孟子·滕文公上》）。国君要谦恭、节俭、礼贤下士，设置法制征收赋税。其次，征什一之税。再次，设立学校，教育百姓。传授教养之道、骑射之术、人伦之理。最后，实行井田之土地制度。关于井田制，孟子叙述如下："卿以下必有圭田，圭田五十亩，余夫二十五亩。死徙无出乡，乡田同井，出入相友，守望相助，疾病相扶持，则百姓亲睦。方里而井，井九百亩，其中为公田，八家皆私百亩，同养公田。公事毕，然后敢治私事，所以别野人也。"（《孟子·滕文公上》）井田制包括两种治理体系。一种是乡野居民定居制。乡野之人互帮互助、不能迁徙，终老一生居此一地。另一种是依托乡野定居制，根据一井之地灌溉九百亩之田设置，公私田比例为1：8，先公田后私田耕种。公田交付国家，而私田作为恒产。

（4）分工思想

孟子是劳动分工坚定的支持者，主张不同行业的产品来自不同个人，"且一人之身，而百工之所为备，如必自为而后用之，是率天下而路也"（《孟子·滕文公上》）。孟子看到社会发展过程中社会分工和市场交换的必要性。"子不通功易事，以羡补不足，则农有余粟，女有余布；子如通之，则梓匠轮舆皆得食于子。"（《孟子·滕文公上》）孟子从国家治理的角度谈分工，指出国内有农业生产者、手工业者（编织帽子）、陶工、铁匠等各行各业分工，一个人不需要具备所有行业的生产技能，通过交换和流通，能够满足人们的需求。孟子把行业分为"劳心"和"劳力"，认为有脑力劳动（劳心）和体力劳动（劳力）的区别，"故曰，或劳心，或劳力，劳心者治人，劳力者治于人；治于人者食人，治人者食于人；此天下之通义也"（《孟子·滕文公上》）。"劳心劳力论"指出不同行业中存在统治者与被统治者两类人群，同时指出两种人群不同的职责，统治者管理、被统治者劳作；劳心者带领劳力者追求"利国、利家、利身"。孟子不主张利，但在"劳心劳力论"中，为了彰显"劳心者"的合理性，他不自觉把劳心者推到统治者角度，主张统治者为民众负责，既要管理民众"教以人伦，父子有亲，君臣有义，夫妇有别，长幼有序，朋友有信"（《孟子·滕文公上》）。树立民众之间的五种基本交往准则（君臣、父子、夫妇、朋友、长幼），又要以尧、舜等圣人为榜样，"以天下与人易，为天下得人难"（《孟子·滕文公上》）。孟子指出，劳心劳力不能相互转变，"梓匠轮舆能与人规矩，不能使人巧"（《孟子·尽心下》）。劳心和劳力适应了统治者的需要，劳心者统治人，劳力者被统治。在这个问题上，他得出了一个绝对有利于封建统治阶级的很反动的结论。①

（5）对商品价格的论述

孟子批判统一价格，认为农家主张"市贾不贰、国中无伪，虽使五尺之童适市，莫之或欺"（《孟子·滕文公上》）的思想不能实现。孟子认为统一价格不区分物品的种类、大小、重量必不能实行，他批评农家认为布帛长短相同、麻缕轻重同、五谷分量一致、鞋子大小相同，价格就应一致的理论是十分错误的。孟子认为价格依物而定，物品之间存在差异，导致物品价格各异，若采用统一价格出售，是扰乱天下的行为。孟子指出物品决定价格，物品之间的差异是"物之情也"（《孟子·滕文公上》），把物品差异看成由自然属性决定，孟子初步探讨价格的形成及影响因素，并指出"巨屦小屦同贾，人岂为之哉"（《孟子·滕文公上》）？他认为价格相同，人们不会去生产大屦（鞋子）而只会去生产小屦（鞋）。孟子指出更深层的影响价格的因素是"人岂为之哉？"即是否付出了"劳力"，这已经触碰到价值价格论的边界。

（6）交换作用

孟子认为如果不主张交换（通功易事），只是农民有余粮、女有余布；而如果主张交换，"则梓匠轮舆皆得食于子"（《孟子·滕文公下》）。在这里，孟子把行业分为农业部门和非农部门，不交换对农业部门的人来讲，可以维持生活（余粮、余布），而对非农部门（手工业部门）则无以为继；通过交换，农业部门（粮食、衣服）之间可以满足需求，非农部门之间（梓匠轮舆）也可以满足需要，农业部门和非农部门之间的交换也可以得到满足，尤其对非农部门的行业来讲，从农业部门得到食物，维系生存。孟子认为人们凭借"功"（贡献）而非"志"（目的）得到社会的认可。

（7）孟子主张什一税

他在主张井田制时，强调了什一税的作用。尔后他又先后在不同地方主张什一税，认为商汤"十一征而无敌于天下"（《孟子·滕文公下》）。而戴盈之推迟执行十一税赋政策时，孟子劝说"如知非义，斯速

① 胡寄窗：《中国经济思想史》上，上海财经大学出版社 1998 年版，第 240 页。

已矣，何待来年"（《孟子·滕文公下》）? 这种迫切的、只争朝夕的态度说明了什一税在孟子心中的地位。孟子反对白圭的二十税一，认为税赋过少会导致国家的财力不足。有些国家如貉[①]的财政支出少，没有城郭、宫室、宗庙祭祀、邦国交往、各级官吏的负担，二十税一可以满足，但当前国家支出（城郭、宫室、宗庙祭祀和邦国交往）加重，官吏数量增多，必须要采用什一税才能满足国家需要。

表 1-6 周朝的爵位与俸禄等级

五等级	六层级	辖区面积	王畿之内
天子	君	天子，方千里	
公	卿	公侯，方百里	天子之卿，与侯的封地一致
侯	大夫	伯，方七十里	天子大夫，与伯的封地一致
伯	上士	子、男，方五十里	
子、男	中士	子、男，不足五十里，依附于诸侯，曰附庸	天子元士，与子、男封地一致
	下士		
大国俸禄	次国俸禄	小国俸禄	庶人在官者俸禄同耕者年收入
地，方百里。君十倍卿俸禄	地，方七十里。君十倍卿俸禄	地，方五十里。君十倍卿俸禄	一夫百亩
卿四倍大夫俸禄	卿三倍大夫俸禄	卿二倍大夫俸禄	上等民夫食九人
大夫倍上士俸禄	大夫倍上士俸禄	大夫倍上士俸禄	上次食八人
上士倍中士俸禄	上士倍中士俸禄	上士倍中士俸禄	中食七人
中士倍下士俸禄	中士倍下士俸禄	中士倍下士俸禄	中次食六人
下士同庶人官俸禄；同于耕者一年的收入	下士同庶人官俸禄；同于耕者一年的收入	下士同庶人官俸禄；同于耕者一年的收入	下食五人

2. 荀子的经济思想

荀子[②]（约前313—前238年），战国末期赵国人。荀子的经济思想集中在《荀子》一书，全书论证了方法论、治国思想、经济思想、礼

---

① 古代北方的少数民族国家。参见《孟子·高子下》，第249章。
② 荀子，生卒年不详，胡寄窗认为其（约前298年—前238年）。

仪道德等。

表 1 - 7　　　　　　　　　　　　　《荀子》目录

礼仪道德	治国理政	发展经济	哲学	其他
《劝学》《修身》《仲尼》《儒效》《非十二子》《法行》《子道》《大略》《非相》	《王制》《王霸》《君道》《臣道》《致士》《议兵》《赋》《荣辱》	《富 国》《强 国》	《天论》《正论》《礼论》《乐论》《性恶》	《解蔽》《正名》《宥坐》《哀公》《尧问》

　　战国时期，儒家的经济思想并非单纯地考虑礼仪制度而漠视经济发展。经济理论的提出者，也是根据当时的社会环境不断调整自己的学术思想，希望能够被诸侯国采纳。因此，学说供给与诸侯需求是理论的提供者与采纳者。① 荀子的《王制》《王霸》从国家层面阐述诸侯国如何集经济、政治、文化于一体，而《富国》《强国》阐述了其治国理政、发展经济的思想，符合诸侯的治理需求。

　　（1）治国观

　　荀子在国家层面中讨论，从整体上阐述国家治理的关键是选拔、使用人才。荀子主张采用"礼""刑"两种方式，"礼"吸引人才、"刑"惩治是非，令行禁止。通过建立法令实现"无隐谋、无遗善，而百事无过。"（《荀子·王制》）治理国家人民，要分而治之，树立贫富贵贱之分的礼仪，才能便于治理，"势位齐而欲恶同、物不能澹则必争，争则必乱，乱则穷矣"（《荀子·王制》）。荀子把人分为庶人（被统治者）和君子（统治者），提出"庶人安政、君子安位"（《荀子·王制》），指出了君子和庶人的关系，"君者，舟也；庶人者，水也。水则载舟，水则覆舟"（《荀子·王制》）。荀子认为，君子有三大节，"欲安则平政爱民、欲荣则隆礼重士、欲立功名则尚贤使能"。天下君主分追求王道和追求霸道。追求霸道治国，要开田野、充仓库、备器械、招技士，实行赏先罚纠，在于夺土地；追求王道治国则追求仁、义、威，要均赋税、理民事、富万物以养万民，在于多民心。

──────────

　　①　柴毅、雷晓霆：《诸侯需求与学术供给：基于墨家思想的再分析》，《贵州社会科学》2017 年第 11 期。

（2）节用富民观

荀子从欲望入手，指出国家生害的原因是"欲多而物寡，寡则必争矣"（《荀子·富国》）。国家要追求足国之道，"节用裕民而善臧其余"（《荀子·富国》）。第一，节用。荀子主张"以礼"节用，他认为要长幼有序、贵贱有等、贫富有级、轻重有称，按照不同的等级消费对应的物品，实现"德必称位，位必称禄，禄必称用"（《荀子·富国》）。第二，裕民。荀子特别提倡富民思想，他认为"民富则田肥以易，田肥以易则出实百倍"（《荀子·富国》）。荀子认为实现民富的渠道是"以政裕民"，用礼乐约束士人、法制管束庶人，采用"称数"思想。要依据人民的能力安排事宜，"使民必胜事，事必出利，利足以生民，皆使衣食百用出入相掩，必时臧余，谓之称数"（《荀子·富国》）。百姓做事能获得利益，获得利益则民众增多，"故王者富民，霸者富士，仅存之国富大夫，亡国富筐箧、实府库"（《荀子·王霸》）。

（3）轻税赋

他主张朝廷要隆礼仪而审贵贱，"齐其制度"（《荀子·王霸》），达到"畏法而遵绳"（《荀子·王霸》）。强调关市讥而不征，商贾"敦悫而无诈"（《荀子·王霸》），百工"忠信而不楛"（《荀子·王霸》）。荀子认为国家的财富来自农夫、百吏、商贾、百工，县鄙会轻税、省敛、罕役，不夺农时，"政令行，风俗美"（《荀子·王霸》）。

（4）分工思想

荀卿的分工理论没有突破孟轲的广度。他从社会角度出发，认为人类群居后，有了统一的诉求，只有增加社会生产，才能增加社会财富，"农分田而耕，贾分货而贩，工分事而勤，士大夫分职而听"（《荀子·王霸》），在这一条件下，产生职业分工。荀子的分工，希望各司其擅长的职业，提高工作效率，达到增加社会财富的目的，"相高下，视饶肥，序五种，君子不如农人。通财货，相美恶，君子不如贾人。设规矩，陈绳墨，便备用，君子不如工人"（《荀子·儒效》）。

（二）庄子经济思想

庄子（前369—前286年），名周，战国时期的思想家、哲学家。生于宋国蒙城。庄子曾为漆园地方的小吏，不久即隐退，其思想都集中在《庄子》一书。《庄子》分为"内篇""外篇""杂篇"，后学把庄子学说纳入道家学派，称"老庄之道"。

1. 主张平等

战国时期，道家思想反对领主贵族的横征暴敛，主张均贫富，同时反对封建领主经济，认为封建领主经济是落后、保守和倒退的。庄子主张万物平等，《庄子·齐物论》指出"吾丧我"的境界，去除成见、扬弃我执、打破自我为中心，主张人物平等观和万物平等观。

2. 约束欲望

"非彼无我，非我无所取"（《庄子·齐物论》）主张用心去约束欲望，强调"无有为有"（《庄子·齐物论》）。人们要维持基本的生活，如何保证欲望呢？道家提出要重视农业、反对奇技淫巧，"民多利器，国家滋昏；人多伎巧，奇物滋起"（《道德经》）。战国后期，只有道家强烈反对新鲜事务，究其原因，是由道家"无为而治"的哲学基础所决定的。从哲学上看，"返璞归真"是尊重自然本性，而工艺和工具会破坏自然物的本源，"无欲"和"寡欲"是"无为而治"的前提，而新兴工具会增加欲望带来社会的利益冲突，打破上下间的欲望均衡，破坏"无为"的治国理念，必须加以反对。①

（三）鬼谷子经济思想

鬼谷子，生卒年不详②，战国时期纵横家的开创者，其思想主要在《鬼谷子》一书。《鬼谷子》是人类文明"轴心时代"产生的一部非常有特色的著作，是中国传统文化中一朵吐着智慧芳香的奇葩。③ 全书共十七章，其中第十三、第十四两章亡佚。全篇纵横捭阖，围绕天下大势因势利导，尽显权谋智慧。全书囊括哲学辩证法、政治学、军事学、社会学等多种学科。全书核心是"道"，道是观察世之阴阳规律，把握事物之始终，了解变化之趋势，达人心之变化。而世间规律变化无穷，需先审察后量能，以求其利。鬼谷子主张，要反复观察变化之道，从古、往、今、来多方面考据变化的态势，倘若于今天形式不合，"反古而求之"（《鬼谷子》）。

---

① 柴毅：《中国古代城市产业发展思想研究》，人民出版社 2017 年版，第 69 页。
② 钱穆《先秦诸子系年》中，鬼谷子生卒年约为公元前 390 年至前 320 年。
③ 许富宏译注：《鬼谷子》，中华书局 2017 年版，第 1 页。

1. 肯定对"利"的追求

鬼谷子主张人们运用各种权谋博取自己的地位、权力、财富，再使用自己的影响力去教化群众。他充分肯定对"利"的追求，认为追求利的行为不应受道德制约而只看结果，"由夫道德……先取诗书，混说损益，议论去就"（《鬼谷子·内楗》）。

2. 强调掌握信息的重要性

强调信息收集的重要性，"其与人也微，其见情也疾。如阴与阳，如阳与阴；如圆与方，如方与圆。未见形，圆以道之；既见形，方以事之。进退左右，以是司之"（《鬼谷子·反应》）。信息是国家竞争与市场竞争的有效载体，如何有效地利用、识别信息，再实现信息为我所用，是市场竞争和国家竞争的重要表现。《鬼谷子》把信息作为重要依托，就是在广泛收集信息的前提下做出对己方最有利的决策。

3. 掌握做决策的方法

在信息收集的背景下做决策。《鬼谷子·决篇》中以决断为核心，做出抉择时趋利避害乃本性也，君主决断时应注意教化百姓、惩罚恶行、取信于民、爱民、讲廉洁。《鬼谷子·决篇》阐述了在德行盛行、圣君开明、人民幸福、社会治理良好的情况下，做出决断所依赖的基础。鬼谷子认为这是做出奇策的重要依据，他认为决断（奇策）具有两面性，一方受利而另一方受到损失，要权衡多方面利害得失再做出最合适的策略。

4. 尊重自然规律

《鬼谷子·持枢》部分认为君主追求自然之道，即春种秋收、四季更迭，并把握自然之道——百姓安居乐业并可生儿育女、教化百姓、爱护民力。这不违背自然之道，可以使君主君临天下，"善变者审知地势，乃通于天，以化四时"。

（四）墨子及墨家经济思想

墨子（约前468—前376年）名翟，相传为宋国人。[1]《史记》对墨子的介绍非常少。"盖墨翟，宋之大夫，善守御，为节用。或曰并孔子时，或曰在其后"，寥寥数字，便把一代大家笼统描述，不得不说是

---

[1]　参见柴毅《中国古代城市产业发展思想研究》，人民出版社2017年版，第56—57页。

思想史的一大损失。墨子对财富的认知绕过了"义"的约束，直接谈"利"。他从个人之利、百姓之利、国家之利开始，从劳动的属性出发，凡是有利于增加劳动生产与生活，统称为"利"，反之曰"不利"。对于农业和商业的态度，墨子认为"故衣食者，人之生利也"（《墨子·节葬下》）。"凡天下群百工，轮车鞼匏，陶冶梓匠，使各从事其所能。曰，凡足以奉给民用，则止。诸加费不加利于民者，圣王弗为……古者圣王制为衣服之法曰……诸加费不加于民利者圣王不为……车为服重致远……古者圣王为大川广谷之不可济，于是利为舟楫……恐伤民之气，于是作为宫室而利……诸加费而不加民利者，圣王弗为。"（《墨子·节用中》）从衣服、饮食、宫室、车等衣食住行的方面提出了对待工商的态度，利民则为、不利则止。墨子遵循"两害相权取其轻，两利相权取其重"的原则，从利害得失的角度去获取利。"断指以存擎，利之中取大，害之中取小也。非取害也，取利也……利之中取大，非不得已也。害之中取小，不得已也。"（《墨子·大取也》）对城市（国）而言，不能以单纯的"利""害"衡量，墨子提出"交相利"，目的是人己两利，不能亏人以利己。墨子指出战争、君臣、兄弟、夫妻等存在纠纷的原因是争利，"子自爱，不爱父，故亏父而自利；弟自爱，不爱兄，故亏兄而自利；臣自爱，不爱君，故亏君而自利"（《墨子·兼爱上》）和"皆起不相爱"。为了解决这一问题，墨子主张"兼爱""非攻"，试图营造出和平环境，在"非攻"的氛围中发展经济。墨子企图通过"兼相爱，交相利"理论，把个人、集体和国家利益结合起来，虽然很值得称述，但这种没有经济和军事约束只靠道德内省的主张注定不能实现。因为剥削阶级的"情欲—贪欲和权势欲"会窒碍它的存在和发展。①

1. 惠农思想

《淮南子·要略》说："墨子学儒者之业，受孔子之术，以为其礼烦扰而不说，厚葬靡财而贫民，久服伤生而害事，故背周道而用夏政。"墨子本师从儒家，但后来觉得儒学烦琐古板而舍弃儒学，另立新说。墨子以小生产者的视角，提出代表劳动人民的利益诉求以及反映基

---

① 胡寄窗：《中国经济思想史》上，上海财经大学出版社 1998 年版，第 129 页。

层人民改善生活状况的愿望。

墨子不讳言利,其惠农思想也出自此,即使民得利。一方面,农民要努力生产,"农夫蚤出暮入耕稼树艺,多聚菽粟"(《墨子·非乐上》)才能创造财富;另一方面,国家对物质资料的需求以是否有利于民为标准,不能一味贪图奢侈享乐。墨家追求"万民和,国家富,财用足,百姓皆得暖衣饱食,便宁无忧"(《墨子·天志》)的理想社会,强调劳动、节用、节葬、非乐的重要性,并重视手工技能。他们还对增加劳动力数量进行了专门研究,并总结出通过鼓励早婚、节丧薄丧、禁蓄私、减赋税等一系列手段来增殖人口。

2. "强本节用"思想

"强本"是墨家提倡提高粮食生产、增加有效供给的生产观,"节用"则为提倡要节制消费、减少浪费的消费观。墨子的经济思想,包含着重视生产劳动观点、裕民富国的固本之道、朴素的社会分工观念、劳动福利保障思想、勤俭节约等。

墨子重视劳动,认为人异于动物的原因在于从事生产劳动,"赖其力者生,不赖其力者不生"(《墨子·非乐上》)体现出劳动创造财富的思想。墨子注重农业生产,认为五谷乃国之根本,"固本"是治国之重,国家防治祸患的根本在于增加粮食生产。在《墨子·七患》中,墨子提出"凡五谷者,民之所仰也,君之所以为养也。故食不可不务也,地不可不立也,用不可不节也"。他主张扩大粮食生产、增加社会供给,要增加劳动者数量、提高劳动强度、不违农事。《墨子·非命》中,他提到"必使饥者得食,寒者得衣,劳者得息,乱者得治",提倡"以劳殿赏,量功而分禄",反对"不与其劳,获其实",体现了按劳分配、多劳多得、少劳少得、不劳动者不得食的原则。墨子强调每个人都发挥自己的比较优势,从事固定工作,会极大地提高自己的熟练度,提高生产效率,"譬若筑墙然,能筑者筑,能实壤者实壤,能欣者欣,然后墙成也。为义犹是也,能谈辩者谈辩,能说书者说书,能从事者从事,然后义事成也"(《墨子·耕柱》)。

3. "兼爱"的经济思想

在各国追崇开疆拓土、军事掠夺的战争时代,墨子深谙和平才能使国家太平、人口增加、百姓安心劳作创造财富。"兼爱"是墨子的社会政治思想的核心，"非攻"是其具体行动纲领。墨子认为社会治理混乱是因为不相爱，"天下之人皆不相爱，强必执弱，富必侮贫，贵必敖贱，诈必欺愚"（《墨子·兼爱中》），只有通过"兼相爱，交相利"（《墨子·兼爱中》）才能使社会稳定。墨子认为战争会造成多数人或死伤于战场，或死于饥寒，"攻城野战死者，不可胜数"（《墨子·节用上》）。"春则废民耕稼树艺，秋则废民获敛。今唯毋废一时，则百姓饥寒冻馁而死者，不可胜数。"（《墨子·非攻中》）。墨子认为战争使夫妻分离，减少生育机会，进而阻碍人口增长，使国家难以富足，是为"寡人之道：且大人惟毋兴师，以攻伐邻国，久者终年，速者数月，男女久不相见，此所以寡人之道也"（《墨子·节用上》）。

4. 强兵思想：守御

以往分析墨家思想，忽视了墨家全文的解读。在乱世之中的诸侯国，最重要的是处理外部军事争霸对本国的冲击以及内部发展经济壮大国家实力。《墨子》针对诸侯争霸，提出"城市守御"思想，"以守为攻"用自身最小的代价换取"客"最大的伤害；针对国家经济，提出"节用"思想，"去无用之费"以增强国家实力。[①] 墨子全书七十一篇，阐述城守思想的共有二十三篇，约占全书的三分之一；现存五十三篇，阐述城守思想的共有十三篇，约占全书的四分之一[②]。

墨家学派是以守御为核心构建理论体系，所以以放弃守御思想单纯研究其他主张势必不能全面理解墨学的精髓。[③] 首篇《墨子·亲士》指出了人才重要性"入国而不存其士，则亡国矣"。随后又指出选拔人才标准"选士大射，是以上贤"。《墨子·七患》指出"国有七患。七患者何？城郭沟池不可守，而治宫室，一患也"。墨家始终把城郭防御放在首位，以保证诸侯国存活为目标。墨家站在消费的角度提出节用思想，把国家分为不同群体，上至君王、下至各行百姓，都应以"节

---

　　① 柴毅、雷晓霆：《诸侯需求与学术供给：基于墨家思想的再分析》，《贵州社会科学》2017 年第 11 期。

　　② 柴毅：《外部市场变化与理论转型：墨学兴衰和衰败的经济学诠释》，《贵族社会科学》2016 年第 11 期。

　　③ 以下内容均引自柴毅、雷晓霆《诸侯需求与学术供给：基于墨家思想的再分析》，《贵州社会科学》2017 年第 11 期。

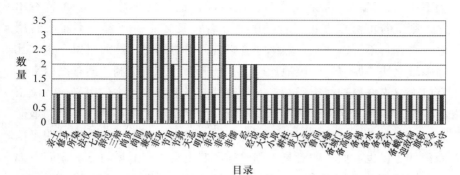

图 1-4 《墨子》书数目对比

用"为目标。《墨子·节用上》指出圣王应"无不加用而为者",以增加利益为目的,以民众体验是否有劳苦为标准,"用财不费、民德不劳"。君王采取"节用"之术制衡百工,"凡天下群百工,轮车、鞼匏、陶冶、梓匠,使各从事其所能"。各行各业按照"凡足以奉给民用,则止"的原则,达到确保百姓足用的标准。节用思想以满足国内人民使用为目标,在利益与成本之间做选择,认为君王只有在不增加人民负担的前提下提高利益或者增加人民的利益才可以有所作为,倘若"诸加费不加于民利者,圣王弗为"(《墨子·节用》)。墨家学说随后又把二者结合,指出国家经济发展是保家卫国的基础。《管子·度地》中说,城市是防御的依托,经济是立邦兴业的根本,粮食的产出既是诸侯防御的基础也是国家发展的体现。人、粮食、土地、城市构成了防御的四要素。

"城守"思想是墨子弟子与墨子在对话中攻城、防守之间的思想精华。双方站在小国的角度,对进攻方和防守方进行论述,一攻一守,相得益彰。《墨子·备城门》禽滑釐问于子墨子曰:"由圣人之言,凤鸟之不出,诸侯畔殷周之国,甲兵方起于天下,大攻小,强执弱,吾欲守小国,为之奈何?"子墨子曰:"何攻之守?"禽滑釐对曰:"今之世常所以攻者:临、钩、冲、梯、堙、水、穴、突、空洞、蚁傅、轒辒、轩车,敢问守此十二者奈何?"子墨子曰:"我城池修,守器具,樵粟足,上下相亲，又得四邻诸侯之救，此所以持也。且守者虽善，而君不用之，则犹若不可以守也。若君用之守者，又必能乎守者，不能而君用之，则犹若不可以守也。然则守者必善而君尊用之，然后可以守也。凡守围城之法，厚以高，壕池深以广，楼撕揗，守备缮利，薪食足以支三月以上，人众以选，吏民和，大臣有功劳于上者多，主信以义，万民乐之无穷。不然，父母坟墓在焉；不然，山林草泽之饶足利；不然，地形之难攻而易守也；不然，则有深怨于适而有大功于上；不然则赏明可信而罚严足畏也。此十四者具，则民亦不宜上矣。然后城可守。十四者无一，则虽善者不能守矣。"① 随后，双方就如何攻城和防守互相阐述，我们也借此一窥墨家"城市守御"思想之端倪。

第一，确立城市防守的五种原则。子墨子曰："凡不可守者有五：城大人小，一不守也。城小人众，二不守也。人众食寡，三不守也。市去城远，四不守也。畜积在外，富人在虚，五不守也。"② 五种原则为城市防守划分了界限，也构建了城市守卫的基础——资源与人力的合理配置、信息的通畅，阐述了城市攻守实质上是资源消耗战的原理。

第二，确立城守官吏的任用职责。人力资本是"城守"思想得以实践的依靠主体，如何确保防御体系在执行过程中的效率，是墨家非常关注的地方。因此，对人力资本的使用主要体现在两个方面：首先，利用人质控制官吏城守，保证官吏的执行效率。"司马以上父母、昆第、妻子有质在主所，乃可以坚守。署都司空、大城四人，侯二人，县侯、面一，亭尉、次司空、亭一人。侍守所者，财足、廉信、父母昆弟妻子有在葆宫中者，乃得为侍吏。诸吏必有质，乃得任事。"③ 其次，赏罚分明，刺激官吏和士兵的士气。按照立功不同，进行不同的奖励，如"身枭城上，有能捕告之者，赏之黄金二十斤"④。

第三，确立食物配置标准以及食物的存储数量。食物，是城市防守的基础。子墨子曰：城中无食，则为大杀。《墨子·杂守篇》中说：士卒每天食两餐，食量分五等："半食、食五升；三食，食三升；四食，

---

① 岑仲勉：《墨子城守各篇简注》，中华书局 1958 年版，第 1—5 页。
② 岑仲勉：《墨子城守各篇简注》，中华书局 1958 年版，第 155 页。
③ 岑仲勉：《墨子城守各篇简注》，中华书局 1958 年版，第 148 页。
④ 岑仲勉：《墨子城守各篇简注》，中华书局 1958 年版，第 121 页。

食二升半；五食，食二升；六食，食一升大半，日再食。"军队分配粮食以斗为单位，定量发给半食、三食、四食、五食、六食，[①] 即分情况规定食 1/2、1/3、1/4、1/5、1/6 斗。薪物存储数量的多寡是维持城市防守的基础，"薪食足以支三月以上"[②]，三个月是墨家城市防守的最短期限。

第四，城守思想的精髓——守城器械的配置。防守器械的种类和数量是墨家城市防守的重要支撑。以区区四千之众抵挡十万敌兵，用十四种防御手段抵御住"客"十二种进攻方式，从而赢得防御战的胜利，就是依靠防御器械的发明、运用、配置。[③] 这是防御思想的精髓，墨子因此花大量篇幅阐述器械配置和防御应用。[④]

第五，创立战事预警机制。战事信息的重要性不言而喻，墨家不但构建了城市的防御体系，也构建了战争的预警机制。城市内部是防守区域的所在地，大量人力、物力、器械的分布使得时刻处于临战状态，如何调配资源进行防御，视防御者对内外信息的分析所得。对城内资源采用旗帜、烽火、鼓声相结合的方式进行调配；对城外"客"的监督，则采用烽火和传鼓的方式来告知其行动。

作为先秦的显学和底层人民的代表，墨家对战争的理解更为深刻。社会因受"利"的诱惑，导致"不相爱"。为了改变这一现状，墨子并未忽视"利"而大谈"义"，而是在承认"利"的前提下提出"兼相爱、交相利"，并以此"信效先利天下诸侯"[⑤]。当诸侯贪图胜利之名、城邑之利而贸然发动战争，墨子认为诸侯各国也会衡量发动战争的成本和收益，"计其所自胜，无所可用也；计其所得，反不如所丧者之多"（《墨子·非攻中》），"量我师举之费，以争诸侯之毙"（《墨子·非攻下》）。同时墨家主张"守御"思想，"以守为攻"，其他诸侯则"大国之攻小国也，则同救之；小国城郭之不全也，必使修之"（《墨子·非攻下》），以此约束大国。墨子不主张但也不惧怕战争，依据"城市防御"阻挡"客"

---

① 吴慧：《中国历代粮食亩产研究》，农业出版社 1985 年版，第 24 页。
② 岑仲勉：《墨子城守各篇简注》，中华书局 1958 年版，第 4 页。
③ 方勇译：《墨子》，中华书局 2011 年版，第 474 - 497 页。
④ 《墨子·备城门》下诸篇都涉及此方面。
⑤ 方勇译：《墨子》，中华书局 2011 年版，第 177 页。

的进攻，遵循在资源约束下实现防御效用最大化的原则。在距离郭三十里的地方，树木、墙垣都伐除，城郭外的空井全部填埋，树木等或运进城市，或烧掉。在城外箭矢的射程内破坏其掩体，城守伊始就做好持久战的准备，加强对战略物资的储备，并对城郭居民进行战争培训和防御安排。依靠防御工具，完成四千人拒敌十万人 90 天的目标。

5. 富国思想：节俭

墨子提出节用主张，"去无用之费"（《墨子·节用》）。墨家节用的主张体现在衣、食、住、行、葬等各个方面。在衣着方面，"故圣人之为衣服，适身体，和肌肤，而足矣"（《墨子·文本》），穿着衣服只讲求实用性；在饮食方面，"足以充虚继气，强股肱，耳目聪明，则止。不极五昧之调、芬香之和，不致远国珍怪异物"（《墨子·节用》），对饮食的追求，只要果腹就行，过分追求口腹之欲必然消耗大量钱财。在居室方面，"室高足以辟润湿，边足以圉风寒，上足以待雪霜雨露，宫墙之高，足以别男女之礼。谨此则止，凡费财劳力，不加利者，不为也"（《墨子·辞过》）。如果聚敛钱财，修建宫室台榭，雕龙刻凤，必会导致社会动乱。在出行方面，墨子也对出行交通工具进行了规定，"其为舟车也，全固轻利，可以任重致远，其为用财少，而为利多，是以民乐而利之"（《墨子·辞过》），交通工具应以实用、安全、便利为目的，不追求外观的奢华。在丧葬方面，"今唯毋以厚葬久丧者为政，国家必贫，人民必寡，刑政必乱"（《墨子·节葬》）。墨家支持丧葬从简，反对厚葬久丧。

墨子在理论上构建了以"道义"为核心，承认"诸侯争利"的现实，提倡"非攻"的理论体系，通过"守御"和"节用"两种主要方式保持国家存在和发展诸侯经济，实现"兼爱"的目的。[1]"若使天下兼相爱，国与国不相攻，家与家不相乱，盗贼无有，君臣父子皆能孝慈，若此则天下治。"（《墨子·兼爱上》）在现实中，墨学根据诸侯尤其是弱小诸侯的生存需求，淡化"守御"理论的核心地位，强调"兼爱、非攻"的学派主张。希望达到小国"城守"、弱国"兼爱"、大国

---

① 柴毅、雷晓霆：《诸侯需求与学术供给：基于墨家思想的再分析》，《贵州社会科学》2017 年第 11 期。

"非攻"的状态，力图在争霸中实现诸侯国间的均衡①。

（五）李悝、商鞅与韩非子等法家的经济思想

法家在先秦诸子中最重视法令。法家思想家更多参政、议政，可以将其治国理政思想付诸治国实践。战国时期的法家，除了以李悝、韩非为代表的秦晋法家外，还有齐法家。秦晋法家制定"以农为本"的方针，突出对农业的管理，强调国家的控制，是以达到重农的目的。齐法家主张的是相对宽松的国家诱导政策，给予农民自由，更有利于农业发展。齐法家关于农业的广义理解，也更较为合理，可以充分利用自然资源，满足各方面的生活需要。齐法家和秦晋法家都很强调富国、重农。李悝、韩非更多将农与战相结合，虽重视农业生产，但主张将财富更多交予国家，最大限度满足战争所需。相比之下，齐法家从治国的角度认为富国富民是统一，允许农民手中保有较多的剩余产品。

1. 李悝的"尽地力之教"

李悝（约公元前450—前390年），魏人，曾相魏文侯及武侯，使魏国兵强国富。作为法家的始祖，他采用法律保护私有财产。李悝扩大了农业的范畴，从粮食等谷物扩展到山林泽谷。李悝提出了思想"尽地力之教"，全文收录在《汉书·食货志》中，具体如下：

> 李悝为魏文侯作尽地力之教，以为地方百里，提封九万顷，除山泽邑居三分去一，为田六百万亩。治田勤谨则亩益三斗，不勤则损亦如之。地方百里之增减，辄为粟百八十万石矣。又曰，籴甚贵伤民，甚贱伤农；民伤则离散，农伤则国贫。故甚贵与甚贱，其伤一也。善为国者，使民毋伤而农益劝。今一夫挟五口，治田百亩，岁收亩一石半，为粟百五十石，除十一之税十五石，余百三十五石。食，人月一石半，五人终岁为粟九十石，余有四十五石。石三十，为钱千三百五十，除社闾尝新、春秋之祠，用钱三百，余千五十。衣，人率用钱三百，五人终岁用千五百，不足四百五十。不幸

① 柴毅：《外部市场变化与理论转型：墨学兴盛和衰败的经济学诠释》，《贵族社会科学》2016年第11期。

疾病死丧之费，及上赋敛，又未与此。此农夫所以常困，有不劝耕之心，而令籴至于甚贵者也。是故善平籴者，必谨观岁有上中下熟。上熟其收自四，余四百石；中熟自三，余三百石；下熟自倍，余百石。小饥则收百石，中饥七十石，大饥三十石。故大熟则上籴三而舍一，中熟则籴二，下熟则籴一，使民适足，贾平则止。小饥则发小熟之所敛，中饥则发中熟之所敛，大饥则发大熟之所敛，而粜之。故虽遇饥馑水旱，籴不贵而民不散，取有余以补不足也。行之魏国，国以富强。

这是战国初期，诸侯因争霸需要而提高粮食生产的现实写照。谷贱伤农、谷贵伤民的现实让李悝认识到既要提高劳动生产率又要政府采购，以保持粮价的稳定性，调动农民的积极性。[①] 李悝的"尽地力之教"不涉及对商业的态度，通过劳动力的投入提高生产率达到"亩产一石半"。

2. 商鞅的经济思想

商鞅（前390—前338 年），本姓公孙，名鞅，是卫国国君的后裔，又称卫鞅、公孙鞅。因其在秦国的功绩和政绩，秦孝公封以商、於两地的十五邑，世称商鞅，是中国古代最著名的改革家。公元前 361 年去魏入秦，公元前 356 年在秦国推行法家政策，史称"商鞅变法"。在社会经济发展路径中，每一次经济体制的突破，都是改变原有发展模式。商鞅在摧毁秦国旧有贵族的世袭特权、改变城市（国）经济发展模式的基础上进行变革，它既为秦国实现统一奠定物质基础，又开启了一种改变旧有经济发展模式的新方法。因此，给予商鞅中国古代最著名改革家的称号实至名归。

（1）商鞅变革的主要内容

第一，运用政治权利废除田地的疆域阡陌。第二，推行郡县制度。全国实行郡县并存，郡县的行政长官由中央直接派遣，隶属国君。第三，实行军功授爵制度。全国官爵分为二十级，以军功作为授予爵位的依据。第四，创立赋税制度。依托郡县制度，赋税体系得以确立和执

---

① 柴毅：《中国古代城市产业发展思想研究》，人民出版社 2017 年版，第 55 页。

行。第五，统一度量衡。针对"公量"与"私量"并存的现象，商鞅统一度量衡，保证物品交易的一致性、提高物品流动的速度。第六，徕民政策。通过制定优厚的政策吸引韩、魏两国人口，壮大秦国的国家实力。

（2）重农抑商的理论突破

战国初期各派主张"重农不轻商"，商鞅从理论上和实践中打破这一观念，实施重农抑商，这一措施影响了古代社会的发展模式。商鞅在秦时所做的革新，主要体现在：构建土地私有制，摧毁贵族领主的世袭特权；奖励耕战，隔断官爵与土地的联系，建立以军功作为授爵的依据；建立征赋制度，壮大国家的实力，使城市（国）有了稳定的经济来源。商鞅通过律法保证上述措施的顺利实施，极大地解放了新兴地主阶级和平民的积极性。商鞅所谓的法治的实质，就是新兴地主阶级用来推翻世袭贵族领主制度的工具。[①]

（3）"农战"论

商鞅抓住当时社会发展的两个最重要因素：土地和人口，从提高两者的总量出发，提出耕战论，"凡人主之所以劝民者，官爵也。国之所以兴农战也…… 是故不以农战，则无官爵"（《商君书·农战》）。在具体执行中，商鞅紧抓人口和土地两个方面，根据秦国现状，把自然资源的范围狭义化，只提倡对土地这一自然资源的利用，"壹务则国富"，"田荒则国贫"（《商君书·农战》）。

（4）重农政策的具体实践

商鞅重视农业的措施有四。第一，保证足够的劳动力投入。商鞅充分认识到了劳动力对国家农业的重要性，"民不逃粟，野无荒草，则国富，国富者强"（《商君书·去强》）。商鞅认为国家要富强，必须要有充足的劳动力从事农业生产，"百人农，一人居者王。十人农，一人居者强，半农半居者危"（《商君书·农战》）。随后商鞅又从闲置人口的比例来讨论国家富强，认为大量闲置人口的存在，会影响农业生产的效率。在农业社会中，闲置人口（无业人口或失业人口）的比例过高，则国家贫苦，商鞅指出各行业人口与农业人口的比重不能超过一半以上

---

① 胡寄窗：《中国经济思想史》上，上海财经大学出版社 1998 年版，第 384 页。

的闲置人口；读书人和手工业者的比例，不能超出千分之一和百分之一，否则就会对农战产生消极作用，"农战之民千人，而有诗、书辩慧者一人焉，千人皆怠于农战矣。农战之民百人，而有技艺者一人焉，百人者皆怠于农战矣"（《商君书·农战》）。第二，减免徭役、鼓励农耕。徭役是人民的沉重负担，勤于耕织，多生产粮食和布匹可以减免徭役，这项措施不仅刺激农夫勤于粮食生产，而且也给女性提供了减免劳役的机会，极大调动了生产积极性，"僇力本业，耕织致粟帛多者复其身。"（《史记·商君列传》）。第三，废除不利于农业生产的活动。禁止各县声色娱乐，废除旅店、驱赶流亡民口，禁止自由迁徙，军市不得有女子。第四，奖励农业、徕民。商鞅采用经济手段鼓励发展农业，从徕民、提高粟的价格、粮食管制、政策优惠四个方面增加农业人口的投入。春秋后期，很多思想家提出通过吸引人口提高城市（国家）实力。管子意识到人与地之间"地大而不为，命曰土满。人众而不理，命曰人满"（《管子·霸言》）。商鞅超出单纯的人口数量论，强调人与土地的比例关系，"凡世主之患，用兵者不量力，治草莱者不度地。故有地狭而民众者，民胜其地；地广而民少者，地胜其民。民胜其地者，务开。地胜其民者，事徕"（《商君书·算地》）。商君从人与地的比例入手，招募国外人民移居本国，以解决秦国人少地多的问题，通过提高粟的价格和减免赋税徭役的手段，刺激农业生产的积极性，"欲农富其国者，境内之实必贵……食贵则田者利，田者利则事者众"（《商君书·外内》）。商君看到提高谷物价格，可以"民之力尽在于地利矣"（《商君书·外内》）。农战论的执行，提高了对农业人口的重视，推行加重税赋的措施，限制商人经营和流民，引出轻商观念。商鞅也是最先明确提出"事本商末"口号的人①。商鞅直接提出本末概念，"治国能抟民力而壹民务者，强；能事本而禁末者，富"（《商君书·壹言》）。把本业定义为男耕女织的自然经济，把末业的范围局限在"商贾技巧"的工商业。

3. 韩非子的经济思想

韩非（约公元前 280—前 233 年），出身韩国贵族，患口吃而擅著

---

① 赵靖：《中国经济思想通史》第 1 卷，北京大学出版社 2002 年版，第 193 页。

作。师承荀子，不但继承了早期法家的思想，还吸收了荀子及道家的思想，是中国法家的集大成者。韩非总结了商鞅的"法"、申不害的"术"、慎到的"势"，把法、术、势三种思想相结合，建立了自身的体系。韩非强调"法"是根本、"势"是前提、"术"是方法，三者缺一不可，"国者，君之车也；势者，君之马也。无术以御之，身虽劳，犹不免乱；有术以御之，身处佚乐之地又致帝王之功也"（《韩非子·外储说右下》）。

（1）理论上确定"农本工商末"的思想

在经济思想上，韩非明确了"农本工商末"的政策。韩非对重农抑商思想基本持肯定意见，他对农业和商业的关系也提出了自己的一些看法，即"少工商游食之民"。具体来讲，其一是抑制文学、工商之人，但承认商业的作用。在《韩非子·饬令》中他指出物品繁多，从事工商业的人众多，农事便荒废，坏事就占了上风，国家就必定会被削弱。其二是抑制游商。韩非虽然承认商业的作用但他也指出商业不应危及农业，针对当时大量农民弃农经商而使农业荒废的现象，他提出种种抑商措施。

重农抑商又称为重本抑末。商鞅的抑商主要针对的是游商和奸商，他把工商业者视为国家的"五蠹"之一，明确主张铲除"五蠹之民"，并加以严酷的打击。韩非认为，君主如果想富国强兵就必须以农为本、以卒为重，重视农业生产和士兵战斗力的发展，"富国以农，距敌恃卒"（《韩非子·五蠹》）。采取鼓励耕战的政策使"夫耕之用力也劳，而民为之者，曰：可得以富也。战之事也危，而民为之者，曰：可得以贵也。"（《韩非子·五蠹》）对待工商业方面，韩非明确指出"夫明王治国之政，使其商工游食之民少而名卑，以寡趣本务而趋末作"（《韩非子·五蠹》）。英明的君王治理国家的正确做法是使国内的商人、工匠和无业游民数量减少，且使之名声卑微，如果商人聚敛钱财比农民加倍且地位又超过士兵，那么从事农站之人就减少，而游民、闲民就增多，"聚敛倍农而致尊过耕战之士，则耿介之士寡而高价之民多矣"（《韩非子·五蠹》）。

（2）明确产业发展顺序

韩非从区分本业和末业入手，"仓廪之所以实者，耕农之本务也，而綦组锦绣刻画为末作者富"（《韩非子·诡使》）。农业为本，手工业为末。手工行业要求有比较大的市场消费需求，而这种需求主要来自统治阶级，交易的便利性促使手工业者居住在城市内部。韩非进一步把商业也划为末业，"夫明王治理国之政，使其商工游食之民少而名卑，以寡趣本务而趋末作"（《韩非子·五蠹》）。把国民产业发展的先后顺序按照本末划分。

（3）"自止于足"的利民论

农业是国家兴盛的基础，韩非提出"自止于足"的利民论。其一，颁布法令，驱使民众农作。韩非重视法律，推行"法治"，认为"治民无常，唯治为法，法与时转则治，治与世宜则有功……时移而治不易者乱"（《韩非子·心度》）。治理人民要依靠法律手段，且法律要顺应时代变化。韩非与前期法家一样，主张明法，法律应公之于众，这样"人主使人臣虽有智能不得背法而专制，虽有贤行不得逾功而先劳，虽有忠信不得释法而不禁"（《韩非子·南面》）。韩非认识到法律的权威性和威慑力，将其运用到经济领域，利用国家强制力以保证农业生产，颁布法令来使大批民众从事农业生产，壮大物质基础。其二，重视农田，充分利用土地。韩非认为充分利用土地能够更多积累财富，以此来达到强国的目的，但他没有提出利用土地的具体措施，没有超越前人的理论范畴。其三，重视耕战。韩非重视耕战，认为耕战是短期实现富国强兵的一种手段。《韩非子》中多次论及耕战，"富国以农，距敌恃卒""尽其地力以多其积，致其民死以坚其城府"。通过发展农站实现富国强兵，自然引出奖励耕战政策，通过授予官爵刺激民众从事耕战，给普通民众提供借助耕战向上流动的路径，充分引导社会的人力、物力聚焦于农耕，国家财富就能迅速积累，"民有余食，使以粟出……国以功授官与爵，则治见者省，言有塞，此谓以治去治，以言去言。以功与爵者也故国多力，而天下莫之能侵也"（《韩非子·饬令》）。

（4）节俭的徭赋论

对于税赋，韩非提出"俭于财用、节于饮食"和"俸足以给事"、"利必在禄"的主张。韩非对国家征收赋税有着比较清醒的认识，他认为赋税的对象主要是农业生产者，"夫吏之所税，耕者也"（《韩非子·显学》），强调征税的目的在于缓和贫富矛盾、增加国力。第一，缓和贫富矛盾。韩非认为"故明主之治国也，适其时事以致财物，论其税赋以均贫富，厚其爵以尽贤能，重其刑罚以禁奸邪……以功致赏而不念慈惠之赐，此帝王之政也。"（《韩非子·六反》）第二，增加国力，供养军队。韩非强调赋税是增加国力的基础，"征赋钱粟以实仓库、且以救饥馑备军旅也"（《韩非子·显学》）。他认识到国家征收重税的不合理现象，"耕者则重税，学士则多赏，而索民之疾作而少言谈，不可得也"（《韩非子·显学》），看到君主沉迷酒色、臣子投其所好，"人主乐美宫室台池、好饰子女狗马以娱其心，此人主之殃也。为人臣者尽民力以美宫室台池，重赋敛以饰子女狗马，以娱其主而乱其心、从其所欲，而树私利其间，此谓养殃"（《韩非子·八奸》）。因此，韩非认为赋税标准是官吏从中不得谋取私利，"勿轻勿重。重则利入于上，若轻则利归于民，吏无私利而正矣"（《韩非子·外储说右下》）。这种治吏不治民的思想是君主驾驭臣下的政治策略衍生的经济方式，体现了法、术、势思想的具体运用。

（六）农家的经济思想

《汉书·艺文志》中将农家与诸子并称，合为九流（儒、道、阴阳、法、名、墨、纵横、杂、农）。"农家"共有著作一百一十四篇，分"九家"，计有《神农》二十篇、《野老》十七篇、《宰氏》十七篇、《董安国》十六篇、《尹都尉》十四篇、《赵氏》五篇、《氾胜之》十八篇、《王氏》六篇、《蔡癸》一篇。[①] 关于农家，《汉书·艺文志·诸子略》中写道："农家者流，盖出于农稷之官。播百谷，劝耕桑，以足衣食，故八政一曰食，二曰货。孔子曰：'所重民食'，此其所长也。"从中看出《汉书》所说的农家主要包括播百谷、劝耕桑的关注农业生产之人和重视农业、以农治国的人。先秦农家者流，因其著作亡佚，无法对其经济主张和思想进行全面认识和深入研究，只能对其代表人物许行进行探索。

许行（约公元前390—前315年），与孟子同时代人，其事迹和主张见于《孟子·滕文公上》，"有为神农之言者许行，自楚之滕，踵门而告文公曰：远方之人，闻君行仁政，愿受一廛而为氓。文公与之处。

---

① 裴是：《先秦农家经济思想厄言》，《金融管理与研究》1992 年第 1 期。

其徒数十人，皆衣褐，捆屦织席以为食"（《孟子·滕文公上》）。许行的农业思想强调以农为主，他的经济政策也围绕农业展开，把农业看成维持人民生计的源泉和国家长治久安的基础。

1. 重视农业，主张全民耕种

许行认为"百工之事，固不可耕且为也。"（《孟子·滕文公上》）强调农业是百工之源的思想。农家看到了农业尤其是粮食的重要性，强调无论尊卑全民生产，"贤者与民并耕而食，饔飧而治"（《孟子·滕文公上》），主张自给自足。许行和其弟子进行农业生产和织席等手工业活动，在生产力相对落后的条件下，人人劳动、人人参与的小农意识成为现实社会的真实写照。许行的"君民并耕"思想，只是一种美好愿望，对农民可以提高生产积极性，但未区分脑力劳动和体力劳动，有损统治阶级利益。

2. 主张平等交换，强调市贾不贰

许行主张平等交换。交换作为商品流通的正常行为，许行认为商品交易要公平合理、交换双方平等。他主张"市贾不贰"，抑制商贩投机行为，通过公平交换，实现国中无伪，童叟无欺。许行提出"齐物主义"货币价值说。他主张"布帛长短同，则贾相若；麻缕丝絮轻重同，则贾相若；五谷多寡同，则贾相若；屦大小同，则贾相若。"（《孟子·滕文公上》）许行看到物品价格与属性差异之间的关系，主张用长度、重量、数量等"齐物主义"作为价格的判断标准，但违背了商品价值规律。

战国时期农家思想，主张"播百谷、劝农桑、足衣食"，强调自食其力，不分贵贱高低全民参与生产，重视农业生产，实现社会安定。在战火纷飞的战国时代，这种消极避世的主张必不能被统治者接受。

（七）白圭与子贡的商业经济思想

1. 白圭的农业循环经营思想

白圭（约公元前 370—前 300 年），周人，与孟轲、许行、李悝等同时代。白圭擅长商业致富之法，"天下言治生者祖白圭。"（《史记·货殖列传》）白圭依据农业经济生长的周期与天文相结合，形成一套农业循环理论，本节中主要考察其对农业循环的解读。

他指出："太阴在卯、穰，明岁衰恶，至午、旱……明岁美，有水。至卯，积著率岁倍。"（《史记·货殖列传》）根据白圭的理论，子、丑、寅、卯、辰、巳、午、未、申、酉、戌、亥十二个周期中，共出现五种农业状况：大丰收、丰收、率恶、旱（水）、大旱。根据不同等级，分别赋予（5—1）权重，产生农业循环学说，见图1－5。

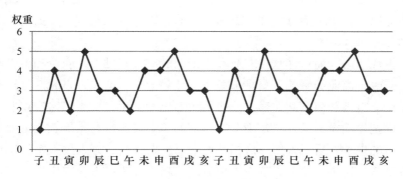

图1－5　白圭农业经济循环

可以看出，五种农业状态呈现周期循环，每个间隔约为6年。丰年积著，而灾年出售，可获利倍之。从白圭的农业循环得知，在农业的丰收、大丰收的年份投入可以获得大的回报，而在灾年，投入越大则损失越大。城市经济的来源在于物质积累，而赋税作为国（城市）的主要来源，先秦思想家大都认可什一而税是合理的税率，而白圭则是第一个公开主张二十而税一（《孟子·告天下》）。白圭站在商人的角度，了解商人对国家财富和城市经济总量发展的作用，主张轻税，发挥商人商品交换和流通的作用，而以农业粮食为主的先秦时期，必然不能得到太多人的呼声，孟子就骂其"豺道也"。

白圭在范蠡的基础上，提出一条更有理论色彩的商业经营思想，"人弃我取，人取我与"（《史记·货殖列传》），依据市场行情变化决定经营决策。"人弃我取"说明商品过剩，价格低廉，这时大量买入，这点与范蠡的"贱下极则反贵"的道理一致。随着商品的稀少，市场需求上升导致价格提高，"人取我与"，趁机大量出售，毫不犹豫，这与"贵上极则反贱"的认识一致。在商业经营中，白圭基于范蠡的商业理论，发展出一套符合自己的经营哲学。商场如战场，商机非常重要，当出现商机之时必须迅速捕捉，不可迟疑，错失良机，"趋时若猛兽鸷鸟之发"（《史记·货殖列传》）。可见在白圭时期，商业生产已经比较发达，为了在竞争中处于有利地位，出现商机后，商业经营者迅速化商机为利润，不允许有犹豫迷惑之懈怠。"吾治生产，犹伊尹尚之谋，孙吴用兵，商鞅行法是也。是故其智不足与权变，勇不足以决断，仁不能取予，疆不能有所守，虽欲学吾术，终不告之矣。"（《史记·货殖列传》）

古代中国，商业建立在农业和手工业的交换基础上，农业和手工业的繁荣决定商业的繁荣。财富来源于土地和劳动，这在先秦时期已经有了结论。范蠡和白圭站在商业流通的角度思考治生，扩大了财富获取的范围，把先期投入的资本作为获取财富的一个来源。在预测农业丰歉和分析市场供求之后，采用与之相悖的商品经营策略，来发展致富。这种治生之学的运用，使个人获得了极大的成功，并为后人所推崇，也开创了中国古代微观政治经济学的致富思想。

2. 子贡的"稀少价值说"

子贡，端木赐，在孔子门中最善于货殖。"子贡既学于仲尼，退而仕于卫，废著鬻财于曹、鲁之间，七十子之徒，赐最为饶益。原宪不厌糟糠，匿于穷巷。子贡结驷连骑，束帛之币以聘享诸侯，所至，国君无不分庭与之抗礼。夫使孔子名布扬于天下者，子贡先后之也。此所谓得势而益彰者乎？"（《史记·货殖列传》）子贡的思想，主要体现在"稀少价值说"。这里所谓价值主要指商品价格。这是先秦时期利用商品的数量讨论商品价格的最早学说。"君子之所以贵玉而贱珉者，何也？为夫玉之少而珉之多耶！"（《荀子·法行》）稀少，指商品的数量；价值，指商品的价格。劳动产生财富的思想被子贡采用，体现在他通过生产知识和生产工具创造财富。他对汉阴丈人说："凿木为机，后重前轻，挈水若抽，数如沃汤，其名为槔"，用以灌溉。"一日浸百畦，用力甚寡而见功多。"（《庄子·天地》）提高粮食生产率，是获取财富的直接渠道，而在耕种面积不变的情况下，通过生产工具提高劳动效率，增加粮食总量。"稀少价值说"是先秦时期对"供求关系"的思考，通过运用这种学说，子贡成为大商人，并资助孔子周游列国，"夫使孔子名布扬于天下者，子贡先后之也"（《史记·货殖列传》）。

（八）兵家的经济思想

兵家列《诸子略》"十家"之林，班固称其为"盖出于古司马之职，王宫之武备也"（《汉书·文艺志》）。兵家产生于社会动荡的春秋战国时期。由于生产力的发展、铁制工具的推广，提高了生产效率，农业、手工业和商业的繁荣以及新兴生产关系的发展，封建土地私有制代替了以"井田"为基础的土地国有制。在社会经济、政治关系的变动中，产生了与社会广泛联系的知识分子阶层，代表不同阶层，相互争论，兵家就是在这样的历史环境中孕育而生，其代表人物为孙子、吴起、孙膑、尉缭等，军事著作为《孙子兵法》《吴子兵法》《孙膑兵法》《六韬》《尉缭子》《司马法》等。

《孙子兵法》俗称《孙子》，《汉书·文艺志》著录为《吴孙子兵法》，我国历史上第一部兵书。现存《计》《作战》《谋攻》《形》《势》《虚实》《军争》《九变》《行军》《地形》《九地》《火攻》《用间》十三篇，此外还有《吴问》《地形二》《黄帝伐赤帝》①等篇。作为中国古典兵书的代表作，《孙子兵法》体系完备，体现了战争与经济、政治、文化、管理的关系。唐太宗李世民曾评价："观诸兵书，无出孙武；孙武十三篇，无出虚实。"（《唐太宗李卫公问对》）

《孙子兵法》影响广泛，被公认为"兵学圣典"，后世学习、运用者甚多，孙膑就是佼佼者。作为孙武的后代，孙膑自成一派，写成《孙膑兵法》，现存《擒庞涓》《见威王》《月战》《八阵》等十六篇。孙膑生活在战国中期，其兵法思想不仅描述战争、兵法，还论述除暴乱、禁争夺、实统一等关于国家存亡的理论。他提出"战胜而强立，故天下服矣"（《孙膑兵法·见威王》）思想，从军事角度主张"国富"，主张发展生产、充实经济实力，为军事国防提供可靠的物质保障。

《吴子兵法》又称《吴子》《吴起兵法》，是与《孙子兵法》齐名的军事著作，现存《图国》《料敌》《治兵》《论将》《应变》《励士》六篇。《六韬》又称《太公六韬》《太公兵法》，是中国古代著名兵法。宋朝时被怀疑为伪书，清代则被确认为伪书。1972 年出土的竹简中，

---

①　1972 年山东临沂银雀山汉墓出土的竹简。

证明了《六韬》的存在。学界认为《六韬》成书于战国后期，分为《文韬》《武韬》《龙韬》《虎韬》《豹韬》《犬韬》六卷。《尉缭子》是战国时期重要的一部兵书，但对其作者颇有争议，最早见于《汉书·文艺志》，现存 31 篇。《司马法》战国时期重要兵书之一，据《史记·司马穰苴列传》记载："齐威王（前 356—前 320 年）使大夫追论古者司马兵法而附穰苴于其中，因号曰《司马穰苴兵法》。"

兵家从军事角度阐述与政治经济的关系，其经济思想具有较强的军事特征，能从国家发展的影响因素领会"王国富民，霸国富士，仅存之国富大夫，亡国富仓府"（《尉缭子·战威》）的战略形势。

1. 富国富民思想

军事家除考虑军事战略和战术外，还考虑其他非军事因素对战争胜负的影响，而经济因素对军事的影响最为深远。《吴问》中记载了孙武回答晋国六卿孰先灭亡的问题，孙武不从地形、攻守等军事方面来回答，而是阐述了六卿辖地的田制和赋税制度作为判断存亡的标准。他认为六卿中范氏、中行氏亩制较小而赋税相同，将先亡；智氏亩制小于韩氏和魏氏，而赋税相等，故智氏次于范氏和中行氏亡；韩氏、魏氏亩制低于赵氏，赋税高于赵氏，而赵氏亩制最大、赋税最轻，孙武认为"固国，晋国归于（赵国）"。虽然后世韩赵魏三家分晋与孙武预测不符，但孙武的亩制赋税论仍然具有先进的经济军事意义。发展生产的目的在于富民富国，善治国者，行富民之治、操富国之权，兵家体会更为深刻，"夫土广而任则国富，民众而制则国治"（《尉缭子·制谈》），故其提倡兵农结合、耕战相补政策。

2. 兵赋与田制的关系

春秋以前，"因井田以丁兵赋"（《汉书·食货志》），在井田制下，建立了田、税、赋、兵（赋）征赋体系。随着战争推进，井田制逐渐瓦解，鲁国"作丘田""用田赋"，晋国"作州兵"等相继出现，《司马法》记载的兵赋为"六尺为步，步百为亩，亩百为夫，夫三为屋，屋三为井，井十为通"，兵家已经认识到田制、赋税、兵役等经济制度才是军事兴衰成败的根本因素。孙子征税体系中隐含了轻徭薄赋的赋役改革思想，他已经认识到发展农业生产、减轻赋税负担对国家生死存亡的内在影响，间接继承了管仲"内政而寄军令"的思想。

3. 建立"有财、有善，富国强兵"的体系

第一，社会财富源于耕织劳作的"财富观"。发展生产是获取财富的唯一路径，"众有有，因生美，是谓有财"（《司马法·定爵》）。第二，禁奢靡。国富民强离不开禁奢靡、减少浪费，兵家主张统治者应该带头节俭，形成示范效应，"木器液，金器腥。圣人饮于土，食于土。故埏埴以为器，天下无费"（《司马法·仁本》）。第三，节赋敛。战争源于国家财赋的消耗，节赋敛并非不征收而是赋敛有度。度与节均为一体，与地均、取赋匀，则为节。兵家特别注重强兵必先富国、富国而后强国的思想，通过"民有蓄、国有财"实现富国。此外，除了重耕织、禁奢靡、励农站来实现有财之外，兵家还提出利用商业经营获财的思想，"夫出不足战，入不足守者，治之以市"（《尉缭子·武议》）。通过有财有善实现国富兵强，"万乘农战，千乘救守，百乘事养。农战不外索权，救守不外索助，事养不外索资"（《尉缭子·武议》）。

4. 军事思想中蕴含着经营管理思想

首先是以人为贵的思想。强调在治军过程中充分发挥人的主观能动性。孙膑强调"间于天地之间，莫贵于人"（《孙膑兵法·月战》），主张将帅人才应该具备"智、信、仁、勇、严"五种德行。其次，建立"厚生显爵"的奖惩制度。战争伴有极大的伤亡风险，为了激发将士的士气，必须建立适当的奖励机制，"取敌之利者，货也。车战得车十乘以上，赏其先得者，而更其旌旗"（《孙子兵法·作战》）。战争的基本目的在于掠夺土地、人口、货殖，建立"厚生显爵"的奖惩制度、适度利导，激发士气，利于战争。最后，对宏观环境的整体把握。兵家从战略角度指出富在民者王天下、富在兵者霸天下、富在官者天下危、富在君者失天下的思想，"兵者，国之大事，死生之地，存亡之道，不可不察也。"（《孙子兵法·计》）提出了"道、天、地、将、法"等五种影响战争胜负的因素，了解敌我双方"主孰有道，将孰有能，天地孰得，法令孰行，兵众孰强，士卒孰练，赏罚孰明"（《孙子兵法·计》），构建了五事、七计等影响战争全局的战略思想。

春秋战国，战论纷争，诸侯国君命运沉浮和诸子百家自由争鸣给了兵家兴起的历史际遇。兵家因其特殊地位而成为影响国家命运走向的重要依托，其反映的经济思想既立足于政治经济和军事关系，又侧

重国家生存发展之道，但或运筹帷幄或决胜千里，兵家的关切主要在军事。

（九）稷下学宫时期的政治经济思想

稷下学宫建立于公元前 375 年，在公元前 3 世纪中叶没落，前后持续一百多年，位于齐国都城临淄（今山东淄博）稷下，为战国时期百家争鸣提供了学术平台和论辩场所，促进了战国时期思想的活跃。从这一点来说，没有稷下，也就没有百家争鸣。[①]《史记·田敬仲完世家》记载"宣王喜文学游说之士，自如邹衍、淳于髡、田骈、接予、慎到、环渊之徒七十六人，皆赐列第，为上大夫。不治而议论，是以齐稷下之士复盛，且数百千人。"齐国创立稷下学宫的目的在于招揽天下贤士以耀国力，但一经创办，其意义超越了创办目的本身，以荟萃贤才、讨辩议政、争鸣思想、著书立说为主要宗旨，弘扬原始民主精神和辩达好议之风，"自齐桓公立稷下之宫，设大夫之号，招致贤人而尊宠之，自孟轲之徒皆游于齐"（《中论》）。齐宣王时期，受上大夫称号的稷下学士多达 76 人、从者百千人，囊括儒家、道家、墨家、名家、阴阳家、法家等，成为百家争鸣的中心。其主要的思想如下。

1. 天人之辩

天人关系是中国古代根本性的问题之一。西周时期形成主宰世间的至上神，职责是天监下民、唯德是辅，人君用礼制道德制的外在比照方式达到"天人合一"。在天人关系上，稷下学宫形成两种对立观点，孟子延续"天人合一"，从人的仁义礼智的本性出发，认为天也具备以上特质，人性和天命相通。荀子则提出"明于天人之分"的思想，强调既要尊重客观规律、不与天争，又要"制天命而用之"、发挥人的主观能动性。《管子》中《形势》《霸言》《五辅》等认为天具有"义理之天、自然之天"等多重属性，强调人对天及天道的探索与顺从。

2. 本源之辩

天人关系自然引发人们对世界本源的考察，老子提出了道论，而稷下学宫的宋钘、尹文发展了道论属性，把世界本源的"道"解释为"气"，承认"道"或"气"具有规律性、无限性、客观性，是组成世

① 张秉楠：《稷下学宫与百家争鸣》，《历史研究》1990 年第 5 期。

界万物的基本元素；同为道家的季真则强调天生天长，认为道促进万物的生长。《管子》书中的《水地》《枢言》则强调水与地、阴与阳等两生论。荀子则认为"天地合而万物生、阴阳接而变化起"（《荀子·礼论》）。

3. 善恶之辩

本源之辩在于思考主体客体关系，而人性的善恶则转向主体本身。性善性恶的考察又与当时的德治法治之争融合，成为重要的辩论思想。孟子主张性善论，认为人性本善，人之所劣是受社会环境影响之故；告子（战国时期思想家，生卒年不详）主张"生之谓性"，"食、色"等生理需求是人之本性而无道德属性，人性是无善无不善。荀子主张性恶论，他认为人的生理欲求以及好利驱恶是先天就有，他主张天下相分的观点，认为先天素养为"性"，后天道德为"伪"。《管子》中对人性的讨论倾向于人性的利己主义性恶论。

4. 本末之辩

经济发展的产业或者顺序在春秋时期尚无轻视重视之说，而在战国时期这一思想成为主要关注的经济问题。经济行业分为农业、百工（手工业）、商业，对待经济发展的顺序产生了农业（本）和工商（末）的关系。在稷下学者中，一般都重视农业，也不排斥手工业和商业；战国后期法家那种绝对排斥工商的思想在稷下还未出现。[①] 孟子提倡"恒产"和"什一税"，主张"去关市之征"。孟子还提出"垄断"思想，他看到了垄断对市场的抑制作用，主张对唯利是图的"垄断"者采取管制态度。"孟子曰：'然。夫时子恶知其不可也？如使予欲富，辞十万而受万，是为欲富乎？'季孙曰：'异哉子叔疑！使已为政，不用，则亦已矣，又使其子弟为卿，人亦孰不欲富贵？而独于富贵之中，有私龙断焉。'古之为市也，以其所有，易其所无者，有司者治之耳。有贱丈夫焉，必求龙断而登之，以左右望而罔市利。人皆以为贱，故从而征之。征商，自此贱丈夫始矣。"（《孟子·公孙丑下》）与孟子不同，荀子认为农业才是社会财富的本源，但其认可工商业对社会所起的积极作用，提出"省工贾、重农夫"（《荀子·

王霸》）。《管子》的《五辅》则明确重本抑末的思想，明确当时的末
业是奢侈品生产。

第三节　古希腊时期的经济思想

一　古希腊早期的经济思想

（一）荷马时代的经济思想与经济观念

荷马（约公元前 9—前 8 世纪），其代表作是《伊利亚特》和《奥
德赛》，描述的是发生在公元前 1194 年至前 1184 年十年间的特洛伊战
争。特洛伊是半岛的商业中心，奴隶和财富为希腊人所垂涎已久。战争
的缘由是特洛伊王子到达斯巴达后，掠走王后和财富，引发了 10 年的
战争，战争的基本义是经济的。

荷马时代，是自然经济占绝对优势、农业和畜牧业作为基础产业时
期，也是氏族社会向奴隶社会过渡阶段。正如恩格斯所说"在英雄时
代的希腊社会制度中，古代的氏族组织还是很有活力的，不过我们也看
到，它的瓦解已经开始。"[1]

农业和手工业有了发展，商业贸易发展缓慢。在荷马史诗的诗歌
中没有提到钱币，可以看出当时的贸易多是以物易物，牛、铜、铁等
作为交换媒介。荷马时代的土地为公社公有，家族具有土地管理权但
无售卖权，直到公元前 594 年梭伦改革，这一制度才有所改变，即没
有儿女的人可以把土地财产自由地遗赠自己的指定人。当时的希腊人
认为从事贸易是不荣誉和不光彩的。因商人的社会地位较低，商人一
词也带有屈辱的意思，这点在《奥德赛》中也得到了证实，当奥德
修斯（奥德赛的主角）被认为是商人时，他感到屈辱。

（二）赫西奥德的经济思想

古希腊历史上有很多著名的学者，崇尚辩论和实践，但知识并非以
文字而是以口述形式留存。赫西奥德的观点是在公元前 8 世纪以口述的

---

① 《马克思恩格斯全集》第 21 卷，人民出版社 2003 年版，第 123 页。

方式提出来的①。

赫西奥德是古希腊荷马以后最有影响的诗人，以《工作与时日》《神谱》闻名于世。他生活和创作的时代在公元前 8 世纪上半叶，主要在《工作与时日》中体现。他以农场主的身份关心经济问题，提出了很多具有启发性的观点。巧合的是，东西方早期的经济思想，都蕴含在诗歌当中。究其原因，诗歌便于流传、简洁易懂、易于留存。赫西奥德的《工作与时日》，记录了古希腊公元前 8 世纪的社会状况及经济思想，全书共 828 行，描写的是通过贿赂法官而分得更大财产的弟弟（佩尔塞斯），在散尽家产后向其哥哥赫西奥德乞求救济。《工作与时日》这首长诗是在这一境况中受到刺激开始创造的，既为了训诫兄弟，也用以劝谕世人。② 在本诗中，赫西奥德以兄弟的口吻和采用诗歌的形式，从家庭内部、一年劳作、农业商业的视角，告诫佩尔塞斯如何通过自身劳动致富，在讽刺了佩尔塞斯好吃懒做散尽家财的同时指出家庭如何通过管理、劳作致富，这成为家庭管理学（经济学）的最早起源之一。

赫西奥德以宙斯的公正审批和两类不和之神为序，指出因兄弟早已分家而佩尔塞斯败尽家产后来诉述缺乏公正，并引出谋生之法。赫西奥德又借助神与人同源的故事，指出正义是人类区别于动物的最好标准。正义分两类："力量就是正义""公正的正义"。赫西奥德指出谋生之法是努力工作，"合理安排农事""劳动致富"，认为只有通过劳动才能增加羊群和财富。获得财富的方法多种多样。财富不可以暴力攫取，神赐的财富尤佳③。获取财富的方式要符合神的要求，不能以暴力、欺骗、偷盗的形式获取财富。如果以非正义④的方式获得，财富也会转瞬即逝。

赫西奥德主张从事农业，并遵守季节物种的作息规律，通过劳动增加财富。每年五月份开始收割、十一月开始耕种。赫西奥德接着阐述具

① ［美］哈里·兰德雷斯、［美］大卫·柯南德尔：《经济思想史》（第 4 版），人民邮电出版社 2017 年版，第 33 页。

② ［古希腊］赫西奥德：《工作与时日、神谱》，商务印书馆 1996 年版序，第 2 页。

③ ［古希腊］赫西奥德：《工作与时日、神谱》，商务印书馆 1996 年版序，第 10 页。

④ 暴力、欺骗、贪婪等。作者借此讽刺佩耳塞斯通过贿赂法官得到财富。

体的谋生手段。第一，要有房屋、女奴、耕牛等生产资料。这些生产资料是从事农业的前提，要为耕牛准备配套的车与犁。第二，要抓紧时间劳作。在雨水降临前耕种，在仲夏时节修建谷仓。在冬季来临前准备过冬的衣物、牛羊的饲料。五月开始收割、六月休憩、七月扬谷入仓、九月采摘葡萄、十月耕地。第三，赫西奥德主张贸易致富。他指出了要根据季节选择出海贸易的时间和定好回程的时间，认为七八月份到十月末这段时间是航海的最佳时间。

　　赫西奥德从家庭和个人行为的角度讨论谋生之术。三十岁左右娶妻，朋友也是一笔财富，要以诚待人，要谨言慎行。要注意自己的个人行为，不可不洗手给宙斯祭酒、不可行为非礼[①]。同时，赫西奥德主张应按照时间进行生产劳作，他把一个月的时间分割，见表 1 - 8。

表 1 - 8　　　　　　　　赫西奥德的每月劳作时间安排

时间	名称	宜忌
每月第一天	神圣之日	宜：不宜
每月第四天	神圣之日	宜：婚娶
每月第五日	不和之日	忌：婚娶
每月第七天	神圣之日	宜：不宜
每月第八天	劳作之日	宜：劳作，阉割公猪、公羊
每月第九天	劳作之日	宜：劳作
每月第十一天	劳作之日	宜：劳作
每月第十二天	劳作之日	宜：劳作，阉割骡子
每月第十三天	劳作之日	宜：移栽植物
每月第二十七天	劳作之日	宜：出海

　　此外，赫西奥德首先提出"竞争"行为。竞争发生在同行之间，陶工之间、工匠之间、歌手之间、乞丐之间。但这种竞争行为，是受不和女神的蛊惑而产生。

　　赫西奥德的经济思想对古希腊产生很深影响。他从家庭管理的角度

---

①　随地小便、赤裸身体等。

阐述了劳动致富，并描述农业、商业致富途径，主张根据时节和节气获得财富。赫西奥德探讨以神之所悦和神之所恶作为是非正义的标准，指出获得财富要公正、正义。辛勤劳动获得财富是正义之举，也是神之所悦；采用欺骗、暴力等不义手段得到财富，是神之所恶，财富也会转瞬即逝。赫西奥德通过这种方式，开了家庭管理财富并使之增值的先河，影响了后世苏格拉底特别是色诺芬的思想。

（三）梭伦改革的政治经济思想

梭伦（约公元前640—前558年），出身于破落贵族家庭，后因经营商业，取得了中等资产。当时雅典人分为三派，一是土地占有者的农民平原派，二是工商业起家经营商业的海岸派，三是主张实现民主的山地派。梭伦取得了三派人的信任，于公元前594年，被选举为首席执政官，成为雅典的仲裁者、立法者和调停者。梭伦在雅典社会矛盾尖锐的情况下进行了一场改革。

改革的主要内容如下。第一，负债解除法。废除了以土地抵押和妨碍平民自由的债权人的一切要求，下令撤除田地里的债务碑石，免除平民的债务负担。[1] 第二，政治改革。梭伦主张建立民主的国家体制。规定公民大会是雅典最高权力机构，并设立了公民大会的常设机构——400人议事会；规定执政官九人团是最高行政机构，设立陪审法庭和建立最高的监察机构贵族院。第三，设立等级制度。为了调和阶级矛盾，梭伦将雅典自由民按照财产收入多寡划分为五百斗（年收入500干质斗以上）、骑士（年收入300—500干质斗）、双牛（年收入200—300干质斗）和日佣（年收入200干质斗以下）四个等级。每个等级对应不同的政治、经济和军事义务。第四，采取发展农工商方面的措施。首先，奖励农业种植。梭伦修建水井整顿灌溉，奖励种植葡萄、水果、蔬菜。其次，限制农作物出口。鉴于粮食和其他生产品的重要性，梭伦基于军事目的限制农作物出口。再次，颁布法律限制土地集中。梭伦颁布"土地最大限度法"用于限制贵族土地过于集中，这项措施也得到了恩格斯的称赞，"在梭伦以前的时代盛行的农村高利贷，以及地产的无限

---

[1]　李天祐：《古代希腊史》，兰州大学出版社1991年版，第147页。

制的集中，都受到了节制"①。最后，统一度量衡、整顿货币。梭伦用优质的优卑亚币代替币值更低的爱吉那币，促进了雅典的贸易。

梭伦的改革，暂时缓和了国内的阶级矛盾，但不久以后，"富人被激怒了，因为他剥夺他们的债权抵押；穷人更加被激怒了，因为他没有按照他们的愿望重分土地"②。亚里士多德也说梭伦两方（贵族和人民）都不讨好。正如梭伦所言，"我拿着一只大盾，保护两方，不让任何一方不公正地占据优势"③。

二　古希腊中期的经济思想

（一）苏格拉底经济思想

赫西奥德的观点是在公元前 8 世纪以口述的方式提出来的。④ 这种口述的传统一直影响着苏格拉底，他的很多思想都是从弟子著作转述中得知。苏格拉底（前 469—前 399 年）是古希腊文明的奠基人，出生在雅典城邦一个普通的雕刻师家庭，母亲是助产士。由于家庭影响，很小就学习几何学（量地学）和天文学，后对哲学颇有研究。苏格拉底见证了古希腊由盛转衰的转化，他的思想很自然地受到古希腊思想的影响。雅典城邦共有 45 万人，奴隶占据了大半。四个等级自梭伦改革⑤（前 594 年）后形成了一个相对稳定的社会阶层，其中三四等级的公民人数众多，且财产数量相差不大。雅典社会产生了一个相对公平的社会结构，判断公平的标准是"少数服从多数"（不同阶层的话语权有所区别，但同一阶层还是遵循"少数服从多数"）。此外，雅典城司法系统在国家和社会中起到非常重要的作用。雅典的法庭通过审判和陪审团等机制解决原告和被告直接的纠纷。每次审判，法庭会随机选择 500 名陪审员，审判的过程最长可能持续一天。⑥ 因为相对公平的环境，为了在

---

① 《马克思恩格斯全集》第 21 卷，人民出版社 2003 年版，第 133 页。
② 李天祐：《古代希腊史》，兰州大学出版社 1991 年版，第 155 页。
③ 李天祐：《古代希腊史》，兰州大学出版社 1991 年版，第 155 页。
④ ［美］哈里·兰德雷思、［美］大卫·C. 柯南德尔：《经济思想史》（第 4 版），人民邮电出版社 2017 年版，第 33 页。
⑤ 梭伦改革的作用之一是摧毁了氏族贵族对城邦职位的世袭，公民按照财产数量担任官职。
⑥ ［美］威廉·戈兹曼：《千年金融史》，中信出版社 2017 年版，第 47 页。

辩论中获胜（获得多数人同意），雅典社会产生了热衷辩论的局面。逻辑学、数学、哲学等也是雅典公民从小接受的知识，反过来这些社会科学又强化了雅典的社会结构，使民主的氛围更浓厚。

苏格拉底所处时期正值雅典民主制形成与发展时期，伯利克里（前495—前429年）① 是主要推动者和实践者。公元前462年，当苏格拉底7岁时，伯利克里及其同盟借贵族势力遭受打击之际，推行民主改革；主要集中在剥夺权力、官职公开、官职公薪制、保持雅典公民身份等方面。公元前444年，苏格拉底25岁时，雅典进入伯利克里领导时期，雅典的民主政治进入黄金时期。公元前431—前404年古希腊的两大城邦雅典和斯巴达为了争取希腊的统治权，进行了旷日持久的伯罗奔尼撒战争（苏格拉底38—65岁）。关于这场战争的起因，西方社会主流观点认为是雅典的民主统治与斯巴达的专制统治不可调和的产物，是意识形态不同的结果。实际上，两大城邦的核心是争取古希腊的统治权，为各自城邦追求最大的利益，民主、意识形态只是表面的托词。雅典城邦（如雅典、拜占庭、马塞利等城市）多数商业发达，金融业、贸易业繁荣，斯巴达城邦则依靠自给自足的农业。伯罗奔尼撒战争对两大城邦的影响截然不同。战争越久，对雅典城邦经济的影响越大而越有利于斯巴达，此外，斯巴达男性公民从小就接受的严格军事训练也增加了取胜的因素。后世看这场战争，虽然斯巴达集团获胜，但实际上则是两败俱伤。

深处其中的苏格拉底，不可避免地受到社会环境的影响。少年时期的苏格拉底处于学习阶段，当时他学习的主要知识来自正处于鼎盛时期雅典的文化，《伊利亚特》和《奥德赛》两部流传的史诗对后世的雅典人产生深远影响。青年的苏格拉底将知识转为思想。公元前444年，伯利克里通过选举担任雅典最高官职——首席将军，年仅25岁的苏格拉底通过研习雅典制度和文化，形成了为雅典精神和理想献身的坚定信念。可悲的是，赋予苏格拉底以理想和信念的雅典制度和雅典精神，在

---

① 伯利克里（前495年—前429年），古希腊时期雅典奴隶制民主政治的杰出代表，毕生致力于建立与扩大雅典奴隶制民主政治，曾在前444年—前429年连选连任雅典最重要的官职——首席将军。

时间的流逝中不知不觉地走向了自己的对立面。也就是在这一时期，苏格拉底立志研究人类道德的改造问题。专以探索人生目的何在（何为善）以教导雅典青年为职志。[①] 受战争的影响，苏格拉底参加过伯罗奔尼撒的三次重大战役，成为受到表扬的战士。之后，苏格拉底成为雅典议会（五百人议会）的议员，并在公元前 406 年（63 岁）担任人民大会的司法官（主席）。他观察到雅典城邦在这场战争中的付出，但无法预知战争的后果，也就是在这一时期，苏格拉底开始接收门人“传道授业”。色诺芬和柏拉图都是其著名弟子。《回忆苏格拉底》亦是色诺芬记载年幼（前 430—前 401 年）时跟随苏格拉底学习的回忆录，从中可以看出苏格拉底的思想变化。而柏拉图的著作亦是描述公元前 427—前 399 年柏拉图年幼时接受苏格拉底教育的情形。苏格拉底善于辞令、学识渊博、分析能力突出，当他把全部注意力放在日常生活和伦理研究时，取得了希腊人的认同。同时由于他议员的地位，也容易让当时的希腊贵族青年跟他学习。苏格拉底批评希腊民主政治，主张恢复旧的贵族统治，在他周围形成了一大批贵族青年的领导团体，克里提亚斯（前 460—前 403 年）、柏拉图（前 427—前 347 年）、色诺芬（前 430—前 355 年）等都在其中。正是因为有柏拉图和色诺芬，苏格拉底的伟大思想得以保留，也正是克里提亚斯等间接导致了苏格拉底的死亡。此外，非完全公民安提斯泰尼（前 445—前 365 年）等也成了苏格拉底的门人。苏格拉底的教育中以哲学、逻辑为主，告诉门人辨别是非的依据。教育门人强身健体、践行德行，强调通过自制、树立榜样，坚持公义与律法。正是由于坚持律法，苏格拉底日后不忍心破坏律法，才饮酒自杀。苏格拉底的思想繁杂而深邃，经济思想往往掺杂在其他思想当中。

苏格拉底强调在分析问题的时候，要有个标准，这就是“伦理正义”。他定义了什么是“不义”，从智慧而明智的人引出“做不义之事的人，我认为都是既无智慧也不明智的人”[②]。接着强调“正义的事和其他一切道德的行为，就都是智慧”[③]。苏格拉底指出，人类与动物区

---

① ［古希腊］色诺芬：《回忆苏格拉底》，商务印书馆 1986 年版，第 203 页。
② ［古希腊］色诺芬：《回忆苏格拉底》，商务印书馆 2017 年版，第 118 页。
③ ［古希腊］色诺芬：《回忆苏格拉底》，商务印书馆 2017 年版，第 118 页。

分的标准之一是人有能够理解万物秩序的灵魂，而万物秩序的存在并非偶然，而是理性的产物。苏格拉底理解的"理性"是造物主（创造者）按照万物都生存下去所特意设计的结果，而人类想要去理解这种秩序，必须使用的智慧。苏格拉底把分析事物的方法理解为"理性、智慧"，形成了判断社会伦理价值的依据，间接形成其规范分析的路径，影响至今。

如何获得"理性""智慧"，苏格拉底主张教育。首先，他主张通过努力学习来获取知识、获得智慧，"没有一样是不需要辛苦努力就可以获得的"①。先付出，后索取。先照管羊群，才能获得财富；先支援城邦，才能获得荣耀；先对希腊做出有益的事情，才能获得希腊的表扬。其次，他认为有知识的人，即使在困苦时期，也能依靠知识自力更生。知识会进行分工，让手艺人（奴隶）生产麦片、面包、衣服等有用物品。同时，指挥有知识的自由民，让其从事工作，他们（自由民）会比手艺人做得更好。再次，苏格拉底主张，人只有通过教育获得知识，找到合适的工作（照管财产、收集谷物），才能老有所养，才是长久之计。他说"你（犹泰鲁斯）最好赶快去找一种工作，使你老时可以有所赡养；到一个需要助手的有钱的人家去，做他的管事，帮助他收集谷物，照管他的财产，你帮他，让他也来帮你"②。苏格拉底还主张"专业化"。这里的专业化既指从事并做好自己擅长的事，又指要通过学习掌握更多知识、服务于专门从事的事。他从公职人员、军事将领统帅入手，指出学习技能的必要性，业糙极易导致城邦受损、业精极易帮助城邦受益。军事统帅不光要懂得如何训练士兵、改善士兵和马匹的情况，还要培养演讲的能力、激发士兵的士气和荣誉感，同时要树立良好的军纪，增加战斗力。

苏格拉底强调自制，主张节俭。苏格拉底对节俭的评论是从心智上入手，认为饮食、衣物、性欲等满足最基本需求即可，不要贪图更多。他从"神佑世人"（神创立万事万物来保佑人）的角度阐述世人应敬重神、侍奉神，而侍奉神的重要行为是遵守城邦风俗，向神明献上和自己

---

① ［古希腊］色诺芬：《回忆苏格拉底》，商务印书馆2017年版，第50页。
② ［古希腊］色诺芬：《回忆苏格拉底》，商务印书馆2017年版，第81页。

能力相符的祭品。他从两方面强调自制。首先，自制是一切德行的基础。他认为自制是人与动物区分的标准，只有具有自制能力的人，才能担任管理粮仓、采购员，才能担任"托孤重任"，才能成为城邦危难之际、解救城邦的人选。其次，苏格拉底主张不要对饮食过分考究，认为禁食是医治厌食的良方。他认为，人们更多关注食物，就会追求更好的食材、更精细的做工，从而使心灵和身体遭受痛苦。

苏格拉底对财富的定义有两层，第一层是定义财富的直接属性，"凡是有利的东西都是财富，而有害的东西就不是财富"①。第二层是扩大财富的间接属性，财富要依据使用者而定，会使用它则成为财富，反之则不是。这里，苏格拉底区分了"有用和无用"，认为对于有用的物品，本身就是财富；而对无用的物品，只有在交换的时候才能变成财富，而且交换后必须换取对自己有用的才能称为财富。苏格拉底也从哲学层面界定了富人和穷人，"凡所有不足以满足其需要的我认为就是穷人，凡所有不仅足够而且有余的人都是富人"②。

（二）色诺芬经济思想

色诺芬（约公元前 430—前 355 年）出生在雅典富有的奴隶主家庭，是苏格拉底的门人。生于贵族家庭的他，对外恰逢伯罗奔尼撒战争开打，雅典城邦与斯巴达城邦长达近三十年的战争，影响了雅典城的每一个人；对内亦是雅典民主政治的高峰期。色诺芬家族作为奴隶主家庭，在民主政治盛行的氛围下受到冲击。家族成员反对民主政治，色诺芬从小就受到这种教育的冲击，反对民主政治，主张贵族专制统治。同很多贵族子弟一样，色诺芬 7 岁到缪斯学校学习荷马、赫西俄德等诗人作品，学习朗诵与演讲、音乐。12 岁进入巴莱斯特拉体育学校，学习体育技巧。18 岁（前 411 年）开始服兵役。18—29 岁（前 411—前 401 年），色诺芬因对雅典民主政治的反对，深受苏格拉底的影响，成为苏格拉底的学生。公元前 401 年，色诺芬以雅典雇佣兵的身份参加了波斯王子小居鲁士与其兄阿塔薛西斯争夺王位的

---

① ［古希腊］色诺芬：《经济论》，商务印书馆 1981 年版，第 3 页。
② 这是苏格拉底同尤苏戴莫斯的对话，尤苏戴莫斯提出的。苏格拉底赞同了这一观点。参见［古希腊］色诺芬《回忆苏格拉底》，商务印书馆 2017 年版，第 155 页。

战争。小居鲁士战败被杀后，色诺芬被推选为首领，加入斯巴达军队。此举，引发雅典公民大会判处其终生放逐。公元前387年，色诺芬回到斯巴达赐给他的封地奥林匹亚领地的农场，开始经营、管理与写作。其经济思想主要收录在《经济论》《雅典的收入》《回忆苏格拉底》等中。

表1-9   **色诺芬大事表**

时间	年龄	事迹
公元前430年	0岁	出生
公元前423年	7岁	进入缪斯学校
公元前418年	12岁	进入巴莱斯特拉体育学校
公元前411年	18岁	开始服兵役、跟随哲人学习
公元前401年	29岁	参加王位争夺战，被推选为首领
公元前400年	30岁	《长征记》
公元前399年	31岁	离开军队，被雅典放逐
公元前396年	34岁	投身斯巴达
公元前394年	36岁	回到雅典，小住后回到奥林匹亚
公元前371年	59岁	奥林匹亚被占，逃离
公元前369年	61岁	雅典解除放逐令
公元前355年	75岁	《雅典的收入》，去世

色诺芬被赞誉为最早使用"经济"一词的人。很多经济学者也把他的《经济论》《雅典的收入》作为西方经济学的思想渊源。色诺芬在《经济论》中阐述了如何进行家庭管理、增加家庭收入，然而，最早讨论这方面的是赫西奥德的《工作与时日》。赫西奥德、色诺芬以及其他早期经济学家，都在从事研究一组和生产者与家庭层面的效率相关的问题……这些问题必须得到解决。[①]

色诺芬区分了财产和财富的概念。他认为，一个人具有的一切东西

---

① ［美］哈里·兰德雷斯、［美］大卫·柯南德尔：《经济思想史》（第4版），人民邮电出版社2017年版，第33页。

都是财产的一部分，而凡是有利的东西都是财富、有害的东西不是财富。[①] 这种认识以"有利""有害"为标准，有利并非专指财富数量，还包括"名声"等对所有者有用的东西。而以有用作为衡量标准时，对于不会使用的人来讲，也不是财富。色诺芬在分析财产的时候，提出一种"效率"的判断方式，从而判断财富是否够用。所谓效率是产出投入比或是产出花费比。色诺芬利用苏格拉底的总财产为五个货币单位，而克利托布勒斯的财产有五百个货币单位，来分析苏格拉底的收入能满足其需要而克利托布勒斯无法维持现在的生活方式。色诺芬认为，相对比收入还要看花费能否满足收入，克利托布勒斯的财产虽然多，但花费远大于苏格拉底，主要体现在丰盛的祭品、大方款待外来的客人、经常宴请市民而保持追随者、国家（城邦）的强制捐献、高端消费（养马、合唱队、体育）、维持一条船的花费（战争时期）、强制缴纳超高额税款（导致破产）、花费在妓女和朋友的消费等。花费超过收入，最终使克利托布勒斯成为贫困的、可怜的人。

色诺芬提出了全面提升家庭收入、获得盈余的方法。

（1）重视农业生产，强调农业的重要性

主要理由有四个：第一，土地提供赖以生活的粮食；第二，土地提供祭坛、雕像、景色、美味等一切东西；第三，土地提供了其他物品（食物）的原材料；第四，从事农业生产平时能强身健体、战时能保卫城邦。

（2）教育妻子，提升家庭管理效率

主要通过以下四个方面。第一，利益共享、增加责任感。把财产托付给妻子，形成利益捆绑体，告知妻子的职责是在保证财产不受损失的前提下增加财产。"……所谓谨慎小心就是要尽可能使他们的财产不受任何损失，而且要尽可能用正大光明的办法来增加他们的财产。"[②] 第二，通过分工与协作，安排奴隶各司其责。首先，根据性别安排男人负责室外、女人适合室内。其次，明确妻子的责任是安排仆人工作并监督

---

① ［古希腊］色诺芬：《经济论 雅典的收入》，商务印书馆 2014 年版，第 3 页。
② ［古希腊］色诺芬：《经济论 雅典的收入》，商务印书馆 2014 年版，第 25 页。

其工作；收受分配储藏食物；通过奖励、惩戒、照顾等手段管教仆人。第三，管理财物做到井然有序，提高效率。把东西按使用频率（经常使用与非经常使用）、属性（月消费和年消费）、重量（便于移动）、种类（衣服、器皿、家具等）分类。第四，训练管家。首先，选择合适的人任男女管家；男人要温顺、谨慎、记性好，女人要在吃、喝、睡方面节制。其次，训练管理财产的技能、通过灌输正义感培养忠诚。最后，主动监督。通过监督，奖励值得受到称赞的人、惩罚受到谴责的人。

（3）增加财富应遵守相应原则

第一，采用公正的方法增加财富。"公正"即尊崇神意，帮助有困难的人，帮助城邦。第二，身体力行，保持节制。一天早起、劳作、锻炼、少食等，保持身体健康。第三，提高辩论力。通过不断练习提高自己的思辨能力、逻辑能力。思辨力的提升，可以保护自己向诽谤的人证明自己所做的是有益的事情，也利用思辨力揭发对自己、家庭、城邦有害的人。

（4）培训管家，增加财富

第一，通过分享好东西和奖励培养忠诚度。第二，培养小心谨慎。排除掉酒徒、懒汉、沉溺于爱情的奴隶，就可以降低容易粗心大意的人。通过奖励和惩罚，培养奴隶养成小心谨慎的习惯并监督他们。第三，通过奖励和惩罚增加管的技能。如田间工作、管理劳动力。第四，培养诚实。首先，利用法律箴言中"窃贼要为他们的盗窃行为而受罚"和"犯未遂罪的人如果当场被捕，将受到监禁和死刑"①。在管家脑海中树立不诚实的后果。其次，利用褒奖，要像对待自由民一样对待诚实的管家，让他富足。

（5）增加农业的技能

第一，了解土地土壤的成分，确定何种作物更适合耕种。第二，确定耕地的季节与时间，"在盛夏的中午来翻掘土地"②。第三，确立何时

---

① ［古希腊］色诺芬：《经济论 雅典的收入》，商务印书馆 2014 年版，第 50 页。
② ［古希腊］色诺芬：《经济论 雅典的收入》，商务印书馆 2014 年版，第 55 页。

播种。要在下雨前播种，这样可以受到雨水的滋润；要在整个季节里连续播种，这样才能收获更多食物。第四，依据土地的肥沃程度相应撒播种子的数量。贫瘠的土地，撒播少的种子；肥沃的土地撒播多的种子。第五，耨地除草。在粮食生长期间，要经常去除杂草、重培新土。第六，收割、打麦时要背风收割、牲口踩麦、逆风簸麦。第七，栽种果树的技能。首先，依据干、湿地确定挖土的深浅度；其次，果树栽种后，需要配制新土保证果树笔直生长。第八，通过开沟防水、灌溉等手段，治愈土地和照顾农作物的生长。

（6）购买土地、增值财富

色诺芬分析了拥有土地的人中为什么有人贫困、有人富足，主要原因是懒惰。色诺芬认为用已有的钱财去购买懒惰人的土地从事粮食生产，再选合适的时间把土地卖出去而赚钱。

色诺芬指出，指挥的才能在各种事业（农业、财产管理、战争）中是共通的，但又因人而异。领导人的意志是发挥指挥才能的重要因素，而所有的本领，必须接受良好的教育。同时，色诺芬还构建了一个宏观体系，来探讨一个城邦、国家的财富增长。首先，土地是财富的基础，有土地就有了增加收入的可能。其次，吸引外国人、增加移民。他讨论了移民的优点：第一，增加税源；第二，从事军事等公共事务，增加防御力量；第三，移民具有示范效应，通过制定相关制度，能增加公共收入。再次，授予商人特权，增加对外贸易。这里色诺芬提到设置"基金"的思想，通过"基金"的方式让捐献的人获益。一方面让参加基金的人保留名字、青史留名；另一方面，基金建立后用于投资港口实业、旅店、房屋、店铺用于出租获利。最后，营造和平环境，增加城邦收入。色诺芬基于家庭构建了一个微观财富增值的体系。这个体系有效利用各种资源（奴隶、土地），通过日常生产活动和管理活动，实现财富增长。既有丰富的管理行为（培训管家），也有经济行为（土地增加财富），以及投资行为（购买贫瘠土地再售卖），都体现在主人的身体力行、提高学习、增加思辨力，通过激励和惩罚体制，在"愉悦神"的准则下，获得财富、名声的增加，蕴含着古希腊时代"经济人"行为。

（三）柏拉图经济思想

柏拉图（前427—前347年），古希腊伟大的哲学家和思想家，苏格拉底弟子。公元前420年，年仅7岁的柏拉图到缪斯学校学习荷马、赫西俄德等诗人作品，学习朗诵与演讲、音乐。公元前415年，12岁的柏拉图进入巴莱斯特拉体育学校，学习体育技巧、准备服兵役。公元前409年，柏拉图到骑兵部队开始服兵役。从公元前409—前404年，柏拉图参加了三次战役。公元前408年，柏拉图向克拉底鲁①学习哲学。公元前407年伊始，柏拉图开始向苏格拉底学习。

表1-10　　　　　　　　　　　柏拉图大事表

时间	年龄	事迹
公元前427年	0岁	出生
公元前420年	7岁	缪斯学校学习
公元前415年	12岁	巴莱斯特拉体育学校
公元前408年	19岁	向克拉底鲁学习哲学
公元前407年	20岁	跟随苏格拉底学习
公元前405年	22岁	《阿基比阿德上篇》
公元前404年	23岁	伯罗奔尼撒战争结束，伊索格拉底在雅典创办学校，《克立托封篇》
公元前399年	28岁	苏格拉底被判处死刑，《游叙弗伦》
公元前395年	32岁	《苏格拉底的申辩》《苏格拉底回忆录》《筵话篇》
公元前392年	35岁	完成《苏格拉底的申辩》《克力同篇》《游叙弗伦篇》《李斯篇》
公元前387年	40岁	个人教学活动
公元前386年	41岁	《理想国》
公元前380年	47岁	成立柏拉图学园
公元前368年	59岁	柏拉图学园逐步充实，亚里士多德进入柏拉图学园

---

① 古希腊哲学家，生平不详。

时间	年龄	事迹
公元前 367 年	60 岁	亚里士多德进入柏拉图学园
公元前 365 年	62 岁	柏拉图学园的学生成为各城邦的招揽对象，《书信集》
公元前 357 年	70 岁	《政治家篇》《智术之师篇》
公元前 348 年	79 岁	《法律篇》（最后著作）

柏拉图的作品，主要分为三个阶段：第一阶段，记录苏格拉底言行、思想为主，主要有《游叙弗伦》《苏格拉底的申辩》等；第二阶段，办学、游说期，主要有《尤息底莫斯篇》《书信集》《理想国》等；第三阶段，晚期作品，主要有《政治家篇》《智术之师篇》《法律篇》等。柏拉图的经济思想围绕以上三个阶段呈现不同特征：早期作品借助苏格拉底的口吻来阐述，中期作品逐步以自我思想为主，晚期作品则是宏观视角阐述社会、城邦制度。

柏拉图在公元前 387 年回到雅典后，在朋友的资助下，购买了一片土地，创办柏拉图学园，取名为"阿加德米"（学园）。直到公元 529 年东罗马皇帝关闭，柏拉图学园前后共持续 916 年。学园主要讲授哲学，同时讲授修辞学、天文学、数学，尤其对数学备受推崇，学园门口立着"未学几何学者不得入内"的牌子。柏拉图学园创立初期，柏拉图对其学生有严格的培育，同时，他向古希腊各城邦推荐自己的学生。柏拉图学园对欧洲影响深远。

《理想国》中，阐述了柏拉图中期的经济思想。柏拉图采用对话和辩论的形式，阐述理想国。《理想国》共有十部分，分为正义与邪恶、个人与国家、宗教与文化、国家与灵魂、婚姻与性爱、政府与哲学、知识与幻想、政权与形式、独裁与专制、来生与报应，每一章节承上启下。他从论述正义入手，讨论国家、政府、知识、争取、治理形式（独裁、专制）、来生与报应。从一个问题入手，探寻从个体到城邦最后回归个体，讨论来生与报应。其经济思想既穿插其中，又成为问题的切入点。

财富可以养老。某一些人年纪大的时候心灵平静的原因是有财富傍身。如何从财富中收获到最大的福祉？苏格拉底认为财富能增强人心灵的宁静感，没有必要去欺骗人。而后，引申出对正义的定义。正义的定义含义很多，柏拉图一一否定了不同的答案。如"正义是强者的利益""正义是说实话、欠债还钱"。引申出"正义是美德和智慧，非正义是邪恶和愚昧"①，在讨论个人与国家的时候，又重新诠释正义，"正义有时被说成是个人的道德，有时又被说是邦国的道德"。②以需求为导向，推理出国家的构成。邦国是满足个人的需求而建立的，并把满足人基本需求的食物、住所、衣着、鞋匠等作为邦国不同行业的构成，同时还要有市场、货币，根据行业细分，还要有零售商阶级和服务人员。当基本的生活满足后，随着城邦疆域扩大、人口众多，很多细分行业得以延伸出来，如猎人、演员、诗人、仆人、教师、奶妈、护士、理发师、厨师、丫鬟等，医生、军队等。针对行业分工时，柏拉图指出要"一生一业"，即一个人只从事一个行业，才能"业精于勤、产品质量上乘"。通过不断地推理分析，逐渐梳理出不同社会阶层：商人、服务阶级等。

选拔城邦管理者时，要选择以城邦利益为己任、对城邦具有责任感的人。同时要有些准则来限制：除了生活必需品之外，不能拥有自己的财产；与士兵同吃同住；不允许喝酒。在《国家与灵魂》中，色诺芬再次阐述城邦如何运行、正义如何产生，讨论了城邦的疆域，即城邦的范围不能过大，也不能过小，必须要与人口相适应，达到自给自足。选拔下层阶层的优秀人才，让他们各司其责。通过教育和抚养促进全城邦的人遵循一些简单的原则，而城邦管理者的职责就是遵守和保护这些原则。对城市内的日常经营活动、交往活动，则制定一些简单的准则（法律）。邦国的人应该具有四种道德：智慧、勇敢、节制、正义。城邦里有三个阶层：匠人、立法者、斗士。在《政府与哲学》中，柏拉图论证了哪些人有资格作为护国者，即最能保护国家的法律与体制的人。因为哲学家热爱知识、永不放弃、热爱真理、有节制、乐于学习，色诺芬认为哲学家才能担当这种责任。在《政权与

---

① ［古希腊］柏拉图：《理想国》，商务印书馆1986年版，第19页。
② ［古希腊］柏拉图：《理想国》，商务印书馆1986年版，第31页。

形式》中，柏拉图论述了四种政府：斯巴达政府（贵族政府）、寡头政体、民主政府、独裁政体。他还指出，如果战士阶层不从事农业、手工业、贸易，如果一个城邦的人们追求财富，最后的结果是国家陷入寡头政府。

三　古希腊中晚期代表亚里士多德经济思想

亚里士多德（前384—前322年），古希腊最伟大的哲学家之一。他的著作分为三类：第一类是早期著作，写于柏拉图学园（前366—前348年）中；第二类收集亚氏之前的古希腊著作，作为记和材料来源；第三类是亚里士多德全集，完成于公元前347—前323年。亚里士多德建立了百科全书式的思想体系，他第一个以科学的方法阐明了各学科的对象、简史和基本概念，并把混沌一团的科学分门别类。①

表1-11　　　　　　　　亚里士多德大事表

时间	年龄	事迹一	事迹二
公元前384年	0岁	出生于色雷斯（希腊殖民地），父亲为宫廷御医	中产阶级
公元前369年	15岁	父母离开王宫（国王去世，宫廷内乱）	父母去世
公元前369—前367年	15—17岁	投奔姐姐、姐夫	接受严格教育
公元前367年	17岁	远游雅典	受学于柏拉图学园
公元前360年	24岁	柏拉图学园与苏格拉底学校进行辩论	亚氏代表学园出战，为学园赢得荣誉
公元前347年	37岁	柏拉图去世	离开雅典
公元前346年	38岁	到了小亚细亚	娶妻（统治者之侄女）
公元前344年	40岁	离开小亚细亚（统治者被杀）	到米提利亚

---

① ［英］乔纳斯·伯内斯：《亚里士多德》，中国社会科学出版社1992年版，第2页。

续表

时间	年龄	事迹一	事迹二
公元前 343 年	41 岁	回故乡	担任亚历山大大帝的老师
公元前 335 年	49 岁	回到雅典	创立逍遥学派
公元前 332 年	63 岁	去世	

（一）关于财富的认识

亚里士多德的经济思想主要集中在《政治学》《家政学》《修辞术》《亚历山大修辞学》《雅典政制》。

在《政治学》中，亚里士多德阐述了货币起源，"凡生活必需品往往是笨重而难于运输的，大家因此都希望有某种本身既属有用又便于携带的货物作为交售余物及购取所缺货物的中介货物。于是人们发现铁、银以及类似的金属合乎这种需求"①。于是，货币就被发明出来用于物币交换。而"人们一旦发现了铸币的用途，就会从必需商品的物物交换中发展出其他的致富术，即零售贸易"②，商品经济由此开始。亚里士多德认识到货币的价值尺度与流通手段等职能，但他认为物币交换违反自然，他支持物物交换反对物币交换的"贩卖"。"我们随后看到的贩卖，已是致富技术中不合乎自然的一个部分了。依照自然原则，人们两方如果已经满足了各自的需要，就应该停止交换。"③ 亚里士多德认为，人们生活在城邦里要遵守正义，而物币交换违反了自然和正义。

（二）关于财富的获取

亚里士多德在《政治学》中，提到了城邦，他把城邦定义为至高而广涵的社会团队、政治社团，并从家庭入手，认为一个大家庭和一个小城邦差距不大，只是关照的人数有多寡之别。亚里士多德论述了家庭、村坊、城邦的构成。第一，男女和主奴的结合组建了家庭，家庭要有牛等生产资料。第二，家庭的聚集形成"村坊"，家庭由原始家庭关

① ［古希腊］亚里士多德：《政治学》，商务印书馆 1965 年版，第 27 页。
② ［古希腊］亚里士多德：《政治学》，商务印书馆 1965 年版，第 16 页。
③ ［古希腊］亚里士多德：《政治学》，商务印书馆 1965 年版，第 26 页。

系辈分最高的老人主持。第三，亚氏论证了城邦和人之间的关联，认为城邦是出于自然的演化，而人类自然地是趋向于城邦生活的动物。城邦建立后，要以正义为原则，而正义衍生礼法，并把正义定义为树立社会秩序的基础。他从分析家庭入手，探寻城邦的经营。亚氏认为家庭关系主要有主奴、夫妇、父子三种，由此衍生出主奴关系、配偶关系和亲嗣关系，从这三种关系入手，谈论家庭的"致富之术"。财产为所有物或所用物，是所有工具的总和。奴隶也是财产的构成，"奴隶不仅是主人的努力，而且整个属于他（主人）"，"那种在本性上不属于自己而属于他人的人，就是天生的奴隶"①，认为奴隶只是有生命的生产工具，是主人的财产。再从财产出发，讨论生物界的现象，升级到专制和共和两种体制。

亚氏指出家庭和城邦的区别，认为城邦的首领政治家管理的是自由人；而家庭的首领主人管理的是奴隶，并分别延伸出家主学术和奴隶学术。奴隶学术是教授奴隶的本领或技能，而主人学术则在于怎么样管理奴隶，当然也可以交给管家，目的是追求家庭财富。然而财富种类多样，首先把财富界定义为物质资料的增多，而取得物质资料的形式主要有游牧、农作、劫掠、渔捞和狩猎，战争也是狩猎的构成。家主需要熟悉技能而增加物质资料，由此可以得知，"家庭对于狩猎，邦国对于战争"②。此外，获得财富还有另外一个技术，即金钱（货币）之术。这种技术源于社会团体的扩大，交易双方所有的财物种类和数量各不相同，依照自然原则满足各自需要就产生了交换。亚氏论证了货币的产生，他认为一地的居民有所依赖于别处居民的货物，人们就从别处输入本地所缺的货物，为了抵偿这些输入，他们也必须得输出自己多余的产品，于是"钱币"就应运而生。③货币的产生促使商人开始利用供求双方获得最大利润，产生了把金钱视为交易的要素、依靠金钱赚钱的致富方法，并且这种办法所获得的财富远远超出其他的致富方式，金钱致富的方式获得的财富是无限的。亚氏论证了两种致富方式：一种是家务管

---

① ［古希腊］亚里士多德：《政治学》，商务印书馆 1965 年版，第 7 页。
② ［古希腊］亚里士多德：《政治学》，商务印书馆 1965 年版，第 17 页。
③ ［古希腊］亚里士多德：《政治学》，商务印书馆 1965 年版，第 18 页。

理（农、牧、渔、猎）；另一种是贩卖（经商），他认可家务管理的致富方式，谴责商业交易中损人利己的行为，尤其谴责钱贷的"利息"。

亚氏强调致富技术既要有理论又要有实际经验，要在现实中加以应用。畜牧、商业交易的经验、雇佣制度都要依据现实条件加以细分各种不同行业。亚氏阐述了利用供求赚钱的例子，强调竞争时利用信息预判的重要性。他以哲学家泰利斯为例，亚氏说泰利斯凭借星象预测来年的油橄榄树将丰收，便租了城邦内所有的榨油设备，第二年到收获季节时，需要榨油的人都支付高额租金使用榨油设备，从而使泰利斯获得大量财富。

家庭管理技术在亚氏这里已经提升到"权责一致"的高度，并充分拓展了赫西奥德的思想。亚氏指出，要掌握管理奴隶之术、运用父权之术、运用夫权之术，把家庭管理的侧重点定位于家务重人事、不重财物；重人的善德、不重财富的丰饶；重自由人品行、不重奴隶品行。

亚氏在论述财产问题时，提出在理想政体中该有怎样的财产制度？当下有三种制度：土地私有而收获物共有；土地公有而收获物私有；土地和收获物私有。三种制度中，亚氏阐述了使用权与所有者分离、利益归私的优点后认为，"产业私有而财物公有"是较妥善的财产制度，立法创制者的主要功能就应力图使人民性情适应于这样的慷慨观念。① 通过对社会制度的论证，亚氏又一次论证苏格拉底城邦整体划一是不正确的，强调城邦应存在差异性就如同音乐需要多音符一样。亚氏指出苏格拉底体制中，没有区分也无法论述各级组成分子的地位。以农民的地位为例，阐述农民财产（妇孺）归属性：完全归公、执行先行制度、完全私有，亚氏又一次指出财产私有的重要性。亚氏花大量篇幅论证苏格拉底体制（永不更替）的执政官问题。从人的品行入手，阐述神在给人类铸造灵魂时即使给予了特殊的禀赋，但长时间后，幸福会丧失而没有人能获得快乐。再一次论证了"共和国"体制的不足。

亚氏论证了柏拉图的财产均分制度。在这里，亚氏提出了"欲望"，认为"人类的欲望令他的财产更须使它平均；这就必须用法律来

① ［古希腊］亚里士多德：《政治学》，商务印书馆 1965 年版，第 40 页。

订立有效的教育，人欲无止境，除了教育，并无节制的方法"①。亚氏指出倘若欲望得不到满足，就会引发犯罪；缺衣少食、情欲所困，或者是尽管有情欲可得、有名利可得，追求无限权威。解决三类罪行的方法是资财和职业相当、克己复礼的品行、哲学的清修。亚氏指出，欲望源于贪心，当起初满足获得两个奥布尔的津贴时尔后又希望更多，但填充无止境欲望也是人类进步的动因之一。

（三）关于政治制度的论述

在《政治学》中，亚氏论述了城邦的体制。他认为政治社团的组合方式依个人把财物归共有的方式分为三种：一切归公、完全不归公、部分归公。亚氏论证了《理想国》中完全归公的不足：城邦不仅仅是单个人数量的组合，还有许许多多不同的组织，城邦无法整齐划一。亚氏论证了城邦、军事联盟和部落的区别。苏格拉底和柏拉图都对城邦的体制和人民的行为进行理论分析，亚氏分析了他们理论的不足，比如在分析《理想国》中强调整齐划一性和分析"共子、共妻"时，亚氏从哲学角度入手分析"我的"，阐述从儿子衍生为兄弟、姻亲、宗族。这种社会最基本的关系构成影响城邦中人与人之间的关系，即家族氏的亲亲关系能够抑制罪恶、减少犯罪；同时，亚氏也指出如果亲属关系不存在那么社会就不存在伦理，礼法就不能区分重罪轻罪。

亚氏批评了其他学者对城邦制度的设计。亚氏在指出希朴达摩的城邦制度时，指出他的城邦以一万公民为度，分为三个阶级：工匠、农民、战士；土地也分为三部分：祠庙（祭祀费用支出）、城邦公有（武备开支）和私人产业（私人开支），同时，希氏也指出三阶级实行民主选举制度。亚氏随即对希氏的制度进行批评，指出无武装的农民、无武装无田地的工匠会成为战士的奴隶而不能参加政府机构；亚氏也指出因战士阶层数量众多和对财产的占有，导致战士与农夫的阶级混乱（暂时不谈论少量的农夫能否生产出全部城邦的所需），使选举制度落入空谈；同时亚氏从希氏的司法入手，指出存在的不足。

亚氏论证了斯巴达政体的制度不足。首先指出这种制度并无管理

---

① ［古希腊］亚里士多德：《政治学》，商务印书馆1965年版，第51页。

农奴的优势，过于严苛和宽厚，都会导致农奴的怨毒和恣肆。同时，斯巴达政体对妇女纵容，违背了立法的初衷，对城邦有害无利。纵容妇女容易培养贪婪，致使全城邦五分之二的土地归于妇女，同时这种制度（妇女财富增加）的危害之一是男子数量减少，容易导致战败，而采取鼓励增殖的方式确也导致财产分配不均。亚氏指出贫富不均也能看出监察会议的不足、长老院的不足，同时公共财政因连年战争而国库空虚、税收因大多数田地归于公民而征收少，导致城邦日渐贫困。亚氏也论证了克里特政制的不足。"哥斯谟"作为最高领导机构，统帅军队；克里特实行共有制度，财产归公、公共会餐、男女分住；克制实行宗族选举制、长老终身制。亚氏在论证上述不足存在隐患时，也指出克制能够存在的原因在于特殊的地理位置——岛国孤悬。亚氏论证了"盛称三邦"的迦太基政制。亚氏认为，这一政制具有多变性，有可能偏向平民、寡头政体。此外，另一个特点是，每一个公职由一个专人负责。导致趋向于寡头政体，但由于经常遣派公民到所属殖民地获得财富，使得城邦得到了安定。但欲想长治久安，还要依靠良好的立法。

　　亚氏在《政治学》第三卷中指出，如果要研究"城邦政体"，应先确定"城邦"的性质；如果要想阐明何为城邦，需要先研究"公民"的本质。公民指"凡参加司法事务和治权机构的人们"①，城邦的主要含义是为了要维持自给生活而具有足够人数的一个公民集团。② 现实中，公民则是父母双方都是公民的人，单亲是公民其不能称为公民，亚氏的定义扩大了公民依据家庭出身判断的标准。亚氏接着指出，城邦作为社会组织、公民的集团，本质还是政体决定的。关于公民的身份的确定问题，亚氏以品德为例，说明城邦中有部分人的阶级属性无可归属，比如工匠、奴隶和解脱奴隶籍的"自由人"。但不同政体之间会有区别，在"贵族政体"中，工匠和佣工不能成为公民，而在寡头政体中，工匠可以成为公民。

　　亚氏在谈论最好的政体前，先去探寻人类生活的性质。一般认为，

---

① ［古希腊］亚里士多德：《政治学》，吴寿彭译，商务印书馆1965年版，第74页。
② ［古希腊］亚里士多德：《政治学》，商务印书馆1965年版，第81页。

获得崇高的生活应有三个因素：外物诸善、躯体诸善、灵魂诸善。[①] 诸善的数量标准则是掺杂追求"经济人原则"，对有些方面是适量而止，但财富、权力、资产、名誉则多多益善。但亚氏批评了这种主张，认为诸善亦有限度，应是其德行、善行及智慧的总和。亚氏论证"城市"的标准，认为应该是两方面的聚集地：其一是军事中心，有警卫部队；其二是商业中心，是运输、交易、原材料的集散地；其三是地理中心，海陆方面的通道。亚氏认为城市应进行对外贸易，输入的物品是本邦不生产的而输出的物品则是本邦有余的物品；进行对外贸易应追求本邦而非以他人的利益为主。城邦的人口数量应依据城邦的规模、性质和作用所决定。城邦主要由粮食供应、工艺、武装、财产（公共）、祭祀、裁决等六部分构成。依据这些基本构成，城市的各种团队也就产生，农民、工匠、有产阶级、祭司及裁决团队。亚氏论证土地应归属于保家卫国、参与政治的人们。进而把财产分为公产和私产两部分，私产依地理位置分为近郊与边疆两部分，原因在于这种划分可以导致利益趋同，随后，选择不同数量的奴隶。

城邦由家庭组成，家庭又分为富有阶级、贫穷阶级和中产阶级。战时，不同的阶级负责不同的武器装备，富人有重步兵。平民从事的行业分为农、工艺、商。名人之间也会在名望、才德、家产上各有差异。城邦的组成各异，政体就各不相同。他以《理想国》为例，首先一国之内最基本的四个行业是农民、鞋匠、建筑工人和织工，随后增加了冶工、牧人、商人、小贩这种行业构成在亚氏看来是以经济供应而非以善德为目的的社会构成。随着版图扩大，柏拉图又引入战士。同时，亚氏也指出城邦需要军事职能、司法职能及议事职能，而这些职能的人应该列入（即便构成或者是）军事人员。亚氏通过分析，指出了《理想国》中制度构成的缺陷，因职能不同带来的收益与制度设计要求的非收益，"同一组人不可能既是富人又是穷人"[②]。同时亚氏指出，人们利用各自优势组成有利于自己的政体，是世人认为政体只有平民和寡头的原因所在。

① ［古希腊］亚里士多德：《政治学》，商务印书馆 1965 年版，第 240 页。
② ［古希腊］亚里士多德：《政治学》，商务印书馆 1965 年版，第 135 页。

（四）关于分工的认识

亚里士多德在《政治学》中阐述了分工理论，他认为主要有五种分工：畜牧、捕鱼、狩猎、掠夺以及农作，每个人可以从事两种以上的工作，且可以随时变换而不必拘泥于某种分工。与管子不同的是，亚里士多德着重论述了奴隶与奴隶主之间的自然分工。"凡是富有理智而遇事能操持远见的，往往成为统治的主人；凡是具有体力而能担任由他人凭远见所安排的劳务的，也就自然地成为被统治者，而处于奴隶从属的地位：在这里，主奴两者也具有共同的利害"①，"非常明显，世上有些人天赋有自由的本性，另一些人则自然地成为奴隶，对于后者，奴役既属有益，而且也是正当的"②。亚里士多德认为，每个人天生被自然分配给不同的禀赋，禀赋不同则能力不用。因此，有的人天生被"分工"为主人，而有的人天生就被"分工"为奴隶，是属于主人的财产。亚里士多德赞同由于天生在理智和体格等方面存在缺陷而自然被"分工"为奴隶的方式，反对在战争中将战败的俘虏强制作为法定奴隶。虽然在今天看来奴隶制是残忍的，但由于当时社会制度的限制，且亚里士多德错误地认为奴隶是由于自然分工而产生的，导致亚里士多德成为奴隶制度坚定的拥护者，这也是其思想的局限性之一。

（五）关于家庭管理的论述

如果说亚氏的宏观经济思想是《政治论》，那他的微观经济思想主要集中在《家政学》。他首先阐述，家政学的重要作用是要组织一个家庭、妥善处理家中事务。家庭的组成是人和财产。亚氏把财富分为自然的财富，自然的构成首先是农业，其次是工业（采掘业）；他把农业认为是合乎自然的，而这一思想被后世重农学派的魁奈继承。家庭中的人员，首先关注的是女人，而男性与女性的结合也是自然界的正常表现（其他动物也是雌雄结合），这种结合有利于人类的永存。他指出自然创造男女有别，男性强健而女性孱弱，也就决定了各自所适合从事的工作，男性户外而女性居家、男性教育子女而女性哺育子女。

---

① ［古希腊］亚里士多德：《政治学》，商务印书馆1965年版，第5页。

② ［古希腊］亚里士多德：《政治学》，商务印书馆1965年版，第16页。

　　夫妻共同生活时，首先要公正。这样在财富方面才能实现增值的目的。如何实现财富增加？第一，要有上乘的奴隶。把奴隶分为监工和劳力；通过教育培养现有奴隶成为监工。第二，要善于管理，通过"劳作、惩罚、食物"管理奴隶。要设立目标管理，通过设立自由作为奖赏供给奴隶，设置节日和欢乐来管理奴隶。

　　家务管理者有四种管理方法：一是具备获取财产和保管财产的能力；二是合理安排财产、正确使用财产；三是监督与检查财产（根据事务分工，男女主人管理不同事务）；四是勤劳管理（早起晚睡）。大小家庭其管理方式各异。小家庭可以直接买卖产品，而大家庭则要复杂得多。大家庭要授权管家辅助管理、定期检验资产。

思考题

1. 春秋战国时期诸子百家兴起的原因是什么？
2. 春秋战国时期诸侯国的治理需求是什么？
3. 如何理解法家兴盛的原因？
4. 如何理解墨家兴盛的原因？
5. 试比较儒家、墨家的义利观。
6. 试比较古希腊哲学家关于家庭管理的观点。
7. 希腊思想家关注效率的哪些方面？
8. 你认为将社会的经济学方面、政治学方面、社会学方面以及心理学方面与整个社会隔离开是适当的吗？
9. 对比分析稷下学宫和柏拉图乐园的异同。
10. 对当代的中国经济学家来讲，为什么研究管仲可能比研究亚当·斯密更切题？

推荐阅读资料

1. 胡寄窗：《中国经济思想史》上，上海财经大学出版社 1998 年版。
2. 赵靖：《中国经济思想通史》上，北京大学出版社 1991 年版。
3. 巫宝三：《先秦经济思想史》，中国社会科学出版社 1996 年版。
4. 叶世昌：《古代中国经济思想史》，复旦大学出版社 2003 年版。

5. 赵晓雷：《中国经济思想史》，东北财经大学出版社 2013 年版。

6. 石世奇：《论欲望、稀缺与先秦经济思想》，《经济科学》2002年第 5 期。

7. 朱家桢：《〈大学〉〈中庸〉中的经济思想》，《中国经济史研究》1991 年第 2 期。

8. 李成贵：《再论先秦的重农思想》，《中国农史》1993 年第 2 期。

9. 阎学通：《先秦国家间政治思想的异同及其启示》，《中国社会科学》2009 年第 3 期。

10. 晁福林：《先秦社会最高权力的变迁及其影响因素》，《中国社会科学》2015 年第 2 期。

11. 王兴周：《重建社会秩序的先秦思想》，《社会》2006 年第5 期。

第 二 章

秦至两晋与古罗马时期经济思想

第一节　秦至两晋与古罗马时期
社会经济发展概述

一　秦至两晋时期社会经济发展概述

古罗马产生于公元前 9 世纪的意大利半岛中部。其历史可以分为三个时期，古罗马王政时代（前 753—前 509 年）、古罗马共和国时期（前 509—前 27 年）、古罗马帝国时期（前 27—476/1453）。本章所研究内容为罗马王政时期和罗马共和国时期。古罗马地理位置优越，意大利岛作为地中海的中心，南连非洲，西可抵今天法国和西班牙，东达希腊，处于亚非欧三洲的战略要冲，为罗马文明的兴起提供了得天独厚的条件。意大利岛岛内河流纵横，属于地中海气候，光照充足、气候温和、雨水丰沛，橄榄、无花果、葡萄成为主要产品。

秦朝结束了春秋战国以来的分裂局面，建立起了我国历史上第一个统一的多民族的封建专制主义的中央集权国家。政治上，确立了皇权的至高无上。在中央设三公九卿，地方推行郡县制，颁布秦律，确立了中央集权专制制度。经济上，实行土地私有制并按亩纳税，令百姓自己申报土地，将土地载于户籍，使国家征发租税有了主要依据，并实行重农抑商的政策扶植封建土地私有制的发展。此外，统一度量衡、统一货币通行半两钱、统一车轨修建驰道等措施也为封建经济的发展提供了条件。文化方面将小篆作为统一的文字，以法为教、以吏为师，并通过焚书坑儒加强思想控制。为了巩固统一局面，秦始皇迁移富豪、收集武器，修建长城抵御匈奴。

汉朝时期，人口大量增长，农业、手工业发展迅速，商业、贸易和中央集权制都得到了前所未有的发展。在农业生产方面，汉朝时期出现了很多工具，例如犁壁、耦犁、耧车等，是我国古代农业发展的一个高峰。汉代手工业中冶铁业、丝织业、造纸业等都居于当时世界前列，如冶铁中的炒钢法、纺织业上的提花机具有很高的技术水平，纸的发明和大量生产更具有划时代的意义。货币的铸造水平和流通速度都有了显著的提高，丝绸之路也促进了汉朝和亚欧各国的贸易和贡品往来。

东汉末年的社会动乱直至三国鼎立方有缓解。魏、蜀、吴三国都非常重视经济发展，致力于整顿吏治，恢复社会秩序，加快发展经济。人口众多和垦荒面积广的曹魏，通过推行屯田制、兴修水利和建设大型官营手工业作坊等措施成为实力最强的一方。蜀汉物产丰饶，土地肥沃，遭受的战乱也较轻，严格法治、招抚南夷、铸直百钱、平衡物价等手段，极大地促进了蜀国经济发展。孙权迁都建业后，东南地区很快得到开发，纺织业、冶铸业、造船业和盐业方面都相当发达，海上贸易亦有所兴起。

由于北方多战乱，南方相对稳定，西晋末年北方大批农民南迁，带来先进生产工具和生产技术，与南方人民共同开发江南。江南经济的开发使南北经济趋向平衡，为以后我国经济重心的逐渐南移打下了坚实的基础。南方由于北方世族南渡过程中举宗避难的方式，逐渐出现了以血缘为纽带的庄园制经济①。手工业主要由官府专营，设置少府及作部；冶炼业得到了发展，灌钢技术的发明使得钢铁的品质也更好；纺织业用麻织成的布，马钧改良纺织机，品种及品质皆提升；当时制纸业除麻纸外也利用藤做出"藤角纸"，纸张已经可做出雪白纸及五色花笺，到南朝完全替代竹简和绢锦；制瓷业在制成技术也有长足的进步，并广泛在南方地区扩散。

---

① 吴存浩：《论六朝时期南方地主庄园经济》，《东岳论丛》2008 年第 1 期。

二　古罗马时期社会经济发展概述

古罗马人口众多，主要包括三个部分，即公民及其家属、奴隶和外邦人。（1）王政时代，罗马国家虽然是从氏族公社发展而来，但它吸收了大量的外来成员。据统计，早在公元前 6 世纪末登记在册的罗马公民人数就达 13 万人，再加上妇女、儿童和奴隶，其人数达到 40 万人左右。（2）共和时代，共和早期的罗马是一个由众多自由小农组成的城邦国家。罗马居民划分为公民、没有公民权的自由民和奴隶三大等级，公民是共和国的主人。公民权主要是靠出生身份获得的，公民登记是罗马人确认身份并被承认为公民，赋予相应的权利并承担义务的唯一合法方式。取得对外征服的胜利后，罗马奉行增加公民人口的政策，罗马扩张导致全方位的人口迁移。由于上层阶级的财富增长，家用奴隶的大量使用，共和时代的总人口快速增加。据估计，公元前 225 年，在意大利的自由民人数为 440 万人，而奴隶人数为 60 万，至公元前 43 年，大约有 450 万自由民，而奴隶人数达到 300 万。（3）帝国时期，罗马人的数量继续增加。长期的"罗马和平"使经济发展，人口大量增加。在公元 3 世纪危机时期，由于瘟疫肆虐、商贸中断、日耳曼人频繁侵扰和内乱不断，罗马人口快速下降。公元 5 世纪，丧失自由地位、生活无望的罗马人纷纷逃亡，政府不惜以强制手段勒令逃亡者返回原地，但收效甚微。

古罗马时期奴隶制经济非常繁荣。早期古罗马的经济类似于古希腊。到了帝国时期，通过向外征战获得了大量奴隶，将他们投入大量劳动，出现了奴隶经济，它对自由民经济构成了竞争；随着奴隶劳动的扩大，奴隶成为社会的基础，古罗马的地产以及工业大规模地使用奴隶。因此，奴隶经济的繁荣排斥着小农经济，代表了古罗马经济的繁荣。在这段时期内，小农劳动由于无法与之竞争，他们将部分甚至是全部的土地抵押，或者流落在城市中，使得农业开始衰败，破坏了整个帝国的经济基础。后面古罗马征战的结束，使得奴隶制经济不再有利可图，古罗马逐渐衰落。

第二节　秦汉三国两晋时期经济思想

一　秦汉时期的政治经济思想

（一）吕不韦和《吕氏春秋》的政治经济思想

吕不韦（？—公元前235年），濮阳人，阳翟的富商，家累千金。曾在赵国首都邯郸经商，后帮助异人继任国君（秦庄襄王）而官拜丞相，食邑洛阳十万户。吕不韦任秦庄襄王、秦王政相国十三年，号称仲父。经济上，吕不韦鼓励工商、重视农业，以至于秦国"礼抗万乘，名显天下"。政治上，为秦国完成统一大业，吕不韦做出巨大贡献，后因内政问题与秦王政格格不入，在秦王政亲政后第二年被免去丞相之职，两年后又将他迁徙蜀地，吕不韦见大势已去，便饮鸩自杀。

吕不韦的经济思想和政治主张，都集中体现在《吕氏春秋》中。《吕氏春秋》成书于公元前239年，适应了秦国统一的大势而出现的治国纲领。《吕氏春秋》共分纪、览、论三个部分，"纪"按照春夏秋冬十二月分为十二纪，每纪五篇文章，共60篇；"览"分八览，每览八篇（第一览缺一篇），共64篇；"论"分六论，每论六篇，共36篇，还有一篇序意（今缺失）。全书共160篇，结构完整，自成体系。

1. 提出"法天地"的自然法思想

《吕氏春秋》作为治国纲领，提出了一整套政治主张，其基础是"法天地"。认为要顺应天地自然的本性，才能达到清平盛世，为此提出"虚君实臣、民本德治"的政治思想核心。

2. 提出"君道虚、臣道实"的治国理念

吕不韦从自己角度出发，认识到六国统一的大势不可避免，而如何治理国家保持天下才是真正困难的事情，表达出"胜非其难者也，持之其难者也"（《吕氏春秋·慎大览》）的思想。如何保持长治久安，吕不韦不同意采用秦孝公以来处于独尊地位的法家思想作为治国理政的基本国策，融合儒家思想为主，形成自己的治国理念。吕不韦主张"君道虚，臣道实"，在"天无形而万物以成"的理念指引下，认为君主应该如天一样没有具体的形象，是空灵无为的。君王有所为，就会促使臣下阿谀奉承，有过则无以责。君王的无为就是有为，就是有不为。如何实现无为而无不为？吕不韦主张，君王应加强自身的修养、治其身、反诸己，通过修身，求贤用贤，正名审分设立官职，使百官各司其职、尽其力，实现君王安、国家利的目的。

3. 提出以"民本思想"为基础、"仁政德治"为核心的治国方略

吕不韦继承了儒家的"民本"思想，指出"主之本在于宗庙，宗庙之本在于民，民之治乱在于有司"（《吕氏春秋·有始览》）。他认为治理天下首先要得民心，而得民心的前提是为民众攘除灾祸，创造福祉。他说道"古之君民者，仁义以治之，爱利以安之，忠信以导之，务除其灾，思致其福。"（《吕氏春秋·离俗览》）在此基础上，吕不韦提出了"德治为主，赏罚为辅"的方针，他认为"行德爱人，则民亲其上，民亲其上，则皆乐为其君死矣"（《吕氏春秋·仲秋纪》），用德政治国，就会通达无阻。作为德政的补充，《吕氏春秋》主张顺应民心的义兵，诛暴君以振苦民。

4. 提出上农思想

农业是衣食之本、财富之源。《吕氏春秋》中的"上农"就是尚农、重农之意，该篇开宗明义地指出"古先圣王之所以导其民者先务于农"。后世农家对农为衣食之本、财富之源多有阐述。《上农》篇首先肯定了农业是社会稳定的前提："若民不力田……国家难治，三疑乃极，是谓背本反则，失毁其国。"（《吕氏春秋·士容论》）古代农家认为只有农业才能提供这种物质条件，《上农》篇即指出如果不重农则可能导致外敌入侵，"……四邻来虚"。他提出务农的好处在于：首先，民风淳朴、边境安定；其次，重农导致公法立、力专一；最后，重农则财产固而民不迁徙，死守本地而无二虑。其还从反面论述了不重农的后果："民舍本而事末则不令，不令则不可以守不可以战。民舍本而事末则其产约，其产约则轻迁徙，轻迁徙则国家有患"（《吕氏春秋·士容论》）。

《上农》篇还强调了重农具有教化功能，有利于思想统治："民舍本而事末则好智，好智则多诈，多诈则巧法令，以是为非，以非为是"；"民农则其产复，其产复则重徙，重徙则死其处而无二虑"；"民农非徒为地利也，贵其志也。民农则朴，朴则易用，易用则边境安，主

位尊"；"民农则重，重则少私义，少私义则公法立，力专一"（《吕氏春秋·士容论》）。重农还体现在不违农时，在农忙之时不大兴土木要息战安民。同时制定相应的四季禁令，季节不符，不能采木、不能罗鸟、不能网鱼。为了保持劳动力，规定农民不得经商。在《吕氏春秋·士容论》的《上农》篇中提出了关于分工的思想，"凡民自七尺以上，属诸三官：农攻粟，工攻器，贾攻货"。社会分工为农、工、商，农民的职责在于生产粮食，百工的职责在于制作工器，商人的职责在于经营货物，三者各司其职，顺应天道。

5. 重农不抑商的态度

战国后期，主流思想开始"重农抑商"，而在《吕氏春秋》中，强调的是重农而不抑商。主要原因在于，吕不韦本身出身商业，深知商业对经济的促进作用。《吕氏春秋》之《仲秋纪》记载"是月也，易关市，来商旅，入货贿，以便民事。四方来杂，远乡皆至，则财物不匮，上无乏用，百事乃遂。"吕不韦提出用"易关市"政策来吸引商旅，具有明显的重视商业特征。同时，他要求政府按照季节从事商业活动，鼓励商贾贸易。在《吕氏春秋·仲冬纪》中，吕不韦提出自由经营的思想，他指出"山林薮泽，有能取疏食田猎禽兽者，野虞教导之。其有侵夺者，罪之不赦"。不论关市、山泽，都允许自由贸易、自由采摘、自由捕猎，同时用律法来保障商人的利益。

（二）李斯的经济思想

李斯（约公元前281—前208年），楚上蔡（今河南蔡县）人。后世学者对李斯的评价也各有差异，李贽在《史纲评要》中指出"始皇出世，李斯相之，天崩地坼，掀翻一个世界。是圣是魔，未可轻议。[①]"李斯的主要事迹来自《史记·李斯列传》。

1. 农工并重思想

自战国以来，重农抑工商思想盛行，李斯在国家统一后，提出农工并重观念，"今天下已定，法令出一，百姓当家，则力农工"（《史记·秦始皇本纪》）。李斯的农工并重思想，是站在国家统一后如何治理国家的角度出发，把手工业和农业放在同等重要的地位，一些薄技小业如

---

① 李贽：《史纲评要》卷4《后秦记》，中华书局1974年版，第91页。

卖浆、贩脂、洒削等，都可以促进经济繁荣。一个国家的经济是繁荣或萧条，与其所奉行的经济政策直接相关，而经济政策又与这个国家的经济指导思想或指导理论密切相连。秦初的经济繁荣，与李斯的"惠被诸产""农工并重"的产业政策是分不开的。

2. "黔首自实田"的经济思想

"黔首自实田"以国家立法的形式使封建地主经济取得合法地位。西周以来，封建领主经济大量盛行，经过春秋—战国时期的战乱，直到秦代仍然存在，"成奸伪之业，遂朋党之私"（《史记·李斯列传》）抑制了封建地主经济的发展。"黔首自实田"政策根本上动摇了封建领主经济的社会基础。据《史记·秦始皇本纪》记载，秦始皇于公元前 216 年颁布了"令黔首自实田"的法令，他要求全国有田的人自报占有田地的实际亩数。通过这个清查土地的法令，核实田亩，以便按田亩征税。《秦简》中的《田律》规定，田租按占有的土地多少征收，不论垦植与否，每顷田交饲草三石、禾秆二石，"入顷刍稿，以其受田之数，无狠（垦）不狠（垦），顷入刍三石、稿二石。刍自黄嗀及蓐束以上皆受之。入刍稿，相输度，可殹（也）"。"令黔首自实田"对地主阶级有利，从法律上承认了土地私有制，即只要缴纳赋税就可以占有土地，鼓励土地兼并刺激生产积极性。《吕氏春秋》中《审分览》记载"今以众地者，公作则迟，有所匿其力也；分地则速，无所匿迟也。主亦有地，臣主同地，则臣有所匿其邪矣，主无所避其累矣。"从侧面反应当土地私有后，生产积极性则大大提升。

3. 增加国家综合实力的政治经济政策

战国后期，矛盾重重，战争频发，在复杂的环境中，李斯采用政治和经济政策增进综合国力。首先，采用物质激励和军事恫吓相结合的对外政策。在驭诸侯国和吸引人才的对策中李斯主张"诸侯名士可下以财者，厚遗结之；不肯者，利剑刺之。"（《史记·秦始皇本纪》）这种刚柔并济的策略促进了秦国实力增加。李斯师承荀子，荀子主张"以善至者，待之以礼；以不善至者，待之以刑"（《荀子·王制》）。李斯把这种思想扩大至制度层面，设立奖惩的总原则，"勉之以庆赏，惩之以刑罚"（《荀子·王制》）。此外，李斯以政治经济关系来解读吸引人才要做到开放性。首先，李斯提出了对待人才的包容原则，"是以泰山不让土壤，故能成其大；河海不择细流，故能就其深；王者不却众庶，故能明其德"（《谏逐客书》）。通过交往，国家可以互通有无、互利互惠、取长补短。其次，李斯指出了拒绝人才的缺点在于逐客会助长竞争对手而减弱本国实力，这种做法是"损己利人"。

4. 薄赋节俭的消费思想

李斯在消费观念上主张薄赋节俭，反对赋敛无度和铺张浪费。这种思想与秦王朝的社会现实密切相关，秦王朝在赋税徭役之重和奢靡浪费之惊人方面都是空前。古者"用民之力，岁不过三日"而秦则"力役三十倍于古"，秦统一后，"治驰道、作阿房、兴骊山"等浩大工程，极大消耗了国力。而秦二世则"赋敛愈重，戍徭无已"（《史记·秦始皇本纪》），面对这种情形，李斯看到了赋税徭役、宫室工程对国民的损耗，建议二世"缓刑罚、薄赋敛"，"止阿房宫作者，减省四边戍转"，稍苏民生。虽然因此招致二世迁罪而险丧命，但从云梦秦简《为吏之道》的留存来看，为官之道要"安静毋苛……善度民力，劳以率之"，不得"赋敛无度"，如有"须身遂过"者，将受到法律制裁。李斯薄赋的财政思想，从法律上给予承认形成制度，对后世官吏也有警戒之用。李斯的节俭思想主要体现在对粮食的使用，严禁浪费粮食，禁止居民随意做粮酿酒。同时，派遣官吏深入民间察访，如有犯者，有罪惩罚。李斯认识到粮食的基础作用，关系到国家"兴利致富……诸产繁殖"，他从国家兴衰基础入手提倡节俭，为后世开了个好头。

5. 其他经济政策

李斯在《赵正书》中揭露了自己的七宗罪，"更刻画、平斗桶、正度量、一文章，布之天下，以树秦之名者，吾罪四矣。立社稷，修宗庙，以明主之贤者，吾罪五矣。治驰道，兴游观，以见王之得志者，吾罪六矣。缓刑罚而薄赋敛，以见主之德众其惠，故万民戴主，至死不忘者，吾罪七矣。"李斯在廷尉时，针对采用分封制还是郡县制统一国家的问题时，认为郡县制度是安宁之术，重新分封诸侯不利于国家统治，以至于后人评价"（李斯）使秦无尺土之封，不立子弟为王，功臣为诸侯者，使后无战攻之患"（《史记·李斯列传》）。

（三）陆贾的经济思想

陆贾（约公元前 240—前 170 年[①]），西汉思想家、政治家。从《史记》记载来看，陆贾经历过秦灭六国战争，在刘邦起事时成为其门客，参与过秦末农民起义和楚汉战争，因出师南越有功拜为太中大夫。作为汉高祖首先"居左右"的重要谋臣之一，对西汉的建立和政权稳定起到重要作用。著有《新语》，讨论逆取顺守的治国安邦之道。

《新语》全书分道基、术事、辅政、无为、辨惑、慎微、资质、至德、怀虑、本行、明诚、思务共 12 章。该书指出治国安邦的核心之策在于"无为而治""仁义治国"。赵靖教授主编的《中国经济思想通史》对陆贾的描述较为全面，他认为"陆贾在《新语》一书中，按照道家'道法自然'的观点，以'古今成败之国'的经验和秦王的教训，考古鉴今作了充分的论述，概况一句话，就是'道莫大于无为'"[②]。随后，赵靖对《新语》也给予了很高的评价，并认为《新语》"的成书对黄老之学成为汉初国家政策的指导思想，其首创的作用是毋庸置疑"[③]。陆贾的很多主张被董仲舒继承，以至于东汉的王充在《论衡·案书篇》中指出"《新语》陆贾所造，盖董仲舒相被服焉"。

1. 提出"仁义治国"的政治经济理念

《新语》一书的主旨在于"崇王道，黜霸术，归本于终身用人"（《四库全书总目》卷九一）。他提倡"礼仪之国"理念，强调"夫谋事不并仁义者后必败"（《新语·道基》）。指出通过道德治理国家，人的行为以仁义为本，提出对待"利"的态度是"不义而富其贵，于我如浮云"（《新语·本行》）。陆贾用秦灭亡的道理向高祖阐述了"马上得天下"而不能"马上治天下"的道理，并指出秦王朝灭亡的原因在于依赖武力得天下而放弃了儒家"仁义治国"的理念，最终导致亡国的教训："秦始皇设刑罚，为车裂之诛，以敛奸邪，筑长城于戎境，以备胡、越，征大吞小，威震天下，将帅横行，以服外国，蒙恬讨乱于

---

① 也有学者认为生活年代约在公元前 246 年—166 年。参见丁文辉《陆贾的经济思想》，《上海经济研究》1983 年第 11 期。

② 赵靖主编：《中国经济思想通史》第 1 卷，北京大学出版社 1991 年版，第 487 页。

③ 赵靖主编：《中国经济思想通史》第 1 卷，北京大学出版社 1991 年版，第 489 页。

外，李斯治法于内，事逾烦天下逾乱，法逾滋而天下逾炽，兵马益设而敌人逾多。"（《新语·无为》）重罚重法，在统一六国的过程中发挥了极大的作用，然而国家统一后仍然依仗严苛刑罚来强化统治，"秦非不欲治也，然失之者，乃举措太众、刑罚太极故也"（《新语·无为》）。终究自取灭亡。陆贾指出强国的途径在于"得之于民"。按照道家理论，他倡导"无为而治"的思想，指出用减少干预、与民休息的无为之政来恢复遭受重创的汉朝经济和社会。为此，他提出了"仁义治国"的理念，并用"道基"作为首篇之名，目的在于强调治国理念的理论出处。陆贾从自然法入手，指出"天生万物，以地养之，圣人成之。功德参合，而道术生焉"，强调自然之法在于道、仁义来自天地之理、圣人以仁义道德合乎于天下，君王"据德而行，席仁而坐，仗义而强"（《新语·道基》）。

2. 注重流通思想

陆贾指出了流通的重要性，"质美者以通为贵"（《新语·资质》），流通的作用在于能够满足不同层级人的欲望，"上为帝王之御物，下则赐公卿，庶贱不得以备器械"。陆贾的地理禀赋决定思想用正反两种地理位置对比，对于地势贫瘠之地，他论述了阻碍流通的原因在于无舟车之通、无步担之蹊，地理恶劣、交通匮乏导致商贾、工匠不入，而在地域平坦之地，商业工匠云集，布陈宫堂，繁荣发达。

3. 主张节俭禁奢靡

他从历史的角度指出，骄奢淫逸容易导致上行下效，败坏社会风气，"齐桓公好妇人之色，妻姑姊妹，而国中多淫于骨肉。楚平王奢侈纵恣，不能制下，检民以德，增驾百马而行，欲令天下人饶财富利，明不可及，于是楚国逾奢，君臣无别"（《新语·无为》）。他把骄奢淫逸看成秦国灭亡的一大原因，指出"秦始皇骄奢靡丽，好作高台榭，广宫室，则天下豪富制屋宅者，莫不仿之，设房闼，备厩库，缮雕琢刻画之好，博玄黄琦玮之色，以乱制度"（《新语·无为》）。陆贾认为奢侈之风源于"穷耳目之好，极工匠之巧"，要扭转这种风气，要在道德思想方面树立观念，尤其是统治者要做好示范作用，"上之化下，犹风之靡草也"（《新语·无为》），陆贾认为解决这一弊政的办法在于"节俭"，君王带头节俭，"君子之御下民，民奢者应之以俭"（《新语·无为》）就会形成良好风气。

4. 陆贾提出了"朝士不商"观点

"朝士不商"（《新语·怀虑》），就是在朝当官或者政府工作人员不能经商。陆贾从专业化角度提出这一观点，他认为人的能力、精力应该聚于一业，朝士应专司一职，朝廷管理如果同时经商牟利，必然会影响自己所承担的治国治民职责。所以，陆贾强调："据土之民，治国治众者，不可以图利、治产业。"（《新语·怀虑》）

5. "重本抑末思想"

陆贾没有专门论述重本思想，而是对末业进行谴责。首先，他认为末业是奢侈品的生产，容易劳民伤财，"夫怀璧玉，要环佩，服名宝，藏珍怪，玉斗酌酒，金罍刻镂，所以夸小人之目者也；高台百仞，金城文画，所以疲百姓之力者也"（《新语·本业》）。其次，他主张奢侈品的生产容易"快淫侈之心"（《新语·本行》），而要杜绝淫邪之欲，需要针对当时离本业、趋邪业的行为"调其本"。

陆贾及《新语》的经济思想对汉初的经济政策起到很大的影响。汉朝建国后，对于如何治理国家的问题，对于出身于社会底层、文化地下的当权者而言，并无太多的经验，加之多年的马上取天下经验，对知识分子怀有一定的偏见。高祖经常说"为天下安用腐儒？"在这种观念的主导下，陆贾运用自己的聪明才智，让高祖吸取秦灭教训而对轻视儒家怀有愧意，遂让陆贾为高祖阐述秦失天下而汉得天下的道理。陆贾遵循高祖的要求，"乃粗述存亡之微，凡著十二篇。每奏一篇，高帝未尝不称善，左右呼万岁，号其书曰《新语》"（《史记·郦生陆贾列传》）。

（四）晁错的政治经济思想

晁错（约公元前 205—前 154 年），颍川人，年轻时学习先秦法家申不害和商鞅的学说，后因文学为太常掌故。在此期间，晁错学习儒家经典，深受文帝赏识，历任太子舍人、门大夫、博士。晁错因自身才学，被太子（后景帝）尊为"智囊"。景帝即位，擢升其为内史、御史大夫。景帝三年，吴楚七国以"诛晁错"为名谋反，景帝腰斩错于东市。《论贵粟疏》是其代表作。

汉建立初期，因连年战争，生产力极度匮乏，采取了"休养生息"政策，地主阶级和商品经济都有恢复和发展。文帝时期，高祖刘邦遗留下的"同姓王"逐渐壮大。贾谊看到了地方势力与中央政权的潜在对抗危机，晁错也看到了这一危险，在文帝时期一再请求削弱诸侯王国。王国所在的王城拥有独立的货币、司法、军事、行政等权力，具备了与都城竞争的实力。景帝时期，晁错认识到"今削之亦反，不削亦反，削之则反噬，不削之，其反迟，祸大"(《汉书·吴王濞传》)。为了解决地方对中央的威胁，汉景帝采用晁错"削藩"的建议。凡诸侯稍有过失，即"削其支郡"，有重大过失，即收回其领土归中央所有。"削藩"触动了王国的根本利益，引发"七国之乱"，战乱平定后，景帝乘机削减王国的分封范围，对诸侯国重新设置郡县。

1. 强调生产与积蓄

晁错用"本末易位"来强调其重要性。"今背本逐末，食者之众，是天下之大贼也"，应"今殴民而归之农，皆著于本，使天下各食其力，末技游食之民，转而缘南亩"文帝感同身受，"始开籍田，躬耕以劝百姓"。积蓄是历代思想家都非常重视的问题，贾谊也指出："苟粟多而财有余，何为而不成？"他指出储备粮食是社会安定的必备条件。晁错继承了贾谊的思想，同时也指出了当时的社会弊端在于"畜积未及"，主要指粮食、米、布帛等基本财物的积累非常重要，只有基本物质资料满足后，才能保证基本的家庭生活。晁错分析了古代圣贤战胜自然灾害、获得民心的原因在于"务民于农桑，薄赋敛，广畜积，以实仓廪，备水旱，故民可得而有也。"(《论贵粟疏》)

2. 政府的宏观调控手段"重农贵粟"

《论贵粟疏》延续了重农思想的有关主张，"王者大用，政之本务"，认为粮食是国家的根本。西汉初期，农业生产特别是土地荒芜、农民流离失所，对帝国的经济发展和国家稳定极为不利。晁错从维护政权的角度出发，指出唯一的办法是发展农业经济，使人们过上富裕生活。而要想农民安心务农，必须提高粮食价格，他从粮食价格提高的视角解读务农，"欲民务农，在于贵粟；贵粟之道，在于使民以粟为赏罚"(《论贵粟疏》)。他指出可以通过纳粮而封爵，通过富人得爵、农民得财、粮食流通实现君王充盈、百姓赋少、农民返农等好处。晁错指出，通过提供粮食价格能够有效刺激农民生产，而提高粮食价格在于能够激发农业的相关附加值，"是故明君贵五谷而贱金玉"（《论贵粟疏》）。晁错认为，粮食比金玉更重要，其主要原因是：（1）粮食是人们生产的基础，人可以离开金玉而不能离开粮食，"人情，一日不再食则饥"；（2）粮食是国家政权的基础，只有解决人民基本的衣食需求，才能保障国家稳定；（3）粮食生产周期长、生产成本高，应倍加珍惜；（4）粮帛体积大、重量大，不易携带和流通，不易为叛国背主之臣、离乡轻家之民所利用，"数石之重，中人弗胜，不为奸邪所利"。相对比而言，金玉珠银"饥不可食，寒不可衣"，且金玉会成为叛国、离乡臣民携带之资。晁错肯定粮食的重要性后，提出另外一种增加粮食产量的方式，即用激励政策刺激粮食产量，多纳粮者可以封爵并且减免罪行，"今募天下入粟县官，得以拜爵，得以除罪"（《汉书·食货志》）。晁错的粮食激励政策有着明确的实施标准和目标。

表 2 – 1 　　　　　　　　　　晁错粮食激励等级

民入粟数量（石）	爵位	是否免除徭役
600	上造（第二级）爵位	缴纳徭役
4000	五大夫爵位	免除徭役
12000	大庶长（第十八级）爵位	免除徭役

资料来源：《汉书·食货志》。

晁错的粮食激励措施与爵位等级和徭役赋税相匹配，极大刺激了农民的种粮积极性。徭役赋税对农民的影响非常大，需要百姓携带工具和粮食服徭役，对农户家庭来讲丧失了主要劳动力，减少了收入。晁错的粮食激励政策实施，刺激了粮食供给，保障了粮食产量，使文帝有条件把田赋从十五税一降为三十税一，后来又十多年不收田赋，减轻了农民税赋，促进了生产力的发展。

3. 肯定利欲的合理性，应该因势利导

晁错认为："民者，在上所以牧之，趋利如水走下，四方无择也。夫珠玉金银，饥不可食，寒不可衣，然而众贵之者，以上用之故也。其为物轻微易藏，在于把握，可以周海内而无饥寒之患。"

4. 移民政策

汉初，匈奴不断滋扰，汉王朝不得不采取和亲政策，但边患仍有增无减。晁错放弃了和亲政策而采用武力反击。晁错的移民政策带有"稳定边疆""守边备塞"的目的。他提出移民边境，平时生产、战时防御的观点，同时在土地平缓、草木丰饶之地修建房舍、备置器具，修建防御工事。

晁错站在新兴地主阶级角度，从维护中央集权出发，认识到地方割据势力对中央集权的威胁，单靠政治上削弱、法律上规范不能解决。他从经济基础入手，建立务农贵粟政策和以粟的激励制度，巩固了新兴政权。

（五）贾谊的政治经济思想

贾谊（前200—前168年），西汉著名的政治家、文学家、诗人。贾谊的经济思想代表人民的利益，主要体现在其思想主张和政治实践中。贾谊出生于洛阳，十八岁时因诗书名誉郡中，二十岁精通诸子百家，经吴守举荐给汉文帝任博士。二十一岁别擢为中大夫。因提出强化君权而遭受排挤，二十五岁被贬为长沙王太傅，二十八岁被征召为文帝少子梁怀王太傅。后因梁怀王坠马而死，贾谊深自愧疚，三十三岁抑郁而亡，其代表作为《过秦论》《论积贮疏》《陈政事疏》。

1. 关于中央与分封国的讨论

汉初，有功之臣为王者，共有七人，分别为楚王韩信、梁王彭越、淮南王英布、韩王信、赵王张耳、燕王臧荼、长沙王吴芮，史称"异姓诸王"。高祖认识到新封王侯对中央的威胁，在分封后的七年时间，除长沙王后陆续灭掉其余异姓王侯。在消灭了异姓诸王后，总结秦灭亡的原因时，认为是没有分封同姓子弟为王导致，又陆续分封了九个宗族子弟为诸侯王，史称"同姓九王"。同姓王同异姓王一样，都对封建中央集权存在威胁。汉初的分封诸王，在领域内具有极大的权力，经济上可以铸造货币，政治上官吏任免权（太傅、丞相除外），军事上除去不能擅自发兵外，都具有极大的自主权。这种分封制度恢复了战国诸侯自治的局面。贾谊看到汉朝有分裂的趋势，在《陈政事疏》中论证了天下暂时安定的原因，即在于分封诸王年龄尚小，"大国之王幼弱未壮，汉之所置傅相方握其事"（《治安策》）。等待诸王加冠成人后，天下就不可能再安定。此外，贾谊也论述了分封诸王擅自赦免死罪、乘坐天子专属的黄屋车等例子，指出天下正处于病患之中，需要尽早治愈。贾谊认识到中央与地方的矛盾并非源于同姓或异姓王，分封诸王的实力才是关键，等到实力强大，纵是亲兄弟也会反目成仇，"疏者必危，亲者必乱"（《治安策》）。贾谊的对策是"分割"，在现有诸侯国规模下，分割成若干小国，让诸侯国达到"力少、国小"，"力少，则易使以义；国小，则亡邪心"（《治安策》）。

　　2. 关于货币铸造权的讨论

　　汉初，经过连年战争，生产资料极度匮乏，将相乘牛车。"于是为秦钱重难用，更令民铸钱，一黄金一斤，约法省禁。"（《史记·平准书》）货币铸造权下放，导致币值混乱，物价腾跃，米价上涨到每石万钱。导致民不聊生，高祖末年与惠帝时期等都下令禁止货币私铸，但收效甚微。文帝时期，货币贬值问题困扰严重，一方面是民间私铸问题突出，上到吴王刘濞下到平民百姓，盗铸钱者甚多，中央政权对吴王刘濞等无法加以禁止而对民间私铸捕不胜捕。另一方面，文帝要赐幸臣邓通以铸币之权。这便产生了中国历史上第一次关于货币铸造权的讨论。贾谊等多数学者大都反对货币私铸，主要理由如下：（1）货币私铸会使货币更加混乱。各地区钱币制式不同、币值不等，"或用轻钱，百加若干，或用重钱，平称不受。法钱不立，吏急而壹之乎，则大为烦苛，而力不能胜；纵而弗呵乎，则市肆异用，钱文大乱。苟非其术，何乡而可哉"（《汉书·食货志》）。（2）货币私铸，扰乱农业生产。农业生产是国家的根基，贾谊从私铸出发，讨论货币私铸导致获利甚厚，会使不务正业之徒更多从事采铜铸钱，扰乱农业正常生产，"今农事弃捐而采铜者日蕃，释其耒耨，冶熔炊炭；奸钱日多，五谷不为多"（《汉书·食货志》）。针对货币私铸问题，贾谊提出"七福"的应对政策。"七福"政策从政治经济的角度思考，探索了货币流动思想，主张采用整体性的方式对待，具有典型的政治经济思想特征："第一，收铜勿令布，则民不铸钱，黥罪不积。第二，伪钱不蕃，民不相疑。第三，采铜铸作者反于耕田。第四，铜毕归于上，上挟铜积以御轻重，钱轻则以术敛之，重则以术散之，货物必平。第五，以作兵器，以假贵臣，多少有制，用别贵贱。第六，以临万货，以调盈虚，以收奇羡，则官富实而末民困。第七，制吾弃财，以与匈奴逐争其民，则敌必怀。"（《汉书·食货志》）贾谊的货币思想是从国家政治经济的整体中探索治理的对策。首先，运用了货币本币思想。即提出了"法钱"概念，法钱就是标准的本位币，具有法律强制性，这就制定了货币的标准、成色、重量、制式。其次，强调政府货币调控思想。从垄断铜质入手，运用轻重思想主张轻钱敛之、重钱散之的货币调节作用。把货币和万货综合运用，调节虚盈，涉及政府的宏观调控思想。再次，征收币材，劝民返耕。最后，与匈奴货币战，争夺其民。

3. 对待积蓄的观念

贾谊重视农业积储，提出"王者之法，民三年耕而余一年之食，九年而余三年之食，三十岁而民有十年之蓄"（《新书·忧民》）。以往思想家也讨论积蓄的作用，但贾谊的积蓄较之以往，有两个特征，一是他主张国家和个体都要重视积累，把积蓄提到国家安全的高度；二是积蓄思想中，充斥着"以人民为主"的观念。

4. 重视农业特征

贾谊在《论积贮疏》中总结了富民对国家治理的重要性，他指出"民不足而可治者，自古及今未之尝闻"。政府官吏应该引民致富，"故夫为人臣者，以富乐民为功，以贫苦民为罪"（《新书·大政上》）。同时，针对发展和保护农业，他提出运用农业循环促进农业生产，"五岁小康，十岁一凶，三十岁而已大康，盖曰大数也"（《新书·忧民》）。

5. 体现"民本"思想

在《新书·大政上》中，贾谊提出难能可贵的"民本"思想："闻之于政也，民无不为本也。国以为本，君以为本，吏以为本。故国以民为安危，君以民为威侮，吏以民为贵贱，此之谓民无不为本也。"同时，他也指出，民是万世之本的观念。君、吏都应以士民之贵而贵、士民之富而富、士民之乐而乐。这种民本思想，涵盖贾谊的众多观念，在封建社会政府治理中，虽然他从维护中央集权的目的入手，但不能掩盖其"以人民为中心"的思想。

（六）董仲舒的政治经济思想

董仲舒（前179—前104年），广川（今河北景县）人。早年治公羊《春秋》，"三年不窥园"，景帝时为博士，武帝时历任江都王相、中大夫、胶西王相。作为西汉儒学名家，经他提议，武帝实行"罢黜百家、独尊儒术"政策，经济思想层面，提出抑兼并的思想。董仲舒作为西汉大儒，继承先秦儒家的唯心主义思想，其经济思想与政策主张和哲学具有高度一致性，董仲舒的经济思想不从微观个体入手讨论发展生产和增加宏观经济收入，他的政治经济主张既非富民又非强国，而是站在国家统治的视角提出了中国古代政治经济思想的另外一个特征：国家稳定、社会安定，其代表作为《春秋繁露》《天人三策》。

1. "天人感应"

"天人感应"是董仲舒政治经济思想的理论基础。董仲舒的社会经济变革主张都体现在《天人三策》中，他借助"天"的无上权威提出自己的变革主张。董仲舒提出"天不变，道亦不变"的观点，给封建地主阶级统治披上了一层神秘的外衣，也成为大一统国家在意识形态领域寻求专制的理论基础。他以春秋时期的自然现象和先古传说都采用神秘色彩给予解释，提出君王应该"法天"，遵循天意而行德政，"王者承天意以从事，故任德教而不任刑"（《天人三策》），否则，天会显现异象以告诫人君，如人君不知悔改，终将失去天下。借用"天道"来约束"王权"，使其内在自敛，这成为封建社会限制君权的天花板。

2. 反对"官吏经商"的主张

董仲舒从"天人合一"的视角认为财富的分配应该比较均平，利益也不应该由少数当权者独占，应该使平民得到一些。此外，董仲舒认为，官吏已经享受到国家俸禄，如果经商就会与民争利，而民众无所依靠，为官经商不符合天意。董仲舒认为官吏经商会增加贫富对立，激发阶级矛盾。董仲舒指出，官吏凭借手中的权力和自身拥有的财富，在商业经营过程中，将会使平民百姓和商人遭受损失，而纷纷破产，进一步加重贫富分化，严重影响社会稳定、危害国家统治。"身宠而载高位，家温而食厚禄，因乘富贵之资力，以与民争利于下，民安能如之哉！"（《汉书·董仲舒传》）最后，董仲舒还从社会风气的角度阐述了官吏经商的不足，他指出官吏廉洁奉公，不谋私利，百姓就会上行下效接受教导；如果官吏经商，其就会跟商人一样好利贪财、争利于市，百姓也会效仿，"尔好利，则民好邪而俗败。由是观之，天子大夫者，下民之所视效，远方之所四面而内望也。近者视而放之，远者望而效之，岂可以居贤人之位而为庶人行哉！……若居君子之位，当君子之行，则舍公仪休之相鲁，亡可为者矣"（《汉书·董仲舒传》）。

3."限田"思想

土地兼并是中国封建社会的顽疾。汉初，刘邦在建国之初，为了激励兵将、奖励军功，将全国的闲散土地分给各级将领，培育了大批的新兴地主。随着战争的结束和新兴地主的兴起，强占民田和人口，土地迅速集中到豪强大贾手中，董仲舒看到这一现象，用"富者田连阡陌，贫者无立锥之地"描述。为了解决这一矛盾，他提出"限田"的思想。他认为一个较为合理的土地制度是"调均贫富"，财富过于向富人集中，会使富人骄横不法，凌虐贫贱，过于贫贱，又容易使人忧苦难忍，铤而走险，不利于社会稳定。为了保持社会稳定，应调均财富，"使富者足以示贵而不至于骄，贫者足以养生而不至于忧。以此为度而调均之，是以财不匮而上下相安，故易治也"（《春秋繁露·度制》）。在当时的条件下，如果实行贵贱平等，社会就会丧失强大的发展动力，发展也会因此缓慢。董仲舒认识到这一点，他的调均财富绝不是搞平均分配，而是在维持贫富有别的基础上使富者示之以贵、贫者不至于忧。这种分配思想也是基于国家治理视角，上下相稳，利于安定。

4.减轻赋税的主张

西汉的赋税和徭役制度承秦制，虽然有所减轻，但仍然十分繁重。《汉书·食货志》中记载："今一夫挟五口，治田百亩，岁收亩一石半，为粟百五十石，除十一之税十五石，余百三十五石。食，人月一石半，五人终岁为粟九十石，余有四十五石。石三十，为钱千三百五十，除社间尝新、春秋之祠，用钱三百，余千五十。衣，人率用钱三百，五人终岁用千五百，不足四百五十。不幸疾病死丧之费，及上赋敛，又未与此。此农夫所以常困，有不劝耕之心，而令籴至于甚贵者也。"五口之家即使在丰年，也会所剩无几，倘若遇见灾害之年，农民生活陷入困境。面对这一现状，董仲舒主张减轻赋税的政策。他首先指出政府只有减轻赋税、节制徭役，民众才可以有余力生产；其次，他反对豪强贵族和官吏与民争利，指出"故受禄之家，食禄而已，不与民争业，然后利可均布，而民可家足。此上天之理，而亦太古之道"（《汉书·董仲舒传》）。把节制豪强贵族对农民的剥削提高到"天道"高度，这点成为后世儒家强调德治仁政的重要理论依据。

5. "教化大务" 思想

董仲舒提出 "教化大务" 思想，其实质是通过在城市中设置学校，推行伦理等级制度。"夫仁、义、礼、智、信五常之道，王者所当修饬也；五者修饬，故受天之佑，而享鬼神之灵，德施于方外，延及群生也……古者王者明于此，是故南面而治天下，莫不以教化为大务。立大学以教于国，设庠序以化于邑，渐民以仁。"（《汉书·董仲舒传》）工业者和商人作为城市经济的主要带动者，其经营活动经常受到官吏的欺诈剥削，董仲舒提出不与争利、给予保护的思想主张。董仲舒在《天人三策》中明确提出，"夫天亦有所分予……古之所予禄者，不食于力，不动于末，是以受大者不得取小，与天同意者也……故受禄之家，食禄而已，不与民争业，然后利可均布，而民可家足。" 又在《春秋繁露·度制》中进一步阐释这一思想："孔子曰：'君子不尽利以遗民。'……故明圣者象天所为为制度，使诸有大奉禄亦皆不得兼小利与民争利业，乃天理也。" 针对州郡城市的行政官吏，董仲舒建议选择学校之官，茂才孝廉："及仲舒对策，推明孔氏，抑黜百家，立学校之官，州郡举茂才孝廉，皆则（董）仲舒发之。"（《汉书·董仲舒传》）

（七）刘安与《淮南子》的经济思想

刘安（前 179—前 122 年），西汉时期文学家、思想家，汉高祖刘邦之孙，淮南厉王刘长之子。文帝十六年（前 164 年）封淮南王。《淮南子》是由淮南王刘安和其门客写成，受当时黄老思想的影响，其主要以道家思想为核心，主张 "无为而治"。其经济思想主要集中在《主术训》、《齐俗训》和《时则训》中，包含重农思想、重视发展工商业、社会分工思想和赋税思想。

1. 重农思想

（1）重视农业生产。《淮南子》赞成管仲的 "仓廪实则知礼节，衣食足则知荣辱" 思想，认为人民只要家己富足就易于治理，就能维持国家稳定和统治者阶级的利益。《主术训》中强调 "众愚人之所见者寡，事可权者多，愚之所权者少，此愚者之所多患也。物之可备者，智者尽备之；可权者，尽权之；此智者所以寡患也。"《淮南子》将不重视农业生产的人视为愚者，希望贤明君主可以效法神农给天下人做表率。，在《时则训》里，刘安强调要根据农时的变化对农业生产做出规划，希望君主不误农时、官吏按此行事，保证农业产出。《主术训》对君主因私欲而耽误农时的行为给予警示，认为会影响国家治理，"人主好鸷鸟猛兽，珍怪奇物，狡躁康荒，不爱民力，驰骋田猎，出入不时；如此，则百官务乱，事勤财匮，万民愁苦，生业不修矣"。

（2）农业管理思想。《淮南子》中记载政府农业各个方面有专职人员管理，保证农业生产有序平稳进行，《时则训》对农业的各项管理事务进行了专门分工，设置司空负责水土营建之事、查看土地、做好水利设施；设置野虞负责巡行田野、鼓励耕种等，体现了政府主导农事生产。

（3）粮食储备思想。《淮南子》认为粮食储蓄非常重要，是国家生存的根基，"食者，民之本也；民者，国之本也；国者，君之本也"（《齐俗训》）。人民的农业生产只能满足一时之需，一遇到灾荒就会产生极大风险，国家必须储存粮食以应对可能出现的危机。《淮南子》主张国家要以二十七年而有九年之储的标准来储存粮食，"夫民之为生也，一人蹠耒而耕，不过十亩，中田之获，卒岁之收，不过亩四石，妻子老弱，仰而食之，时有泞旱灾害之患，无以给上之征赋车马兵革之费"。

2. 重视工商业思想

《淮南子》非常重视手工业，主要体现在三方面。第一，认为手工业和农业同样重要。在《主术训》中，"耕之为事也劳，织之为事也扰，扰劳之事而民不舍者，知其可以衣食也。人之情不能无衣食，衣食之道，必始于耕织，万民之所公见也"。第二，强调生产工具的改良。《淮南子》认为手工业能改良工具，提高产出率。主张推广更为先进的机杼、耰锄、斧柯等工具，使人们取得更大收益。第三，强调政府管理。《淮南子》认为政府要加强对手工业部门的管理和监督。《时则训》中主张要对百工的商品质量进行监管，淘汰不良物品，"命五库，令百工，审金铁皮革、筋角箭干、脂胶丹漆，无有不良"。

《淮南子》中不反对商业活动，认为通过商品的交换、互通有无，可以弥补人们所缺少的物品。《淮南子》反对奢侈品的交换和生产，认为其并不利于国计民生，滋生攀比之心，不利于社会的稳定。

3. 社会分工思想

《淮南子》继承了管仲的"四民分业定居"思想。《淮南子·齐物训》认为每人专门从事一种职业有利于社会发展，"农与农言力，士与士言行，工与工言巧，商与商言数。是以士无遗行，农无废功，工无苦事，商无折货"。但分工并不是随意而缺乏标准，《淮南子·齐物训》给分工树立了标准："便其性、安其居、处其宜、为其能"，依据属性发挥功能，可以提升效率。《淮南子》还从国家治理视角强调按照人的能力和行业进行分工，"故伊尹之兴土功也，修胫者使之跖锸，强脊者使之负土，眇者使之准，伛者使之涂，各有所宜，而人性齐矣。胡人便于马，越人便于舟，异形殊类，易事而悖，失处而贱，得势而贵。圣人总而用之，其数一也"（《淮南子·齐俗训》）。

4. 赋税思想

《淮南子》提出"先计岁收，量民积聚"的税赋思想。在《淮南子·主术训》提出了"人主租敛于民也。必先计岁收，量民积聚，知饥馑有余不足之数"的税收原则，要求轻徭薄赋，废除不必要的苛捐杂税，要在了解百姓的生活需要和产出基础上、在保证百姓的温饱后，收取赋税。

（八）司马迁的经济思想

司马迁（前145—前86年），秦汉时期伟大的历史学家、思想家。司马迁十岁跟随父亲学习古文，后学习尚书和公羊学说。二十岁开始游览天下名山大川，了解当地的民俗风情和经济生活。公元前 122—前 116年，开始入仕，以郎中身份常伴武帝左右。公元前 111 年，35 岁的他奉命出使西南巴蜀，了解当地少数民族。公元前 107 年，39 岁继承父职为太史令。42 岁（太初元年，即公元前 104 年）开始编著《史记》，并推行历法改革，实行现在的农历。49 岁（天汉三年，即公元前 98 年）因代李陵辩解触犯武帝而遭受"腐刑"。出狱后，51 岁（太始元年，即公元前 96 年）作"中书令"。公元前 93 年，终于完成其不朽著作《史记》，不过几年，悄然离世。《史记》作为中国古代最伟大的历史著作，被鲁迅尊称为"史家之绝唱"。

1. 司马迁经济思想的基础

儒家和道家是司马迁经济思想的基础，但他对两派持有截然不同的态度。对于儒家学说，司马迁十分尊崇和推崇。这不仅体现在对孔子、儒家学者、儒家思想的推崇，还在《史记》中褒奖孔子及儒家思想，说其具有拨乱反正、作为天下统纪和社会伦理准则的价值。

"原始察终，见盛观衰"是《史记·平准书》的主旨，在《史记·平准书》中多次出现"变"，司马迁认为"变"是每种事物的属性，在考察事件发展的完整过程中，他注重见盛看衰，关注历史发展的转折点，善于从事物内部发现促使事物走向反面的因素。在这种富于辩证的思考下，司马迁观察到不管是汉初"自由放任"所缔造的富足，还是汉武帝"管制干预"造就的"天下用饶"，皆已蕴藏危机。他洞察到在解决一系列旧问题时也出现了一些新问题。武帝的经济措施在一定程度上弥补了汉初因采取自由放任政策导致的不足，经历了"承秦之长，易其之短"的一个周期。司马迁在《史记·平准书》中希望通过记述这一周期的经济变化，说明事物利弊的关系，委婉地表达对汉武帝的劝诫之意。

2. 肯定追求财富的合理性

货殖一词最早出自《论语·先进》"赐不受命而货殖焉"，即"滋生资货财利"以致富。司马迁主张通过一定的生产经营，使货生货、钱生钱，利用货物生产与交换，从中生财求利，"货者，钱币也；殖者，繁衍也"（《史记·货殖列传》）。司马迁认为追求物质与精神满足是人的天性，"富者，人之情性，所不学而俱欲者也"（《史记·货殖列传》）。主张顺应自然、因势利导，"天下熙熙，皆为利来；天下攘攘，皆为利往"（《史记·货殖列传》）。司马迁肯定了利的好处，同时指出了利源于"货殖"。司马迁所指的货殖，不仅包括各种手工业，还涉及农、牧、渔、矿山、冶炼等行业的经营，这就扩大了财富的范畴和财富的来源。

3. 司马迁的"义利观"

在义利观上，司马迁接受《管子》"仓廪实而知礼节，衣食足而知荣辱"的思想，提出"礼生于有而废于无""人富而仁义附焉"（《史记·货殖列传序》）的观点，把利放在首要位置，义放在次要地位。在论述两者关系时，司马迁认为义是利的派生物，认为人们的一切活动和生活，都与利密切相关，甚至是追求财富追求利，"富者，人之情性，所不学而俱欲者"（《史记·货殖列传》）。司马迁看到人们的求利活动，就像"水之趋下，日夜无休时，不召而自来，不求而民出之"（《史记·货殖列传》），他主张只要不是犯奸求利都要加以鼓励，放任人们去追求利则是最善方式，而限制人们求利则是较差方式。他阐述了不与民争利的政策观。政府与民争利是竭泽而渔，发展经济最好的策略是顺应逐利本性，礼仪引导、制度约束。在司马迁看来，追求财富是人之常情，君子更不必隐藏对利的追求。先有财富，君子才能更好地施行其仁义道德，"无岩处奇士之行，而长贫贱，好语仁义，亦足羞也"（《史记·货殖列传》）。

4. 重视商业的经济思想

司马迁认识到农、虞、工、商四业是人类经济生活的基本构成，都具有创造财富的作用。他主张四业并举，不可偏废，互相配合，才能将生产、分配、交换、消费四环节统一起来，"故待农而食之，虞而出之，工而成之，商而通之"（《史记·货殖列传》）。司马迁主张四种行业的分工合作是自然经济规律作用的结果，非人力所能调整，通过分工调节、货物流通，强调商业是经济结构中最活跃的环节，符合客观规律。

（九）桑弘羊的经济思想

桑弘羊（约公元前 155—前 80 年）。《史记·平准书》记载"弘羊，雒阳贾人子，以心计，年十三侍中。"历任治粟都尉，领大农、大农丞、左庶长，执掌汉朝财政近四十年。自元狩三年（前 120 年）起，在武帝的大力支持下，先后推行算缗告缗、盐铁专卖、均输平准、币制改革等政策，这些措施都在一定程度上取得成功，大幅增加了汉朝政府的财政收入，加强中央集权，推动社会发展，为汉武帝连年战争提供了雄厚的物质基础。

桑弘羊继承春秋战国时期管仲的经济思想，加强对社会经济活动的干预与控制。桑弘羊强调政策强制性，认为只有实行"赏罚"与"调控"才能实现国家富强。当时，重农轻商已经成为社会的主流思想，桑弘羊在充分肯定农业重要性的同时又高度重视工商业的发展，他的经济思想大概有以下几点。

1. 农工商并重的政治经济主张

桑弘羊继承以农为本的思想，同时否认农业是财富的唯一来源，认为"治家非一宝，富国非一道"（《盐铁论·力耕》），主张本末并重。桑弘羊认为农业、工业、商业是社会不可或缺的部门，特别强调了工商业对于农业乃至整个国计民生发展过程中的作用。桑弘羊认为在农工商三者之中，商业更能使人致富。在他眼中，各郡国、各大都市之所以富裕繁华，"非有助之耕其野而田其地者"（《盐铁论·通有》）而是"商贾之所臻""居诸侯之衢，跨街冲之路"（《盐铁论·通有》）所导致。桑弘羊得出结论"富在术数，不在劳身。利在势居，不在力耕也。"（《盐铁论·力耕》）他认为发展商业不仅可以致富，而且在调剂余缺方面有着巨大作用，如果没有发达的商业，会出现财物不散、物品积聚不通等问题，因此桑弘羊确立了发展均输事业来解决财物不散的问题。桑弘羊还主张大力发展国际贸易，发展对外贸易一则以国内多余的物资输往国外，可以与外国发展友好关系，由经济合作进而结为政治联盟；二则可以从国外换取更多的为本国所缺而又必需的物品。

2. 关于建立和发展重要自然资源国家所有制的思想

桑弘羊认为山林、川泽、矿产等自然资源必须归国家所有，由国家统一开发管理。第一，"山海之利，广泽之畜，天下之藏也。皆宜属少府，陛下不私，以属大司农，以佐助百姓"（《盐铁论·复古》）。自然资源属于国家所有，应由国家行使管理权，必须由国家来统一开发管理。第二，国家管理可以"损有余而补不足"（《道德经》）、"赈困乏而备水旱"（《盐铁论·力耕》），还可以助贡赋、立诸农、广田收，增加国家收益。

桑弘羊在《盐铁论·通有》中记载："大夫曰：五行，东方木，而丹、章有金铜之山；南方火，而交趾有大海之川；西方金，而蜀、陇有名材之林；北方水，而幽都有积沙之地。此天地所以均有无而通万物也。今吴、越之竹，隋、唐之材，不可胜用，而曹、卫、梁、宋，采棺转尸；江湖之鱼，莱、黄之鲐，不可胜食，而邹、鲁、周、韩，藜藿蔬食。天地之利无不赡，而山海之货无不富也；然百姓匮乏，财用不足，多寡不调，而天下财不散也。"指出自然资源对经济发展的作用，扩大了先秦时期自然资源的范围，并根据五行学，认为东南西北各地区自然资源富饶，东部金银、南方水产、西方木材、北方积沙，指出各地区依靠资源禀赋发展城市产业。

表2-2　　　　　　　　　　《盐铁论》中的自然资源禀赋

城市（地区、时代）名称	代表资源	城市（地区、时代）名称	代表资源	城市（地区、时代）名称	代表资源
吴、越	竹	隋、唐	材	曹、卫、梁、宋	棺
荆、扬	鱼	莱、黄	鲐	邹、鲁、周、韩	藜藿蔬食

桑弘羊提出了利用资源发展经济，认为尽管自然资源各不相同，但各地区仍然"百姓匮乏"，其原因在于产品不流动导致各地发展缓慢。这为国家垄断经营和重商主义行径奠定基础。

3. 关于盐、铁、酒类由国家专卖和均输平准的思想

桑弘羊总结古代富裕之地发展城市经济的策略，认为并非只有农业才能发展经济，经济的发展在于发展工商业提高工商业的作用，"工不出，则农用乏……农用乏，则谷不殖"（《盐铁论·本议》）。"自京师东西南北，历山川，经郡国，诸殷富大都，无非街衢五通，商贾之所臻，万物之所殖者。故圣人因天时，智者因地财，上士取诸人，中士劳其形……宛、周、齐、鲁商遍天下。故乃商贾之富，或累万金，追利乘羡之所致也。富国何必用本农，足民何必井田也。"（《盐铁论·力耕》）在认识到工商业对发展经济的作用后，桑弘羊依托城市采取一系列产业专营的政策，带动经济发展。

（1）盐铁专卖。汉武帝连年战争，导致财政匮乏，为了增加财政收入，桑弘羊提出盐铁专卖政策。盐铁专卖政策的实质是通过对盐、铁的控制，增加国家的财政收入。第一，在全国重要城市设立盐官。放开盐的生产，由政府统一收购销售，利润归政府所有。在全国各大州郡城市普遍设置盐官：河东（安邑）、太原（晋阳）、南郡（巫）、巨鹿（堂阳）、渤海（章武）、千乘、琅琊（海曲、计斤、长广）、会稽（海盐）、犍为（南安）、蜀郡（临邛）、益州（连然）、巴郡（朐忍）、安定（三水）、北地（戈居）、上郡（独乐、龟兹）、西河（富昌）、朔方（沃壄）、五原（成宜）、雁门（楼烦）、北海（都昌、寿光）、东莱（曲成、东牟、巾弦、当利、昌阳）、渔阳（泉州）、陇西、辽西（海阳）、辽东（平郭）、南海（番禺）、苍梧（高要）、东平（《汉书·地理志》）。第二，全国四十郡49个城市设置铁官，垄断全国的铁商品交

易：京兆（郑）、左冯翊（夏阳）、右扶风（雍、漆）、弘农（宜阳、黾池）、太原（大陵）、河东（安邑、皮氏、降、平阳）、河内（隆虑）、河南、颍川（阳城）、汝南（西平）、南阳（宛）、庐江（皖）、山阳、沛、魏（武安）、常山（都乡）、千乘、齐（临淄）、东莱（东牟）、东海（下邳、朐）、济南（东平陵、历城）、泰山（嬴）、临淄（盐渎、堂邑）、桂阳、汉中（沔阳）、犍为（武阳、南安）、蜀郡（临邛）、琅琊、渔阳、右北平（夕阳）、辽东（平郭）、陇西、胶东（郁秩）、鲁、楚（彭城）、广陵、中山（北平）、东平、成阳（国营）、涿。只有河东郡的安邑城和蜀郡的临邛城同时设置盐、铁官，其他城市根据自然资源和地理位置，设置盐官或铁官。

（2）酒专卖。公元前 98 年，桑弘羊实行酒专卖政策，即所谓的"酒榷"，禁止民间私自酿酒，由政府统一酿造和销售。酒是日常生活中的消费品，为了满足全国的酒需求，必须在全国各地交通便利的城市中统一酿造，这样既能解决当地的消费需求又能降低生产成本。酒专卖政策在实施过程中促成各地酿酒业的一次行业集聚，但酿酒业的技术准入门槛较低，民间私自酿造行为很难控制，加之酒类商品的消费巨大，导致需求大户的反对。桑弘羊为减少贵族地主和政敌对他的仇视，在盐铁会议结束之前建议撤销，由民间自行酿造，但必须交纳酒税"升四钱"。[①] 酒税也因此成为国家财政的一个重要来源，为后继统治者所沿袭。

（3）均输政策。所谓均输是为了解决各地官营商业恶性竞争、扰乱物价的问题，也为了解决地方向中央上缴赋税运输成本过高的问题。"往者郡国诸侯各以其物贡输，往来烦难，物多苦恶，或不偿其费用。故郡置输官以相给运，而便于远方之贡，故曰均输。"（《盐铁论·本议》）桑弘羊解释了何谓均输以及实行均输的原因：以往各地在给都城贡奉物品时，时间长且损坏严重，导致严重浪费，为了解决这一问题，在郡城和县城设置均输官，当地市场交易供奉物品。这种交易是市场自发行为，在买卖过程中，城市物品通过均输机构实行资源的转移，带动资源的流动。桑弘羊在设置盐铁官的城市设置均输

---

①　胡寄窗：《中国经济思想史》中，上海财经大学出版社 1998 年版，第 97 页。

官，"乃请置大农部丞数十人，分部主郡国，各往往置均输盐铁官，令远方各以其物，如异时商贾所转贩者为赋，而相灌输"（《史记·平准书》）。城市经济的发展繁荣离不开商业的发展和繁荣，物价则是商业交换中的一个表现，为了应付物价上涨而又不能采用行政手段的情况下，采用经济手段成为必然之选。与此同时，桑弘羊又在京城设立了平准机构，负责管理通过均输而来的全国各地的物资，并负责制造运输工具。政府在掌握了大量的物资储备后，就可以通过在商品市场上贱买贵卖来调节物价，从而阻塞了大商人通过操纵价格牟取暴利的途径，商品价格也不会出现大的波动。由于该政策措施具有平抑物价的作用，所以被称为"平准"。

均输和平准两项政策既有区别又有联系。均输是用于解决地方向中央上缴赋税和全国各地之间进行物资调剂的运输问题，而平准则是以均输而来的国家储备物资为基础，对全国各地的商品供求和物价进行调控。均输为平准进行经济调控提供物资保障，平准又为均输提供销售渠道。桑弘羊推行的均输和平准政策，是世界上最早建立的国家宏观经济调控体系，把盐、铁、酒这些行业的生产和经营控制在国家手中，由政府经营，一则可以佐助边费，以抗击匈奴的侵略；二是可以实现"用饶足，民不困乏，本末并利，上下俱足"（《盐铁论·轻重》）；三是断绝豪民专盐铁以暴富的财路，调节贫富差距。

4. 取缔私铸，统一币制，实行币制改革

汉初，私铸之风盛行，币制十分混乱。文帝之时，纵民得铸钱，币制混乱，不仅导致官币、私币同时流通，真伪并行，影响货币职能的发挥，而且使奸商、诸侯得铸私币而暴富，对汉政府构成严重威胁。桑弘羊认为，只有国家对作为财富的货币和涉及国计民生的事业进行统一的管理，才能实现国家的富裕和强大。桑弘羊推崇货币专铸，由政府掌握货币的铸造，设置专门的国家铸造货币的机构，禁止私自铸币，将货币的铸造权划归国家，发行统一铸造的货币，以维持国家和百姓的稳定，"禁御之法立，而奸伪息，奸伪息，则民不期于妄得，而各务其职；不反本何为？故统一，则民不二也；币由上，则下不疑也"（《盐铁论·错币》）。武帝决心改革币制，统一货币铸造权。元狩四年（前119

年），武帝下令禁止民间铸造货币。元鼎四年（前 113 年），根据桑弘羊的建议，把铸币权收归中央。令各郡国销熔旧钱，送至中央，由上林三官负责制造新的五铢钱作为法定货币。由于新币质高值足，工艺水平高，伪造难度大且没有较大的利益可获取，于是私铸之风渐息。这是继秦半两钱之后又一次成功的币制改革。

5.《盐铁论》中贤良文学的经济思想

在《盐铁论》成书之前，汉武帝为了募集北伐匈奴的战争资源，任用桑弘羊推行了一系列鼓励工商业发展的政策，将盐铁酒等关乎国计民生且有较高利润的产业收归政府经营，将大量财富集中到中央政府手中，用以支持日益庞大的战争消耗。但是到汉武帝后期，西汉遭受了严重的经济衰退，人口锐减，百姓穷苦，社会矛盾激化。

《盐铁论》是中国西汉桓宽根据汉昭帝时所召开的盐铁会议记录"推衍"整理而成的一部著作。以贤良文学为一方，以御史大夫桑弘羊为另一方，就盐铁专营、酒类专卖和平准均输等问题展开辩论。涉及对西汉早期及先秦时期的政治、经济、军事、外交、文化的复盘和总结，桓宽根据当时的会议记录，并加上与会儒生朱子伯的介绍，将其整理改编，撰成《盐铁论》。因此在辩论中，主要持儒家思想的贤良文学一方对当时任职御史大夫的桑弘羊进行了激烈的批判。

（1）农业是财富的唯一来源，工商业不能创造财富。贤良文学秉持了儒家学派的一贯观点，认为农业为本、工商为末，坚持重农抑商的主张。"进本退末，广利农业"（《盐铁论·本议》）、"农，天下之大业也"（《盐铁论·水旱》）、"衣食者民之本也，稼穑者民之务也。二者修，则国富而民安也"（《盐铁论·力耕》），认为农业是国家最根本的产业和财富的来源。贤良文学认为商业经营只是财富的流通，"故商所以通郁滞，工所以备器械，非治国之本务也"（《盐铁论·本议》）。而工商业发展会抑制农业、误国误民，"国有沃野之饶而民不足于食者，工商盛而本业荒也。有山海之货而民不足于财者，不务民用而淫巧众也"（《盐铁论·本议》）。贤良文学把百姓生活困苦的主因归结于农事的荒废，他们建议禁止百姓从事工商业，让劳动力回到农业生产中。

（2）反对盐铁专营，主张民间自由经营。贤良文学对比了盐铁专营前后的社会财富分配，认为盐铁专营本质上是将属于人民的财富集中到官僚和政府手中，本身并不能创造财富，只是对百姓的掠夺，"昔文帝之时，无盐、铁之利而民富；今有之而百姓困乏，未见利之所利也，而见其害也"（《盐铁论·非鞅》）。他们明确反对盐铁专营政策，认为盐铁专营造成了财富向政府、官员、商人集中，导致底层百姓生活困苦，"今郡国有盐铁，与民争利。散敦厚之朴，成贪鄙之化"（《盐铁论·本议》）。贤良文学主张废除官营经济，允许民间自由经营，"与百姓争荐草，与商贾争市利，非所以明主德而相国家也"（《盐铁论·地广》）。

（3）提倡农业税作为主要的财政收入来源，轻徭薄赋。贤良文学认为盐铁专营虽然增加了财政收入，但这种与民争利的政策会导致杀鸡取卵。他们认为应当重视农业税收，"易其田畴，薄其税敛"（《盐铁论·授时》）。主张征收十一税，"什一而借民之力也，丰耗美恶，与民共之"（《盐铁论·未通》）。要轻徭薄赋，藏富于民，"畜民者先厚其业而后求其赡"（《盐铁论·未通》）。

（十）王莽的经济思想

王莽（前45—23 年），字巨君，出身官宦显贵的王家，"凡九侯五大司马"，是西汉孝元皇后王政君之侄、王永之弟，本是汉元帝外戚。幼年丧夫、丧兄，由其叔父抚养成人。后因王莽宁静独守、生活简朴、为人谦恭、勤奋好学、礼贤下士、尊敬长辈，被尊称为"宗族称孝，师友归任"的道德楷模，依靠苦心经营、纵横捭阖、折冲樽俎，后归为大司马大将军。平帝初始元年（8 年），在朝野广泛支持下，接受禅让称帝，改国号为"新"。之后，为了缓和社会矛盾，巩固自身统治，王莽实施了一系列包括土地改革、货币改革等在内的社会改革，史称"王莽新政"。

王莽是一位古代历史颇受争议的人物。古代持正统思想的史学家，把王莽当成"篡位"的逆臣贼子，如班固在《汉书》中描述到"咨尔贼臣，篡汉滔天，行骄夏癸，虐烈商辛"，明代夏言（1482—1548 年）在《申议天地分祭疏》中说道"用《周礼》误天下者，王莽、刘歆、苏绰、王安石也"。而近代学者对待王莽则有了完全相反的观点。胡适在其《王莽》《再说王莽》中，对王莽的改革即土地国有、均产、废奴给予了肯定，认为"王莽是中国第一个社会主义者"，当代著名的马克思主义学者翦伯赞也认为"王莽不失为中国史上最有胆识的最聪明的一位政治家"。对于这样一位众说纷纭、莫衷一是、极具争议的政治家，需要从其经历来重新解读。

1. 王莽的货币改制政策

王莽从居摄二年（7 年）到天凤元年（14 年），实施了四次币制改革，堪称频率最高、内容最复杂烦琐的货币改革。四次货币改革的实质是以小易大、以轻易重，运用政治权力对人民剥削。第一次在公元 7 年，旨在改变当时的货币体系，即在流行的五铢钱之外，增加大泉、契刀、金错刀三种货币，四种币值如下：五铢钱（每枚值一）、十二铢大泉（每枚值五十）、契刀（每枚值五百）、金错刀（每枚值五千），四种币值为 1∶50∶500∶5000。这种币值变革，是以"子母相权论"为理论根据，以契刀、金错刀等"重钱""大钱"为母，把流行的五铢钱当成"轻钱""小钱"为子，这种制度增加了币种和币值的混乱，尤其从五铢钱和金错刀的名义币值来看，后者是前者的 5000 倍，这种币值体系带有极强的随意性，显然极不合理。大钱流入市场后，导致大量五铢钱被毁而私铸新币，民间交易极为混乱。当时，王莽没有登基为帝，此次币值变革为今后的货币变革奠定了基础。第二次在公元 9 年，本次货币改革在于消除刘姓氏对百姓臣民的巨大政治影响和精神感召，因"刘"字中含有"金""刀"等字样，"五铢"乃前朝货币，废除契刀、错刀、五铢钱，只保留大泉，同时发行"小泉"，重一铢、值一五铢钱。这次币改，严重破坏了自汉武帝以来专由上林三官铸钱的制度，造成空前"钱荒"，导致"农商失业，食货俱废，民人至涕泣于市道"（《汉书·王莽传》）。

公元 10 年，王莽开始了第三次也是最荒唐的币值改革——"宝货制"，即"五物六名二十八品"。五物指"金、银、铜、龟、贝"，六名指"金货、银货、龟货、贝货、泉货、布货"，二十八品指不同质地、不同形态、不同单位的二十八品钱币，具体见表 2 - 3。

表 2－3　　　　　　　　　　　二十八品种类与币值

品类	钱种类	币值	品类	钱种类	币值
钱货六品	小钱	1	银货二品	朱提银	1580
	幺钱	10		它银	1000
	幼钱	20	龟货四品	元龟	2160
	中钱	30		公龟	500
	壮钱	40		侯龟	300
	大钱	50		子龟	100
金货一品	黄金	10000	布货十品	大布	1000
贝货五品	大贝（二枚为一朋）	216		次布	900
				弟布	800
	壮贝（二枚为一朋）	50		壮布	700
				中布	600
	幺贝（二枚为一朋）	30		差布	500
				厚布	400
	小贝（二枚为一朋）	10		幼布	300
	它贝（不得为朋）	3		幺布	200
				小布	100

资料来源：《汉书·食货志》。

　　二十八品，均为法定货币。如此多种类的币种、币值，令人眼花缭乱。王莽给出的币值改革的原因是"莽以钱币讫不行"（《汉书·王莽传》），遵循"轻重流通"原则，"宝货皆重则小用不给，皆轻则僦载烦费，轻重大小各有差品，则用便而民乐"（《汉书·王莽传》）。王莽看到了币值轻重等差问题，以为规定了货币种类就如同掌握了货币购买力，因此设计了"五物、六名"，同时每一名都设计不同名品与之对应。从品目的数量和币值来看，他认识到了黄金的重要性，但若干"名""品"的设计具有随意性，如对数字"一、三、五、六、八、十"等青睐，导致不考虑币值之间的换算，加之种类繁多，即使是专业人士也难以竞争识别，何况百姓乎。这种币制改革显示了王莽改革币值的随意性，虽然假借古制之名，但他错误地把轻重理解为货币本身的重量差异，把子母相权理解为大钱小钱之别，想要把古时货币的种类全都囊括（如过时的龟贝），"中国历代币制的失败，多有别的原因，而不是制度本身的缺点。只有王莽的宝货制的失败，完全是制度的失败"①。

2. 王莽的经济管制与经济调控政策：五均六管

"五均"政策，"今开赊贷，张五均，设诸斡者，所以齐众庶，抑并兼也。遂于长安及五都立五均官，更名长安东、西市令及洛阳、邯郸、临菑、宛、成都市长皆为五均司市师、东市称京，西市称畿，洛阳称中，余四都各用东、西、南、北为称，皆置交易丞五人，钱府丞一人，工商能采金、银、铜、连锡，登龟、取贝者，皆自占司市钱府，顺时气而取之"（《汉书·食货志》）。王莽的经济管制和调控政策的主要目的如下。（1）平抑物价与平准思想。每季第二月制定平价价格，按照每种商品上、中、下三种价格，即所谓"市平"。平抑物价时，王莽阐述了平准思想。即政府在货物滞销时收购、在物价上涨时平价卖出。"万物卬贵，过平一钱，则以平贾卖与民。其贾氏贱，减平者，听民自相与市，以防贵庚者。"（《汉书·食货志》）王莽首先规定了一个标准价格作为市场价格的依据，此标准价格每个季度调整一次，以适应商品生产的实际变化。当商品物价低于标准价格时，则由市场自发调节；而当商品价格超过标准价格时，政府进行逆向操作。（2）征收赋税，所有工商业均需登记后缴纳十分之一的"贡"赋。对于土地荒芜有田不耕者，征收赋税劳役。（3）赊贷政策，为了满足生产性或非生产性进行的贷款。对于"祭祀丧绩"而需钱者，政府借贷而不取息；对于生产性借贷，则"计所得受息，毋过岁十一"（《汉书·食货志》）。赊贷政策主要为了保护中小商业群体和百姓利益，同时为了避免遭受大商人的剥削，稳定商业秩序。

六管政策，"初设六管之令。命县官酤酒，卖盐铁器，铸钱，诸采取名山大泽众物者税之。又令市官收贱卖贵，赊贷予民，收息百月三"（《汉书·王莽传》），则是把盐、铁、酒、钱、布、帛、名山、大泽、五均赊贷六种政策收归国有。六管政策都是历史政策的延续，盐铁酒专卖在汉初已经实施，名山大泽在先秦著作中就有论述，赊贷在前朝也实

---

① 彭信威：《中国货币史》，上海人民出版社1958年版，第73页。

施过，王莽则是把相关经济思想和经济措施合法化、制度化。但由于政策的实施主体是商人，这就给了商人寻利和政府寻租的空间，也成为后人讨伐檄文的主要针对政策，"设为六管，增重赋敛，刻剥百姓，厚自奉养，苟且流行，财入公辅，上下贪贿，莫相检考，民坐挟铜炭，没入钟官，徒隶殷积，数十万人，工匠饥死，长安皆臭"（《后汉书·隗嚣公孙述列传》）。王莽后期，社会矛盾激化，工商业政策实施效果有限，到地皇三年（22 年）王莽准备废除六管政策，限于战事未来得及实施，次年王莽败死。

3. 土地的"王田制"和奴婢的"私属制"

土地和劳动力是财富的重要来源，王莽则从社会稳定的角度认识到土地和劳动力对国家治理的基础作用，提出了"王田制"和"私属制"。为了抑制土地兼并，王莽采用了土地国有思想——王田制。在公元 9 年，诏曰"今更名天下田曰王田，奴婢曰私属，皆不得买卖。其男口不盈八，而田过一井者，分余田予九族邻里乡党。故无田，今当受田者，如制度"（《汉书·王莽传》）。王莽赞成井田制，"古者，设庐井八家，一夫一妇田百亩，什一而税，则国给民富而颂声作"（《汉书·王莽传》），认为土地国有制度能够很好地抑制当前的土地兼并，这种制度否定了秦汉以来土地私有制度和政策，把社会主要经济矛盾和社会冲突聚焦于土地兼并，抓住了土地问题是社会动荡问题的总根源。王田制的主要内容有：（1）土地收归国有，统称为"王田"，禁止买卖；（2）一家男丁不满八口，占有土地不得超过九百亩，超出部分分给宗族乡里；（3）无地农民，国家按照一夫一妇授田百亩。王田制作为一种限制土地数量的限田政策，对拥有最高土地数量进行限制，客观上起到"抑兼并"效果，此举势必触动大地主、大商人利益。此外，王田制禁止土地买卖，实际是禁止了市场交易，这些市场交易又会触及地主、商人和部分农民的利益。另外，政策颁布后导致抵罪者居多，以至于刑不胜刑，生产停滞。社会各阶级和各阶层均对此不满，引发社会混乱，政策在实施三年后于建国四年（12 年）终止，恢复土地自由买卖。

当时买卖奴婢的现象十分普遍，《居延汉简》记载"小奴二人，值三万，大婢一人，值二万"。富贾大户和官吏地主蓄奴导致政府赋税下降，"私属制"规定奴婢只许作为家奴而不许买卖，违者没为官奴。这一制度目的在于缓和贵族的反对，但奴婢身份并未改变，自然不会获得民众支持。王莽既不能从经济上保证现有奴婢之家不必出卖其奴婢，又不能从经济上杜绝奴婢产生的根源，徒以一纸命令禁止买卖奴婢，其政策当然非失败不可。加之买卖奴婢现象仍然盛行，导致私属制名存实亡，实施三年后于建国四年与王田制一起被废除，"诸名食王田，皆得卖之，勿拘以法。犯私买卖庶人者，且一切勿治"（《汉书·王莽传》）。

（十一）王符的经济思想

王符（约公元85—163年），安定（今甘肃镇原）人。字节信，东汉时期文学家、思想家，代表作为《潜夫论》。

1. 本末思想

战国后期，产生"农本工商末"思想后，就一直存在本末有别。本、末二字，从战国以来几乎成为专为国民经济各部门关系的用语。[①] 王符的务本思想并非单纯的重视农业，而是扩大了本业的范围。他区分了农业、手工业、商业的本末之别，"本"与"末"之别不在于从事行业的区别，而是依据能否产生财富，"夫富民者，以农桑为本，以游业为末；百工者，以致用为本，以巧饰为末；商贾者，以通货为本，以鬻奇为末。三者守本离末则民富，离本守末则民贫"（《潜夫论·务本》）。王符以农业为例，指出谷物桑麻为人们提供了基本的生活保障，"一夫耕，百人食之；一妇桑，百人衣之"。王符的本末论打破了传统的农本商末的思想，强调了各类产业自身的发展优势，农业、手工业以及商业都是经济发展的重要组成部分，不能一味地重农抑商。而各类产业都有自身的本末，"本"即发展该产业需要重视的方面，"末"即不应该去做的方面，每个产业自身的发展都需要重本抑末，才能实现更好地发展。王符定义城市农业、城市手工业和城市商业都是"城市本业"，农桑中的游业、百工中的巧饰、商贾中的鬻奇作为末业。王符指出城市经济要发展本业、抵制末业。"故为政者，明督工商，勿使淫伪；困辱游业，勿使擅利；宽假本农而宠遂学士，则民富而国平矣"（《潜夫论·务本》）。

2. 倡导节俭

王符认为当时奢侈的生活方式比比皆是，人们对于奢靡的生活方式

---

① 赵靖：《中国经济思想通史》，北京大学出版社 2002 年版，第 779 页。

不以此为耻反以为荣，是有害的。商贾大家过上了钟鸣鼎食的贵族生活，是对礼制的僭越。由于奢侈之风的盛行，人们喜爱奢侈之物，农民因此不愿意从事农业生产，而是生产此类奢侈的物品，务农者少于浮末者，农业生产减少。手工业者也去生产奢侈品，从而减少生活必需品的生产；商人专注于买卖该类产品，长此以往会导致生活秩序的混乱，不利于经济发展，"此三者，外虽有勤力富家之私名，然内有损民贫国之公实"（《潜夫论·务本》）。

3. "人地相称"的土地制度

王符强调土地的重要性，"土地者，民之本也"（《潜夫论·实边》）。认为土地是百姓财富的源泉，是民本，"苟有土地，百姓可富也"（《潜夫论·劝将》）王符认为只有充分利用土地才能创造更多的财富，提出人、地比例协调的"人地相称"思想。东汉时期土地分配不均的状况，"今边郡千里，地各有两县，户财置数百，而太守周回万里，空无人民，美田弃而莫垦发"（《潜夫论·实边》）。形成人多地少和土地废置的局面。针对东汉时期的土地与人口的分布状况，王符提出移民边疆的"实边主张"，"募运民耕边入谷，远郡千斛，近郡二千斛，拜爵五大夫。可不欲爵者，使食倍贾于内郡"（《潜夫论·实边》）。这一主张提议采取经济和财政手段鼓励人们迁移至边疆，实现人地优化配置和安稳边疆的作用。

4. 城市产业发展思想

发展城市经济，需使各类人群安心各自本业。"一方面是地产和束缚于地产上的农奴劳动，另一方面是拥有少量资本并支配着帮工劳动的自身劳动。这两种所有制的结构都是由狭隘的生产关系——粗陋原始的土地耕作和手工业的工业所决定的。"[①] 作为国民经济中的组成部分，城市经济必然受农业（包括养殖业）发展水平的影响。"用天之道，分地之利，六畜生于时，百物聚于野，此富国之本也。"（《潜夫论·务本》）王符重视本业，尤其注重养殖业，主张"百物聚于野"，扩大养殖业的种类并主张在城市以外的地区饲养。王符对城市农业和手工业的重新诠释，农业的种植必然受到更多的"天"（气候）、"地"（环境）

---

① 《马克思恩格斯选集》第 1 卷，人民出版社 1972 年版，第 29 页。

的限制，在城墙内部土地有限的约束下，把"六畜"等产业放到城墙外部发展，可以提高六畜的数量。

王符对待工商业的态度与当时的"抑末"思想有分歧。他认为手工业和商业是国民经济的组成部分，能够发挥互通有无的作用，只把手工业和商业中的"巧饰"和"鬻奇"列为末业，对于这类末业应该严格禁止。这种情况肯定了手工业中的"致用"作用，把满足人们生产、生活必需品生产当成本业经营而加以鼓励。当时的城市经济发展水平并非很高，保持城市与乡村间的商品流通，保证手工业和商业发展的正常生产，对国家经济发展非常有利。把奢侈品生产作为末业加以禁止：一方面奢侈品的生产和经营会扰乱正常的城市发展秩序；另一方面奢侈品只能在权贵、高官、豪强中使用，容易败坏社会风气。

王符扩大了本业的范围，把农业、种植业、手工业、商业都看成本业；而把为权贵、高官等寄生生活服务的生产、交换、消费、流通等各个行业称为末业。王符的这一看法，在中国历史上是破天荒的。[①] 王符认识到手工业和商业对城市经济发展的作用，比较中肯地指出手工业和商业的地位，没有一概肯定也没一概否定，"力田所以富国也。今民去农桑，赴游业，披采众利，聚之一门，虽于私家有富，然公计愈贫矣。百工者，所使备器也。器以便事为善，以胶固为上。今工好造雕琢之器，巧伪饬之，以欺民取贿，虽于奸工有利，而国界愈病矣。商贾者，所以通物也，物以任用为要，以监牢为资。今商竞鬻无用之货、淫侈之币，以惑民取产，虽于淫商有得，然国计愈失矣"（《潜夫论·务本》）。可见，他以农业、手工业和商业对经济发展的贡献为标准，对于"损公肥私"的行径，则当成末业处理。此外，为了发展国民经济，王符进一步提出既重视农业"宽假本业"，又要加强对城市工商业的监督，发展工商业中的本业主张。

二　三国两晋时期的经济思想

（一）佛教的经济思想

在中国古代影响深远的儒释道三教中，规模最大、最有影响力的宗

教金融就是来自异域的佛教寺院金融。① 南北朝时期，寺院数量大幅增加，寺院规模集聚壮大，具备了同世俗国家和士族经济分庭抗礼之势。我国自东汉以来，共译佛教典籍 2100 种 6000 余卷。②

表 2-4	东晋南朝时期寺院、僧尼人数		单位：座，人
朝代	京城寺院	全国寺院	僧尼人数
东晋		1768	24000
（南朝）宋		1913	36000
（南朝）齐		2015	32500
（南朝）梁	700	2846	32700
（南朝）陈	300	1232	32000

资料来源：刘小平：《中古佛教寺院经济变迁研究》，中央编译出版社 2016 年版，第 17 页。

1. 提倡勤劳致富、合法经营

佛教提出"八正道"，尤其是在"正命"要求下，佛教以是否符合追求解脱的休行目的为标准来对求财方式的正当性作出判断，反对贪婪、懒惰、窃取、欺诈，提倡勤劳致富、合法经营。③ 以正命为准则，一切符合正当的事业，"营生之业者、田种行商贾，牧牛羊蓄息，邸舍以求利"（《杂阿含经》），只要是合法获取财富，佛教都给予了同等的肯定。佛教主张在追求财富的过程中反对不劳而获、苦行和过度行为，在《中阿含经》中，论述到"初当学技术，于后求财物。后求财物已，分别作四分：一分作饮食；一分作田业；一分举藏置，急时赴所须；拼作商人给，一分出利息"。佛教宣称社会大众的任何实施都在来世得到回报，当这种观念深入人心后，一般社会大众包括上层官吏和底层人

---

① 周建波、孙圣民、张博、周建涛：《佛教信仰、商业信用与制度变迁——中古时期寺院金融兴衰分析》，《经济研究》2018 年第 6 期。

② 杨志银：《对宗教经济学研究对象及其定义的实证研究》，《世界宗教研究》2010 年第 3 期。

③ 张越、曾江：《试论佛教经济思想对中国伦理的影响——兼论其中国化发展》，《济南大学学报》（社会科学版）2020 年第 6 期。

民，都出于谋求死后来世幸福和快乐，抵消生前罪孽，纷纷把其财产捐施给寺院。

2. 佛教寺院经济重视商业和手工业

魏晋南北朝时期，佛教由西方传入中国，这些西域国家大都商业发达，文化观念中带有强烈的重商主义。僧尼经商现象逐步显现，也有寺院庄园贩售种植产品和手工业品。佛教著作《四分律行事钞》中说道"以佛塔物出息，佛言：听之"。故利用财务进行投资或放贷，利息和利润归三宝所有。"无尽物"源于印度经文，指常住物的财产不可转让，而可以借贷。而中国寺院也衍生出"无尽藏"的观念，肯定了以三宝财物进行赊贷的做法，认为收取利息，可以使财富流转滋长、福德绵延不绝。佛教的经济伦理比较重视教育和放贷，因此手工业和商业在寺院经济中占据了重要地位。这种重商的思想观念也随着寺院经济的活跃和世俗商品经济的活跃逐渐被认可。

3. 禁佛思想主张

宗教业的兴盛，使农业人口减少、俸禄开支增多，增加了国家财政负担，导致禁佛思想的产生。贡禹（公元前127—前44年），字少翁，琅琊（今山东诸城）人，官至光禄大夫、御史大夫等。他从城市消费过多、负担过重入手，认为禁佛可以积累财富，"一岁祠，上食二万四千四百五十五，用卫士四万五千一百二十九人，祝宰乐人万二千一百四十七人，养牺牲卒不在数中"（《汉书·贡禹传》）。光是皇帝宗庙一年的消费"不在数中"，触动贡禹请罢免宗庙，上允，罢郡国庙。元澄（公元467—519年），字道镇，任城王拓跋云长子。元澄认为减少建筑寺庙有助于裁减国家工程预算、促进生产，遂提出禁佛主张。"饥馑之氓，散亡莫保。收入之赋不增，出用之费弥众。"（《太平经合校》）同时严令限制寺院数量，都城外寺庙中僧众的数量不能超过50人。"若僧不满五十者，共相通容，小就大寺，必令充限。其地卖远，一如上式。自今外州，若欲造寺，僧满五十人已上，先令本州表列，昭玄量审，奏听乃立。若有违犯，悉依前科；州郡以下，容而不禁，罪同违旨"（《魏书·释老志》）。

（二）货币拜物教——《钱神论》

历史上，成公绥和鲁褒，分别著有《钱神论》。成公绥（231—273

年），西晋文学家，字子安，东郡白马（今河南滑县）人。"少有俊才，词赋甚丽，闲默自守，不求闻达。"（《晋书》），主要作品有《乐歌王公上寿酒歌》《中宫诗》等，所著《钱神论》原文已佚，在《天平预览》中有记载，现将原文摘录如下：

> 成公绥《钱神论》曰：路中纷纷，行人悠悠，载驰载驱，惟钱是求。朱衣素带，当途之士，爱我家兄，皆无能已。执我之手，托分终始，不计优劣，不论能否。宾客辐凑，门常如市。谚曰："钱无耳，何可暗使？"岂虚也哉？

鲁褒，字元道，西晋南阳（今河南）人。生卒年不详。据《晋书》，鲁褒"好学多闻"，"以贫素自立"。《钱神论》作为其代表著作，主要讥讽货币拜物教，重点讽刺当权者贪得无厌的拜金行为。关于《钱神论》的成书，学界尚有争议，主要在西晋惠帝元康以后、东晋元帝、康帝，东晋元帝、康帝之后，西晋惠帝永康元年（300 年）至光熙元年（306 年）。《钱神论》的原著早已亡佚，现存内容主要在《晋书》《初学记》《艺文类聚》《太平御览》中，其中《晋书》中记载《钱神论》约 1000 字。现将部分摘录如下：

> 钱之为体，有乾有坤。内则其方，外则其圆。其积如山，其流如川。动静有时，行藏有节。市井便易，不患耗折。难朽象寿，不匮象道；故能长久，为世神宝。亲爱如兄，字曰"孔方"。失之则贫弱，得之则富强。无翼而飞，无足而走。解严毅之颜，开难发之口。钱多者处前，钱少者居后。处前者为君长，在后者为臣仆。君长者丰衍而有余，臣仆者穷竭而不足。《诗》云："哿矣富人，哀哉茕独！"岂是之谓乎？
>
> 钱之为言泉也！百姓日用，其源不匮。无远不往，无深不至。京邑衣冠，疲劳讲肆；厌闻清谈，对之睡寐；见我家兄，莫不惊视。钱之所祐，吉无不利。何必读书，然后富贵。昔吕公欣悦于空版，汉祖克之于赢二，文君解布裳而被锦绣，相如乘高盖而解犊

鼻。官尊名显，皆钱所致。空版至虚，而况有实；赢二虽少，以致亲密。由是论之，可谓神物。无位而尊，无势而热。排朱门，入紫闼；钱之所在，危可使安，死可使活；钱之所去，贵可使贱，生可使杀。是故忿诤辩讼，非钱不胜；孤弱幽滞，非钱不拔；怨仇嫌恨，非钱不解；令问笑谈，非钱不发。

在公元 3—4 世纪，间隔不足 50 年内，相继出现了两篇《钱神论》，反映了西晋社会对货币的态度。鲁褒的"钱神论"发扬了成公绥的思想，并把对待朝廷当局的态度通过此文展现出来，明确提出"神宝""神物"以及"有钱能使鬼推磨"的主张，通过贫富、贵贱、生死等方面讽刺了钱能通神的现象，一方面讥讽了达官贵人丑陋的拜金主义；另一方面也讽刺了货币拜物教的现象。

1. 货币拜物教

《钱神论》中阐述了钱能通神的基本实现，把对待钱财的态度提高到"为世神宝"的高度。他把贫富差距的原因归咎为人们对钱有所得失，把钱的形象描述为具有"开难发之口""解严毅之颜"的神秘力量；他认为钱可以使人达到"无位而尊""无势而热"的境地，甚至可以成为"帝王之尊"。尊贵名显的差异因钱所致，甚至在生死、安危、社会稳定上，钱都具有由祸变福、由危转安的能力。他还进一步指出"有钱能使鬼推磨"，以此来告诫人民钱是具有巨大魔力的神物，采用讥讽的口吻进一步揭露当时的货币拜物教现象。

2. 货币职能的论述

《钱神论》中阐述了货币的职能。按照马克思的观点，货币具有支付手段、流通手段、储藏手段、价值尺度、世界货币五种职能。鲁褒在《钱神论》中阐述了除却世界货币外的四种职能，尤其是流通手段和价值尺度的论述，讲述了钱币流通和储藏"其积如山，其流如川"，"动静有时，行藏有节"。在论述价值尺度时，钱能够买到百姓日常所用的物品，虽然他不清楚货币等价物，但也指出"钱之为体"，"有乾有坤"。商品拜物教是商品经济形态发展到一定阶段的产物，而《钱神论》中介绍的是当时商品经济发展所形成的货币在社会现状和人民思想意识中的高度反映。

（三）占田思想

王田制失败后，西晋的占田制度是封建地主阶级企图解决土地问题的又一次探索。占田制的前身是屯田制。屯田制始于汉文帝，推广于汉武帝时期。为了防范胡人，在西域边疆，开始了移民戍边。武帝以后到三国以前，屯田制受到冷落。曹魏时期，为了解决军粮和减轻民赋，实行了"修耕植，蓄军资"（《三国志·毛玠传》）的屯田制。曹操从汉武帝屯田措施中，认识到强国之术在于强兵足食，效仿汉武帝定西域做法，实施屯田，分成军屯和民屯。西蜀和东吴也效仿曹魏，患粮不足，分兵屯田，"耕者杂于……居民之间"。屯田制在实施之初，确实减轻了赋税徭役，但出现了屯田户被政府赐给公卿，成为公卿佃客的现象，"魏氏给公卿已下租牛客户数各有差，自后小人惮役，多乐为之，贵势之门动有百数。又太原诸部亦以匈奴胡人为田客，多者数千"（《晋书·外戚王恂传》）。诸多屯田户为了减少服徭役和赋税，纷纷转投豪强地主门下成为私家佃客，东汉时期豪强地主庄园情形正在重演。屯田制也成为豪强地主增加私家势力的工具。西晋时期，屯田制被废除。公元 280 年西晋政府颁布占田令。占田制的主要内容包括占田数量、庇护人口数量、征课数量。

1. 限制田地数量

第一，依据居住地限制贵族和官僚占田数，"国王公侯，京城得有一宅之处。近郊田，大国田十五顷，次国十顷，小国七顷"（《晋书·食货志》）。

第二，依据官品高低，设置田地数量。"品第一者占五十顷，第二品四十五顷，第三品四十顷，第四品三十五顷，第五品三十顷，第六品二十五顷，第七品二十顷，第八品十五顷，第九品十顷。"（《晋书·食货志》）按照官衔等级限制最高占田数量为 50 顷，占田数量逐级递减 5 顷。但这一制度又存在矛盾，国王公侯中小国为 7 顷，而九品官吏即可占田 10 顷。可以看出，相关的官吏占田只是限制了最高的占田数量，而不可能真正获得相关土地数量。

表 2 - 5　　　　《晋书·食货志》中官级与占田数量　　　单位：顷

官衔品级	占田数量	官衔品级	占田数量	官衔品级	占田数量
一品	50	四品	35	七品	20
二品	45	五品	30	八品	15
三品	40	六品	25	九品	10

第三，对于普通百姓，限制了土地数量和课田数量。将人口划分为丁男（16—60 岁）、丁女（16—60 岁），次丁男（13—15 岁，61—65 岁）、次丁女（13—15 岁，61—65 岁）、老小（12 岁以下，66 岁以上）三个等级，规定了不同等级占田数量和科田数量，"男子一人占田七十亩，女子三十亩。其外丁男课田五十亩，丁女二十亩，次丁男半之，女则不课。男女年十六已上至六十为正丁，十五已下至十三、六十一已上至六十五为次丁，十二已下六十六已上为老小，不事"（《晋书·食货志》）。这里蕴含着难以理解的家庭土地数量关系：第一种理解是占田和课田相分离，即课田是在占田以外增加的土地数量。那从五口之家来看，具有如表 2 - 6 分配关系。

表 2 - 6　　　　五口之家土地种类与赋税强度关系（一）　　　单位：亩，%

五口之家	占田数量	课田数量	总田数量	课田占总田比例（赋税强度）
一丁男、一丁女、三次丁男	100 (70 + 30)	145 (50 + 20 + 25 + 25 + 25)	245	59.18
一丁男、一丁女、二次丁男、一次丁女	100 (70 + 30)	120 (50 + 20 + 25 + 25 + 0)	220	54.54
一丁男、一丁女、一次丁男、二次丁女	100 (70 + 30)	95 (50 + 20 + 25 + 0 + 0)	195	48.71
一丁男、一丁女、三次丁女	100 (70 + 30)	70 (50 + 20 + 0 + 0 + 0)	170	41.18

续表

五口之家	占田数量	课田数量	总田数量	课田占总田比例（赋税强度）
一丁男、一丁女、两次丁男、一老小	100（70 + 30）	120（50 + 20 + 25 + 25 + 0）	220	54. 55
一丁男、一丁女、一次丁男、一次丁女、一老小	100（70 + 30）	95（50 + 20 + 25 + 0 + 0）	195	48. 71
一丁男、一丁女、两次丁女、一老小	100（70 + 30）	70（50 + 20 + 0 + 0 + 0）	170	41. 18
一丁男、一丁女、一次丁男、两老小	100（70 + 30）	95（50 + 20 + 25 + 0 + 0）	195	48. 72
一丁男、一丁女、一次丁女、两老小	100（70 + 30）	70（50 + 20 + 0 + 0 + 0）	170	41. 18
一丁男、一丁女、三老小	100（70 + 30）	70（50 + 20 + 0 + 0 + 0）	170	41. 18

从罗列出不同类型五口之家的占田、课田数量来看，最多有田 245 亩，最少 170 亩。从所缴纳赋税的课田数量比重来看，所占比重因人口类型而逐渐递减。第二种理解，即课田只是占田数量的所占比重。仍然采用上述方式计算：

表 2 - 7   **五口之家土地种类与赋税强度关系（二）**   单位：亩,%

五口之家	占田数量	课田数量	总田数量	课田占总田比例（赋税强度）
一丁男、一丁女、三次丁男	100（70 + 30）	145（50 + 20 + 25 + 25 + 25）	100	145
一丁男、一丁女、二次丁男、一次丁女	100（70 + 30）	120（50 + 20 + 25 + 25 + 0）	100	120

五口之家	占田数量	课田数量	总田数量	课田占总田比例（赋税强度）
一丁男、一丁女、一次丁男、二次丁女	100（70＋30）	95（50＋20＋25＋0＋0）	100	95
一丁男、一丁女、三次丁女	100（70＋30）	70（50＋20＋0＋0＋0）	100	70
一丁男、一丁女、两次丁男、一老小	100（70＋30）	120（50＋20＋25＋25＋0）	100	120
一丁男、一丁女、一次丁男、一次丁女、一老小	100（70＋30）	95（50＋20＋25＋0＋0）	100	95
一丁男、一丁女、两次丁女、一老小	100（70＋30）	70（50＋20＋0＋0＋0）	100	70
一丁男、一丁女、一次丁男、两老小	100（70＋30）	95（50＋20＋25＋0＋0）	100	95
一丁男、一丁女、一次丁女、两老小	100（70＋30）	70（50＋20＋0＋0＋0）	100	70
一丁男、一丁女、三老小	100（70＋30）	70（50＋20＋0＋0＋0）	100	70

基于表 2－7 计算可以看出，课田（徭役）比重超出了占田数量，这种情形下势必不可能执行下去。对比来看，第一种情形更为合理。但这里存在非常重要的问题即西晋时期土地数量是否符合这一标准？此外，五口之家能否在生产技术相对落后的情形下，能够耕种如此多的土地？这也是很多学者认为占田和课田分开无法解释的理由所在。

2. 限制了庇护劳动力的数量

东汉以来，以世族大姓为核心的组织，占据了大量的劳动力和土地资源，几乎所有的世族大地主都可以享此特权。世族地主所争夺的劳动力对象仅限于荫附范围以外的劳动人口。西晋占田制度规定了占有劳动力的数量，最高限制为 50 户，最少为 1 户，对占有土地，起到一定的约束作用。

表 2 - 8   西晋占田制下占有佃客数量   单位：户

官吏等级	占有佃客户数量	官吏等级	占有佃客户数量	官吏等级	占有佃客户数量
一品	50	四品	7	七品	2
二品	50	五品	5	八品	1
三品	10	六品	3	九品	1

表 2 - 9   东晋官吏占有佃客数量   单位：户

官吏等级	占有佃客户数量	官吏等级	占有佃客户数量	官吏等级	占有佃客户数量
一品	40	四品	30	七品	15
二品	40	五品	25	八品	10
三品	35	六品	20	九品	5

佃客不负担课役，东晋时期世族大户力量壮大，国家限制佃客数量但又无能为力，只能采用稍事缓和的两面政策。

三 《食货志》经济思想

《尚书·洪范》有云："八政：一曰食，二曰货"，《食货志》之名便出自此。自《史记·平准书》开启至《汉书》正式论述，以"食货志"为名记录了各朝代田制、户口、赋役、漕运、仓库、钱法、盐法、杂税、矿冶、市籴、会计（国家预算）等制度，为了解历代政府的经济政策和社会经济状况提供了重要史料。班固在《汉书·食货志》里指出"食谓农殖嘉谷可食之物，货谓布帛可衣，及金刀龟贝，所以分财布利通有无者也，二者，生民之本，……食足货通，然后国实民富，而教化成。"食即农业生产，货则指手工业产品的生产和货币流通。

（一）《汉书·食货志》的经济思想

1. 生产思想

改革土地制度。六尺作为一步，百步是一亩，百亩是一夫，三夫是一屋，三屋是一井，井的方圆是一里，强调土地的重要性以及如何分配土地。提出了"民年二十受田，六十归田。七十以上，上所养也；十岁以下，上所长也；十一以上，上所强也。种谷必杂五种，以备灾害。田中不得有树，用妨五谷。力耕数耘，收获如寇盗之至。还庐树桑，菜茹有畦，瓜瓠果蓏殖于疆场。鸡、豚、狗、彘毋失其时，女修蚕织，则五十可以衣帛，七十可以食肉。"（《汉书·食货志》）使得老有所养、幼有所育，百姓安居乐业，天下太平。

抑制土地兼并。土地兼并导致"京师之钱累百巨万，贯朽而不可校。太仓之粟陈陈相因，充溢露积于外，腐败不可食。"（《汉书·食货志》）造成资源浪费的同时，使得贫民无立锥之地，而豪家大族却盛行奢侈之风。贫困容易造成动乱，因此应该限制土地兼并，禁止官员依靠自身权力霸占土地，限制占有土地的面积。

奖励耕织，以粟米交换官爵。现行法律轻视商人，商人已富贵；尊崇农夫，农夫已贫贱。上下的人思想相反，好恶不同，而想国家富强，法制建立，是不能行的。现在的事情，不如使人民致力于农业。想要人民致力于农业，在于以粟为贵，让人们用粟作为赏罚。故而，"今募天下入粟县官，得以拜爵，得以除罪。如此，富人有爵，农民有钱，粟有所渫。夫能入粟以受爵，皆有余者也；取于有余，以供上用，则贫民之赋可损，所谓损有余补不足，令出而民利者也。顺于民心，所补者三：一曰主用足，二曰民赋少，三曰劝农功。今令民有车骑马一匹者，复卒三人。车骑者，天下武备也，故为复卒。神农之教曰：'有石城十仞，汤池百步，带甲百万，而亡粟，弗能守也。'"（《汉书·食货志》）

2. 交换思想

汉朝交换的主要商品为日常用品，平时依靠市场调节进行定价，但在饥荒年份和丰收年份，政府参与市场，调节谷物价格，维持社会稳定。对待商人实施一贯的重农抑商政策，抑制商人的政治地位以及社会地位等，以此来遏制商业发展。

首先，依靠市场。逐利是人的本性，市场调节能够让商品流向价格高的地方，再通过供求关系平衡价格。故而"故待农而食之，虞而出之，工而成之，商而通之。此宁有政教发征期会哉？人各任其能，竭其力，以得所欲。故物贱之征贵，贵之征贱，各劝其业，乐其事，若水之趋下，日夜无休时，不召而自来，不求而民出之。岂非道之所符，而自然之验邪。"（《史记·货殖列传》）通过市场自主调节，有利于商品流通和平价。

其次，平价制度。岁有丰歉、谷有贵贱、物有轻重。朝廷不作为，囤积居奇的游商就四处游荡，当百姓不能自给时，就把价格提高获利。百姓不足就重视谷物、百姓有余就轻视谷物，所以君主征收的价格也有高有低。根据谷物的数量多寡和丰歉年份，政府按照低价、高价征收，就能调节谷物价格。因此，在丰收年份，谷多而价低，官府多买进谷物储备；在饥荒年份，谷少而价高，官府可以卖出谷物，以此避免商人囤积居奇、低买高卖，以平物价。"籴甚贵伤民，甚贱伤农。民伤则离散，农伤则国贫，故甚贵与甚贱，其伤一也。善为国者，使民毋伤而农益劝"（《汉书·食货志》）谷物太贵会伤害士、工、商，太便宜又会伤害农民；士、工、商受到伤害，就会离散，农民受到伤害就会国家贫困。针对两难选择，政府应使士、工、商不受伤害而使农民更加勤勉。针对谷贱伤农，强调在上熟、中熟、下熟、小饥荒、中饥荒、大饥荒等不同年份储粮备荒，"是故善平籴者，必谨观岁有上、中、下孰。上孰其收自四，余四百石；中孰自三，余三百石；下孰自倍，余百石。小饥则收百石，中饥七十石，大饥三十石"（《汉书·食货志》）。在上、中、下熟的年份买进粮食，大、中、小饥荒年份卖出粮食，如此一来，遇到饥荒年份谷物价格不会升高，丰收年份谷物价格不会下降，达到了平价的目的，保护了士农工商的利益。

最后，抑制商业发展，即重农抑商。《汉书·食货志》认为，积累财富很重要，"夫积贮者，天下之大命也"。拥有财富，军队才能英勇陷阵，百姓才能度过灾荒之年，国家才能繁荣昌盛。最重要的途径就是从事农业生产，"今殴民而归之农，皆著于本，使天下各食其力，末技游食之民转而缘南亩，则畜积足而人乐其所矣。可以为富安天下"（《汉书·食货志》）。

3. 货币与财政调控政策

（1）多币种共存的货币制度。汉朝允许多种货币共同流通，铸币制度由"国家垄断"变为"民间私铸"，后又限制"民间私制。"

（2）以增加财政收入为核心的财政政策。第一，买卖官爵以增加税收。由于"匈奴数侵盗北边，屯戍者多，边粟不足给食当食者。"（《史记·平准书》）连年的战争耗费了自文景之治以来存下的财富，财政变得入不敷出，为了增加财政收入，政府出台贩卖官爵的政策，"请置赏官，命曰武功爵。级十七万，凡直三十余万金。诸买武功爵官首者试补吏，先除。千夫如五大夫。其有罪又减二等。爵得至乐卿：以显军功"（《汉书·食货志》）。买卖官爵虽有利于暂时增加财政收入，但用增加长期管理风险的方式应对短期危机，破坏了社会根基，也开了后世买官品爵的先河。第二，强调平均。财富分配影响国家秩序。好的分配制度提高生产积极性，还有利于社会安定，百姓安居乐业。反之，降低生产效率，滋生动乱、国家动荡。《汉书·食货志》建立了判断分配的标准，能否使人们劳有所得，使财富掌握在大多数人的手中，"不患寡而患不均，不患贫而患不安；盖均亡贫，和亡寡，安亡倾"。第三，均输平准。桑弘羊以税收为基础，"乃请置大农部丞数十人，分部主郡国，各往往县置均输盐铁官，令远方各以其物贵时商贾所转贩者为赋，而相灌输"（《汉书·食货志》）在各个州县设置均输官，实行全国性的统一市场，将各地上交贡赋中的"上品"留下，其余全部转运到物价相对较高的地方进行抛售。整个西汉帝国优先施行了均输法，然后再用平准法作为补充。平准法以税收为基础，国家用商业收购的形式储存物资，贵时抛售、贱时收买，平抑物价。

（二）《晋书·食货志》的经济思想

1. 屯田法

为了缓解粮食危机、解决军饷问题以及流民温饱问题，国家将没有土地的农民迁至边疆开垦荒田，军队在和平时期也耕种土地。"夫定国之术在于强兵足食，秦人以急农兼天下，孝武以屯田定西域，此先世之良式也。"（《晋书·食货志》）郡国列置田官，实施屯田，"今以邺奚官奴婢著新城，代田兵种稻，奴婢各五十人为一屯，屯置司马，使皆如屯田法"（《晋书·食货志》）。

2. 平耀法

平耀法即重农抑商。在百姓丰收的年份，朝廷收购粮食，防止商人压低价格伤害农民利益；在百姓歉收的时候，朝廷卖出粮食，防止商人趁机抬高价格伤害农民利益。朝廷为了保护农民和农业生产，控制粮食供给抑制商业的发展。实施盐业官营，"盐者国之大宝，自丧乱以来放散，今宜如旧置使者监卖，以其直益市犁牛，百姓归者以供给之"（《晋书·食货志》）。

（三）《魏书·食货志》的经济思想

《魏书·食货志》分上、下两篇，上篇详述自魏太祖平定中原以来的农业九谷兴衰状况及农田土地相关制度、俸禄、户籍、赋税等，简括为务农重谷、劝课农耕以及计口授田制、租输三等九品之制、均田制、三长制；下篇详述了仓廪制度、漕运制度、赋税制度、钱币演变及货币流通相关制度状况。总的来说，《魏书·食货志》主要涵盖北魏王朝农业生产与土地管理、人口管理与徭役赋税制度、俸禄与仓廪制度、漕运盐司、钱币生产制度及其流通演变五个方面的内容。

1. 农业与土地思想

北魏王朝的主要农业思想是"劝课农耕"和"计口授田"。

第一，北魏王朝继承了前朝的务农重谷思想，先后设置了计口授田制和均田制。"既定中山，分徙吏民及徒何种人、工伎巧十万余家以充京都，各给耕牛，计口授田。"（《魏书·食货志》）根据人口分配土地，这是战争过后国家初定时民废农业的系列政策，也是其后北魏时期有名的均田制的先声。"九年，下诏均给天下民田。"（《魏书·食货志》）太和九年（485 年）北魏孝文帝的一纸诏书将北魏初建时的计口授田制度细化填充为均田制，同样是按照人口分配土地，却有了更加细致的分类和相关赋税要求："诸男夫十五以上，受露田四十亩，妇人二十亩，奴婢依良。丁牛一头受田三十亩，限四牛。所授之田率倍之，三易之田再倍之，以供耕作及还受之盈缩。"（《魏书·食货志》）男女老幼，耕牛和土地及其所种谷物粮食都有详尽规定。

第二，"劝课农耕，量校收入"。北魏时期的农业生产思想主要是"劝课农耕"，即通过教化提高百姓的农耕积极性，扩大土地耕种面积，增加粮食产量。朝廷以农业为出发点，"修农职之教"，对百姓进行农业和九谷知识的普及，"教行三农，生殖九谷"（《魏书·食货志》）。具体实施"教行"，即"教行园圃，毓长草木；教行虞衡，山泽作材；教行薮牧，养蕃鸟兽；教行百工，饬成器用；教行商贾，阜通货贿；教行嫔妇，化治丝枲；教行臣妾，事勤力役"（《魏书·食货志》）。通过教授耕种方式和生产方式，并由国家提供农业器具来鼓励农民耕种土地，以减少战争带来的土地闲置、粮食不足问题，达到"民皆力勤，岁数丰穰，畜牧滋息"（《魏书·食货志》）的目的。北魏时期的土地分配思想由屯田制改为均田制，中间过渡阶段为"计口授田制"，其目的是使空闲的田地成为耕地，天下不再有闲置的田地，提高农民的生产积极性，最终得到充足赋税充盈国库，达到国富民安的境界。

2. 人口与赋税思想

对于人口管理与徭役赋税方面，北魏王朝采用了三长制和租输三等九品之制。户籍制度不明确、人口管理混乱的后果就是赋税徭役不合理，民生难安，国库不丰，"魏初不立三长，故民多荫附。荫附者皆无官役，豪强征敛，倍于公赋"（《魏书·食货志》）。于是魏高祖采纳了李冲的建议，建立三长制以整顿户籍，规定"五家立一邻长，五邻立一里长，五里立一党长"（《魏书·食货志》），选取德行兼备的人担任邻长、里长和党长，在基层建立三级管理制度以确保户籍准确，同时给予三长免除徭役赋税的特权和三年无过升官录用的奖励。鼓励三长在基层民间敦化风俗、平息邻里诉讼争端。在户籍整顿成功后，北魏献文帝对赋税征收制度进行了改进，通过资产和编户的贫富程度设立租输三等九品制，以此减轻平民的税赋负担，并对地区进行划分，免去古代运输的艰难，使之能够达到减税利民的目的，"千里内纳粟，千里外纳米；上三器户入京师，中三品入他州要仓，下三品入本州"（《魏书·食货志》）。

3. 财政与储粮制度

对于俸禄制度与仓廪制度，《魏书·食货志》中记载不多，但也能够从中窥见北魏王朝乃至历朝历代对仓廪的重视程度。古时候粮食的重要性不言而喻，而旱灾与洪灾两大天灾都会造成粮食减产，饥荒与瘟疫并起，历朝历代统治者和管理层都十分头疼，北魏王朝亦如是，于是系统性的仓廪制度应运而生。北魏王朝当时的统治者采纳了臣子的建议，于各州郡设立相应官署负责仓储之事，屯田肆力以应对天灾带来的饥荒问题，"请析州郡常调九分之二，京都度支岁用之余，各立官司，丰年籴贮于仓，时俭则加私之一，籴之于民"（《魏书·食货志》）。

4. 宏观调控思想

古时的交通是极不便利的，而水运比陆运要方便许多，"刳木为舟，用兴上代；凿渠通运，利尽中古"（《魏书·食货志》）。故而历朝历代的漕运都是关乎民生国力的大事。《魏书·食货志》中记载了三门都将薛钦对漕运造船一事的具体看法，同时还有尚书度支郎中朱元旭对行船一事的献言进策、尚书崔休对漕运路线的解说分析等，大部分臣子都认为"运漕之利，今古攸同，舟车息耗，实相殊绝"。根据书中所载，皇帝虽同意了漕运诸事，漕运之策却并未完全成功施行。与漕运交通同样重要且关乎国之根本的还有盐司制度，"河东郡有盐池，旧立官司以收税利，是时罢之，而民有富强者专擅其用，贫弱者不得资益"（《魏书·食货志》）。盐乃民生之本，北魏时期的盐司制度起初并不完善，没有将盐的生产完全把握在国家手中，而是选择收取税利，然而这却扩大了阶级贫富差距，造成民生不安。由朝廷所设立的盐司进行合理分配以避免"民有富强者专擅其用，贫弱者不得资益"的情况，国家掌握盐的垄断权后，逐渐"延兴末，复立监司，量其贵贱，节其赋入，于是公私兼利"（《魏书·食货志》）。

第三节　古罗马时期经济思想

尽管古罗马在科学和艺术方面取得令人瞩目的成绩，但古罗马的经济思想仍在古希腊经济思想阴影下发展，正如斯皮格尔指出"罗马历史上充满经济问题，但是没有什么思想能用于经济学思辨……在思想的王国中，希腊对罗马的影响是极大的，罗马最优秀精英的思想同希腊思想血肉相连"[1]。古罗马的经济思想涉及农业思想、自然法思想、早期的基督教思想和罗马法思想。

---

[1]　［美］威廉·斯皮格尔：《经济思想的成长》（上），中国社会科学出版社 1999 年版，第 33 页。

一　古罗马农业思想

古罗马农业思想的代表人物主要有加图、瓦罗、科路美拉，三人被称为"古罗马农业思想三大家"。

（一）加图的农业思想

马尔库斯·波尔奇乌斯·加图（前234—前149年）出生于意大利图斯库鲁姆城的一个平民家庭，依靠军功，不断晋升，历任财务官、市政官、执政官、西班牙总督，同时也是一个大奴隶主，其对农业思想的阐述主要集中在代表作《农业志》①。加图的成就在一百多年后的西塞罗看来，"这位曾出身低微、默默无闻的人——由于他为我们树立了仿效的样板，我们所有现身同样追求的人都获取了勤奋和勇敢"②。

1. 重视农业思想

加图认为农业第一、商业第二，高利贷业最不可取。他认为农业是最纯洁最可靠的职业，最诚实的人和战士都来自从事农业的人。加图从风险的角度对比了商业，认为商人追逐利润，虽然可以获得利润，但充满危险和灾难。那社会上是否存在稳定可靠又能赚很多钱的行业呢？加图认为是高利贷行业。但他对高利贷行业充满鄙视，认为高利贷是极不光彩的行业，"高利贷者是比之盗贼尤为恶劣的公民"③。

2. 农业的生产要素

《农业志》对土地、劳动力、粮食、地形、天气等影响农业收成的因素都予以考量，对上述生产要素的分配体现了奴隶主的管理能力，如加图写道："当主人十分安静地把一切都了解清楚之后，他应关心剩下工作的完成：要结算金钱、粮食、制家畜饲料，酒，油等诸种账目；要把已卖掉之物，已被征入之物，剩余之物，正在出售之物加以统计。"④

3. 分工思想的运营

加图采用分工的方式论述了农业第一、商业第二的行业观念。对分

---

① 又译《论农业》，载《东北师范大学科学集刊》1957年第2期。
② ［古罗马］西塞罗：《国家篇 法律篇》，商务印书馆2002年版，第11—12页。
③ 转引自王阁森《加图的农业思想和加图式庄园的经济特征》，《齐鲁学刊》1985年第6期。
④ ［古罗马］加图：《论农业》，载《东北师范大学科学集刊》1957年第2期。

工作用的使用，是在生产生活中逐渐总结的结果。加图的分工思想是针对奴隶主庄园制进行生产、交换、消费、分配等环节的具体应用，体现的是在相对封闭环境中，奴隶主如何带领奴隶进行生存、发展的经验积累。这种分工观念，首先体现在奴隶主本身要身体力行，对庄园的所有物质资料和人员禀赋都相对了解。庄园内部有酿酒、制作面包等奴隶，但是囿于人员限制，对于特殊行业如"建筑工""工匠"等需要雇用日工。《农业志》中详细描述了制作面包、榨油等场景，都是采用分工和协作多种工序完成，第十八章到第二十二章，详细描述了地基、采木、立柱、安装等制作压榨场的过程，如在第六十四章和第六十七章描述了榨油的采摘、运输、装坛、入窖过程。

4. 管理思想的运用

作为大奴隶主，加图的农业管理思想颇受古希腊早期赫西奥德的影响，在《农业志》中阐述了财富应该如何增长，诸如设置男女管庄（管家）职责、对奴隶的管理，以及庄园如何耕种获得更多的财富。尤其是花费大量心思对管庄职责的描述，如公平审理奴隶纠纷、善待奴隶、管理庄园收支、照顾牲畜。同时对如何选拔管庄也做了描述。比赫西奥德更为精准的是，加图在《农业志》中阐述了不同庄园规模的人工配置比例，如二百四十犹格的橄榄园需要 13 人，而一百犹格的葡萄园应有 16 人。加图论述了一个封闭的庄园一年四季的生产经营状态，春夏秋的生产经营过后，也论述了冬季出租牧场、出租绵羊的情形，这种情形与赫希奥德低价购买劣质农田经过生产经营再高价卖出本质上一样，都在寻求更高的收益。在冬季与夏季给予奴隶不同的口粮，不同季节给予奴隶数量差异的副食品、衣服。下雨天，要在庄园中找到合适的工作给奴隶耕种，这样的出发点是"你要考虑使你的经费毫不至于不足"①，这种观念已经呈现出基础的"自利"性，庄园主考虑的是在外部条件约束的情形下，如何能够让自己有足够收获。

5. 节约观念在家庭管理中的实践

作为大奴隶主，"开源节流"思想在加图管理庄园中得到具体实践。节约观念体现在家庭管理的方方面面，比如牛栏的设计要带有法力

---

① ［古罗马］加图：《论农业》，载《东北师范大学科学集刊》1957 年第 2 期。

克式的石槽，这种食槽中间每间隔一尺放一板条，目的是节约饲料；要在道路两边栽种榆树和白杨树，这样牛羊既可以吃也便于就地取材。

6. 庄园管理涉及市场需求观念

市场与城市密切相关。这种经济地理在后来的"杜能"环体现明显。加图的区域经济思想涉及城市，距离城市较近的种植蔬菜、花、葱及婚礼上使用的桃金娘。这类种植物品在运输及城市需求上较为普遍，体现了城市作为消费市场的理念。这点在《古罗马经济研究》一书中得到佐证，该书列出了公元前3—1世纪意大利主要农产品价格，见表2–10：

表2–10　　　　公元前3世纪—1世纪意大利主要农产品价格

品名	单位	价格（Sestertius）*
小麦	Modius **	3
大麦	Modius	1.5
橄榄油	磅	0.5
优质酒	立升	15
猪肉	磅	1.5
牛肉	磅	1

注：* Sestertius，塞斯特尔提乌斯，罗马币值单位，等于4as（阿斯＝libra—罗马磅）。
** Modius，莫第乌斯，古罗马衡制单位，约等于2加仑，9市升。
资料来源：王阁森：《加图的农业思想和加图式庄园的经济特征》，《齐鲁学刊》1985年第6期。

（二）农业体系的奠基者——瓦罗

加图之后，重视农业的经济思想落在了瓦罗身上。马尔库斯·特连提乌斯·瓦罗（前116—前27年），政治家、学者，也是古罗马农业体系的重要奠基者之一。历任保民官、市政官、行政长官、财务官和西班牙驻军长官等职。公元前49年凯撒进军西班牙，时任驻军长官的瓦罗率领两个军团抵抗凯撒，兵败后追随庞培逃到希腊。公元前48年，庞培战败后返回罗马投降凯撒。凯撒不计前嫌、既往不咎，归还他被占领的土地，同时委任他修建收藏拉丁文和希腊文书籍的图书馆。从此瓦罗卸甲归田，专心学术，虽然经历了公元前 43 年的政治风波，但在友人帮助下得以赦免，专心著述。瓦罗被同时代人称为"最博学的罗马人"，被后人赞誉为与西塞罗、维吉尔并列的罗马第三大人物①。瓦罗一生著作颇丰，哲学、历史、地理、法律、语言学、文学、自然科学、教育、神学等各领域都有其独特见解。据记载，他 84 岁那年，已写了490 卷书。② 另据学者统计，瓦罗的著作达 75 种、620 卷之多。③ 可惜大多数著作都已佚散，《论农业》（也译为《农业志》）是其仅存最完整、最具代表性的著作。

瓦罗比加图晚了约 100 年，古罗马的奴隶制经济也发生了新变化，特别是他经历了公元前 73—前 71 年的斯巴达克奴隶起义，对奴隶庄园经济的发展有了更深入的思考。《论农业》成书于公元前 37 年④，是瓦罗八十多岁高龄时为其妻凤达尼娅所写，正如他自己所说"打好行装随时准备离开这个世界"而写。全书分三卷，第一卷 69 章讲授农业本身，包括农业的范畴、宅院建筑、土地耕种、生产工具等；第二卷 11章论述畜牧业的起源及家畜（牛、马、猪、狗）的选购、饲养、放牧、繁殖；第三卷 17 章，论述家禽、鸟类、兽类、蜜蜂和鱼类的喂养、选购和盈利。

与加图的农业思想相比，瓦罗也论述了奴隶制庄园经济农业发展的政策与思想，但瓦罗的农业体系更为庞杂，有很多特点。第一，体系更完善。除了论述农业技术外，对农业定义、范围、农业种类都有概括性论述，涉及农业史范畴。第二，市场化特征明显。瓦罗论述了农业经济市场化、专业化及奴隶劳动的服务经济。第三，庄园经营管理更全面。涉及农、林、园、牧、禽、渔等生产、饲养、消费，内容全面。第四，趣味性更浓。瓦罗采用对话方式阐述，把同时代及前人的成果融会贯

---

① 文艺复兴时代的文学大师佩特拉克。参见王阁森《瓦罗农学与公元前一世纪意大利的农业经济》，《齐鲁学刊》1986 年第 3 期。

② 孙明良：《从瓦罗的〈论农业〉看古罗马农业的经营管理》，《山东大学文科论文集刊》1984 年第 2 期。

③ 王阁森：《瓦罗农学与公元前一世纪意大利的农业经济》，《齐鲁学刊》1986 年第 3 期。

④ 也有认为该书成于公元前 36 年。参见孙明良《从瓦罗的〈论农业〉看古罗马农业的经营管理》，《山东大学文科论文集刊》1984 年第 2 期。

通，又增加了趣味性和思想的理论性，如他把同时代大庄园主卢库路斯兄弟、克劳狄乌斯、科尔涅乌斯的经验融入借鉴，还参考了 52 位希腊文和拉丁文作家的农学著作。

1. 重视农业

古罗马国家的奴隶主不仅重视农业，而且在观念上认为经营农业是非常神圣的事业。这种情形在瓦罗身上体现得特别明显，他认为"从事农业生活是一种神圣和有益于人的生活"。瓦罗某种程度上把神与人匹配，认为都具有创造性，并指出"神的本性创造乡村，而人的技巧创造城镇"，这种创造在于智力与劳力的合二为一，正如马克思所说，"古代人一致认为农业是适合于自由民唯一的事业，是训练士兵的学校"①。瓦罗提出农业的定义与范畴，他认为"只有在那些播种之后，从土地里生长出来供人们消费的东西，才可以归之于农业"。瓦罗的农业范畴包括了种植业和养殖业（牲畜养殖和家禽饲养）。在农业的构成要素上，瓦罗认为水、土、空气、阳光是农业发展的基本要素。同时涉及农业价值观念，即农业价值说，瓦罗在论述土地生产要素过程中，阐述了"效用和乐趣"，他认为"农民必须以此为起点，向着两个目标前进，这两个目标是效用和乐趣。效用是为了寻求利益，乐趣是为了获得愉快"②。这里认为效用更多的含义是有用。

2. 重视庄园经营管理

庄园是古希腊重要的经济单位，加之奴隶主重视农业的观念和传统，庄园经营管理成为重要的获取利益的渠道。这种经营管理与当前企业的管理经营具有本质的不同，但这一时代的管理经验，既累积了奴隶主庄园经济时代的管理经验，也蕴含了一定时期的管理制度。他把庄园管理与农业知识相结合，"首先是关于农庄的知识，土壤的性质与成分；第二是关于农庄上所需要的物品和为耕作而应当准备的物品的知识；第三是关于耕作过程中必须做些什么的知识；最后则是一年当中什么时候适合干哪些活的知识"③。他把这些称为"农业科学"，并尝试将

---

① 马克思：《资本主义以前生产各形态》，人民出版社 1956 年版，第 12 页。
② ［古罗马］瓦罗：《论农业》，商务印书馆 1981 年版，第 29 页。
③ ［古罗马］瓦罗：《论农业》，商务印书馆 1981 年版，第 31 页。

从实践中抽敛出共性的东西上升到理论部分。具体表现在：（1）重视经营决策。经营的目的是获得更多利润，"利润导向化"也蕴含了当时市场经济的范畴。如何赚钱取决于所经营的项目，正如奴隶主所说"你从绵羊还是鸟身上获利，那又有什么关系？或者，你以为从你生产蜜蜂的农庄上所养的牛得来的钱，会比从赛伊吾斯别庄的封箱里酿蜜的蜜蜂得到的钱更甜吗？"①

3. 瓦罗的农业体系

他的农业体系涉及六个方面：土地种类、庄园设备、农业知识、农时安排、牲畜养殖、家庭饲养。（1）土地种类。他区分了土地四种结构：平地、丘陵地、山地、混合形式土地（两种以上形式），四种不同结构的土地种植的种类也不一样，如平原种植谷物、丘陵适合葡萄、山上宜栽树木。同时强调了地形地点，瓦罗认为最好的土地是山脚下朝南的土地。这类土地光照充足、地形平坦、土壤丰腴，适合农作物生长。（2）庄园设备。瓦罗论述了建筑物如房舍、粮仓、牛棚，生产工具如奴隶、牛、车、筐等的基本情况。需要指出，瓦罗把生产工具区分为"能说话的工具"，如奴隶；"不能说话的工具"，如牛；"无声的工具"，如车、筐，把奴隶归结为生产工具的观念，在古希腊一直存在，到古罗马也如此，这是奴隶社会的典型表现。（3）农时安排。划分了四季，春从 2 月 7 日起、夏从 5 月 9 日起、秋从 8 月 11 日起，冬从 11 月 10 日起。进一步细分了八个分季：第一分季从西风到春分，主要从事苗床播种、葡萄架修剪、草地施肥、清除杂草、锄好下耕地；第二分季从春分到维尔吉里埃座七星升起，主要做好下耕地除草、牛犁头遍地、柳树修剪、圈牧场；第三分季从维尔吉里埃座七星升起到夏至，主要做翻土、葡萄树掐苗、收割饲料、灌溉牧场；第四分季从夏至到天狼星升起，主要做耕二遍地，播种豆科植物；第五分季从天狼星升起到秋分，主要做收割稻草、耕完二遍土地、牧场收割二遍草；第六分季从秋分到维尔吉里埃座七星隐没，主要是收割葡萄、修剪葡萄树、种植果树；第七分季从维尔吉里埃座七星隐没到冬至之间，主要种植百合、疏通沟渠、修剪树枝；第八分季从冬至到西风始吹，主要从事排除积水、

---

① ［古罗马］瓦罗：《论农业》，商务印书馆 1981 年版，第 156 页。

修剪葡萄。（4）畜牧养殖。瓦罗论述了小牧畜（羊、猪）、大牧畜（牛、马、驴、骡）、家禽（狗、鸡）三方面的有关看口（查看社畜年龄）、相形、选种、饲养、繁殖、哺养、保健、定数相关经验。（5）家禽饲养。首先，瓦罗区分了禽畜的种类，如鸟（孔雀、鸡）、兽类和昆虫（如猪、兔、獐、蜂等）、鱼类（淡水鱼、咸水鱼）。其次罗列了购买、繁殖、卵、雏鸟、育肥等饲养要领。

瓦罗的农业体系很大程度上是基于直接观察的经验之学。这一体系兼收了各家之说，在当时的历史条件下无疑是相当先进和完备的，但它还远不能成为科学的体系。[①]

（三）科路美拉的农业体系

科路美拉生卒年不详，约生活在公元1世纪中期，其农业管理思想主要集中在十二卷的《论农业》中。科路美拉出生于西班牙，中年长期在意大利服兵役，后来获得一块封地，从而跻身大庄园主行列。科路美拉时代是古罗马奴隶制社会晚期，这点在其代表作中也得到呈现。《论农业》共12卷，主要分为序言、土地和农作物、葡萄种植、树木、家畜动物、家禽饲养、野牛和蜜蜂、菜园和果园、管庄的职责和历法、女管庄职责。

当时古罗马帝国领导人多次公开将土地荒芜的原因归咎于气候，他在《论农业》中反驳了这一观点，"我听到有些人发牢骚，好象气候不宜耕种，依他们看来，土地由于前些日期过度生产而使地力透支，因而不再为人类提供那样的恩惠"。在此书中，他多次强调利用自然灌溉农业，强调水渠、水车对农业的辅助作用，使传统的灌溉方式得到了改进，灌溉系统得到改善。并且这一措施应用在埃及和北非等地，扩大了耕地面积，改善了土地品质，还把沙漠改造成了良田。他指出知识对农业收成的影响作用，指出庄园主舍得在外地建别墅去消闲，而唯独在农业上不去花功夫进行细心研究，他说："在农业中，只凭决心和计划而没有科学知识，很快就会给自己带来巨大损失，农业工作因在无知情况下进行，费用支出将变成毫无效用"。

---

① 王阁森：《瓦罗农学与公元前一世纪意大利的农业经济》，《齐鲁学刊》1986年第3期。

　　科路美拉的农业管理思想，涉及农业知识理论的费用和收入问题，把增加财富的渠道逐渐放在知识和庄园主管理才能方面，体现了他在财富获取方面的思考。但他仍然不能脱离那个时代的烙印，正如他将庄园主财富减少的原因归咎于奴隶，"我们的主要过错是因为我们将土地交给最坏的奴隶处置，犹如把土地交给刽子手一样"。

　　加图、瓦罗、科路美拉三位农学家的著作，体现了古罗马从盛到衰奴隶制庄园经济背景下的农业思想。三位农学家从讨论农田管理和庄园经营出发，论述农业的重要性，探索在当时背景下如果发展和扩大庄园经济、提高收益，通过提升农业奴隶的生产效率增加剩余产品。加图的《农业志》包括重农与重本、庄园经营原则、基础建设、组织管理、农事生产程序、技术指导、生活安排等，是一部完整的农书也是一部完整的家庭管理书，虽然各部分欠缺系统归纳和严谨安排，但"《农业志》是一部早期的具有朴素形式的农书。单独强调某一方面，将其割裂开来，或褒或贬，都不尽符合实际"①。瓦罗是第一个将收入成本的经济观念引入农业分析之人，正如他说"意大利居民在农业方面最重视的好像有两点：他们付出的劳力和费用能不能得到相应的报偿？土地的地点是否有利于谷物健康？如果对这两点的回答都是否定的，而一个人仍然想去经营农业的话，那么这个人就一定是脑子有毛病，最好是把他交给他的法定监护人看管起来。一个神经正常的人，如果看到收不回成本，或是看到虽然可以收回谷物，但谷物会毁坏病害的时候，他是不肯费力气和花钱去经营农业的"②。科路美拉的农业著作，较为全面地介绍了农事知识，有叙有论，同时阐述了公元 1 世纪古罗马的政治、经济、社会信息，透露出意大利农业的衰落，如从葡萄园地位来看，加图时期葡萄园与农庄地位相当，而到科路美拉时期，经营葡萄园的收益大为减少，要出租鼓励他人经营。同时，奴隶、雇工、佃户、释奴等也都与加图所处时代相差甚远，反映了奴隶社会劳动阶层的变化。

　　除上述古罗马三大农学家外，格拉古兄弟的土地经济思想也是重要构成。提比略·格拉古（公元前 162—前 133 年）和盖约·格拉古（公

---

①　［古罗马］加图：《农业志》，商务印书馆 1986 年版，第 22 页。

②　［古罗马］瓦罗：《论农业》，商务印书馆 1981 年版，第 23 页。

元前153—前121年）出身贵族，却心系平民，也因此能因土地思想而被后人铭记。公元前133年，哥哥提比略·格拉古当选为保民官，之后提出了他的土地改革思想。（1）限制土地数量。任何人占有的公地不得超过500犹格，有子嗣者每子可占250犹格，但以两子为限，总数不超过1000犹格。（2）土地再分配。国家收回超出规定数量的土地，按照每个无地公民30犹格标准，无偿分给公民。（3）为避免日后纠纷，规定公民分得的土地必须世袭，不得买卖转让。为此，提比略发表过一篇鼓动人心的演讲，"意大利的野兽有自己的洞穴，有它自己安卧和潜伏的场所。但是，曾拼命而执干戈以保卫国家的人们，除空气和阳光外，在意大利却未享有其他任何事物。他们无家无事室，携妻带子的到处流浪。将军在战场激励士兵为保卫他们的祖坟和家庙而战斗，这不过是骗人的谎言而已。因为，这些罗马人没有一人有自己的家庙，也没有安葬他们骨灰的墓地。他们是为维护别人的财富和奢侈而战斗，甚至阵亡。他们虽然被说是世界之主人——罗马人——而战死，却未保有一小块可称为自己所有的土地"①。这次演讲获得了广大公民的支持，提比略·格古拉的思想转变为《土地法》法案并被执行。但由于该法案触动了贵族利益，提比略·格古拉因此被污蔑进而被杀。提比略·格拉古被杀后，土地改革法案也被束之高阁，但土地改革的需求之火已被点燃。十年后，即公元前123年，弟弟盖约·格拉古当选为保民官，他提出《谷物法》，在意大利境内实施哥哥提比略·格拉古之前的土地法案《土地法》。相对哥哥而言，盖约·格拉古认识到仅有平民的支持还不够，于是他在贵族富人分裂之际，取得一部分富人贵族的支持，但由于他想消除罗马公民和意大利公民之间的矛盾，而罗马人不愿与他人分享公民权，导致他没有当选为下一任保民官而被逼迫而亡。

二 古罗马法中的经济思想

罗马的自然法思想、法制化思想和契约观念仍然对后世经济思想具有启发，这里绕不开西塞罗的贡献。

---

① 转引自胡寄窗《政治经济学前史》，辽宁人民出版社1988年版，第227页。

（一）西塞罗的经济思想

在西塞罗（前 106—前 43 年）的文稿中可以找到关于自然法思想的最全面表述，这与他的经历不无关联，翻译家、律师、政治家都伴其一生，而最重要的是他从政的经历。西塞罗是一个名副其实的大人物，他 26 岁担任律师，32 岁时担任西西里岛法官，40 岁时担任罗马大法官，43 岁担任罗马执政官。在担任执政官时，罗马的实际权力掌握在凯撒和庞培手中，他为了保护贵族地主的财产权力、维护罗马共和国元老院权威，悍然撤销了时任意大利北部和高卢总督凯撒的议案。而在凯撒身亡后，他又积极反对新的独裁者安东尼，以致在 63 岁时被刺身亡。这样的经历对他的思想起到了很大的促进，集中体现在《论共和国》《论义务》《论法律》之中。

西塞罗同时也是一位探索社会分工的罗马先驱。分工观念在古希腊已经展开大论述，对于分工的好处，色诺芬的《经济论》已有阐述。在把此书翻译成拉丁文使之流传罗马之后，他在书中一方面重复色诺芬的基本思想，另一方面指出社会分工能够形成专业化，促进经济社会作为一个有机体的正常运转。同时，鉴于其所处时代及地位，他提出了与当时流行的思想极不相称的观点：农业地位放在商业之上——这种观点与古希腊的重商思想大相径庭。同时，他自己对经营农业给予了很高评价："但是在一切收入有所保障的职业当中，没有一种比从事农业更好，更有利可图，更使人愉快，更适合于一个自由民了。"[1] 这与他所处时代息息相关，公元前 2 世纪—公元 2 世纪作为古罗马的全盛时期，军事扩展给古罗马带来了巨大的利益和战利品，使得商业和海洋贸易得到巨大发展，商业和手工业地位凸显，但通过经商获得利益的贵族却对罗马军事扩展贡献甚微，这直接导致了公元前 2 世纪签订法律阻止这种趋势。罗马学者对商业的社会功能还不甚理解，他们更倾向于对外征服中掠夺财富，因此，他们轻视商业主要由于它不能为他们的战争目的服务。[2] 西塞罗认为从事商业的人是低贱的，他对高利贷的鄙视甚至达到了深恶痛绝，正如他认为高利贷是令人痛恶的谋生方式。"至于商业，

---

[1] 巫宝三：《古代希腊、罗马经济思想资料选辑》，商务印书馆 1990 年版，第 313 页。

[2] 胡寄窗：《政治经济学前史》，辽宁人民出版社 1988 年版，第 207 页。

如果是小本经营，那可以说是下贱的；但如果是做批发生意并且大规模经营，从世界各地输入大量商品并把它们正当的分售给许多人，那就不会受到很大轻蔑。"①

西塞罗对财富的定义包括两方面：财富包括家畜和土地所有权，②土地是财富的重要构成。这点在中西方历史中都非常明确，公元前47年，凯撒在对士兵的一次演说中说："当所有的战争结束的时候，我一定分配土地给全体士兵们，不是和苏拉一样，从现有的土地占有者的手中夺来土地分配给士兵们，使现在的土地所有者和过去的土地所有者混合在一个殖民地内，使他们彼此永远成为敌人，而我决定把公有土地和我自己的土地给予士兵们。"③

西塞罗在经济思想史上的另一个重要贡献是对古希腊自然法学说的传承。西塞罗的经济思想源于古希腊的斯多葛学派，该学派认为人类社会存在一个高于一切的、至高无上的自然法，人类法律都受到自然法限制。西塞罗接受了这一观念，提出人类法本质而言不是依赖某个专治统治者的意志，也不是一个团体或大多数的意志，而是源于自然。西塞罗的自然法思想继承了古希腊的斯多葛派——正如那个古罗马深受古希腊的其他学派诸如犬儒学派、伊壁鸠鲁主义一样——作为犬儒学派的一个分支，斯多葛派的自然法观念影响了西塞罗。自然法观念目的是探索世界的前提和本质，斯多葛派认为世界（人类社会）存在着一种至高无上的远远高于人类社会的自然法则。自然法则在公平价格、合理价值、商业纠纷等方面也影响了罗马法律。西塞罗从斯多葛派的自然观念出发，提出"法律就其本质而言，依据的不是某个统治者的专断意志，也不是多数人的意见，而来源于自然，是我们与生俱来，不通过学习就知晓的，它深植于我们的心中"④。

西塞罗的自然法思想对后世影响深远，这一贡献被两千多年后的马歇尔和熊彼特推崇认可，正如马歇尔所说："我们现在的经济制度中许

---

① 巫宝三：《古代希腊、罗马经济思想资料选辑》，商务印书馆1990年版，第313页。

② ［古罗马］西塞罗：《论共和国 论法律》，中国政法大学出版社1997年版，第63页。

③ ［古罗马］阿庇安：《内战史》，商务印书馆1976年版，第94页。

④ ［古罗马］西塞罗：《论共和国 论法律》，中国政法大学出版社1997年版，第120页。

多好的和坏的方面都可以间接地从罗马特别是斯多噶派的影响中得到说明。"① 而熊彼特则给予了更高评价："自然法这一理想包含有这样一个发现，即社会状况方面的事实——在最有利的情形之一唯一地决定了事情发生的某种先后次序，即逻辑上一致的过程或状态，或者说，如果不干扰社会状态方面的事实，让他们自由发展，它们就会决定事情发生的某种先后次序。这是用现代术语表达自然法概念。"②

（二）《十二铜表法》中蕴含的经济思想

古罗马帝国对外扩张和征服异族过程中为了巩固统治，制定了一系列法律法规，对后世影响深远。有学者认为："罗马法，从广义上说，是古代罗马奴隶制国家的整个历史发展时期的全部法律规范的总称，是世界上古代法律中最完备的法律体系。"③ 对于罗马法的成就，后人都给出了很高评价。恩格斯指出它是"以私有制为基础的法律的最完备形式"④，熊彼特在《经济分析史》中也给予了很高评价："那些法学家分析了事实，提出了一些原理，不仅带有规范性而且至少隐含着解释性。他们创立了一套法理逻辑，可以应用于各种各样的社会形态——实际上适用于任何承认私有财产与'资本主义'商业的社会形态。"⑤ 我国学者也指出它是"商品生产者社会的第一个世界性法律"⑥。罗马法起源于《十二铜表法》，随后陆续出台了《格列哥里恩鲁斯法典》（颁布于公元 295 年）、《赫摩根里鲁斯法典》（颁布于公元 234 年）、《狄奥多西法典》（颁布于公元 438 年）、《查士丁尼法典》（编撰于公元 528 年）、《查士丁尼学说汇编》（公布于公元 533 年）、《查士丁尼法学总论》（颁布于公元 533 年），此后，公元 565 年发布《查士丁尼新律》，公元 12 世纪又把《查士丁尼法典》《查士丁尼学说汇编》《查士丁尼法学总论》《查士丁尼新律》合称为《查士丁尼国法大全》。

① ［英］马歇尔：《经济学原理》，商务印书馆 1965 年版，第 381 页。

② ［美］熊彼特：《经济分析史》，商务印书馆 1991 年版，第 173 页。

③ 陈鼎海：《古罗马法学家的争鸣与罗马法》，《江西大学学报》（哲学社会科学版）1985 年第 3 期。

④ 《马克思恩格斯全集》第 1 卷，人民出版社 2001 年版，第 16—17 页。

⑤ ［美］熊彼特：《经济分析史》第一卷，商务印书馆 1991 年版，第 111 页。

⑥ 张尚鷟：《中华人民共和国刑法概论（总则部分）》，法律出版社 1983 年版，第 89 页。

早在公元前 541 年，罗马元老院就设立了一个贵族和平民组成的法典编著委员会，为体现公平，贵族和平民各 5 人，编撰了历史上著名的《十二铜表法》。《十二铜表法》共分传唤、审理、执行、家长权、继承和监护、所有权和占有、土地和房屋、私犯、公法、宗教法、前五表的补充、后五表的补充十二部分，每表又分多个条目，最多的 27 个（第八表）、最少的 1 个（第十一表）。《十二铜表法》中蕴含的经济思想主要涉及以下几方面。（一）财富的种类，包括土地、房屋、园子、谷仓、牲畜、树木、奴隶。（二）财富的获取渠道。在法典中，第五表专门论述了继承，采用大量篇幅论证了继承这一方式。伊斯兰教明确把继承作为财富的获取方式，而各地区法典都论述了继承这一方式，《十二铜表法》明确指出了债权债务关系，继承人、族亲、宗亲的继承顺序。（三）关于公平价格的描述。"当事人就价金取得协议时，即使价金尚未支付……买卖契约即宣告成立。"价格由协商确定。此外，还确立了价金第三方确立的原则。"朕决定，如买卖的价金由第三方确定，则买卖契约的成立，必须具备这一条件；如被指定的第三方确定了价金，一方即照此数作为价金支付，他方则交付其物，买卖行为从而完成，买受人根据买受行为而享有诉权，出卖人根据出卖行为而享有诉权。"[①]

物的交换是一种买卖，价金经过商定，契约宣告成立。罗马法对物的区分非常详细，区分了公共产品、共有产品、团队产品、个人财产等，如空气、水流、海洋、海岸等属于共有物，河川港口是公有，竞赛场、戏院等城市全体所有的类似场所属于团队，个人所有的称为"万民法"。此外，对于继承、债务、保证人（担保人）、契约、侵害行为等进行了详细介绍。

三　早期宗教的经济思想影响

（一）基督教的经济思想

基督教产生于公元 1 世纪。公元前 63 年，罗马军队占领了巴勒斯坦，一系列税法、政治手段引发了犹太人的愤怒，在政治上寻求无果后，转为精神上寄托。基督教便是在这种政治和宗教的客观情势下逐渐

---

① ［古罗马］查士丁尼：《法学总论》，商务印书馆 1989 年版，第 175 页。

形成的。① 基督教信奉《新约圣经》和《旧约圣经》。《新约圣经》共 27 篇，包括记载了耶稣言行的 4 篇《福音书》、21 篇记载使徒写给信徒的书信、1 篇记载耶稣弟子（直接追随者）活动、1 篇《启示录》。《启示录》是一篇预言集，恩格斯认为它"在一切基督教文献中最为古老，这是无可怀疑的"②。

在基督教教义中关于经济思想的描述多分布全书，如《马太福音》《马可福音》《路加福音》《雅各书》之中，但同宗教教义相比，经济问题往往是阐述教义的工具和手段，如对财富的否定。《马太福音》指出"追随耶稣的人放弃了职业和财产"，"财宝据说不是积攒在地上而是在天上"；《马可福音》指出"那个富有的少年问怎样做完善之人，听到的是要变卖他的财产，把钱分给穷人"。教义中也采用追求财富的案例作为原罪事例，为了衬托出不信宗教教义的下场。《雅各书》中指出"若有一个人戴着金戒指，穿着华美衣服，进你们的会堂去，又有一个穷人，穿着肮脏衣服也进去；你们就重看那穿华美衣服的人，说：'请坐在这好位上'，又对那穷人说：'你站在那里'，或'坐在我脚凳下边'，这岂不是你们偏心待人，用恶意断定人吗？我亲爱的弟兄们，请听！神岂不是拣选了世上的贫穷人，叫他们在信上富足，并承受他所应许给那些爱他之人的国吗？你们反倒羞辱贫穷人！那富足人岂不是欺压你们，拉你们到公堂去吗？他们不是亵渎你们所敬奉的尊名吗？"基督教在古罗马各个阶层中深受欢迎，经济思想仅仅是促进教义更好地被世人接受的手段，这契合了时代需求，这也是其教义和古罗马的政治环境、军事背景、经济制度、阶级矛盾高度耦合的集中体现。

公元 392 年，狄奥多西一世将基督教定为罗马帝国国教。人们对经济财富的认识也在发生偏移，人生最重要的事情是应实现灵魂的救赎，而物质财富只是个人和社会发展的条件和工具。正如有学者指出"不管我们对早起基督教的世俗方面作什么样的社会学诊断，显然基督教会

---

① 胡寄窗：《政治经济学前史》，辽宁人民出版社 1988 年版，第 238 页。
② 《马克思恩格斯全集》第 22 卷，人民出版社 1965 年版，第 551 页。

除去力图从道德上改造个人行为外，并没有什么社会改革的目标。"①

1. 对财富的态度

人们通过经济活动获取财富，是一个人维持生命机体的基础也是社会发展的前提条件。耶稣对此予以充分肯定，不过他从追求财富中看到了人生的目的和意义并非只是追求财富。如果将财富视为最终目的，这就犯了原罪。对此，耶稣告诫世人："不要为自己积攒财宝在地上，地上有虫子咬，能锈坏，也有贼挖窟窿来偷；只要积攒财宝在天上，天上没有虫子咬，不能锈坏，也没有贼挖窟窿来偷。因为你的财宝在哪里，你的心也在哪里……你们不能又侍奉神又侍奉玛门（财宝）。"（《马太福音》）

《圣经》肯定追求财富，但追求财富不能心存贪婪，如果依靠贪婪欲求、损害他人获得财富，将来也无法进入天国，"有钱的人要进天国比骆驼穿过针的孔还要难"（《马太福音》）。但耶稣也憎恨贫困，《马太福音》记载了对待赚钱的仆人的褒奖是"你这有良善又忠心的仆人，你在不多的事上有忠心，我要把许多事派你管理；可以进来享受你主人的快乐"。而对未赚钱的仆人怒骂之后，将其赶出门。这种对待财富的观念，对后世影响深远，马丁路德和加尔文提出了"天职观"，认为"上帝接受的惟一生存方式，不是用修道的禁欲主义超越尘世道德，而是完成每个人在尘世上的地位赋予他的义务。这是他的天职"②。

对待富人的态度，在耶稣过世后发生了转变。《雅各书》仍带有大量的鄙视不正当获取财富的言语："你们这些富足人哪，应当哭泣号咷，因为将有苦难降临到你们身上"（《雅各书》）。"你们富足的人有祸了。"（《雅各书》）而耶稣另外一个弟子保罗，在《圣经》记载中，已经不是坚决反对富人了。他在《哥林多后书》中明确记载了对待富人的态度。保罗对富与富人的理解，从他的各种书信中可概括为：不论何人都可以取得最大的富，但富是指用来对他人作善行的富，如果只知贪婪钱财就会沉沦于败坏和灭亡的深渊；一个人能否进入上帝之国的标准，只在于他对耶稣的信仰，此种信仰对任何所谓富贵的、贫贱的、隶

---

①　[美]熊彼特：《经济分析史》第1卷，商务印书馆2015年版，第119页。

②　[德]马克斯·韦伯：《新教伦理与资本主义精神》，四川人民出版社1986年版，第58页。

属的或自主的人们是没有区别的。①

2. 尊重私有财产

《圣经》中有大量的文献都涉及对待私有财产的态度，如著名的"摩西十诫"指出"不可贪恋房屋，也不可贪恋人的妻子、仆婢、牛驴，并他一切所有的"，明确表明要尊重私有财产，私有财产不可侵犯。

（二）奥古斯丁的经济思想

奥古斯丁（354—430 年），出生于罗马统治下的北非塔加斯特，父亲是异教徒，母亲是基督徒。早年时期，奥古斯丁学习柏拉图和西塞罗的辩论术。奥古斯丁 33 岁时皈依基督教，34 岁返回北非，虔诚修学，37 岁领受圣职，41 岁时任北非系波主教，一直到去世。奥古斯丁时代处于古罗马末期，一生致力于基督教体系化，对中世纪的思想品格起到承前启后的作用。奥古斯丁深受柏拉图学院思想的影响，使他能采用新柏拉图主义论证基督教教义，并把基督教神学和柏拉图哲学相结合，因此被称为"中世纪之父"。主要著作为《忏悔录》（307 年）、《论三位一体》（406—416 年）、《上帝之城》（413—426 年）。

奥古斯丁的经济思想在于延续早期基督教经济思想，并加以改良。反映了奴隶制社会向欧洲封建制生产方式过渡时期奴隶主和教会的经济利益，主要体现在对财产、私有权、劳动等方面的看法。

1. 对私有权的看法

早期基督教延续《圣经》观念，主张财富共有。但随着私有制的发展，私有产权勃兴，出现了财富私有化趋势。他指出"根据神权，大地及由它产生的一切都是上帝的。"此后奥古斯丁把神权和人权相结合，指出上帝通过世界上的帝王，分配给人类的恰恰是这些人权。②

2. 重视农业、重视劳动

奥古斯丁沿袭了《圣经》的劳动观念，在奥古斯丁的经济思想中，农业的地位被提高到高于任何行业。他认为商人的商业行为是贱买贵卖，这种行为是败坏道德的行为，如果是养家糊口的商业行为尚情有可

---

① 胡寄窗：《政治经济学前史》，辽宁人民出版社 1988 年版，第 246 页。

② ［美］斯皮格尔：《经济思想的成长》，中国社会科学出版社 1999 年版，第 50 页。

原，但如果是囤积居奇、贱买贵卖的商人行为是不能容忍的，正如他所言，"我将货物从远处运到没有这些东西的地方，为了生计，我应该为自己的劳动索取报酬，我可以高于买价的价格出售我的货物"①。奥古斯丁特别强调尊崇劳动，他认为铁匠、木匠、鞋匠的劳动都是纯洁正直的行为，理应得到人民的尊敬。

3. "公平价格"的观念

公平价格的观念出现在早期罗马法典之中，本意指按照双方能够接受的价格进行交易。奥古斯丁提出了公平价格观念，他说"我知道有这样的人，'有人卖给他一份手稿，索价远低于手稿应有的价钱，他没有占卖主不懂行的便宜，仍公道的价钱付给卖主'"②。从公平价格观念，奥古斯丁也深入关于主观价值的讨论，这种讨论里提出了价格、价值和欲望的关系，他指出"在每种东西上都有与其应用成比例的不同的价值系列，最常见的情况是一匹马比一个奴隶贵，或者一件珠宝比一个女仆贵。由于每个人都有随自己的意愿形成看法的能力，在一个确实需要某物的人的选择和一个仅仅为了快乐而热切期望获得一物的人的选择之间是极少一致的"③。

思考题

1. 试分析国家干预思想与经济自由思想在秦汉时期的演变。

2. 试分析节俭观的消费思想在秦汉时期的演变。

3. 井田、限田、王田的土地制度能否解决当时社会的土地兼并问题？

4. 西汉的义利观与先秦义利观有哪些差异？

5. 轻重论中的货币思想蕴含着当前经济学的哪些理论？

6. 货币拜物教产生的原因是什么？

7. 古罗马的思想家其农业思想的异同是什么？

8. 罗马法中的经济思想蕴含着哪些市场经济要素？

---

① ［英］蒙哥马利：《奥古斯丁》，中国社会科学出版社1992年版，第222页。

② ［英］蒙哥马利：《奥古斯丁》，中国社会科学出版社1992年版，第223页。

③ 转引自［美］小罗伯特·埃克伦德、［美］罗伯特·F. 赫伯特：《经济理论和方法史》（第四版），中国人民大学出版社2001年版，第21页。

9. 试比较古罗马的农业思想与秦汉时期的重农思想的异同。

10. 早期宗教关于财富和公平价格的观念对西方市场经济有什么影响？

推荐阅读文献

1. 叶世昌：《战国古籍和〈管子·轻重〉中的黄金货币》，《管子学刊》1997 年第 3 期。

2. 叶坦：《"中国经济学"寻根》，《中国社会科学》1998 年第 4 期。

3. 陈筠、防微：《十二铜表法》，《东北师大学报》（自然科学版）1957 年版第 6 期。

4. 臧知非、周国林、耿元骊、李华瑞、赵思渊、刘志伟：《唯物史观视阈下的中国古代土地制度变迁》，《中国社会科学》2020 年第 1 期。

5. 张维华：《西汉初年黄老政治思想》，《中国社会科学》1981 年第 5 期。

6. 谢宇、董慕达：《天地之间：东汉官员的双重责任》，《社会》2011 年第 4 期。

7. 晋文：《秦汉经济制度与大一统国家治理》，《历史研究》2020 年第 3 期。

8. 岳翔宇：《气候变化、农业低产与重农理论——以晁错"贵粟论"为中心》，《历史研究》2015 年第 3 期。

9. 王子今：《周秦汉时期关中的蚕桑业》，《中国农史》2022 年第 2 期。

10. 吴琦：《漕运的历史演进与阶段特征》，《中国农史》1993 年第 4 期。

11. 高敏：《秦汉的徭役制度》，《中国经济史研究》1987 年第 1 期。

12. 龙登高：《宋代粮价分析》，《中国经济史研究》1993 年第 1 期。

第 三 章

南北朝至明朝中叶与
中世纪经济思想

第一节 5—16 世纪中国与欧洲
社会经济发展概述

一 南北朝至明朝中叶社会经济发展概述

魏晋南北朝时期受战乱影响，社会经济总体上呈北方反复恢复与发展，南方持续性发展的大趋势，江南农业开发为隋朝统一准备了历史条件，为我国经济重心的逐渐南移打下基础，手工业门类与秦汉基本一致但品种更多，商业萎缩，商品经济发展缓慢，士族庄园经济和寺院经济为魏晋南北朝主要经济形式。

隋唐时期经济发展空前繁荣，隋朝继续推行均田制并开始实行租庸调制，开凿大运河……为唐朝的经济繁荣打下基础。唐朝前期社会经济呈现全面繁荣的景象，农业领域江南土地资源进一步开发，农产品商品化程度提高；手工业领域部门齐全，产地分布广、技艺高；商业领域市场成熟，有固定交易场所，对外贸易也较为发达。唐后期，安史之乱使农业生产遭到破坏，土地兼并使均田制和租庸调制无法维持，两税法也没能使经济复苏，但奠定了唐后期至明中叶中国古代赋税的基础。五代十国时期战乱频发，但农业和商业仍有一定的发展。农业领域统治者鼓励开荒，土地归农民所有，农民地位提高；商业领域统治者较为重视，重商观念深入人心，商人阶层逐渐壮大，国内外贸易繁荣。宋朝时期，国力受损，但宋朝经济繁荣是不争的事实，尤其是商品经济成了重要的经济部门，农业领域大量兴修水利工程，开垦荒地，重视农业生产工具的改良，农业生产率迅速提高。南宋时期江南地区的农业生产总量超过中原地区，经济重心转移到南方地区；手工业领域纺织、矿藏、印刷迅速发展；商业经济发达体现在城市商业上，夜市繁荣，商业分工细化。

元朝时期连续 74 年发动战争，人民遭屠戮，土地受到破坏，导致经济濒临崩溃，商品经济繁荣局面不再。明朝时期采用重视农业、以农为本、抑制商业经济发展的政策，商品经济仍得不到发展，无法达到宋朝时期的鼎盛局面，重农抑商政策的实施一方面稳定了小农经济的繁荣发展，保护了经济环境，维护了社会稳定；另一方面，扼杀资本，阻碍了商品经济的发展，限制了社会经济平衡。

二　中世纪欧洲社会经济发展概述

从公元 600 年至 1000 年，欧洲的人口增长了 38%。人口增多使得土地紧缺的问题更为明显，欧洲面临着严重的农业危机，提升农业生产率刻不容缓。这些因素很快导致了一场农业革命，许多欧洲当地特色的农业创新层出不穷。将重犁用于相对湿润的耕地，一方面提升土壤的肥沃程度，另一方面减轻了农民的负担，由此极大地提升了土地利用程度，提高了粮食产量；为马制作马蹄铁，并且使用挽具，使得马代替牛作为主要牲畜，也对当时的农业产生了重要作用。

中世纪欧洲土地所有制的主要形态是封建领主制。所谓领主或封建领主就是封建领地的主人。封授土地的领主叫封君、宗主；受封土地的领主叫封臣、附庸。封君与封臣的关系，无疑是一种依附和保护关系。中世纪欧洲领主只有极少部分担负政治职务，因而是官吏，是官吏领主；而绝大多数领主没有政治职务，因而都不是官吏，属于庶民领主。

中世纪欧洲的经济成就主要是在城市中孕育并得以发展。在城市中，形成了许多全新的经济观念。同时城市化进度显著，出现了作为欧洲文明核心的资本主义关系、团体自治制度和市民阶级这一新兴的社会力量。商品交换逐渐依靠货币为中介，同时一定程度上摒弃了教会的苦行主义，促进了消费主义的兴起。形成了现代会计制度，14 世纪以前，在意大利就出现了复式记账法，方便了商业的发展。同时产生了现代金融制度和公司制度。

我们可以将欧洲的中世纪分为两个阶段：中世纪早期、中世纪后期。中世纪早期，欧洲宗教思想占据支配地位，神学大于一切，科学技术的发展遭到了抑制和破坏，但是宗教也并非对科学没有帮助，公元5世纪随着西罗马帝国的灭亡，古典文化迅速衰落。正是罗马基督教会陆续建立了一些教会学校，为以后的大学制度奠定了基础。在中世纪的后期，欧洲接受并吸取了阿拉伯的科学技术和研究成果，相关的研究也逐渐发展。13世纪欧洲人将水力鼓风机械用于冶金，14世纪掌握了铸铁术，15世纪铁工业已经高速发展，为现代工业奠定了基础。13世纪船尾舵和牙樯的发明，使得帆船成功下水，再加上磁针罗盘的使用，促进了航海业的发展，为技术交融奠定了基础。

第二节　明朝中叶以前的中国经济思想

一　南北朝至唐朝的经济思想

（一）傅玄的经济思想

傅玄（217—278年）北地泥阳人（今陕西耀县）。生活在魏晋时期，他的经济思想主要集中在《晋书》中。

1. 依靠士农工商发展经济

士农工商自管仲之后成为中国人口与行业的划分标准。傅玄首先肯定四业的作用，只有确定四者的比例，经济才能发展，"臣闻先王分士农工商以经国制事，各一业而疏其务……农以丰其食，工以足其器，商贾以通其货。故虽天下之大，兆庶之众，无有一人游手"（《傅子》）。此时四业比例失调，"农工"太少，"商士"太多，为了解决这一问题，提出"贵农贱商"，"农工之业多废，或逐淫利而离其事。徒系名于太学，然不闻先王之风"（《傅子》）。傅玄主张分民定业、充分就业，强调分工思想，分而治之。傅玄认为分工能够使人们各司其职，各营其业，提高生产力，"农以丰其食，工以足其器，商贾以通其货，故虽天下之大，兆庶之众，无有一人游手。分数之法，周备如此……敦以大质，而下无逸心。日中为市，民交易而退，各得其所，盖化淳也"（《傅子》）。

2. 发展手工业，抑制"倾世之商"

傅玄认为商业消费与"士族"的奢侈风气有关。为了迎合市场需求，商人逐淫利，因此要从治理官吏入手。《傅子·重禄》主张官吏采用"重禄"原则限制官吏与商人沆瀣一气，"爵禄者，国柄之本，富贵之所由，不可以不重也"。当时俸禄过低，导致官吏贪污之风盛行，只有既减少官吏数量又增加俸禄，才能遏制奢侈之气，引导商人自行退出。城市是商业发达、商人云集之地，在肯定商业的作用时，傅玄主张抑制极端商业，打击倾世之商，"上逞无厌之欲，下充无极之求，都有专市之贾，邑有倾世之商"（《傅子·检商贾》）。针对城市内的垄断商人，傅玄提出"检商贾论"，达到"市无专利之贾，国无擅山泽之民"（《傅子·检商贾》）的局面。

3. 四民足用论

针对魏晋时期农民流离失所、劳动力锐减、城市经济遭到破坏的状况，傅玄从社会分工的角度重新讨论传统士农工商四民论的合理性及各行业的比例，提出四民足用论。他肯定了四民分业的合理性，"先王分士农工商，以经国制事"，主张四民当中，各按一业。为了保证四民各按其业，需要"立太学以教之，选名师以训之，各随其才优劣而授用之"（《晋书·傅玄传》）。傅玄认识到教育的重要性，为了保证各按其业，对四民教之、训之。因所处行业的不同，四民之间的比例也不等，管仲给出士占 15.625%、农占 78.125%、工商各占 3.125% 的比例标准，傅玄也认识到四民之间要有一定的比例，才能经国制事。"臣以为亟定其制，通计天下，若干人为士，足以副在官之吏；若干人为农，三年足有一年储；若干人为工，足其器用；若干人为商贾，足以通货而已。"（《晋书·傅玄传》）傅玄没有给出具体的人数标准，只按照"足用"原则建议各行业的人口比重，把多余的、不称职的官吏"归之于农"，侧面反映了农业在傅玄思想中的地位。

4. 重农思想

第一，农业本业思想。农业自古以来都是国民经济的基础，"夫家足食，为子则孝，为父则慈，为兄则友，为弟则悌。天下足食，则仁义之教可不令而行也。夫为政之要，计民而置官，分民而授事，士农工商之分，不可斯须而废也"（《傅子》）。农业是最基本的物质生产部门，是人类的衣食之源、生存之本，农业的发展直接影响和制约着其他行业的水平。傅玄认为只有发展农业，物质财富充足，百姓才能安居乐业。不管是家庭还是国家都需要有充足的物质财富，然后人们才会去考虑精神层面的东西，才会遵守秩序，才能安居乐业。第二，改革农业土地政策。他想通过重新丈量土地，核实、减轻赋役，少种多务，精耕细作，提高产量，以调动农户的生产积极性。第三，大兴农田水利建设。傅玄认为农业生产靠天吃饭，兴修水利，可以在干旱时出水、涝灾时储水，"水田之制由人，人力苟修，则地利可尽"（《傅子》）。第四，保护农业资源。傅玄认为，统治者只要求民户务多顷田，而不务功力，这导致粮食产量不高。这一经济思想具有借鉴意义，人们为了增加产量如只一味地增加耕种面积而忽略耕种方式和耕种技术，土地虽被大量占据但生产效率低下、产出有限，而如果实施依地赋税，则会加重农民的负担，导致更多土地被荒置，同时不利于农业生产。

5. 减赋思想

傅玄主张减税轻赋、与民休息，认为国君应该平抑赋税，稳定税法。若法无定制只会造成混乱。而要做到"制有常"，关键在于中央决策者和地方官吏行为的规范化。傅玄以秦朝为例，指出秦朝快速灭亡的重要原因在于秦始皇的苛税，民众不堪重负只能抗争，加速了秦朝的灭亡。为了实现通过轻徭、薄赋、惠民以促进经济发展，治国者对赋税征收就要有定制，不能随心所欲，更不能横征暴敛。傅玄提出了征税要贯彻"权变""至平""俭节""趣公""有常"等原则。傅玄还提出要精简机构和官员，从而减轻赋税，减轻农民负担。

（二）占田和均田思想

隋朝在公元 582 年颁布"开皇新令"，实施均田制。均田制按照露田和永业田方式实施，丁男（18—65 岁）受露田 80 亩、丁女受露田40 亩，同时丁男受永业田 20 亩。露田没有所有权，66 岁必须还给政府；永业田则归私人所有，必须种植一定数量的桑、榆、枣、麻等经济作物。官吏按照等级限制奴婢受田人数，分别是：亲王 300 人、嗣王200 人、第二品嗣王以下及庶姓王 150 人、正三品以上及皇宗 100 人、七品以上为 80 人，八品以下至庶人为 60 人。官吏受田的具体数量与所处职级及具有的奴婢人数有关，且受永业田而非露田，以第二品嗣王为例，可以受田超过 3000 亩。官吏贵族集中了大量不负担赋税的私田，挤占了赋役来源，农民的负担自然更重。根据均田法，小农没有土地所有权而贵族官吏则拥有土地所有权和永业田。小农土地因拥有大量不能买卖的露田，一定程度上限制了土地兼并，但官吏豪强利用奴婢受田方式仍然可以侵占大量土地。公元 605 年，政府颁布法律免除妇女、奴婢的课役，公元 609 年又"昭天下均田"，不受田者不负赋役。公元 624 年，唐朝颁布均田令。土地分为口分田和永业田，丁男（21—59 岁）受田 100 亩（80 亩口分田，20 亩永业田），老（60 岁以上）40 亩口分田；寡妻妾 30 亩口分田；一般妇女、奴婢不受田。口分田无所有权但可以买卖，永业田归私人所有亦可买卖。口分田一旦交易买卖则不再受田。唐朝实施的均田制与租庸调制相匹配。成丁每年需上缴租为粟二斛，稻三斛；调为输绢二匹，绫、绝二丈，绵三两，麻三斤，可以用银十四两抵消；庸则是劳役，每人每年二十日力役，亦可用每天三尺绢抵消。每人每年不能服役超过五十天。同时，还规定了不同等级官吏享有的课役以及王公官吏的永业田数量，具体见表 3 -1。

表 3 -1　　　　　　　　　官吏等级与永业田数量　　　　　　　　　单位：顷

王公		官吏		勋官	
爵位等级	数量	品级	数量	勋级	数量
亲王	100	正一品	60	上柱国	30
郡王	50	从一品	50	柱国	25
国公	40	正二品	40	上护军	20
郡公	35	从二品	35	护军	15
县公	30	正三品	25	上轻车都尉	11
侯	14	从三品	20	轻车都尉	7
伯	10	正四品	14	上骑都尉	6
子	8	从四品	10	骑都尉	4
男	5	正五品	8	骁骑尉、飞骑尉	0.8
		从五品	5	云骑尉、武骑尉	0.6
		六品、七品	2.5		
		八品、九品	2		

资料来源：陈勇勤：《中国经济思想史》，河南人民出版社 2008 年版，第 147 页。

京内外官吏，按照职级受永业田，受土地数量 5 顷以上的官吏占据大多数。官吏职级最低的、数量最多的，会成为小地主。均田制的后果在于，一方面小农基本丧失了土地所有权，二是促成了大量的地主。

唐代的均田制呈现很多特征：首先，奴婢不得受田的规定。唐以前，奴婢参与受田的方式使富贾官吏利用奴婢参与土地掠夺，唐朝初期规定保护私人资产，明确规定奴婢不参与受田，对抑制兼并起到了一定的作用。其次，土地受田和租庸赋税相结合。在商品经济繁荣的唐朝，劳动力的作用凸显，租庸调制在保障国家基本财政的基础上，采用以银换调、以绢换庸的方式，解放了劳动力，刺激了商品流通。再次，凸显了私有权特点。之前实施的均田制中，露田、麻田归国家所有，不许买卖。而唐初实施的口分田则可以参与市场买卖，这种方式在保留永业田的私有基础上，放开了口分田成为私有的途径。唐朝的均田制度已经达到了古代均田制度的高峰，体现了农地私有化过程和商品经济条件下的市场需求。

（三）南北朝以来的货币思想

南北朝时期，货币种类繁杂、币制混乱、流通倒退等特点，成为中国古代货币发展中极为特色的阶段。由于缺乏足够的铸钱经验，游牧民族的货币私铸问题一直影响到东魏、西魏、北齐、北周，成为南北朝货币制度长期混乱的重要因素。从 190 年一直到 495 年，即北魏孝文帝太和十九年铸太和五铢钱，三百多年，布帛谷物代替金融货币成为物价尺度和交换手段。[①] 此外新、旧钱在价值上存在"贵贱有别"，导致了货币流通不畅的现象。北周利用地理位置，利用当局混乱情形，创造性地制定了对外发行大钱政策，取得了巨大成果，为北周最终统一北方奠定了经济基础。

1. 沿用旧币思想

东汉末年，政府长期不发行货币。至曹魏黄初二年（221 年），魏文帝干脆"罢五铢钱，使百姓以谷帛为市"（《晋书·食货志》），虽然其间也偶尔发行新币，如 238 年孙权发行大泉，但在八年后停止发行，并由官方将已发行货币收回铸成兵器。西晋统一后，沿用前朝旧币，始

---

① 何兹全：《汉魏之际封建说》，《历史研究》1979 年第 2 期。

终未发新币。南北朝时期，货币经济有一定发展。宋文帝在元嘉七年（430 年）短暂地发行过流通量很小的四铢钱。随后不久宋明帝停发货币，并禁止新钱流通，专用古钱。直到 495 年，孝文帝正式发行"太和五铢"，表明在乱世之中各国国力薄弱，经济相对滞后，百姓对旧币的认可度较高。

2. 货币私铸与多币合用思想

495 年北魏政府正式发行"太和五铢钱"，同时宣布"民有欲铸，听就铸之"（《魏书·食货志》）。从国家政策角度出发，鼓励货币私铸，成了货币史上的奇葩。发行太和五铢钱之时，政府并未禁止其他货币的流通，于是出现了"京师及诸州镇或铸或否，或止用古钱，不行新铸"（《魏书·食货志》）。新币与旧币同时并存，只存在区域性差异。新币旧币同时流通，势必导致混乱，北魏亦曾禁止旧钱流通，但熙平初年（516 年），任城王的元澄（456—519 年）奏请新钱、旧钱并用，"古钱外全好者，不限大小，悉听行之"（《魏书·食货志》）。这一思想在货币混乱的当下具有很强的货币意识。首先，元澄主张使用统一货币，"钱之兴也，始于一品"（《魏书·食货志》）。他看到了货币具有圆流无极的特征和社会多年多种货币并存的现象，认为不能贸然禁止。其次，提出分区域实施不同的货币流通政策。对于京师地域，主张新旧钱并用，而河南州府等地则用新钱。再次，通过市场流通来区分新币旧币。他认为各种货币在市场上流通，"贵贱之差，自依乡价"（《魏书·食货志》），不依赖政府命令而从市场交易来区分货币价值，极具新意。

3. 货币争议

第一次货币争议是关于解决货币紧缩的争议。刘宋王朝建立后，货币减少。出现了通过收购民间铜制品而新铸货币，增加货币供给建议。范泰（355—428 年）坚决抵制，他从铜制品用途广，人民和国家对此依赖大，收购铜器铸币会损多益少。范泰认为国家物资不足的原因并不在于货币少，而是生产不足。他认为，货币作为交换的媒介，只要在民间适当流通，就不会出现货币短缺的情况。在这里他的思想触及了货币流通速度对货币需求数量影响的范畴，可惜并未展开。范泰得到了刘宋武帝的支持，铸钱的思想并未得到采纳。但由于货币短缺问题一直没有解决，政府在元嘉四年开始新铸四铢钱，很快引发民间私铸，又引起了第二次货币争议。此次争议的焦点在于是否发行新币来解决货币短缺问题。当时主张发行新币的一方为江夏王刘义恭（412—464 年）、沈演之（397—449 年），反对一方为何尚之（387—460 年）。何尚之反对发行货币的原因在于他认为货币是交易媒介，货币太多或太少都不利，他以汉武帝和王莽作反例，主张维持货币现状。何尚之还从均贫富视角反对发行新币，指出多发行货币，容易富者愈富、贫者愈贫，拉大贫富差距。此外，他指出发行新币没有统一标准，容易引起币值混乱和私铸现象。主张发行新币的一方认为货币流通可以裕国富民、阜财通利，钱荒导致钱贵货贱，加重了纳税负担，认为发行新钱，可以解决货币短缺问题，私铸现象也会消失，有利于维持政府稳定。最后，主张发行货币的一方获得了皇帝支持。

（四）贾思勰与《齐民要术》的经济思想

贾思勰（386—543 年），山东益都（今寿光县）人，曾任高阳太守。在公元 533 年至 543 年写成了我国保存完整的最早农书——《齐民要术》。[①]《齐民要术》代表了我国古代农学的辉煌成就，总结了农业生产的先进经验，也记载了我国魏晋南北朝时期的商业和农业的发展。[②]《齐民要术》共有 12 部分，包括序、杂说、十卷共 92 篇，涉及耕田、谷类、种葵、园篱、栽桑、畜禽、货殖、酿造、其他物产。从其框架设计来看，涉及当代的农林牧渔大农业，体现了"以粮为主，多种经营"的经营方针和"要在安民，富而教之"的初衷。贾思勰从农学家角度认识到农业生产应满足农民需求、尊重和利用自然规律，他的"天人合一"思想也贯穿《齐民要术》全书。

1. "以民为本"的"富民强国"思想

贾思勰认为，"齐"与"平"同义，"齐民"即"平民"，《齐民要术》就是教授平民谋求生计的技艺和方法。他在《齐民要术》序中指出"盖神农为耒耜，以利天下；尧命四子，敬授民时；舜命后稷，食为政首；禹制土田，万国作乂；殷周之盛，诗书所述，要在安民，富而

---

① 参见石汉声《从〈齐民要术〉看中国古代的农业科学知识》，科学出版社 1957 年版，第 1 页。

② 参见柴毅《中国古代城市产业发展思想研究》，人民出版社 2017 年版，第 130 页。

教之。"他把国家盛衰放在是否重视农业、使百姓安居乐业、丰衣足食上，强调通过农业来富民、安民。贾思勰认可工商业的作用，指出贫者依靠末业致富，"以贫求富，农不如工，工不如商，刺绣文不如倚市门。此言末业，贫者之资也。师古曰：言其易以得利也"（《齐民要术》）。贾思勰把农业产品作为社会财富的象征，他引用《管子》《史记》等观点，论证只有农产品才是财富，从而以农业产品为基础，结合粮食作物、蔬菜果瓜、动物饲养、桑蚕生产，对制作、加工等作了详细记录。贾思勰的农业经济思想已经涉及大田种植、园艺栽培、家庭饲养、农副加工等方面。贾思勰指出，农业是百姓衣食之源，重视和加强对农业生产经营，可以治国安民，"食者，民之本；民者，国之本；国者，君之本"（《齐民要术》）。

2. 主张勤劳节俭致富的观点

贾思勰提出"力能胜贫，谨能胜祸""人生在勤；勤则不匮"（《齐民要术》）的观点。对于依靠农业如何致富，贾思勰认为要奖励农耕，储粮备荒，兴修水利，改进农业生产技术，才能"民得其利""蓄积有余"（《齐民要术》）。贾思勰看到，农业作为社会财富主要部门，一切的财富都是由劳动创造的，在《齐民要术》中多次提到"勤""谨""力"等，强调社会成员都要勤劳节俭。

3. 力少成多的精耕细作思想

"力"指劳动能力，"成"指劳动成果。如何实现经济效益，贾思勰提出要"顺天时，量地力，则用力少而成功多"（《齐民要术》）。要尊重自然规律、善于利用自然环境，积极劳作。他提出要量力而行、适当经营的理念，"宁可少好，不可多恶"（《齐民要术》），集中精力小面积经营集约种植。贾思勰还阐述了农业经营和投入之间的关系，通过肥料改良土地肥力，"耕地欲熟，宜加粪，往复匀盖"（《齐民要术》），主张用深耕细肥的方法提供土地的抗旱能力和肥沃程度，"再劳地熟，旱亦保泽"（《齐民要术》）。贾思勰提出朴素唯物思想，认为年谷丰饶或穷窘之来，不是上天的恩赐或惩戒，而是依靠人力劳动的结果，此外在《序》中，还提出应对风险的思想，"天为之时，而我不农；谷亦不可得而取之"，从天时、地利、人和的角度指出人的行为对农业的影响。

4. 多种经营，开展贸易

贾思勰提倡大农业观，认为要农、林、牧、副、渔、手工、贸易等全面发展，主张种植、种树、种菜、养鱼、酿酒、作醋等农业和手工业多渠并举，这样才能降低风险获利更多。他把从事农业商品生产作为致富的路径，分门别类地安排和计划，这已经突破了当时重本抑末思想。他以农业产品的季节为例，提出应该在粮食刚上市时收购五谷和蔬菜种子，而在播种季节卖出储藏的种子，"凡籴五谷、菜子，皆须初熟日籴，将种时粜，收利必倍。凡冬籴豆谷，至夏秋初雨潦之时粜之，价亦倍矣。盖自然之数"（《齐民要术》）。贾思勰提出农工商结合的富民思想。他以时间为顺序，按照不同的月份，提出发展农业和商业相结合的思路，在农业的种植间隙，经营薪柴、布帛、棉絮等。

表 3-2　　　　　　　　　农业和商业经营时间

时间	种植	经营（买、卖）
二月	籴粟、黍、豆、麻、麦	买薪炭
三月	籴黍	买布
四月	籴面、麦	经营
五月	籴豆、麻、麦	买絮及布帛，准备酿酒，冬天养马、卖酒
六月	籴麦、豆	买缣练
八月	籴麦	籴黍
十月		卖缣、帛、絮、豆、麻
十一月		籴粟、豆、麻子

注：时间是以中国农历计。

资料来源：《齐民要术·杂说》第三十，引崔寔《四民月令》。

贾思勰提出经济生产要量力而行、提高效率，把"好"与"恶"作为标准，"凡人家营田，须量己力。宁可少好，不可多恶"（《齐民要术·杂说》）。贾思勰提到要改变经营方式，要多经营树木、瓜果等经济作物，"其利十倍"（《齐民要术·种榆》），且"比之谷田，劳逸万倍"（《齐民要术·种榆》）。种植红、蓝花等"头成米一顷"（《齐民要术·种红花》）。

（五）佛教的经济思想及反对宗教思想

隋唐时期，佛教影响到社会生活层面。隋唐时，佛道人数增加形成了士、农、工、商、佛、道六大社会阶层，规模庞大、分工精细，涉及生产、分配、交换、消费的佛教产业经济。如佛教的雕塑、绘画、音乐和音像制品、书法、园林、经籍等佛教用品和服务，构成一个较大的佛教经济市场。①寺庙是极具特色的主体，正如《太平广记》记载"寺前负贩、戏弄、观看人数万众"。在中国佛教中，僧众逐渐被允许从事世俗经济活动，包括商品贸易与放债质钱，其目的主要在于财产增值与取得利润，而不在于生产本身。②

元澄（公元467—519 年），字道镇，任城王拓跋云长子。与贡禹的主张不同，元澄认为减少造寺行为可以裁减国家工程预算、促进生产，遂提出禁佛主张。"饥馑之氓，散亡莫保。收入之赋不增，出用之费弥众。"（《太平经合校》）同时严令限制寺院数量，都城之外的城市，僧众的数量不能超过50 人。"若僧不满五十者，共相通容，小就大寺，必令充限。其地卖远，一如上式。自今外州，若欲造寺，僧满五十人已上，先令本州表列，昭玄量审，奏听乃立。若有违犯，悉依前科；州郡以下，容而不禁，罪同违旨。"（《魏书·释老志》）唐时期，对僧尼的态度更为明显，韩愈指出"古之为民者有四，今之为民者六"（韩愈文《原道》），用四民之力养六民之食，对社会无益，应该坚决取缔。

（六）刘晏的理财思想

唐肃宗乾元三年（760 年），国家在册户口仅有 1933174 户16993086 口，分别比天宝十四载（755 年）减少 19% 和 32%。③人口的减少导致财政收入降低，到了唐代宗和唐德宗执政时期（760—783年），陆续重用刘晏和杨炎化解矛盾，增加财政收入。

---

①　杨志银：《对宗教经济学研究对象及其定义的实证研究》，《世界宗教研究》2010 年第 3 期。

②　张越、曾江：《试论佛教经济思想对中国伦理的影响——兼论其中国化发展》，《济南大学学报》（社会科学版）2020 年第 6 期。

③　《唐代盛世背后的财政危机》，《经济研究参考》2009 年第 40 期。

刘晏（715—780 年），曹州南华（今山东东明县）人，唐代著名的理财家、政治家。自幼聪慧，7 岁赋诗予唐玄宗（712—756 年），被誉为神童。历任县令、郡守、刺史、户部侍郎，兼领度支、盐铁转运使，曾掌管唐朝中央财政近二十年。刘晏用商业措施，整治经济，以提高经济效益为手段，为安史之乱后唐朝经济的恢复做出了突出贡献。

安史之乱后，面对山河破碎、人民流离失所，军费浩繁、骄兵悍将随时可能截留中央财税，中央地方财政仅仅依赖江南的现状，刘晏进行大规模财政改革。他顺应客观经济现状，通过运用商业手段发挥漕运、盐法、常平等政策，缓解财政窘境，促进了封建社会市场条件的高效发展。

1. 倡导商业流通，主张商业立国

安史之乱后，社会经济遭受严重冲击，"人烟断绝，千里萧条，太仓空虚，鼠雀犹饿"（《旧唐书·郭子仪传》）。面对严重的财政危机，刘晏认为必须首先恢复商品流通，他说"东都残毁，百无一存……今舟车既通，商贾往来，百货杂集，航海梯山，圣神光辉，渐近贞观、永徽之盛"（《旧唐书·刘晏传》）。商品流通的开展可以有效扩大商品流通、促进商品生产。他反对简单的财政救济政策，认为应通过商品流通刺激经济，刘晏认识到灾区只是缺粮而他产仍在，"灾渗之乡，所乏粮耳，它产尚在"（《新唐书·刘晏传》），只要采用商业手段"贱以出之，易其杂货"（《新唐书·刘晏传》）就能渡过难关。刘晏主张大力发展私营企业，将食盐由民制、官收、官运、官销方式改为民制、官收、商运和商销。具体措施为，食盐由亭户生产，国家进行统一收购再转卖商人。商人购得食盐后，即享有充分的销售权力，政府管控生产、批发两个环节，寓税于价，通过利润引导扩大盐的销售范围。这一政策取得了显著成效，"晏之始至也，盐利岁才四十万缗，天下之赋，盐利居半，宫闱服御、军饷、百官俸禄皆仰给焉"（《新唐书·食货志》）。

2. 注重培养民力、壮大财源、减轻赋税

刘晏把户口多寡和赋税上缴联系起来，通过增加户口的数量来扩大财政收入，"户口滋多，则税负自广"（《资治通鉴》）。古代社会的赋税主要来自两种，"正赋"和"杂赋"，第一种来自农业，第二类主要向手工业者和商人征收。城市作为农业、手工业和商业的聚集地，成为征收的重点地域。"京师三辅百姓，唯苦税亩伤多，若使江、湖米来每年三二十万，顿减徭赋。"（《旧唐书·列传》）刘晏看到城市居民的赋税过重，主张从江、湖等地运米到京师，减轻京师百姓赋税徭役。

3. 利用转运改革，恢复城市经济

安史之乱后，洛阳、河南等地城市遭到了严重的破坏，"过宜阳熊耳，至武牢成皋，五百里中，编户千余而已"（《旧唐书·刘晏传》）。为了振兴经济，首先解决都城粮食问题，维持和保护城市经济活动。为此，刘晏主张通过转运的手段，把没有受到战争破坏地区的资源转移到都城及战略要地。"屯戍相望，中军侯鼎司元侯，贱卒亦仪同青紫……挽漕所至，船到便留。"（《旧唐书·刘晏传》）转运需要大量的人力，在人口稀少的情况下，以劳役方式征用人们从事转运必将导致效率低下。刘晏采用雇佣劳动代替强迫劳役，采取分段转运、降低成本的方式，提高转运的效率。以往从江南运往京都需要 8、9 个月的时间，现在只需要四十天，每年转运的粮食达一百十万石，无升斗的损失。这种转运政策的实行，保证了京师及沿途大城市的粮食供应，维持了城市经济的运转，对城市经济起到了保护和恢复的作用。此外，沿途"舟车转运，商贾往来"，也起到示范效应带动沿途村邑生产恢复，既使沿途地方不敢生异心又可恢复贞观之势。随着城市规模的扩大，唐朝时期在很多郡县城市设置了粮仓，以备救荒和平定粮价之用，"每州置常平仓及库使，自商量置本钱，随当处米物时价，贱则加价收籴，贵则减价粜麦"（《唐会要》）。"诸道各置知院官，每旬月州县雨雪丰歉之状，白使司。丰则贵籴，歉则贱粜。或以谷易杂货供官用，及于丰处卖之。"（《资治通鉴》）

4. 改革盐法，盘活盐业

乾元三年（760 年）刘晏改革盐法，"有涟水、湖州、越州、杭州四场，嘉兴、海陵、盐城、新亭、临平、兰亭、永嘉、大昌、侯官、富都十监。岁得钱百余万缗，以当百余州之赋。自淮北置巡院十三，曰：扬州、陈许、汴州、庐寿、白沙、淮西、甬桥、浙西、宋州、泗州、岭南、兖郓、郑滑，捕私盐者，奸盗为之衰息。然诸道加榷盐钱，商人舟所过有税。晏奏罢州县率税，禁堰埭邀以利者"（《新唐书·食货志》）。在全国二十七个大城市设置盐官，统一经营盐的生产和销售，采用经济垄断的形式控制城市经济的发展。

在一系列经济措施下，唐人口数量逐渐增多，经济逐渐回暖。刘晏也得到了很高的评价。"由市民得安其居业，户口繁息。晏始为转运使时，天下见户不过二百万。其季年乃三百余万。在晏所统则增，非晏所统则不增也。"（《资治通鉴》）

（七）杨炎、陆贽、杜佑关于《两税法》的经济思想

唐初，实施租庸调制。安史之乱后，唐政府采用两税法代替租庸调制。对此，形成支持与反对两方面态度。

1. 支持《两税法》的经济思想

杨炎（727—781 年），字公南，天兴（今陕西凤翔）人，历任郎中、中书舍人、礼部侍郎、门下侍郎、中书省门下平章事（宰相）。杨炎的经济贡献主要集中在赋税制度——"两税法"。公元 780 年，杨炎实施两税法，以两税制代替租庸调制。后因陷入党争而罢相，贬官为崖州（今海南省琼山县）司马，被赐死于去崖州路上。

杜佑（735—812 年），字君卿，京兆万年人，出生于封建豪族家庭。幼年承荫入仕，历任李唐玄、肃、代、德、顺、宪六朝，任节度使、司空、司徒，出将入相者五十年，以功名始终。其经济思想主要体现在《通典》。《通典·食货典》中记载了对两税法的评述，现将引用如下，"自建中初，天下编甿百三十万，赖分命黜陟，重为案比，收入公税，增倍而余。诸道加出百八十万，共得三百一十万。遂令赋有常规，人知定制，贪冒之吏，莫得生好，狡猾之甿，皆被其籍，诚适时之令典，拯弊之良图。旧制，百姓供公上，计丁定庸调及租，其税户虽兼出王公以下，比之二三十分唯一耳。自兵兴以后，经费不充，于是征敛多名，且无恒数，贪吏横恣，因缘为奸，法令莫得检制，悉庶不知告诉。其丁狡猾者，即多规避，或假名入仕，或托迹为僧，或占募军伍，或依倍豪族，兼诸色役，万端蠲除。钝劣者即被征输，困竭日甚。建中新令，并入两税，恒额既立，加益莫由，浮浪悉收，规避无所"。杜佑作为参与了两税法变革的财政大臣，称之为"适时之令典，拯弊之良图"（《通典·食货典》）。杜佑将安史之乱以来实行的税负进行比较，认为两税法遏制了安史之乱以来税外加税的恶性发展，制止了纳税人税负非法增加的趋势。

2. 反对《两税法》的经济思想

陆贽的经济思想体现在对两税法的态度。陆贽（754 年—805 年），字敬舆。苏州嘉兴人，十八岁进士，二十六岁学士，是地主阶级开明思想家。早年时期，陆贽对两税法是支持态度。当时陆贽科举及第担任渭南县尉时，向朝廷建言"四赋经财实……四赋曰：阅嫁以奠税，度产以衰征，料丁壮以计庸，占商贾以均利"（《新唐书·陆贽传》）。从有司《起请条》的主要内容，也能看出陆贽赞同两税法中"以贫富为差"作为计税基本原则。然而，13 年后，升任宰相的陆贽写了著名的《均节赋税恤百姓六条》，对两税法变革提出激烈的批评意见和修补建议。陆贽从四个方面论证了两税法取代租庸调制的不恰当性：第一，他肯定了租庸调制的作用，指出"有田则有租，有家则有调，有身则有庸……故人无摇心，而事有定制"（《陆贽集·均节赋税恤百姓六条》）。但从税法本身来讲，租庸调制受到外部冲击，只是"时弊"而非"法弊"。第二，他从与田制的关联论证租庸调制"其取法也远，其立意也深"（《陆贽集·均节赋税恤百姓六条》）。陆贽认为，租庸调与田制即国家制定土地法令对纳税人的土地占有情况进行干预联系在一起，租庸调制不应被两税法取代。第三，陆贽对比了租庸调制和两税法的计赋税原则的优劣。他认为，两税法以资产不以丁身为本，税赋多寡与资产多少有关，而资产很难披露，但采用"以丁夫为本"的计税原创可以有效避免。第四，陆贽从"权令"和"经制"关系入手，阐述两税法并没有达到减轻赋税的实际效果："乃搜摘郡邑，劾验簿书，每州各取大历中一年科率钱谷数最多者，便为两税定额。此乃采非法之权令，以为经制；总无名之暴赋，以立恒规。是务取财，岂云恤隐？"（《陆贽集》）。这种做法加重了纳税人的税负。陆贽认为唐朝中元年以两税法取代租庸调制不论从哪个方面来看都不正当。[①]

二　两宋时期的经济思想

（一）李觏的经济思想

北宋学者李觏的经济思想较为全面地反映了自唐、宋时期以来随着

---

① 陈明光：《唐宋人论杨炎倡行两税法述评》，《中国史研究动态》2021 年第 1 期。

地主土地所有制和商品货币贸易经济进一步发展而来的、经济领域中的新矛盾和新趋向，对唐代中叶以后的经济思想的新发展做了总结性的阐述，在中国经济思想史上起着承先启后的作用。[①]

李觏（1009—1059年），字泰伯，出生于江南西路建昌军南城（今江西省南城县）的一个小地主家庭。年少丧父，家境贫寒激励他勤奋好学，"六七岁时，调声韵，习字书，勉勉不忘，十岁知声律"（《李觏集》）。历经真宗、仁宗两朝，仕途不顺。1050年，经范仲淹举荐成为太学助教，1058年任海门县主簿，次年在家乡故去。李觏一生主要处从教育事业，创办盱江书院。他不拘泥于汉唐旧说，推理经义，从学者数十百人，"门人生录者千有余人"，人称盱江先生，为"一时儒宗"。代表作有《周礼致太平论》《富国策》《庆历民言》《安民策》《强兵策》等。李觏的经济思想涉猎甚广，经济伦理思想、货币思想、人口思想均有建树。李觏所处正是北宋由盛转衰时期，农工商业具有发展而各种矛盾也在激化，以"康国济民"为己任的李觏，力求从根本上富国裕民，为北宋寻找出路。李觏的经济思想围绕"富国裕民"这一主题，以礼论为基础，构建了强本、去贱、轻重、财用等较为完整的经济思想体系。

1. 经济伦理思想：礼论

第一，李觏对《周礼》推崇有加，并以《周礼》作为理论基础。他著有《礼论》七篇和《周礼致太平论》五十一篇，全面阐述了经济管理思想和理论基石。他阐述了"礼"的起源，把"礼"放在现实之中和物质生活基础之上，认为"礼"是顺人性，是有关人民的"饮食、衣服、宫室、器皿、夫妇、父子、长幼、上下、师友、宾客、死丧、祭祀"（《李觏集》）物质生活和社会生活内容。第二，李觏扩大了"礼"的范围。他把传统观念中的礼、乐、刑、政和仁、义、礼、智、信等"一本于礼"，都当成"礼"的别名，把传统观念淡化物质经济的理念用扩大的"礼"进行囊括。这就为第三点提供了伦理基础。第三，他认为只有遵循《周礼》才能致太平。尤其在阐述《周礼》的伦理规范时，他指出物质生产和经济财富的作用，借用"仓廪实，知礼节；衣

---

① 胡春力：《试论李觏经济思想的特点及历史地位》，《经济科学》1986年第6期。

食足，知荣辱"来强调人民只有吃饱穿暖才能被教化。

2. 自然天道论与人性论

李觏承认事物产生、发展、变化都有规律性——"道"。他把事物分成元、亨、利、贞四方面，认为元、亨、利、贞的变化都有规律，都有"天道"。他认为社会经济、道德都要遵循天道。李觏认为人的欲望也是天性的表现，"生五谷以食之，桑麻以衣之，六畜以养之，服牛乘马，圈豹槛虎，是其得天之灵"（《删定易图序论》）。君王也应顺从人性而治理、依照生活欲望治理国家。李觏在遵循天道的伦理基础上，把追求"义利"统一，奠定了理财的基础。他对减少奢靡持有肯定态度，"至于奢侈，皆为人费，虽不可尽去，亦当制节使微少矣"（《李觏集·国用策第十二》）。

3. 货币思想

李觏对货币的研究主要集中在货币的起源、货币的流通、对待钱荒看法上。第一，货币的起源。李觏认为货币在于以有易无，来源于圣人造币，他把货币的产生和商品交易联系在一起，认为人君造币，造币的目的在于交易。第二，李觏总结了唐以前货币的发展过程，认为上币、中币、下币的货币分裂有利于商品交易，他把铸币尤其是铜币看成绝对良币，"惟泉布之作，百王不易之道也"。李觏所处时代，纸币已经产生，从货币交易的效率来看，金属货币的便利性远低于纸币。而李觏对铜币的偏爱超出了货币交易的视角，是因为其所居住地域之限制。李觏长期居住于家乡建昌军南城，地域偏僻，自然经济和小农经济为主，商品交易相对有限。在这种环境中，自然也认识不到货币经济的外部信息。第三，关于货币流通。他认识到金属货币数量对价格的影响，"钱多则轻，轻则物重；钱少则重，重则物轻"（《李觏集》），货币的价格（值）和货币数量存在反方向关系，钱多价少、钱少价多。李觏还认识不到货币价值和货币发行量多寡关系，但他从货币多寡与货物轻重（数量）看出了相反关系。同时他指出"物重则用或阙，物轻则货或滞，一重一轻，利病存乎民矣。"（《李觏集》）他看到了商品价格贵贱对流通的影响，物价太高，民众买不起；价格太低，商人不会出售。价高价低，都影响人们的生计。第四，对待钱荒和禁私铸。李觏所处时代，铸钱数量增多但社会上却存在钱荒现象。李觏认为钱荒的原因有三：一是熔毁法钱，用铸恶钱；二是熔毁法钱，铸造铜器铜像；三是铜钱外流，"蛮夷之国，舟车所通，窃我泉货"（《富国策》）。针对钱荒，李觏提出禁止私铸恶钱。他分析道只有禁止恶钱，才能禁止盗铸，"盗窃私钱不易觉察，如绳之以法，必然冤狱泛滥、百姓不安。而毁坏一二法钱，可铸四、五恶钱，市场交易仍然获利"，"市人易之，犹以二、三则常倍息矣"（《富国策》）。李觏认识到了恶钱对法钱的冲击，也看到恶钱对市场交易的伤害，用禁止恶钱来提高法钱，这一建议颇有见地。他抓住了货币价值尺度和流通手段的作用，恶钱一旦不能流通也就失去价值，盗铸也就停止。他认识到"今人间既多恶钱，一旦急之，则莫敢出，莫敢出则是销法钱之铜而积之无用之地。国既失实，民且伤财……偿以铜价，示之期日。要之重典，民既畏法，而喜于得直，将毕入于官。官挟其铜，因以资冶铸，则法钱益增，恶钱尽去矣。"（《富国策》）主张采用市场行为而非行政命令禁止恶钱，既可以防止社会动荡又可以避免经济损失，符合经济发展规律又维护了社会稳定。

4. 人口思想

李觏把人口看成财富的来源。他主张采用一系列措施如颁布增加户口的奖惩制度、严谨隐漏人口、将户口增殖作为考察官员升迁的标准等实现人口增殖。第一，李觏把劳动力和土地作为国富民强的标准。他认为富国要先解决土地问题，只有依靠土地生产，百姓才能安定生活，"土地，本也；耕获，末也"（《平土书》）。第二，他重视农业从业人口的数量，认为人们是国家财富的创造者。他指出"人无易业而一心于农，农时不失，农功不粗，则地力可尽也。"（《富国策》）而增加农业劳动力，需排除末业（工商）的从业人数，他把工商之民分为三类：大商人、工商业富人、小商业者和小商贩，主张驱逐第三类小商贩。此外，他提出僧道与农争力，应去害而争利，限制僧道人数，增加劳动力。第三，主张增加人口，减轻徭役赋税。李觏反对统治阶级妻妾成群、淫乱成风，认为不利于婚配和提高人口出生率。他建议适龄男女及时婚配，主张"男自二十自二十九，女自十五以及十九，皆为盛年"（《富国策》），提出超过适婚年龄进行惩罚。李觏的增加农业劳动力思想与商鞅、韩非的观点一脉相承，但又很温和。他把土地兼并看成社会问题，认为其促进了生产力发展，是一大进步。

5. 富国裕民思想——《富国策》

李觏在《富国策》之中，开篇名义地点出自己的思想主张，"治国之实，必本于财用"，国家经济的发展必须依靠农业，国家财政的收入主要来自"财"，而"财"的获取依靠城市农业、手工业和商业的繁荣。[①] 李觏从人性角度，阐述了满足基本欲望的重要性。他在《周礼致太平论·国用》开篇指出富国的根基在于足食、足用、足本思想，他指出"人所有为人，足食也；国所以为国，足用也。小至一人之身，大至一国之体，皆以足食足用为本"。上至国家、下至百姓，都需要一定的物质基础，满足其基本的欲望"民之大命，谷米也"（《富国策》）。欲望是天性，国家必须满足人民的天性需求，"是故圣人制天下之民，各从其能，以服于事，取有利于国家，然后可也……人各有事，事各有功，以兴材征，以济经用"（《李觏集》）。李觏在《国用》中阐述了"政府主导、市场为辅"的经济发展模式，他以足用、足财为目标，指出财政收支应保持平衡，"凡其一附之出，则给一事之费，费之多少，一以式法"（《李觏集·国用策第一》）。李觏则采用"宏观调控"的方式平定城市物价，即通过对商贾征实物代替赋税，到货物短缺之地销售，在政府不出财的前提下保证财政收入、抑制商品价格。[②] 他强调太宰、宰师、泉府等职官在财政收入的作用，同时强调市司、遗人、司就、贾师、掌客、乡师等与市场关系密切的官吏，运用职责，促进商业繁荣。李觏认为对于工商业者采用置平准、定物价经济的手段，保护其正常利益；对于正常的城市交易，应通过定物价的政策，达到聚类财的目的；对于商贾大户操纵物价、断民之命的行为，提出了置平准的政策，保证物价稳定。[③]

6. 《平土书》中的土地空间规划思想

《平土书》中反映了李觏的土地思想。他开篇指出土地的重要性，"土地，本也；耕获，末也"（《李觏集·平土书》）。他把周礼和司马

---

① 柴毅：《中国古代城市产业发展思想研究》，人民出版社2017年版，第187页。

② 柴毅：《中国古代城市产业发展思想研究》，人民出版社2017年版，第189页。

③ 柴毅：《中国古代城市产业发展思想研究》，人民出版社2017年版，第189页。

法关于土地规划和土地制度的思想进行计算比较，描述了小商品经济和自然经济条件下的区域空间经济思想，他利用周礼之法，指出国家、城市、城乡的规划思想，"制成'王畿千里之图、乡遂万夫之图、都鄙一同之图'等三个图表"①。描述了土地空间区域规划思想。"今据百里内，近郊远郊之地也。"以百里为空间区划，百里内为六乡、百里之外为六遂（甸地）；六乡之内划分为场圃、宅田、士田、贾田、官田、牛田、赏田、牧田。这成为中国最早的区域空间规划思想。

（二）司马光的经济思想

司马光（1019—1086 年），字君实，陕州夏县（今山西夏县）人。北宋政治家、文学家、思想家，进士及第，累迁至龙图阁直学士，主持修建《资治通鉴》，著有《温国文正司马公文集》等。

1. 财富的源泉

司马光认为生产对于财富有重要作用，指出"农工商贾"都是财富的来源，"夫农工商贾者，财之所自来也。农尽力，则田善收而谷有余矣。工尽巧，则器斯坚而用以余矣。商贾流通，则有无交而货有余矣。彼有余而我取之，虽多不病矣"（《论财利疏》）。他看到人是重要的生产力，是财富的源泉。他坚持"以人为本"，主张国家要"养其本""农尽力""工尽巧""商贾流通"，则"财自然丰"。"财丰"而"本"厚，国家应持续发展而不是竭泽而渔。

2. 节用思想

"安民勿扰，使之自富，养之有道，用之有节，何患财利之不丰哉！"（《司马光奏议》）这是对司马光节用思想的高度概括。司马光认为要节俭开支，坚持"量入为出"原则，认为消费要平衡生产。司马光意识到了北宋时期人口增长与生产之间的矛盾，"天地之产有常，而人类日繁"（《传家集》）。为了解决此矛盾，就须抑制盲目消费、树立"节用"观点。对于军事机构的膨胀，他认识到"天下冗兵愈众，国力愈贫"（《司马光奏议》），所以上疏建议强制裁费，惩罚行贿受贿者，提倡朴素崇俭、矫正奢靡之风。

---

① 原图已丢失，参见胡寄窗《中国经济思想史》下，上海财经大学出版社 1998 年版，第 22 页。

3. 藏富于民的主张

司马光的思想当中饱含对民众的关切，诸如"民本""恤民""宽民"，不"扰民"、不"预民"、不"与民争利"、不"重敛于民"，等等思想。他更关注农民利益，"夫农、工、商贾者，财之所自来也，善治财者，养其所自来而收其所有余，故用之不竭而上下交足也。不善治财者反此"（《司马光奏议》）。司马光主张从减轻农民赋税负担、提高粮食价格两方面照顾农民利益，主张藏富于民，"古之王者，藏之于民，降而不能，乃藏于仓廪府库。故上不足则取之于下，下不足则资之于上。此上下所以相保也"（《论财利疏》）。司马光也指出了政府不能"与民争利"，"为政有体，治事有要，自古圣帝明王垂拱无为而天下大治者此道也"（《续资治通鉴长编拾补》）。

4. 对待变法的态度

司马光与王安石是同时期的人物，在面对宋朝的财政危机的时候，司马光的改革方案与王安石有所不同。司马光主张进行改革时不应大刀阔斧地改革，他认为"且治天下，譬如居室，敝则修之，非大坏不更造也。大坏而更造，非得良匠美材不成。今二者皆无有，臣恐风雨之不庇也"（《司马温公行状》）。主张变法要平稳进行。面对国库亏空，司马光主张"节流"即削减国家各项经费开支，致力于解决冗费问题持"方今国用不足，灾害荐臻，节省冗费，当自贵近为始"（《传家集》）。司马光在王安石改革时，看到了改革中的许多弊端，指出"吏缘为奸"的不利影响，给百姓带来灾难，"所遣者虽皆选择才俊……骚扰百姓者，于是士大夫不服，农商丧业，故谤议沸腾，怨嗟盈路，迹其本原，咸以此也"（《与王介甫书》）。这种官吏勾结的现象造成了社会的动荡不安。

司马光和王安石两人在改革的指导思想上出现开源与节流的矛盾。司马光奏称："国用所以不足者，在于用度太奢、赏赐不节、宗室繁多、官职冗滥、军旅不精"（《温国文正司马公文集》），认为皇室宗族的奢靡消费是出现财政赤字的根源。司马光提倡节用应从宫内做起，"上自乘典服御之物，下至亲王公主婚嫁之具，悉加裁损，务从俭薄"，还要"出六宫冗食之人，使之从便"，对于群臣没有特殊功勋者，不要滥加赏赐。同时倡导整军裁员，淘汰老弱。王安石认为国用不足是由于没有任用善于理财之人，善于理财者应该做到在人民不增加日常的赋税的情况下，能够使国家的财政状况有所改善，经费能够充裕。司马光则认为善于理财，不过是搜括民财，天地万物所产生的财富有限，不在民户手中则在国家手中，不增加民间赋税而能使国家经费富裕，是欺人之谈。

司马光与王安石关于变法的争论体现在《与王介甫第一书》《与王介甫第二书》中。司马光提出王安石"侵官、生事、征利、拒谏、招致天下怨谤"，王安石回复《答司马谏议书》对上述五条进行答辩。王安石称自己命于皇帝，在中央确定法令，交给有关职能部门实行，不是侵官；各条法令都有据可查，是先王先圣做过的，用来兴利除弊，不是生事；为天下理财，皇帝没有奢侈滥用，大臣没有中饱私囊，不是征利；辟邪说，难壬人，不为拒谏，从而何以招致天下怨谤呢？元丰八年（1085 年）三月，宋神宗去世，太子赵煦即位，是为哲宗。宋哲宗年仅10 岁，其祖母高太后垂帘听政，起用以司马光为代表的反对王安石变法的旧党，对宋神宗时期的路线和政策进行调整，司马光一上台就全面废除王安石变法的相关政策。苏辙认为司马光虽"清德雅望"，却"不达吏事"，只看见王安石变法中扰民害民的一面，却看不见其利民强国的一面。

（三）王安石的经济思想

王安石（公元 1021—1086 年），字介甫，号半山，抚州临川（江西抚州）人。北宋著名政治家、文学家、思想家改革家，历任知县、通判、参知政事。于熙宁二年（1069 年）主持变法，史称"王安石变法"。

"变法"一词是在北宋当时激烈的政治斗争中所产生的有着具体内涵的术语。王安石在著名的"万言书"中提出了"改易更革天下之事""变更天下之弊法"（《临川先生文集》）的主张。美籍华裔历史学家黄仁宇说："王安石与现代读者近，而反与他同时人物远。"[①]　说其"与现代读者近"也就是说王安石现代读者对于王安石的评价都还比较高，对于其所进行的改革还是有认同之处。而"与他同时人物远"是指王安石同时期的一些人对王安石的变法改革的诟病颇多，为其引来了一些

---

① 黄仁宇：《中国大历史》，生活·读书·新知三联书店 1997 年版，第 141 页。

非议。王安石变法主要是主张"开源"和"理财"思想，即"因天下之力以生天下之财；取天下之财以供天下之费"（《上仁宗皇帝言事书》），希望能够通过广开财路来弥补国家的财政赤字，使得"民不加赋而国用饶"，实现其"富国强兵"的理想抱负。王安石改革的内容主要包括"富国之法"、"强兵之法"和"取士之法"三个方面。其中，最主要的经济手段就包含于青苗法、募役法、农田水利法、方田均税法、市易法、均输法的"富国之法"当中。

（1）青苗法。熙宁二年九月颁布。该法是对旧的常平仓法的革新，故也叫常平新法。北宋政权建立初期，为防止谷贱伤农和救济灾荒，设立常平仓，要求在丰收季节适当提高粮价大量收购，灾年则要求以比市价稍低的价格把仓内粮食卖给农民，用以平抑物价，保护农民，是一项德政措施。但在实施过程中，由于官员与富商勾结，不按政府规定收粮和卖粮，致使农民得不到实惠，有的地方甚至把仓粮移作军用，所以常平仓法运行多年后，名存实亡。

"因天下之力以生天下之财，取天下之财以供天下之费"，王安石主张通过改革理财方法，发展生产以增加国家财政收入，强调"理财以农事为急"，突出农业的优先发展地位。对于农业的发展，王安石推行青苗法以发展农业，即在青黄不接之际，"贷谷与民，出息以偿"（《宋史·王安石传》），这样既能解决民户的缺粮问题，又使得政府库存的粮食能够新旧更易。"参视民缺乏时，令自隐度麦之入，预贷以官钱，谷麦熟则偿，谓之青苗钱"（《长编》），在百姓缺少粮钱时，可以让他们自己估计当年谷麦产量，先向官府借钱，谷熟后还官。王安石、吕惠卿等据此经验，制定青苗法。它规定把以往为备荒而设的常平仓、广惠仓的钱谷作为本钱，以自愿为原则，根据每户人家的需要进行申请，"召人户情愿请领，五户以上为一保，约钱数多少，量人户物力，令佐躬亲勒者、户长识认，每户须依及一贯以上，不愿请者不得抑配"（《宋会要辑稿》），每年分两期，即在需要播种和夏秋未熟的正月和五月，按自愿原则，由农民向政府借贷钱物，收成后加息二成或三成，随夏秋两税纳官。在以后的实际施行中，青苗法还有更具体的规定：每五至十户为一保，客户如请贷青苗钱须与主户合保；各地按此标准出借以后，若还剩有本钱，则三等户以上，还可以依据其偿还的能力多贷款；

可以将剩余的本钱贷给有偿还能力的城市居民户，都要自愿请贷；如想借贷钱的，则依据各地夏、秋未成熟前的情况，按预计收成后粮价的中间价，将贷出的钱折成粮食的数量；如果想以粮食数量借贷的，即以当时的粮食价格折算成钱贷给；如遇灾年，允许推迟到下一个粮食收割期（通常是指夏熟推迟到秋熟，或秋熟推迟到次年夏熟）还贷。实行青苗法的目的，在于使农民在青黄不接时免受兼并势力的高利贷盘剥，并使官府获得一大笔"青苗息钱"的收入，但这种方法也有局限之处，如各方官员利用自身势力强制农民借贷、政府为实现高收入而制定的利息偏高，诸此种种导致农民负担依然沉重。

（2）募役法。又称免役法，熙宁二年由司农寺拟定总原则，翌年在开封府界试行，熙宁四年（1071年）十月颁布全国实施。北宋的纳税户，除了缴纳赋税外，还得依户等高低轮流到各级政府服差役，如运送官物、看管仓库、督催赋税、州县衙前听使、逐捕盗贼等。北宋政府把民户分为九等，规定下五等不必服役，但是，在实际运行中，由于存在太多特权免役户，所以差役责任落在地主阶级中下层和比较富裕的自耕农身上。而且，轮充差役的，如遇运送或看管的官物有伤耗损失，必须照数赔偿，押送贡物还会遇到库吏敲诈勒索，挑剔成色，所以大多倾家荡产；督催赋税的，如遇乡中不能缴纳赋税的，或税户逃亡的，得先为垫付或代交，遇有恶霸地主拒交的，也得代交，所以也倾家荡产。

王安石推行募役法（免役法）以废除原来按户等轮流充当衙前等州、县差役的办法，改由州县官府出钱雇人应役，各州县预计每年雇役所需经费，由民户按户进行分摊，不同等级的户分摊的金额不同。同时，定额之外另加十分之二缴纳，称免役宽剩钱，由各地存留，以备荒年不征收役钱时雇役之用。王安石认为，"理财以农事为急，农以去其疾苦，抑兼并，便趣农为急"（《长编》），因此要注重农业役法的改革，原先"民间规避重役，土地不敢多耕……役使频仍，生资不给……不得已而为盗贼"（《宋史·食货志》），而此法的用意是要使原来轮充职役的农村居民回乡务农，原来享有免役特权的人户不得不交纳役钱，官府也因此增加了一宗收入。

（3）农田水利法。熙宁二年十一月颁布。这是向大自然要财富、做大蛋糕的方法。在《上仁宗皇帝言事书》中，王安石就发表了对国家财政收支问题的看法："臣于财利固未尝学，然窃观前世治财之大略矣，盖因天下之力以生天下之财，取天下之财以供天下之费，自古治世未尝以不足为天下之公患也，患在治财无其道耳。"即要"因天下之力以生天下之财"，"欲富天下则资之于天地"。农田水利法的主要方法，主要是疏通河道、兴修水利和淤田（即利用河内淤泥改造农田增加地力）等，以改善农业生产条件。规定各地兴修水利工程，用工的材料由当地居民按照户等高下分派。只要是靠民力不能兴修的，其不足部分可向政府贷款，取息一分，如一州一县不能胜任的，可联合若干州县共同负责。熙宁二年，颁布《农田水利利害条约》。条约奖励各地开垦荒田、兴修水利、建立堤防、修筑圩埠，由受益人户按户等高下出资兴修。鼓励各地开垦荒田、兴修水利，依据谁受益谁出工、出钱兴修的原则进行，如果工程浩大，受利农户财力不足，可向政府依青苗法申请贷款或贷粮，按借青苗钱的办法分两次或三次纳官，资金仍不足，可由政府出面劝富户出贷，依例计息，并由官府代为催还；同时对修水利有成绩的官吏，按功绩大小给予升官奖励。凡能提出有益于水利建设的人，不论社会地位高低，均按功利大小酬奖。此法是王安石主张"治水土"以发展农业，增加社会财富的重要措施。

（4）方田均税法。熙宁四年八月司农寺制定，包括方田法和均税法。"方田"是每年九月由县官主持土地丈量，按土地肥瘠定为五等，"均税"是以"方田"丈量的结果为依据，制定税数。北宋政权原来是纵容豪强兼并土地，并使他们享受免税免役特权的，地主阶级的中下层和比较富裕的自耕农，为逃避繁重的税收和差役，往往托庇于豪强冒充佃户，致使政府赋税大幅下降。实行方田均税法以平衡民众间的税赋负担，规定每年九月由县官们主持计量土地，依据土地肥瘠分为五等，以定田赋的数额，由大、小甲头会同各户指认自己田产及所定等级和田赋数量，到次年三月完成。然后张榜公布各户的土地数量、等级、田赋数量，经过三个月，没有异议的，即重新发给田契等。各县以旧有税额按土地等级，由各户实际拥有顷亩数平均分摊。一般道路、河沟、湖塘、坟地，以及荒瘠不毛之地和众户公有的山林等，都不计入田赋之内，多山的县视情况而定。此法分"方田"与"均税"两个部分，"方田"就是每年九月由县令负责丈量土地，按肥瘠定为五等，登记在帐籍中。

"均税"就是以"方田"的结果为依据均定税数。凡有诡名挟田，隐漏田税者，都要改正。经过方田均税的土地，共有二百四十八万四千三百四十九顷①，占当时全国田亩总数的一半以上，在一定程度上消除了上述地区的地主购地而不缴田赋，以及民户卖地后仍负担田赋等种种弊端，增加了政府的田赋收入，改善了国家财政状况。

（5）均输法。"夫合天下之众者财，理天下之财者法，守天下之法者吏也"，王安石变法改革的"先急"之事就是实施以"理天下之才"为目标的均输法。宋初以来，为了供应京城皇室、百官、军队的消费，在东南六路设置发运使，负责督运各地"上供"物质。发运司只照章办事，各路丰年物多价贱时不敢多办，歉年物少价贵时却又必须办足。物货运到京城后往往因不合需要而削价抛售，朝廷所需却又要另去搜刮。这些做法给富商大贾操纵物价、控制市场、囤积居奇提供了方便。于是颁行均输法，规定发运使掌握各地财赋情况，斟酌每年应该上供给京城每年所需物资的品种、数额以及库存情况。然后按照"徙贵就贱，用近易远"的原则，以"稍收轻重敛散之权归之公上，而制其有无，以便转输""从便变易蓄买，以待上令"。这项新法意在省劳费、去重敛、宽农民，既保证朝廷所需物资的供给，又减少政府的财政支出和人民的负担，减轻了纳税户的额外负担，限制了富商大贾对市场的操纵和对民众的盘剥，便利了市民生活。

（6）保甲法。熙宁三年（1070年）由司农寺制定，主要是加强州县乡村治安，加强对内镇压，并使雇佣兵制向征兵制过渡。原来，北宋都城驻扎有大量雇佣兵，但抢劫偷盗事件时有发生。新法规定，乡村住户每五家组一保，五保为一大保，十大保为一都保。凡有两丁以上的农户，选一人来当保丁，保丁平时耕种，闲时要接受军事训练，战时便征召入伍。以住户中最富有者担任保长、大保长、都保长。保甲法维护了地方治安，也节省了军费，不过，由于担心违反祖制，担心地方军力增强会与中央禁军抗衡，神宗只支持保丁维护治安，反对他们习武。

王安石对产业发展秉承区别对待的原则，实施"榷法不宜过多"（《熙宁奏对日录》）的自由放任政策。对茶叶行业，通过政府征收茶税

———————

① 参见《宋史》卷174《食货志》上二及《长编》卷230、237。

的形式，鼓励"民自贩运"（《宋会要辑稿·食货·茶法门》）；对金银采矿行业，过去以劳役为赋税，改为现在以实物抵消矿税。过去以垄断经营的方式，改为现在"许坑户自便买卖"（《通考·征榷考五》），政府收二成，"冶户"占八成；对铜器业，改变政府铜禁政策，允许民间自由经营；对酒业采取"实封投状"的包销制。[①] 政府允许部分行业民办经营，但对某些行业如酒业的管制仍十分严格。国家对酒坊进行严格的监管，限制生产规模和私酿行为，建隆二年（961 年）下诏："应百姓私曲十五斤者死，酿酒入城者三斗不死，不及者等第罪之。"（《宋会要辑稿·食货》）次年（962 年）又下诏："凡私造者，城市二十斤以上、乡村至三十斤处死。"（《续资治通鉴长编》）王安石的自由放任政策，从市场需求出发，松弛了政府对上述行业发展的限制，激发了产业组织的活力，促进了城市经济的繁荣。

在王安石变法前后 15 年的时间里，国家的财政收入和农田的灌溉面积都有了一些增加，但是实践中出现了偏差，百姓的负担有所减轻后又有所增加，引起了百姓不满。以青苗法为例，本是为了抑制兼并，在青黄不接的时候救济百姓，但实际执行时地方官员强行让百姓向官府借贷，而且随意提高利息，加上官吏为了邀功，还会对百姓进行额外的名目繁多的勒索，这样，青苗法就变质为官府辗转放高利贷收取利息的一种苛政，使得百姓苦不堪言。由于政策实施效果不佳以及多方势力的共同阻碍，王安石变法最终以失败告终。

（四）苏轼、苏辙的经济思想

1. 苏轼的经济思想

苏轼（公元 1036—1101 年），号东坡居士，眉州眉山（今四川眉山）人。北宋文学家、思想家、政治家，人生跌宕起伏，著有《东坡七集》《东坡易传》等。

苏轼认为国家要施行仁政，首先是要减轻百姓的赋税。苏轼的赋税思想体现在丰财、强兵、择吏。丰财是要增加国家的税收收入，通过发展农业、统一盐铁税法，开源节流，增加国家的财政收入；强兵是增强宋朝兵力，通过"给田募役"，增加兵士入伍的积极性，通过强化训练

---

① 胡寄窗：《中国经济思想史》下，上海财经大学出版社 1998 年版，第 85 页。

增加他们的战斗力；择吏则是改革人才选拔制度，通过合理的科举制度选贤举能，达到人尽其才。

（1）采用调节手段，提出预购赊销的思想。苏轼倡导运用调剂手段。他认为，国库中有相当部分的军粮长期备而不用，以致霉烂变质，浪费惊人，而灾区人民却因口粮中断而背井离乡，逃荒人数与日俱增，使耕地更加荒芜，加重了国家负担和人民困苦。他建议将库中的军粮贩济给灾民，使其得以维持简单再生产的基本条件，以便在第二年用新产的粮食还给国库。苏轼还提出了商品交换中的预购与赊销方式的思想，他在《上皇帝书》中说：“夫商贾之事，曲折难行。其买也先期而与钱（指预购），其卖也后期而取值（赊销）。多方相济，委曲相通，信通之息，由此而得。”这是我国经济思想史上第一次对发达商品交换中的预购赊销方式的论述。[①]

（2）重视工商业的思想。苏轼强调工商业在国民经济发展中的重要作用。“秦之所以富强者，孝公务本立稽之效，非鞅流血刻骨之功也……至于桑弘羊斗舂之才，穿寄之柳，无足言者。”（《苏东坡全集·后集》）苏轼不反对重农但反对专制和轻视抑制工商。苏轼反对严厉的官营专卖，反对以官营禁榷的方式来实现富国的目的，认为桑弘羊以“民不益赋而国用饶”作为口号，采用盐铁官营等方式增加政府收入的办法不可取，“不过设法阴夺民利，其害甚于加赋也”（《资治通鉴》）。强调保障商贾利益，反对“聚敛”，“今陛下使农民举息、商贾争利，岂理也哉！……今青苗有二分之息，而不谓之放债取利可乎”（《苏东坡全集·后集》）。苏轼一贯反对政府与商贾争利，他指责市易法“凡异时民间生财自养之道，一切收之公上”与商贾争利，要求不再使破产者将“楼店屋产”折纳在官，以救“失业之人”（《苏东坡全集·奏议集》）。他指出“商贾自然不行，此酒税课利所以日亏，城市房廊所以日空也”（《东坡全集·奏议集》），政府与商贾争利会使其破产、商业凋敝，这不仅不利于商贾发展，而且会使得政府课税收入亏损。他反对增收五谷力胜钱的做法，认为“是致商贾无利，有无不通。丰收则谷贱伤农，凶年则遂成饥馑”（《东坡全集·奏议集》）。在人口分布上，

---

① 汤标中：《苏轼的商品经济观》，《商业经济研究》1994 年第 5 期。

苏轼建议"均户口"，主张各行业合理分布人口。他的"驱民归商"思想，就是他一贯的经济主张在人口职业构成上的反映。① 在社会各行业分工上，他主张兼顾农工商各业协调发展，"农末皆利"。苏轼主张既保护小商贩的利益，又支持大商贾的发展，但苏轼并非要使农业生产者转向商业经营，而是主张对一些地区本来从事商业活动为生者，在迫于官府禁榷而破产之后，政府能够弛禁，驱之归业，保持他们在人口职业构成中应有比重。

（3）富国裕民思想。苏轼主张要富民。他主张富民的思想与孔子所提出的"百姓足，君孰于不足"思想不谋而合，也继承了管子的"仓廪实而知礼节"的观点。因此，苏轼是基于地主阶级保守派的立场，他所维护的是中上层地主阶级的利益，"曷尝观于富人之稼乎？……其食足而有余，则种之常不后时，而敛之常及其熟，故富人之稼常美，少秕而多实，就藏而不腐"（《苏轼文集》）。苏轼主张国家通过节用来减轻危机，倡导"广取以给用，不如节用以廉取之为易也"（《苏轼文集》）。

2. 苏辙的经济思想

苏辙（1039—1112 年），字子由，晚号颍滨遗老，眉州眉山（今四川眉州）人，与其父苏洵、其兄苏轼，合称"三苏"。

（1）丰财观。苏辙在《上皇帝书》中提出："臣深思极虑，以为方今之计，莫如丰财。然臣所谓丰财者，非求财而益之也，去事之所以害财者而已矣。"苏辙的政治经济思想，重点不是兴利而是除弊。而王安石则认为首先是兴利，然后是除弊，或者可以说是在兴利中除弊。苏辙所主张的除弊，主要指向"事之害财者三：一曰冗吏，二曰冗兵，三曰冗费"（《栾城集·上皇帝书》）；苏辙的主张是一种就事论事的改革意见，与王安石之主张理财为治国先务者迥然不同，因而不久苏辙即退出变法派的行列，转而反对改革。

（2）政治经济变革思想。反观苏辙的变革主张。在其早年所上《进论》《进策》中，为改变国家积贫积弱的现状，苏辙大胆地向宋王

---

① 叶坦：《苏轼经济思想研究——立足于商品经济观念的考察》，《经济科学》1992 年第 2 期。

朝"不抑兼并"、"不立素将"的"祖宗之法"发起了挑战，认为"当今之势，不变其法，无以求成功"（《栾城集·应诏集》）。苏辙提出的抑制土地兼并、低息贷民之策，不仅和其后王安石新法相关变革方向一致，而且更为合理可行。苏辙改革兵制的建议，更被清人沈德潜赞为有"烛照"之明。在答《御试制策》的策文中，苏辙对时政的重大失误，揭示得尤为深刻。与苏轼相似，苏辙对朝堂上改革派与保守派不偏不倚，既力纠王安石变法中的过激之行，又力阻司马光及其追随者尽废新法的荒唐之举，力求做到"因弊修法，为安民靖国之术"。这在对待免役与差役新旧两法的态度上，表现得最为突出。

（五）"二程"与朱熹的经济思想

"二程"，即程颢（1032—1085 年）和程颐（1033—1107 年），儒学大家，二者的理学思想对后世影响较大，朱熹继承与发展了他们的理论，合称"程朱学派"。

1. "二程"的经济思想

（1）稳定物价的思想。第一，稳定粮价的方法。二程主张，先让富户储备粮食，到需要粮食的时候，按先定价格出售，这样富民可以得到必要的利息，一般百姓也不至于吃太大的亏，"河东财赋窘迫，官所科买，岁为民患。虽至贱之物，至官取之，则其价翔踊，多者至数十倍。先生常度所需，使富家预储，定其价而出之。富室不失倍息，而乡民所费，比常岁十不过二三"（《伊川先生文集》）。第二，限制酒的生产和交易。程颐认为酒的弊大于利，酒的公开贩卖滋养了懒惰同时懈怠粮食生产，造成纠纷，要加以限制，"要之蠹米麦，聚闲人，妨农工，致词讼，藏贼盗，州县极有害"（《伊川先生文集》）。第三，主张禁止货币私铸。程颐认为要禁止民间私铸钱币，要把铸钱的权力集中到政府，"此便是公家之利，利多费省，私铸者众，费多利薄，盗铸者息。盗铸者息，权归公上，非利而何"？

（2）节俭的消费观。二程主张节俭的消费观，反对奢侈浪费，主张恢复礼制，成年、婚丧嫁娶、祭祀等都要遵循礼制，车服器用都要按照等级来使用，不能超越等级，"古者冠婚丧祭，车服器用，等差分别，莫敢逾僭，故财用易给，而民有恒心"（《伊川先生文集》）。二程认为皇帝要遵循孝道，也应节俭，"违先帝之俭德，损陛下之孝道，无益于实，有累于后，非所宜也"（《伊川先生文集》）。

（3）重本抑末的生产观。同时，继承重本抑末思想，"游食之徒烦，在禁其末而驱之农。无用之供厚，则在绝其源而损其数。然其所以制之者，有其道也"（《伊川先生文集》）。在生产问题上，二程主张如下。第一，要不误农时。二程认为军事是国家所必需的，但练兵要在农业生产间隙进行，不能够妨碍农人劳作，"为国之道，武备不可废，必于农隙讲肄，保民守国 之道也。盛夏大阅，妨农害人，失政之甚"（《伊川先生文集》）。第二，君王教育引导人们积极从事农业生产。二程认为官员应以"劝农"为重要职责，带头示范，"教本于农，虽极勤劳之事，功收于后，自无怨讟之因"（《伊川先生文集》），"劳而获养，则乐服其事。勤而无利，则重烦其力。惟王谨以政令，驱之稼穑……图所利者存乎终，莫不勉勉以政令，于于而劝功"（《伊川先生文集》）。第三，抑制经商。对于无业游民，不事生产之人，二程主张不准其经商，要采取措施强迫他们归于农业生产，"游食之徒烦，则在禁其末而驱之农"（《伊川先生文集》）。第四，强调土地的重要性。二程强调土地的重要性，"有田则有民"（《二程集》）。土地是百姓从事生产、维持生活的主要源泉，君主应注意引导百姓从事农业生产。二程提出了"正经界""均井地"明确土地产权的办法，"天生蒸民，立之君使司牧之，必制其恒产，使之厚生，则经界不可不正，井地不可不均，此为治之大本也"（《二程集》）。第五，主张兴修水利，发展农业生产。二程还重视兴修水利事业，"以扶沟之地尽为沟洫……必使境内之民，凶年饥岁免于死亡"（《二程集》）。

2. 朱熹的经济思想

朱熹（1130—1200 年），字元晦，号晦庵，徽州府婺源县（今江西省婺源）人。南宋著名理学家、思想家、哲学家，是集道学、理学、唯心主义思想之大成者。十九岁进士，曾任知府、巡抚，曾为宋宁宗讲学。

（1）节用消费论。在消费原则上，朱熹提出"节用论"。认为国家富足的原因在于务本与节用，"愚按，此因有土有财而言，以明足国之道，在乎务本而节用，非必外本内末，而后财可聚也"（《大学章句》），还主张用"礼"来约束消费，消费不能逾越社会等级秩序。对于统治集团，"奢不违礼"，"俭不失中"。人民的消费水平应遵从"等级"，对于平民百姓，朱熹主张"安贫乐处"，消费不应越礼。

（2）重视农业生产。第一，朱熹强调农业生产的重要性，认为农业劳动生产是财富生产的根源，"足食之本在农"，国家应该"务农重谷"。朱子同样主张不误农时，"今来春气已中，土膏脉起，正是耕农（种）时节，不可迟缓。仰诸父老，教训子弟，递相劝率，浸种下秧，深耕浅种"（《劝农文》）。第二，农业生产要因地制宜，朱熹主张经营多种作物和农作物，"种田固是本业，然粟、豆、麻、麦、菜蔬、茄芋之属，亦是可食之物，若能种植，青黄未交，得以接济，不为无补。今仰人户更以余力，广行栽种"（《劝农文》）。朱熹认为可以利用多余的劳动力和耕地间隙，广种多收，扩大生产。第三，朱熹主张赋税政策奖励开垦荒地，增加农业生产，"有欲陈请荒田之人，即仰前来陈状，切待勘会给付，永为己业，仍依条制与免三年租税"（《晦庵集》）。第四，在生产技术方面，朱熹提出了土壤改造的具体方案，"大凡秋间收成之后，须趁冬月以前，便将户下所有田段，一例犁翻，冻令酥脆，至正月以后更多著遍数，节次犁耙，然后布种，自然田泥深熟，土肉肥厚，种禾易长，盛水难干"（《劝农文》）。这套方案，以改变土地结构、改善土壤水分、改良土质成分、提高劳作效率、增加粮食产量为目的，不仅使农作物易于扎根生长，而且松动的土壤也易于保持水分，以增加生产。[1]在种植技术改良方面，朱熹认为可以用草木灰和粪和着种子播种，增加肥效，促进农作物生长，"耕田之后，春间须是拣选肥好田段，多用粪壤拌和种子，种出秧苗。其造粪壤亦须秋冬无事之时，预先铲取土面草根，晒曝烧灰，旋用大粪拌和入种子在内，然后撒种"（《劝农文》）。第五，保护耕牛的主张。生产工具需要得到保护以实现生产的可持续性。朱熹认为农民百姓生产主要通过牛来犁田，因此耕牛在农业生产中具有十分重要的作用，随意宰杀耕牛妨碍农务，应有重罚，"耘犁之功，全藉牛力。切须照管，及时喂饲，不得辄行宰杀，致妨农务。如有违戾，准敕科决，脊杖二十。每头追赏五十贯文，锢身监纳，的无轻恕，今仰人户，递相告戒，毋致违犯"（《泰泉乡礼》）。

---

① 参见张立文《朱熹思想研究》，中国社会科学出版社1994年版。

（六）沈括的经济思想

沈括（1031—1095 年），字存中，出生于浙江杭州，博学多才，擅长天文、历法、算学、考古、冶炼、水利及工艺等，在音律、医药等方面也颇有建树。沈括生于官宦之家，历任主簿、馆阁校勘，在主持汴河疏浚工程时创造"分层筑堰法"，引水灌溉沿岸一万多顷田地，后因在辽宋划分边界中，捍卫宋朝领土而获赞。《宋史》对沈括的记载或许最有代表性，"括博学善文，于天文、方志、律历、音乐、医药、卜算，无所不通，皆有所论著"。代表作为《梦溪笔谈》。

1. 重视农业的思想

沈括注重农业经济发展，坚持兴水利、促农田。他在多次考察后上奏朝廷："苏州环湖地卑多水，沿海地多干旱……湖水耗减，泾浜多浅涸"（《宋史·河渠》），浙西地区是"水患久不疏张"，要充分发挥两湖的农业生产作用。沈括在兴修水利的过程中认为要由朝廷拨款并雇用当地的民户来修建，"欲令本路计合修水利钱粮，募阙食人兴工"（《续资治通鉴长编·熙宁六年》）。以往兴修水利大都采用徭役方式，而采用雇佣制则既能避免过重徭役导致民户生活困难、荒废耕地，同时也能提高修建效率。雇用制开创了国家探索提升效率的新途径，是中国古代"市场经济"引导资源配置的初步尝试。

2. 弛禁政策

沈括说道"官盐患在不售，不患盐不足。盐多而不售，遗患在三十年后。"（《梦溪笔谈》）"积盐如山，运卖不行，亏失欠负，动辄破人产业，民始患之。"（《梦溪笔谈》）"听民间贾贩，唯收税钱，不许官榷。"（《梦溪笔谈》）盐铁官营虽有利于经济稳定，但技术推进缓慢，百姓需求增加，造成供不应求。沈括认为适当放宽部分营销禁权，会促使私人营业者提供更多供给，促进新技术传播，而政府也能通过合理税收的方式获得金钱，弥补现在的财政亏空。沈括认为官营组织、官营产业能够对市场具有调节作用，"斤不足三十五钱，则敛而不发，以长盐价过四十，则大发库盐，以压商利，使盐价有常。（《梦溪笔谈》）

3. 钱货思想

沈括对钱荒的分析最受经济学者们关注和研究，最为有名的就是"钱荒现象的八个原因"。关于钱荒的原因，沈括分成三类讨论。第一类是关于天灾人祸的无法避免的情况，其总共有两种。一是人口增加导致货币不足，"今天下生齿岁蕃，公私之用日蔓。以日蔓之费，奉岁蕃之民，钱币不足，此无足怪"（《续资治通鉴长编·熙宁十年》）。二是自然灾害导致货币损失，"水火沦败、刓缺者莫知其几何"（《续资治通鉴长编·熙宁十年》）。

第二大类沈括把钱荒的原因归类为五种。第一种是铜禁的开放导致的钱荒。沈括认为"铜禁既开，销钱以为器者利至于十倍……臣以谓铜不禁，钱且尽，不独耗而已。"（《续资治通鉴长编·熙宁十年》）宋朝发行铜钱一直是患得患失，发行的铜钱部分被熔铸为铜并在市场上贩卖，久而久之产生钱荒。沈括建议要恢复贵金属禁权。第二种是盐钞失效。沈括指出盐钞价值低而不被市场接受，人们拿到盐钞也将其换为值钱的铜币，"异日，富家备寇、攘水火之败，惟蓄盐钞……今钞法数易，民不坚信……故钞不留，而钱益不出。臣以谓钞法不可不坚，使民不疑于钞，则钞可以为币，而钱不待益而自轻矣"（《续资治通鉴长编·熙宁十年》）。对此，沈括建议恢复盐钞价值，以恒定波动的物价。第三种是流通的通货专赖于铜钱。沈括认为天下商人主要认同铜钱，所以铜钱的价值高过政府对它的定价。而由于北宋发行过铁钱、交子等货币，货币形式多种多样，而这些货币各有弊端。在长久的贸易往来下，铜币成了唯一的全国通用币，其他货币被迫让路，因此产生了铜币钱荒，"古为币之物，金、银、珠、玉、龟、贝皆是也，而不专赖于钱。今通贵于天下者金银，独以为器而不为币……今若使应输钱者输金……而钱之利稍分矣"（《续资治通鉴长编·熙宁十年》）。沈括认为，要将金银开发为新的货币，这样能缓解由铜币缺乏而导致的钱荒，也为元、明朝乃至后世以贵金属为货币进入流通领域奠定了基础。第四种是铜钱的流通速度滞后。沈括说道："钱利于流……今至小之邑，常平之蓄不减万缗，使流转于天下，何患钱之不多也。"（《续资治通鉴长编·熙宁十年》）这与铜币的贮藏价值有关，反映出沈括具有"钱利于流"的货币流通理念，超出同期西方学者几百年。第五种则是因为铜钱外泄。因为战争、战败条例中的上供、对外贸易的外流等原因，铜钱流失的速度快于铜币重新流入国内的速度，产生了贸易逆差，"议者欲榷河北之盐。盐重则外盐日至，而中国之钱日北。京师百官之饔饩……惟以百货易之。近岁……一切募民入饯牵于京师，虽革刍牧之劳，而牛羊之来于外国，皆私易以中国之实钱。如此之比，泄中国之钱于北者……私易如此者，首当禁也"（《续资治通鉴长编·熙宁十年》）。对此，沈括认为要阻止对外贸易，以防止铜币外流。

第三大类是地区间的贸易不平衡导致钱荒。沈括认为"河，湟之间……无虑岁数十万缗，而洮、岷间冶铁为币者，又四十万缗……异时粟斗百钱，今则四五倍矣，此钱多之为祸也……今莫若泄之羌中，听其私易，贯率征钱数十……中都岁送之钱，但以券钞当之，不徒省山运之劳，而外之所泄，无过岷山之铁耳。"（《续资治通鉴长编·熙宁十年》）他清晰地认识到了地区与地区之间存在着货币数与物资量兑换比例不一的情况，希望用多余的货币，特别是铁钱去替代当地的铜钱，从而缓解铜钱钱荒。

盐钞本质上不是货币，只是政府发行的兑换官盐的一种代币，沈括认为盐钞的流通与货币流通具有相似性，"钞法不可不坚，使民不疑于钞，则钞可以为币"（《续资治通鉴长编·熙宁十年》）。沈括认为要解决盐钞问题，必须改革。第一，要控制盐钞发行量。"民足于盐，岁不过三十五万囊，为钱二百一十余万缗而已。是时乃出钞三百五十万缗，盐有常费而出钞无穷，此钞之所以轻也。实用之外，可益二十万缗以备水火败失……钞自无低昂。"（《续资治通鉴长编·熙宁十年》）第二，要统一各地区盐价格。沈括认为盐钞与铜钱钱荒有关联性，看到了各地区物价与货币价格不一的弊端，于是提出了统一盐钞价格的措施，"池盐旧分东、西路，西盐下东盐之价囊千钱……西盐日流于东路，而东盐益不售……括请合东、西之价为一，而省守疆之吏、兵数百"（《续资治通鉴长编·熙宁十年》）。第三，统一盐钞发行权和扩大经营范围。对于统一盐钞发行权，沈括说："出钞委之解盐司，外司常持损益之柄，不计三司之有无，钞轻则又出度支钱以敛滞钞，故中都之藏日虚，而盐之出者岁溢。括请外司惟谨其出纳，而制钞之本归之三司。"（《续资治通鉴长编·熙宁十年》）只有这样中央才能统一调配，实现宏观调控。对于扩大盐钞经营范围，沈括论道："制诸司之鬻盐者同为一价，无得低昂以兼商人之利，则岁售有常，而蓄钞可以无弊，而滞钱藏于民者出矣。"（《续资治通鉴长编·熙宁十年》）必须令卖盐诸司价格划一，不得任意高低，与商人争利，使得商盐岁销有常额，以维持盐钞信用。这是通过稳定盐价，保护商人利益，使商盐可以畅销，从而稳定盐钞价值。第四，要收买旧钞。沈括知道盐钞贬值的主要原因是滥发，唯有控制好盐钞数量，才能控制流通量，"于是闭池无出盐，而以时价收宿钞……而公私之钞悉上矣"（《续资治通鉴长编·熙宁十年》）。

4. 沈括的民生思想

沈括认为在宋朝制度中，百姓按照财产的多少被分配为九等户，并且轮户服徭役。但是在实际操作中，上四户基本不会服徭役。因为上四户主要是以官僚家族组成。免役法的主要改革点改为向民户收取一定数额的"免役钱"。而上四户本无须徭役也就无须交税，而此政策有利于收取富豪士绅的税，从而增加政府财政收入。在此政策实际实施时，沈括写到"两浙州县民多以田产诡立民户，分减雇钱夫役，冒请常平钱斛及私贩禁盐。岂依京东、淮南排定保甲，保甲一定，则诡民、漏附皆可概括，以至请纳、和买、常平钱斛、秋夏苗税及兴调夫役、捕察私盐盗贼，皆有部分，不能欺隐"（《续资治通鉴长编·熙宁六年》）。沈括也同情下五等户没有金钱来交税，主张实施"差雇并行法"，穷人可以选择去当地衙门服从徭役，也可以交一定的税来免除徭役，"先兼两浙察访，体量本路自行役法后，乡村及旧无役人多称不便，累具利害，岂减下户役钱"（《续资治通鉴长编·熙宁六年》）。沈括或许考虑到分段式税收的模式，这样既能保证税源又能减小贫富差距，扩大朝廷收入。

（七）周行己的货币思想

周行己（1067—1125 年），字恭叔，元祐六年（1091 年）进士，曾任太学博士、秘书省正字等官。北宋末，货币制度与货币流通混乱，周行己于大观年间（1107—1110 年）写成《上皇帝书》，陈诉其货币思想。

1. 针对货币的本质的论述

周行己提出"夫钱本无用，而物为之用；钱无轻重，而物为之轻重。"（《上皇帝书》）他认为钱本身没有价值，用于物品交换的时钱才有了对比物品价值大小的作用。周行己从物品交换中认识到钱本质上是一种中介物，是用于交换其他商品的媒介，其主要作用是衡量和表示物品价值。

2. 关于货币数量与货币价值的论述

周行己认识到货币发行过多不仅没有改善社会经济问题，反而加剧了物价上涨，"臣窃计自行当十，以来国之铸者，一民之铸者，十钱之利、一倍物之贵两倍是国家操一分之柄失十分之利以一倍之利当两倍之物。又况夹锡未有一分之利而物已三倍之贵，是以比岁以来物价愈重，而国用愈屈为今之说者"（《浮沚集》）。这是周行己对通货膨胀的一种前瞻看法。

3. 关于货币交换的价值论述

周行己认为钱与物的交换并不是一定等价，铜钱与铁钱的价值也不相等。他认为使用铜钱、采取小面额更能符合宋朝社会商品交换需求，而宋朝政府发行铁钱、采取大面额促使钱物交换不均衡、市场物价上升。周行己认为要阐述钱与物的等量比例，"故钱与物本无轻重。始以小钱等之，物既定矣，而更以大钱，则大钱轻而物重矣。始以铜钱等之，物既定矣，而更以铁钱，则铁钱轻而物重矣。物非加重，本以小钱、铜钱为等，而大钱、铁钱轻于其所等也"（《浮沚集》）。周行己已经触摸到货币"实际与名义"之间的关系，但没有认识到两者之间不能单纯从政府还要从市场角度理解内在关系。

4. 铜钱铁钱分路流通论

宋朝政府发行当十大钱、铁钱来抑制边疆地区货币流失。周行己认为是弊大于利。为解决铁钱价值和流通问题，周行己认为"故臣之说欲并夹锡与铁钱，通行于河北、陕西、河东三路，而禁使铜钱，其三路所有铜钱许过铜钱路，分行用；其京东、京西两路夹锡钱许过铁钱路分行用。若河北、陕西、河东行使铜钱，京东、京西行使夹锡铁钱，与铜钱之入三路，夹锡铁钱之入余路，各论如私钱法"（《浮沚集》）。这样使铁钱和铜钱分路流通，使铁钱渐渐与物价均衡。周行己指出"其或铁钱尚轻物价尚贵，又有二说以济之铁钱脚重转徙道路，不便于往来一也。拘于三路而不可通于天下，不便于商贾二也。"（《浮沚集》）如果铁钱和铜钱分路流通也不能平衡物价，那么铁钱就会因为不便运输和不被认可而成为一种阻碍。他认为，这样做有几个好处，一是可以挽救铁钱的困境，二是铜钱不流于敌国，三是敌国盗铸也无用。

5. 主张发行纸币

周行己论道："臣欲各于逐路转运司置交子，如川法。约所出之数，桩钱以给，使便于往来，其说一也，朝廷岁给逐路籴买之数，悉出见钱公据，许于京师或其余铜钱分路就请，以便商贾，其说二也。前日钞法交子之弊，不以钱出之，不以钱收之，所以不可行也。今日所收大钱，桩留诸路，若京师以称之，则交钞为有实，而可信于人，可行于天下，其法既行，则铁钱必等，而国家常有三一之利，盖必有水火之失、盗贼之虞、往来之积，常居其一，是以岁出交子、公据、常以二分之实，可为三分之用。"（《上皇帝书》）周行己认为，发行纸币就能避免使用铜币产生的私人铸币、私人储藏、贸易外流、毁币铸器等问题。以铜币价值定义纸币面额，国家只需要准备三分之二准备金，就能维持流通。

（八）叶适的经济思想

叶适（1150—1223 年），字正则，号水心居士。温州永嘉（今浙江省温州市）人，南宋思想家、文学家、政论家、官员。叶适是南宋永嘉学派的集大成者，更是中国古代功利主义思想的集大成者。其主要思想体现在《水心文集》《水心别集》《习学记言序目》中。

1. 功利之学

在中国古代思想中，非功利化的思想占据着封建社会的主导地位。儒家思想作为中国的主流思想，倡导重义轻利，对传统价值观念影响深远。相较于主流思想，叶适在义利观中有着鲜明的反传统倾向。叶适说："'仁人正谊不谋利，明道不计功'，此语初看极好，细看全疏阔。古人以利与人而不自居其功，故道义光明。后世儒者行仲舒之论，既无功利，则道义者乃无用之虚语尔。"（《习学记言序目》）叶适认为儒家思想集大成者董仲舒无功利的道义是无用的"虚语"，他解释道"古人以利和义，不以义抑利"（《习学记言序目》）。他主张"成其利，致其义"（《习学记言序目》），旗帜鲜明地宣扬功利主义，反对贵义贱利论。叶适充分肯定人的物质利益及对这种物质利益追求的合理性，认为圣贤与小人的区别就在于是否能看到这一点并给人民以切实的利益。叶适在讲利的同时，并没有也不是完全否定礼义教化，他主张功利应该放在首位，而礼义教化则只为实现功利而服务的。叶适主张"成利致义"的义利观，尚功利，反空谈。他在《水心文集》中说，"昔之圣人，未尝吝天下之利""崇义以养利，隆礼以致力"。他认为"利"是"义"的基础，"义"成为养"利"的手段，追求利是十分正常的事情，这为他支持商人、反对重农抑商、反对抑制土地兼并、反对国家对商品垄断奠定了思想基础。

2. 本末观

叶适提出"夫四民交致其用而后治化兴，抑末厚本，非正论也。使其果出于厚本而抑末，虽偏，尚有义。若后世但夺之以自利，则何名为抑？"（《习学记言序目》）对于重本轻末思想的反对时有出现，但是从学理角度系统批判此项传统教条是由叶适开始的。同时，也标志着宋时期商品经济观念进入一个新的时期。他主张"商贾往来，道路无禁"（《水心别集》），反对重本抑末和打压商业，同时认为要提高商人的政治地位，使商人能够进入朝堂参政意识，"如工商杂类人内有奇才异行卓然不群者，亦许解送"（《宋会要辑稿·选举》）。叶适认为工商业者的子弟中不乏才学出众、能力超群之人，提出应当允许工商业阶层入仕为官，反映了经济发展促进传统观念的瓦解带动新观念的变迁。

南宋时期商品经济已有不错的发展势头，一些富商大贾不仅为政府提供税收还能吸纳一部分流民和失去土地的农民，维护社会稳定。叶适在《水心文集》中提出"县官不幸而失养民之权，转归于富人，其积非一世也。小民之无田者，假田于富人；得田而无以为耕，借资于富人。富人者，州县之本，上下之所赖也。"他认为，富人为"州县之本""上下所赖"，表明他对商人作用是给予肯定的。叶适主张"商贾往来，道路无禁"，国家应当实行政策推动商业发展和繁荣，至少不应该给商业发展制造阻碍。若能"以国家之力，扶持商贾"，使"小民蒙自活之利，疲俗有宽息之实"，那么天下可以"速得生养之利"。叶适对工商业和商人的重视程度可见一斑。

3. 理财观

（1）对理财和敛财进行区分。叶适在《水心文集》中写到，"理财与聚敛异。今之言理财者，聚敛而已矣。非独今之言理财者也，自周衰而其义失，以为取诸民而供上用，故谓之理财。而其善者，则取之巧而民不知，上有余而下不困，斯其为理财而已矣。故君子避理财之名，而小人执理财之权……是故以天下之财与天下共理之者，大禹、周公是也。古之人未有不善理财而为圣君贤臣者也"，"苟欲以不言利为义，坐视小人为之，亦以为当然而无怪也"。说明统治者从"民"身上获取财物本是出于"理财"的想法，收来的财物可以在提高百姓生活水平方面发挥作用，进而有利于国家强盛，并且可达到"上有余而下不困"的状态。但是在现实中"小人"往往借"理财"的由头行"敛财"之实，过度向百姓索取，损害民生，使他们的生活状况更加恶化。这种情况下，很可能会产生"人才日衰""生民日困""国用日光"的严重后果。

叶适指出"理财与聚敛异。今之言理财者，聚敛而已矣……是故以天下之财与天下共理之者，大禹、周公是也。古之人未有不善理财而为圣君贤臣者也。""苟欲以不言利为义，坐视小人为之，亦以为当然而无怪也。"（《水心别集》）他"善理财"的标准是"以天下之财与天下共理之"，他不赞成官营禁榷行管桑之术，认为："王政之坏久矣，其始出于管仲。"因"欲收天下之功……以利为实，以义为名……故凡为管仲之术者，导利之端，启兵之源，济之以贪，行之以诈，而天下之乱益起而不息。"他还指出"若桑弘羊之于汉，直聚敛而已耳，此则管仲、商鞅之所不忍为也。盖至于唐之衰，取民之利无所不尽，则又有弘羊之所不忍为者焉。"（《水心别集》）

（2）理财的双重含义。叶适在理财观方面首先说明了"理财与聚敛异"，把理财与聚敛严格区分开来，并且抨击了借理财之名行聚敛之实的"取诸民而供上用"，不利于富民。"理财与聚敛异，今之言理财者，聚敛而已矣。非独今之言理财者也，自周衰而其义失，以为取诸民而供上用，故谓之理财。而其善者，则取之巧而民不知，上有余而下不困，斯为理财而已矣。故君子避理财之名，而小人执理财之权。"（《水心别集》）叶适认为理财的根本目的不是聚敛也不是为了解决封建国家的财政需要，而是要"以天下之财与天下共理之"，"聚天下之人，则不可以无衣食之具"。这一理财原则有两方面含义：为民理财和允许百姓自理财。① 保证人民都有"衣食之具"，"财以少而后富"。允许老百姓自己从事经济和经

---

① 张家成：《析叶适的重商思想》，《中国哲学史》2005 年第 2 期。

营活动以"使小民蒙自活之利"。"行钞法，改钱币，诱赚商旅，以盗贼之道利其财，可谓甚矣。"叶适指出当时施行的种种政策多不利于商人和商业，目的是从"民"身上敛财，而敛财势必阻碍国家发展，使"财既多而国愈贫，赋既加而事愈散"（《水心别集》）。

叶适对于国家财政匮乏的缘由也有着独特的见解。"盖自昔之所患者，财不多也，而今以多为累……故财以多为累而至于竭……财以多为累，则莫若少之。"（《水心别集》）叶适的思想独树一帜，在中国古代经济思想史中属于罕见。叶适说明了自己理论的依据，"隋最富而亡，唐最贫而兴……故财之多少有无，非古人为国之所患，所患者，谋虑取，定计数，必治功之间耳"（《水心别集》）。即财政的盈余与匮乏取决于治国理政的方略与功效，而非"奉头竭足以较锱铢"。他提出自宋以来财入数倍发展"是自有天地，而财用之多未有今日之比也"针对"多财本以富国，财既多而国愈贫"（《水心文集》）。他认为削减财入减轻民众负担反而可以富国，"盖财以多而遂至于乏矣……财以多而乏者，可使少而后裕也"（《水心别集》）。

叶适否定王安石"民不益赋而国用饶"的理财方法，反对王安石的"市易"等新法，"为市易之司以夺商贾之赢，分天下之债而取其什二之息，其法行而天下终以大弊"。他认为封建国家直接经营工商业，侵犯了私人工商业者的利益，给社会经济活动带来了严重危害。他认为南宋时期有数量众多的中小地主兼营工商业，商品的生产和流通都大大超过了北宋，王安石运用传统的轻重理论，通过封建国家政权直接经营工商业的做法，不适合南宋时期商品经济发展的要求。随后叶适提出了自己"天下财天下共理之"的理财观念，认为理财不能只是国家理财，还应该重视私人理财，他提出"古之人未有不善理财而为圣君贤臣者"，一个人如果不能很好做好个人理财，也就不能够成为好的君王或者贤能的臣子，古代的大禹周王就是遵循了这个"共理之"的理财原则，才做到了国泰民安，成为后人推崇的"善理财"的榜样，但"今之理财者，自理之欤，为天下理之欤"？叶适对南宋统治者没有按照这个原则来理财提出了质问，批评南宋"嫉其自利而欲为国利"的行为。叶适还提出减少财政收入的观点，"自有天地，而财用之多未有今日之比也"可以看出南宋苛捐杂税的严重，同时也解释了原因："天下有百万之兵，不耕不战而仰食于官；北有强大之虏，以未复之仇而岁取吾重赂；官吏之数日益而不损，而贵臣之员多不省事而坐食厚禄。"冗兵、冗官、岁贡以及统治阶级的奢侈花费，造成财政入不敷出，"多财本以富国，财既多而国愈贫；加赋本以就事，赋既加而事愈散"，但多加财政收入也不能解决收支不平衡的问题，收得越多，问题反而越严重，他认识到了必须减少赋税徭役，减轻人民的沉重负担，使老百姓有一定的人力、物力、财力进行再生产，这样才能改变"财以多为累"的危机。他一再强调，少收国家税赋会使得财多，他们可以把剩余财富投入再生产，以获得更多的物质利益，国家也有可能得到更多的税收，实现良性循环，客观上促进生产力的发展，"财以少而后富"，"财愈少而愈治"。

4. 藏富于民的财富观

叶适强调唯物主义本体论，主张"务实而不务虚"。他的"善为国者，务实而不务虚"比程朱理学"岂然尽天下之虑乎？"更关心国家、民族的命运。认为国家一切属于人民，"命令之设，所以为民，非为君也"（《习学记言序目》）。叶适的民本思想十分可贵，也间接影响了其"富民"思想。

叶适发展了"藏富于民"的主张，强调许民求富、保民之富，反对政府抑制，还公然为富人辩护。他反对"抑兼并"和行井田制，提出："俗吏见近事，儒者好远谋，故小者欲抑夺兼并之家以宽细民，而大者则欲复古井田之制，使其民皆得其利。夫抑兼并之术，吏之强敏有必行之于州县者矣。而井田之制，百年之间……虽告亦莫之听也。夫二说者，其为论虽可通，而皆非有益于当世，为治之道终不在此。"（《水心文集》）叶适认为国家不应该实行兼并的缘由在于："小民之无田者，假田于富人；得田而无以为耕，借资于富人；岁时有急，求于富人；其甚者，庸作奴婢，归于富人；游手末作，俳优伎艺，传食于富人；而又上当官输，杂出无数，吏常有非时之责无以应上命，常取具于富人。然则富人者，州县之本，上下之所赖也。富人为天子养小民，又供上用，虽厚取赢以自封殖，计其勤劳亦略相当矣。"（《水心文集》）在叶适的思想认识中，富人在社会中所能发挥的作用几乎达到了无所不包的程度，因此，作为国家的根基，富人理应受到很好的保护，不被抑制发展，不应产生损伤。除此之外，他还反对夺富人："今天下之民不齐久矣，开阖、敛散、轻重之权不一出于上，而富人大贾分而有之，不知其几千百年也，而遽夺之可乎？夺之可也，嫉其自利而欲为国利可乎？呜呼！居今之世，周公固不行是法矣。"（《水心文集》）"数世之富人，食指众矣，用财侈矣，而田畴不愈于旧，使之能慨然一旦自贬损而还其初乎，是独何忧！虽然，盖未有能之者也。"（《水心文集》）他多次要求除去苛捐杂税，"小民蒙自活之利，疲俗有宽息之实"（《水心文集》），要求保护富人。叶适为富人辩护的思想视富民为富国的基础，强调国家的整体性利益，认为国家是以人民群众为基础的，充分体现着中国古代富民思想的特征。

5. 货币思想

（1）对货币本质的认识。叶适认识到货币的本质是一般等价物，"百物皆所以为货，而钱并制其权；钱有轻重、大小，又自以相制而资其所不及。盖三钱并行，则相制之术尽矣，而犹不足，至于造楮以权之"（《水心别集》）。南宋当时币制复杂，纸币、铜币、铁钱等都在市面上流通，且纸币挤压铜币的趋势十分明显，"虽然壅天下之钱，非上下之所欲也，用楮之势至于此也。赍行者有千倍之轻，兑鬻者有什一之获，则楮在而钱亡，楮尊而钱贱者，固其势也"（《水心别集》）。纸币印制方便，使用、携带便利，很得百姓青睐从而造成纸币超发，币值降低。值得赞赏的是，叶适辩证地观察货币量与物价变动的关系，并非从货币绝对量来分析"钱荒"现象，他认为"钱荒"现象是由于钱币少而货物多造成的，"然则今日之患，钱多而物少，钱贱而物贵也明矣"（《水心别集》）。

（2）对货币职能的认识。至于货币的职能，叶适认为铜钱只有在流通中才能充分发挥其作为货币的作用，所以特别强调货币作为流通手段这一职能，"钱之所以上下尊之，其权尽重于百货者，为其能通百物之用也；积而不发，则无异于一物"（《水心别集》）。叶适看到货币的交易媒介、流通作用，而没意识到货币的贮藏职能，在当时货币丛生、币值混乱情况下，强调货币的贮藏职能会降低货币的流通性，货币就是一个普通品，"钱币至神之物，无留藏积蓄之道，惟通融流转方见其功用……不知钱以通行天下为利，钱虽积之甚多，与他物何异"（《水心别集》）。概括叶适的货币思想，"若夫富强之道在于物多，物多则贱，贱则钱贵。钱贵，然后轻重可权，交易可通。今世钱至贱，钱贱由乎物少"（《水心别集》）。他看到了货币数量和物价的关系，强调货币流通职能和交易媒介，称之为"至神之物"，但又仅强调货币此项职能，在当时条件下符合货币流通规律，同时表现出货币数量论的思想。

（3）"劣币驱逐良币"的思想。就货币数量论而言，叶适指出国家的财富取决于商品的增长，而不是货币的增长。当商品丰富时价格就便宜，货币的价值就会高；如果商品不足，货币的价值就会降低，他将货币的数量与商品的数量相比，形成"物不可得而见"。叶适指出在同一市场上流通不同的货币时，纸币就会驱逐铜币，铜币会被排斥于流通之外，所以"钱亦将不可得而见"，这是中国古代的"劣币驱逐良币"法则。陈焕章在《孔明理财学》中明确指出"可以说是叶适发现了格雷欣法则，因为他看到了纸币驱逐铜币的事实"。叶适不仅看出铜钱被纸币取代的现象，而且还觉得这是一种必然趋势。

（九）两宋的货币及货币思想：交子与"称提"

1. 最早的纸币：楮币与交子

宋朝时期，商品经济突飞猛进，交易频率的增加、货币经济繁荣，促进了对货币流通作用的提升。商品经济条件的飞速发展刺激了货币经济繁荣，纸币应运而生。南宋时期是铜钱、铁钱、纸币并行流通，当时的纸币名为"楮币"，交子是代表。"先是，益、邛、嘉、眉等州，岁铸钱五十余万贯，自李顺作乱，遂罢铸，民间钱益少，私以交子为市。"（《续资治通鉴长编》卷五十九）纸币产生与商品经济繁荣密不可分，一是商品经济交换扩大了对货币需求量，而现实中的"钱荒"严重，货币供小于求，需要有新货币满足更快的商品交易需求。正如吕祖谦（1137—1181年）所说"近日之所以为楮券，又欲为贴钱，其原在于钱少。"（《文献通考》卷九）二是商业借贷关系的发展。唐以来社会经济日趋繁荣，赊贷现象在社会经济活动中已有了一定发展，信用经济的发展与道德礼仪的约束保障了个人信用社会经济活动的发展。三是前期的货币实践给了"以券代钱"的实例，唐朝的"飞钱"和宋代盐钞的发行，为交子产生提供了鲜活案例。四是铁钱价值低，不易携带。货币的交易职能要求货币要具有携带性，而"蜀用铁钱，其大者以二十五斤为一千，其中者以十三斤为一千，行旅赍持不便"（《文献通考》

卷九）。此外，铁钱易腐不易储藏，在自然属性上货币职能退化。多重
因素叠加，导致纸币产生。

2. 对待纸币的态度

纸币产生后，形成了两种截然不同的对待纸币的观点。一是纸币非
货币说。这种观点的人认为纸币是纸，本身没有价值，不应充当货币使
用。苏轼指出单靠一纸命令把纸币提高到金玉高度，"今秦蜀之中，又
裂纸以为币，符信一加，化土芥以为金玉，奈何使民不奔而效之也"
（《苏东坡全集·续集》卷九）。苏轼对待纸币的观点引申出另外一个领
域，即纸币是国家强制执行的货币符号，虽然苏轼从价值角度阐明了纸
币自身没有价值，但从国家给予的法定符号（符信）角度阐述了纸币
的定义。二是美化货币说。南宋人杨冠卿（1139 年—?）论述了纸币对
铁钱、铜钱的优势，"铁之为质，易于腐坏。不可以久藏如铜比也。是
则铜者，人之所贵；铁者，人之所贱。故蜀之铁与楮并行而无弊。今之
铜所以日乏者，正以富家巨贾利其所藏而不肯轻用耳"（《客亭类稿·
重楮币说》）。三是支持发行纸币。南宋时期，并没有遭到纸币惨痛教
训，加之商品经济发展要求和铁钱、铜钱自身缺点，人们主张发行纸
币，并指出不发行纸币的害处有四：百物增贵、诈伪多有、不便零细、
政府垄断。

3. 两宋的货币管理思想：称提

"称提"是产生于宋朝时期的一个货币术语，主要作为货币管理、
流通的理论、政策、方法、原则，被称为"称提之术""称提之策"
"称提之说""称提之法"等。"称"有"等""度""宜"等意，如
"称，度也"（《广雅·释诂》）、"称，犹等也"（《考工记·舆人》）、
"称，宜也"（《汉书·刑法志》）；"提"有"举""正"之意，如
"提，举也"（《周礼·田仆》）、"提，犹正也"（《太玄经·元摘》）。

"称提"一词始于何人，已无籍可考。有学者认为南宋绍兴年间
（1131—1162 年）左仆射沈该，似乎是第一个把"称提"作为一个纸
币理论提出来。[①] 但据史料记载北宋元符二年（1099 年）已经出现

---

① 田黎瑛：《称提之说——南宋的纸币管理理论》，《中国钱币》1986 年第 4 期。《宋史·食货志》记载，"最善沈该称提之说"。

"称提"一词："近岁以来，铜钱太重、铁钱太轻，熙宁间铜钱一百贯，换铁钱一百五贯。自来别无定法，止是民间逐渐增添。窃虑岁久，转更钱轻物重，须议指挥。今诸路经略安抚司，限半月密切具利害合如何措置，可以称提，铁钱稍重，物价稍轻。"（《续资治通鉴长编》卷五百十二》）南宋人戴埴在《鼠璞·楮币流源》中记载"柳宗元言平衡曰：增之铢两则俯，反是则仰，此称提大术也。"

称提，最初系言平衡，指不同物品之间达到一种对等、相应、平衡的关系。[1] 宋朝时候对称提的使用甚广，"准平，称提，皆以权衡取义"（《鼠璞·楮币流源》）。称提作为货币术语，基本含义是借助兑现保持纸币名义价值与它所代表的真实价值相符之意。[2] 对于称提的定义，本书引用叶坦的界定，"称提"一词最早出现于宋代前，用于权衡不同物品之间符合一定的比例、平衡、对应关系，北宋时已经开始使用，到南宋中期，"称提之术"是从"称提"原义引申出的稳定和提高纸币价值的理论与措施。[3] 南宋时期称提的主要措施如下。

第一，稳定币值。沈该认为可以稳定物价，"官中常有百万缗，遇交子减价自买之"（《宋史·卷二十二》）。第二，以新钞换旧钞。淳熙十一年，有大臣汇报湖北会子不易流通，政府印造二百万贯兑换旧交。但新旧币兑换比例并非按照一比一比值兑换，而是用变相贬值的方法来减少纸币流通额以维持会价。这直接导致了对百姓财富的掠夺，"嘉定以一易二，是负民一半之货也；端平以一易五，是负民四倍之货也"（《许文正公遗书·楮币札子》）。第三，采用行政处罚维持货币币值。庆元元年（1195 年），一贯会子实际只有六百二十文钱，但政府勒令江浙地区必须以七百七十文钱购买楮币一贯，这种行政命令并未禁止会价贬值，于是朝廷动用刑法，采用罚没、剥夺等政策，希望提高会子价格，但收效甚微，"数年以后，朝廷厌于称提，始行其所无事，却一岁增于一岁"（《西山先生真文忠公文集·经筵讲义》）。这是封建政府无视货币流通规律的一次教训，政府可以规定货币的价值，但无法影响其

---

[1]　叶坦：《两宋时期的经济理论考察》，《经济研究》1990 年第 8 期。

[2]　肖清：《我国古代的货币虚实论和纸币称提理论》，《金融研究》1985 年第 11 期。

[3]　叶坦：《两宋时期的经济理论考察》，《经济研究》1990 年第 8 期。

购买力。总之，两宋时期货币政策所体现出的货币管理、交易原则，首先是规定最高发行额。四川交子规定最高限额为一千万贯。其次要规定发行准备金。根据以往的经验，发行货币都需要保留一定"本钱"用于防范，如根据以往发行经验，逐渐统计出 28% 的本钱比例。这个百分比系根据以往发行私交子经验所作出的规定，在当时交子流通的条件下应该算是较合理的现金准备。①

三　明朝中叶以前的经济思想

（一）许衡的经济思想

许衡（1209—1281 年），字仲平，河内（今河南汝阳）人，人称鲁斋先生，元朝理学代表人物。历任京兆提学、国子祭酒、集贤院大学士，教授蒙古子弟程朱理学。在许衡的倡导下，"郡县皆建学校，民大化之"（《元史·许衡传》）。许衡还是一位科学家，至元十三年（1276 年），他与天文学家郭守敬一起制定了授时历。

许衡的理学特点是强调"道"，不仅"深求隐僻之理"还要体现"务实"之用。他主张知行合一，认为"世间只两事，知与行而已"（《鲁斋遗书》），提倡知行并重，"知与行，二者当并进"（《鲁斋遗书》）。他大力推广和宣传程朱理学，"二程、朱子不说作文，但说明德、新民。明明德是学问中大节目，此处明得三纲五常九法，立君臣父子，井然有条"（《鲁斋遗书》）。他提倡"义""道"行事，"以合其宜，又谓之义。以其可以日用常行，又谓之道"（《鲁斋遗书》）。

许衡为人代拟的《楮币札子》中，阐述了反对纸币的思想，提出纸币是统治者对人民的负债，"古者为市，以谷粟布帛器用之物自相贸易，泉货为铸，安肯持虚券以易百姓之实货哉？……夫以数钱纸墨之资，得以易天下百姓之货……是故讲称提之策者，今三四十年矣，卒无能为朝廷毫发之助。但见称提之令每下，而百姓每受其害，而贯陌益落矣。嘉定以一易二，是负民一半之货也。端平以一易五，是负民四倍之货也。无义为甚"（《许衡集》）。

---

① 胡寄窗：《中国经济思想史》下，上海财经大学出版社 1998 年版，第 228 页。

（二）叶李的货币思想

叶李（1242—1292 年），字太白，杭州人。南宋亡后，隐居富春江，几经元世祖征召，历任御史中丞、尚书右丞。世界最早的纸币条例《至元宝钞通行条划》又称《叶李十四条划》。元朝初期实行中统钞制，随着全国的逐渐统一，中统钞性质发生蜕变。至元十三年（1276 年），中书平章政事阿哈马扩大纸币发行，导致纸币贬值。到至元十六年（1279 年），中统钞政策的弊端逐渐显现，加上金银禁令和弛禁政策的反复，《叶李十四条划》应运而生。至元二十四年（1287 年），尚书省根据条例十四款进行重大货币制度改革，重整货币公信力。《元典章·户部六》中介绍了十四条，现摘录如下。

1. 新旧钞并行。至元宝钞一贯当中统宝钞五贯，新旧并行，公私通例。

2. 禁止金银私相买卖。依中统之初，随路设立官库，买卖金银，平准钞法，私相买卖，并行禁断。每花银一两，入库官价至元宝钞二贯，出库二贯五分（五十文），白银各依上价买卖。课银一锭，官价宝钞二锭，发卖宝钞一百二贯五百文。赤金每两价钞二十贯，出库二十贯五百文。今后若有私下买卖金银者，许诸人首告，金银价直（值）没官，于内一半付告人充赏，仍于犯人名下征钞二锭，一就给付。银一十两，金一两以下，决杖五十七下；银一十两，金一两以上者，决杖七十七下；银五十两，金一十两以上，决杖九十下。

3. 倒换昏钞。民间将昏钞赴平准库，倒换至元宝钞，以一折五，其工墨不正，依旧例每贯三分。客旅买卖欲图轻便，用中统宝钞倒换至元宝钞者，以一折五，依数收换。各道宣慰司、按察司、总管府常切体究禁治，毋致势要之家并库官人等自行结揽，多除工墨，沮坏钞法。违者痛断，库官违犯，断罪除名。

4. 缴纳赋税。民户包银愿纳中统宝钞者，依旧止收四贯，愿纳至元宝钞，折收八百文。随处官并仰收受，毋得阻当。其余差税内有折收者，依上施行。

5. 盐课收受。随处盐课每引见卖官价钞二十贯，今后卖引，许用至元宝钞二贯，中统钞一十贯；买盐一引，新旧中半，依理收受。愿纳至元宝钞四贯者听。

6. 课税收受。诸道茶酒醋税，竹货丹粉锡碌诸色课程，如收至元宝钞，以一当五，愿纳中统宝钞者，并仰收受。

7. 借贷收受。系官并诸投下营运斡脱公私钱债、关借中统宝钞，若还至元宝钞，以一折五，愿还中统宝钞者，抵贯归还。出放斡脱钱债人员，即便收受，毋得阻滞。

8. 办差从便。随路平准库官收差办课人等，如遇收支交易，务要听从民便，不得迟滞。若有不依条划，乞取刁蹬，故行阻抑钞法者，取问是实，断罪除名。

9. 市价依旧。街市诸行铺户兴贩客旅人等，如用中统宝钞买卖诸物，止依旧价发卖，无得疑惑，陡添价值，其随时诸物减价者，听。富商大贾高抬物价，取问是实，并行断罪。

10. 小钞便民。访问民间缺少零钞，难为贴兑。今颁行至元宝钞，自二贯至五文，凡一十一等，便民行用。

11. 惩治伪钞。伪造通行宝钞者，处死。首告者，赏银五锭，仍给犯人家产。

12. 监管督察。委各路总管并各处管民长官，上下半月计点平准钞库应有见在金、银、宝钞，若有移易借贷，私己买卖，营运利息，取问明白，申部呈省定罪。长官公出，次官承行。仰各道宣慰司、提刑按察司常切体察，如有看狗通同作弊，取问得实，与犯人一体治罪，不得因而骚扰，沮坏钞法。

13. 禁止实物交易。应质典田宅，并以宝钞为则，无得该写斛粟丝绵等物，低昂钞法，如违断罪。

14. 不准挪用。随路提调官吏，并不得赴平准库收买金银，及多将昏钞倒换料钞，违者治罪。

《叶李十四条划》中蕴含的货币思想。第一，确立货币基准。规定宝钞法定货币，确定以银为本的法偿制度，政府赋税、饷俸、买卖、借贷等都以宝钞为准。至元宝钞以 1∶5 比例与中统钞兑换，承认了中统钞货币贬值的事实，而且侧面通过中统钞作为货币基准，扩大了至元钞的发行数量。货币买卖的主动权在政府手中，维持了人民对货币的信任。

第二，禁止民间买卖金银。《条划》以法令的形式禁止民间金银的自由交易，旨在保障不兑换纸币的畅通性，从制度上杜绝民间以金银交易破坏宝钞唯一法币地位的可能性。《条划》中明确规定了至元宝钞以白银为基准的不兑换纸币性质。由国家对设立管库，将金银作为平准钞法的准备，禁止私下买卖金银。白银不进入实际流通，仅充当价值基准和准备金发挥"平准钞法"之作用。新继位的成宗下诏，诸路交钞库所储藏白银 93 万 6950 两，留存 19 万 2450 两为钞母，其余全部运到京师。①

第三，重视准备金思想。准备金不为兑换只作准备，其实际意义在于：一是以准备金来限制纸币的无限发行；二是以准备金作为基础资金，随时抛售赎回，便于控制资金；三是以准备金来抬高纸币的信誉。准备金制度虽然没有实行，但第 12 条已经论述。至元二十五年（1288年），元世祖尝召平章知事桑哥曰："朕以叶李言更至元钞，所用者法，所贵者信，汝无以楮视之，其本不可失，汝宜识之。"（《元史·桑哥传》）《叶李十四条划》中的纸币管理涉及了社会再生产中的交换和分配环节。对于交换环节，通过发行新币、缓解交换过程中出现的钱货不等价现象，达到均衡物价目的。对于分配环节，严格控制金银铜的流通。

（三）卢世荣的经济思想

卢世荣（？—1285 年），原名懋，大名人，曾任江西榷茶运使，以商人身份主持元朝财政经济大权。元王朝比以往历代都更加重视商业的发展，既因游牧民族本身更富有商业精神又源于商人资本在社会中的力量逐渐庞大。卢世荣站在赋税角度，提出"免大都地税""免上都醋税"（《元史·食货二》）的思想，城市经济发展导致土地增值，"免大都地税""免上都醋税"的政策，对大都和上都而言，减免了相关行业的赋税，有利于促进城市商业的发展。

---

① （明）宋濂等：《元史》卷 18《本纪第十八成宗一》，中华书局 1976 年版，第 387页。

卢世荣的行业垄断经营思想。卢世荣主张"设市舶转运司于杭、泉二州，官自具船、给本，选人入蕃，贸易诸货。"（《元史·食货二》）在交通便利的杭州、泉州设置转运使，由政府出资本和船具，"其所获之息，以十分为率，官取其七，所易人得三"（《元史·食货二》）。政府通过垄断海外交通工具的方式控制对外贸易业，获利后，七三分成，政府占七。体现了在国家垄断下仍不忽视他所代表的商人阶级的技能与利益的主导思想。①

（四）马端临的经济思想

马端临（约公元 1254—1323 年），字贵与，江西饶州乐平人，宋元时期历史学家。宋时任承事郎，入元后隐居不出，任慈湖、柯山两书院山长、台州儒学教授，代表作为《文献通考》。《文献通考》全书共 348 卷 24 门，介绍了上古到南宋宁宗嘉定年间典章制度。其中涉及经济思想的主要有田赋 7 卷、钱币 2 卷、户口 2 卷、职役 2 卷、征榷 6 卷、市籴 2 卷、土贡 1 卷、国用 5 卷。

1. 重视农业思想

第一，马端临的重农思想体现在土地思想中。他从土地所有制入手，阐述了井田制、商鞅的废井田等土地公有与私有的演变制度，"民仰给于官者也，故受田于官，食其力而输其赋，仰事俯育，一视同仁，而无甚贫甚富之民，此三代之制也……三代而上，天下非天子所得私也，秦废封建，而始以天下奉一人矣。三代以上，田产非庶人所得私也，秦废井田，而始捐田产以予百姓矣"（《文献通考·自序》）。第二，马端临特别看重土地赋税制度，"随田之在民者税之，而不复问其多寡，始于商鞅。随民之有田者税之，而不复视其丁中，始于杨炎。三代井田之良法坏于鞅，唐租庸调之良法坏于炎。二人之事，君子所羞称，而后之为国者莫不一遵其法，一或变之，则反至于烦扰无稽，而国与民俱受其病，则以古今异宜故也"（《文献通考·自序》）。马端临从历代水利、屯田、官田等田制赋规的演化中探索到田赋多寡对粮食产出的负向关系。第三，依靠自然禀赋发展经济的思想。《文献通考》描述了北宋时期的矿冶资源的全国分布，在资源丰富的江南地区，拥有了发展经

---

① 胡寄窗：《中国经济思想史》下，上海财经大学出版社 1998 年版，第 258 页。

济的优势。

表 3 - 3　　　　　　　　　　　北宋矿冶资源分布地区

矿冶名称	分布地区
金	登、莱、商、饶、汀、南等 11 冶
银	登、虢、秦、凤、商、陇、衢、饶、信、郴、衡、漳等 84 冶
铜	饶、信、虔、漳、汀、邵阳、应等 46 冶
铁	登、莱、徐、兖、凤翔、泉、建、英等 77 冶
铅	越、衢、信、汀、英、连等 30 冶
锡	商、虢、虔、道、贺等 16 冶
丹砂	商、宜 2 冶
水印	秦、凤、商等 5 冶

资料来源:《文献通考》卷一十八。

2. 经济统计思想

中国古代受资料所限，多数文献相对模糊，但在人口领域中，数据统计方法应用极多。关于人口统计的资料，自《帝王世纪》开始，《通典》《通志》承接统计方式，到马端临的《文献通考》达到顶峰。第一，《文献通考》采用会通方法，将历代可查人口数字归纳统计展示出来，并做定性判断。如《文献通考》最早人口数据可以追溯到夏代，"夏禹……人口千三百五十五万三千九百二十三；（西周）……人口千三百七十万四千九百二十三"（《文献通考·户口考》）。马端临认为"虞、夏、周之民，岂止一千万户而已哉"（《文献通考·户口考》），他通过比较不同史料，对历史上的人口统计提出质疑。马端临认为人口税按照不同时代具有各种种类，他认为汉代的人口税赋有"算赋""口赋""更赋""户赋"四种，并论述了算赋与口赋的不足。马端临对汉代赋税的研究得到了后世学者的认可，"（秦汉）按丁、口征税的法定常制赋目，包括算赋、口钱和更赋"[①]。第二，揭示了赋税与人口统计的关系。马端临在整理统计资料和人口税赋资料时，揭示了赋税沉重是

---

① 黄今言:《秦汉赋役制度研究》，江西教育出版社 1988 年版，第 196 页。

造成人口统计失真的关键因素。古代经济发展方式和国家治理模式都促使历朝政府重视人口统计，但人口统计多有不实。马端临认为关键因素是赋税沉重，他在论述"两税法是救世之策"时，写到"隋唐土地不殊两汉，而户口极盛之时，才及其三分之二，何也？盖两汉时，户赋轻，故当时郡国所上户口版籍，其数必实；自魏晋以来，户口之赋顿重，则版籍容有隐漏不实，固其势也。南北分裂之时，版籍尤为不明"（《文献通考·户口考》）。赋税沉重导致人口隐漏，隐漏人口则成为国家与贵族、豪强争夺的对象，他建议国家掌握编户、降低赋役，才能国家富强、国力充裕。第三，他采用统计方法，来分析人口隐漏情况。他引用《建炎以来朝野杂记》的资料，"西汉户口至盛之时，率以十户为四十八口有奇，西汉户口至盛之时，率以十户为四十八口有奇。东汉户口，率以十户为五十二口。可准周之下农夫唐人，户口至盛之时，率以十户为五十八口有奇。可准周之中次，自本朝元丰至绍兴，户口率以十户为二十一口，以一家止于两口。则无是理，盖诡名子，户漏口者众也。然今浙中户口率以十户为十五口有奇，蜀中户口率以十户为二十口弱，蜀人生齿非盛于东南，意者蜀中无丁赋于漏口，少尔。昔陆宣公称租庸调之法，曰不校阅而众寡可知。是故一丁授田，决不可令输二丁之赋，非若两税，乡司能开阖走弄于其闲也。自井田什一之后，其惟租庸调之法乎"。

3. 货币思想

马端临在《文献通考》自序中写道："生民所资，曰衣与食；物之无关于衣食而实适于用者，曰珠、玉、五金。先王以为衣食之具未足以周民用与，于是以适用之物，作为货币以权之。"马端临把货币职能看为流通职能和交易媒介、适用之物，在他看来货币种类有珠、玉、黄金、刀、布，虽然种类繁多但若从货币"权轻重、通贫富"职能来看，只有铜币才能满足。

马端临的经济思想具有很强的经世致用目的。他采用历史视角，运用经验观察和数据分析，总结典章制度的发展变革，强调典章经制的因时致用、知时适变。他对宋代历史的赋税制度、职官制度、两宋兵制、外交政策等进行积弊分析，把历史总结和两宋衰亡的经验教训一起考察，是他经济思想的重要特点。

四 《食货志》的经济思想

（一）《隋书·食货志》的经济思想与政策主张

1. 轻徭薄税思想

《隋书·食货志》开篇陈述了治国之要。帝王治理国家应该合理使用人力物力，爱其力而成其财，"不夺其时，不穷其力，轻其征，薄其赋"。帝王应"取之以道，用之有节，故能养百官之政，勤战士之功，救天灾，服方外，活国安人"，否则，"若使之不以其道，敛之如不及，财尽则怨，力尽则叛"。唐以前朝代的兴衰历史表明治国之要为"顺者兴，逆者亡"。朝廷把人口分为不愿被编户的浮浪人和王宫贵人的寄生者（左右、佃客典计、衣食客）、常规的贵族及平民三类。同时，朝廷确立了依据等级征税的制度，具体为浮浪人征税无定数、寄生者无课税，王宫贵人按不同的官职品第征税有异，平民则按年龄、性别、职业等征收不同的课税，对应的课税也随实际情况而变更，导致课税标准名存实亡。

2. 宏观调控政策

田制方面：制其任土所出，成为征赋标准。后实行永业田划分国内土地，重新调整黄小中丁老及其课税标准。漕运方面开广通渠改善水上交通，方便调运各地仓储粮数以备水旱，虽损耗大量人力物力，但"不有暂劳，安能永逸"。盐法方面：以散盐（煮海以成）、监盐（引池以化）、形盐（物地以出）、饴盐（于戎以取）四种方式产盐，傍海置盐官实施专卖，百姓取之以税。钱法方面：政府设立借贷组织，向民间贷款取利，"公廨钱（隋初官府用以房贷收息的公款），回易生利，以给公用"。仓库方面：京师有龙首仓，其余各地也有仓储之处以备用。在收成波动引起粮价波动时，能够以财政（官仓储粮）的增减来"熨平"粮价的波动、使地无遗利，人无游手，充分利用资源，边疆地区也安排士兵经营屯田，且引入年终考核制度，逐渐走向正轨。

（二）《旧唐书·食货志》与《新唐书·食货志》的经济制度差异

《新唐书·食货志》基本上触及了唐代整个封建土地占有关系、人身依附关系和产品分配关系，能全面反映当时社会现状。《新唐书·食货志》看到了封建统治阶级与劳动人民的尖锐对立，以及阶级矛盾激化终于导致农民起义的现实，这是《旧唐书·食货志》限于财政规章税制兴废的记述所不能企及的。

封建经济生产方式下，土地成最重要的生产资料。失地农民对土地占有者（所有者）具有极强的人身依附关系。《旧唐书·食货志》只涉及与租庸调有关的封建政权对农民的控制，表现出它对户籍的编制与管理十分重视，有一套颇为严密的户籍制度。在均田制下，国家作为土地所有者和主权者同生产者直接对立。《旧唐书·食货志》从租庸调出发，记述了唐代户籍编制的年限与程序，基层管理人口组织的建立以及为防止农业劳动力的转移，制有"士农工商，四人各业"的规定等。《新唐书·食货志》反映出唐代劳动农民对封建土地所有者的依附关系。从封建政权对农民的控制到兼并盛行，豪强地主对直接生产者的人身所有权，在新唐书中都有记载。在封建户籍管制中，要对民户人丁进行形貌特征等的登记，而且还规定了严格的迁徙限制，防止劳动力流散，"徙宽乡者，县复于州，出境则复于户部"，"自散内徙徼外，自京县徙余县皆有禁"（《新唐书·食货志》）。此外，《新唐书·食货志》关于漕运的改革展示了刘晏运用商业经营的原则和方式来达到财政目的，以及运用经济手段以实现改革效果，突出了藩镇割据后，政府运用政策调控，优先保证江南租赋，已达到维持王朝生存的目的。这是《旧唐书·食货志》所不能企及的。

（三）《宋史·食货志》的经济思想

1. 重视农业的思想与政策

第一，宋朝沿用前朝的均田制以获得稳定的田赋与徭役，但允许土地自由买卖。《宋史·食货志》记载："自五代以兵战为务，条章多阙，周世宗始遣使均括诸州民田。太祖即位，循用其法，建隆以来，命官分诣诸道均田。"宋朝政府也参与土地的买卖，"九年，以……等出卖浙东、西路诸官田，以……等出卖江东、西路诸官田，以……拘催江、浙、闽、广卖官田钱四百余万缗"。

第二，限田与屯田的土地政策。土地买卖的后果：一方面拉大社会贫富差距，"富民之家，地广业大，阡陌连接，募召浮客，分耕其中，鞭笞驱役，视如奴仆，安坐四顾，指挥于其间"；另一方面造成农民破产，"势官富姓，占田无限，兼并冒伪，习以成俗，重禁莫能止焉"，

"今百姓膏腴皆归贵势之家，租米有及百万石者；小民百亩之田，频年差充保役，官吏诛求百端，不得已，则献其产于巨室，以规免役。小民田日减而保役不休，大官田日增而保役不急"。为了应对这一现象，宋朝采用了限田和占田的政策。仁宗时，因"赋役未均，田制不立"，下诏限田："公卿以下毋过三十顷，牙前将吏应复役者毋过十五顷，止一州之内，过是者论如违制律，以田赏告者。"（《宋史·食货志》）但不久亦废。屯田的目的是节省粮饷。主要是在朝廷驻扎军队且没有农业生产条件的地方，开展屯田、营田，用以节省粮饷。

屯田的具体措施：在军城四周设立屯田务，开垦田地，安排军人、耕牛进行耕种；另在军城前后修筑堡寨，分别居住这些人戍守。没有敌人来侵犯时就耕种田地，有敌人来进攻时就进行战斗。"宜于古原州建镇戍军置屯田。今本军一岁给刍粮四十余万石、束，约费茶盐五十余万，傥更令远民输送，其费益多。请于军城四面立屯田务，开田五百顷，置下军二千人、牛八百头耕种之；又于军城前后及北至水峡口，各置堡碧，分居其人，无寇则耕，寇来则战。"（《宋史·食货志》）。宋朝南渡后的屯田：凡是军士：选择险要地方，设置堡寨，一边戍守一边耕种，耕种由官府供给经费，征收时再缴粮，依照锄田法的规定，剩余的一并缴给官府。凡是农民：水田每亩纳税粳稻米一斗，旱地种的大豆、小麦，夏秋季每亩各纳税五升，满二年没有拖欠赋税的，将土地作为该农民的永业田。士兵和农民各处一方，流民返归本业的逐渐增多，也设置堡寨屯聚。屯田最终由于管理不善和入不敷出而废止，"而前后施行，或侵占民田，或差借耰夫，或诸郡括牛，或兵民杂耕，或诸州厢军不习耕种、不能水土，颇致烦扰。至于岁之所入，不偿其费，遂又报罢"（《宋史·食货志》）。

第三，开垦荒地、给予资助。为了照顾少数民族那些开辟荒田的劳动者的利益，对远离家舍的贫苦农民和缺少生产资料的农民进行帮扶，宋代政府以较低利息贷给垦荒者以钱币、耕具、粮种等，至道二年曾发官仓"粟数十万石贷京畿及内郡民为种"（《宋史·食货志》），南宋初还给垦荒者"给种与牛，授庐舍"（《宋史·汪澈传》）。

第四，减轻田赋政策。"又诏所在长吏谕民，有能广植桑枣，垦荒田者，止输旧租"。让官府告知百姓，能够种植桑树、枣树的，能够开垦荒田的，就只按原来的税进行征收，同时也对不务正业，从事农业松散的进行处罚。减轻农田的赋税。为了调动人民垦荒的热情，各时期都依据当时情况进行了减免，太宗至道年间曾规定"免三年租税，三年外输税十之三"的政策，并承认所垦的荒地为永业田；仁宗天圣初又采取"朔赋役五年减旧赋十之八"的政策；王安石变法时期，采用方田均税法进行征税，方田均税法的目的在于通过丈量耕地、折合亩积以均定田税，从而奠定了征收农业生产的赋税的基础；南宋初也一再调整减免佃耕公私土地的税赋，建炎年间将"闲田立三等租课，上等每亩令纳米一斗五升，中等一斗，下等七升，更不须临时增减"。

第五，推广农业技术。农田水利工程是农业的命脉，"大抵南渡后，水田之利，富于中原，故水利大兴"（《宋史·食货志》）。宋初鼓励农民垦荒，要求"分划旷土，劝令种莳，候岁熟共取其利"（《宋史·食货志》），同时注重推广水稻，改良农具，补充耕牛。熙宁二年，条例司颁布《田利害条约》与青苗法并行。该条约以"开垦废田，兴修水利，建立堤防，修贴圩埠"为宗旨，有助于兴修农田水利。宋代农耕技术提高的标志是水田耕作技术的推广和稻麦二熟制推广。两浙、江东、福建沿海和成都平原、太湖流域等，属于精耕细作区域。此外，曲辕犁被普遍推广，在山区和平原都能看到犁耕的使用。宋太宗淳化五年（998 年），宋、亳等州牛多死，由朝廷主持制作人力操作的踏犁。踏犁最初在黄淮平原一些地方推行，当时"河朔戎寇之后，耕具颇阙，牛多膺死……内出踏犁式，诏河北转运使询于民间，如可用，则官造给之"。在宋代由于耕牛短缺，地无南北都推广了踏犁，较为有效地解决了动力问题。宋朝时期还推广了占城稻。占城稻原产越南，传入我国闽广一带较早。宋真宗时，江淮两浙遇旱，水稻失收，政府遂遣使从福建调集三万石占城稻种子推广种植，并把种植方法雕版印刷，张榜示民。这种稻耐旱，不择地而生，生长期短，很快就在长江流域安家落户了。

第六，注重对自然灾害防治。宋朝政府非常重视防治自然灾害，加强了农政机构的建设，中央有户部、工部，另外在元丰官制改革之前主要为三司和司农寺，值得一提的是地方州县长官乃至地方监察机关等机构均负有管理农业的职责。天禧初年，诏令庄稼成熟时要报告农业丰收情况，如遇见自然风险要立即上报，否则违者重罚。仁宗皇帝也被水旱灾害困扰，宝元初年，命令各州十天报告一次雨雪情况，定位铁令。发生灾荒时皇帝就要安排常平司准备赈济灾民，"体量饥歉，以义仓及常平斛斗依条赈济"。

2. 货币思想

（1）禁止民间铸币，限制币种流通。宋代铸币分铁钱和铜钱两种，同时实行盐铁官营制度，以避免民间利用铁铸造假币。对于假币的制造和流通实行严厉的打击，"凡诸州轻小恶钱及铁镴钱悉禁之，诏到限一月送官，限满不送官者罪有差，其私铸者皆弃市"（《宋史·食货志》）。同时，政府严格限制货币的流通，"江南钱不得至江北"，以避免由于铸币的成分不同而影响到货物的流通和社会稳定。

（2）统一货币标准，维持物价稳定。宋代货币以铁钱和铜钱为主，"以宋通元宝"冠以名之并发行于市。沈伦在治理蜀地之时，将铜钱上交中央，用铁钱换取百姓的铜钱，并大量铸造铁钱，使得铁钱价值下降，物价上涨，引起了经济发展的不稳定。中央立即采取措施禁止沈伦的这一行为，并规定所有的贸易活动，都以铜钱的价格为准，以便于平抑物价。

（3）关注外币的兑换，实现内外良性循环。宋代时期，已经有了市舶司，管理对外贸易。在对外贸易中，货币发挥着媒介作用，而如何在货币波动中通过贸易获利，是需要解决的一大难题，"贩于中国者皆浮靡无用之异物，而泄于外夷者乃国家富贵之操柄。所得几何，所失者不可计数矣"。宋史主张采用多种办法调节对外贸易，以避免国家在对外贸易时蒙受巨大损失，"十年，以会价抵减，复申严下海之禁。十二年，申严鈺销、泄之禁"。（《宋史·食货志》）

3. 会计审计思想

宋代为了加强中央集权、削弱相权，设立了二府三司制。行政权、军事权、财政权分别归枢密院与三司所有，各司其职，但也造成协调困难、效率低下的问题，增加了宋代的财政困难，"古者冢宰制国用，今中书主民，枢密主兵，三司主财，各不相知。故财已匮而枢密院益兵不已，民已困而三司取财不已。中书视民之坤，而不知使枢密减兵，三司宽财者，制国用之职不在中书也。愿使中书，枢密通知兵民财利大计，与三司量其出入，制为国用，则天下民力庶几少宽"。

（《宋史·食货志》）

4. 赋税政策

宋朝赋税种类共有五种。（1）公田税，指的是凡官府的土地，交给农民耕种而收取他们地租。民田税，指的是老百姓各自私有的土地所缴纳的赋税。（2）城郭税，指的是城镇房屋税和占地税。（3）丁口税，指的是老百姓按人头丁口每年缴纳的米钱。（4）杂变税，指的是牛革、桑蚕、制盐之类，随各地物产所出，变易而缴纳的赋税。（5）商税包括过税和抽税。过税，指对行商携带的货物征税。抽税，指有官府需要的货品可从贸易货物中抽取十分之一。田赋的征收分两次交纳：夏税不超过六月一日起征，秋税不超十月一日起征……（《宋史·食货志》）纳税的物品有四类，"凡租税有谷、帛、金铁、物产四类"。此外，还规定了赋税减免情况。（1）灾歉减免。主要是对遭受水、旱、风、雹等自然灾害和虫害及瘟疫灾害的地区给予减免田赋的待遇。"宋克平诸国，每以恤民为先务，累朝相承，凡无名苛细之敛，常加划革，尺缣斗粟，未闻有所增益。一遇水旱，徭役则蠲除倚格，殆无虚岁，倚格者后或凶歉，亦辄蠲之。"（2）贫困减免。这是对生活贫困的百姓给予的一种田赋减免。乾德二年（964年），曾"免诸道今年夏秋税之无苗者"。（3）示恩减免。是统治者为显示皇恩给予百姓的田赋减免。这种减免主要给予新征服的地区，或者新帝接管国家时。

5. 宏观调控思想

宋朝因冗兵、冗官、冗费及相伴的积贫积弱，对财政需要十分巨大。因此，宋朝政府以增加财政收入为中心实行了一系列以经济增长、稳定物价为目标的宏观调控政策。

（1）稳定物价。为限制富商大贾的垄断、平抑物价，王安石变法制定了均输法和市易法，设立政府机构根据"避贵就贱、避远就近"的原则，统一收购和运输货物以及收购滞销货物来调剂供需。

（2）重视市场的作用。宋朝时政府已很少直接干预民间交易活动中的商品价格。宋徽宗时，下诏钱贵则物贱，禁止靠行政命令（发行夹锡钱）裁减物价，民间买卖各随其便。盐茶等专卖商品因官价高不得民心而实行通商以平抑物价也体现了政府利用市场规律的一面。

（3）调控粮食价格。民以食为天，粮食价格直接关乎百姓的基本生产生活。建立常平仓意义重大，"常平以平谷价，义仓以被凶灾"，在粮价低的时候进行大量收购，在粮价高的时候降低价格进行出售，以平抑粮食价格，这与《管子》的轻重思想一致。此后，政府又设置惠民仓，将各种摊派钱分数折成粮食储存起来，遇到年成歉收时，降价出卖用以宽惠农民。歉收时发放常平仓、惠民仓等仓的粮食，或用平价出卖，或借贷种子和粮食，或直接进行赈济，不分主户客户。

（4）专卖制度。第一，粮食征税的和籴制度。和籴是一种政府强制收购民间粮食的官买制度。和籴的作用首先是保障边境军队的军粮储备和京城官吏的俸禄，弥补漕运粮草的不足，同时还可以起到平衡物价作用。具体方法是由朝廷拨付和籴本钱——或现钱、或丝绢等交给三司，由三司分到丰年谷价低贱或边防紧急的路府州县，以高于市价的价格，置场收买农民的剩余粮草。第二，盐铁和酒类专营。"真宗嗣位，诏三司经度茶，盐，酒税以充岁用，勿增赋敛以困黎元。"重视茶、盐、铁、酒的赋税，以避免征收农业赋税等加重农民负担，但是政府垄断经营与售卖，损害了商人的利益，与民争利。

6. 对外贸易政策

宋朝的对外贸易分海外贸易和边境贸易。海外贸易通过市舶司进行严格管理，走私贸易被严格禁止。无论是外商入境还是本国商人出海，都需要到市舶司领取凭证方能继续经商，而边境贸易则因边境战争的起伏时停时行。对外贸易政策主要体现在两方面。一、积极开放。宋朝政府采取了积极的态度开展对外贸易，不仅派遣使者前往海外各国建立贸易关系，以优厚的待遇吸引外商来华，还以官爵奖励对扩大海外贸易有功的国内外商人。二、对进口加以限制。宋在很长一段时间对进口货物来者不拒，导致大量收购了许多无用的东西和铜钱外流，后来逐步意识到要对进口商品加以限制，并且要限制金属钱币的外流，后来甚至采取了海禁的极端措施。虽然采取了限制措施，但效果有限。

（四）《辽史·食货志》的经济思想

作为中国历代官修的正史"二十四史"之一，《辽史》的主要汇编者脱脱，从辽太祖耶律阿保机开始记载，直到辽天祚帝耶律延禧的朝代结束（907—1125年），同时，将耶律大石所建立之西辽历史也汇编其中。但是，由于编撰辽史时已是元朝至正三年（1343年），因此，《辽史》的史料来源大多基于前朝留下的史书文献，在一定程度上缺乏考证，可能会出现一些与真实历史相背离的记载。《食货志》为《辽史》卷 59 和卷 60 的志第 28、志第 29 篇，截至今日，已有部分学者对《辽史·食货志》中的记载提出勘误修正。《辽史·食货志》透露出深厚的重农思想，但由于时间材料混乱而无法体现辽人的真实情况，不过，《辽史·食货志》保存了旧事本纪的零星文本，其"若农谷、租赋、盐铁、贸易、坑冶、泉币、群牧，逐类采摭，辑而为篇，以存一代食货之略"，至今依然是学者们探寻辽代经济发展的第一选择。

1. 重视农牧业的思想

（1）重视畜牧业和农业。食货志开篇便有"其富以马，其强以兵……马逐水草，人仰酪"（《辽史·食货志》）足以说明辽的游牧属性。牧业是契丹民族的基础产业，而根据元朝史官的记载，"皇祖匀德实为大迭烈府夷离堇，喜稼穑，善畜牧，相地利以教民耕"（《辽史·食货志》），农业也是契丹民族的根基性产业。从辽代的创立者耶律阿保机开始，便能够因地制宜发展农耕，"军国之务，爱民为本。民富则兵足，兵足则国强"（《辽史·食货志》）。契丹族广泛采用中原汉族先进的农业技术来发展本族农业，同时，战争时期汉人北移，为契丹族带来了能够熟练使用农业生产工具和掌握丰富农业生产知识的人才，推动了契丹本族的农业发展。大量铁制农具的使用进一步推动了辽农业的发展。牧业与农业并不冲突，反而兼容互补，互相促进。对于契丹族来说，农业与牧业向来不分先后，甚至出现了鼓励皇室贵族发展农牧业，"以乌古之地水草丰美，命瓯昆石烈居之，益以海勒水之善地为农田"（《辽史·食货志》）。

（2）"因地制宜"产业发展思想。辽历代统治者对农牧业十分重视，形成因地制宜的产业发展思想，"长城以南，多雨多暑，其人耕稼以食，桑麻以衣""挽强射生，以给日用，糗粮乌茇"（《辽史·食货志》）。辽国发展农业和畜牧业。契丹原是以畜牧渔猎为主要生产的民族，建立了群牧制度，同时重视农耕和纺织，"喜稼穑，善畜牧，相地利以教民耕""饬国人树桑麻，习组织"。阿保机平定诸弟之乱后，也曾提出"弭兵轻赋，专意于农"，"程（考核）以树蓻"。不过，真正有开垦农田的明确记载，还是自太宗开始。会同（938—947 年）初，

"诏有司劝农桑，教纺绩"，并命部落迁居，向北部地区推广农业生产，"以乌古之地水草丰美，命瓯昆石烈居之，益以海勒水之善地为农田"。会同八年，"诏征诸道兵，仍戒敢有伤禾稼者以军法论"。

2. 重视工商业思想

（1）断地利、富农商的经济政策。《辽史·食货志》，在保护畜牧业基础上，耶律匀德提出"断地利，教民事农"的经济发展制度。生产组织上，从事农业生产的农民都被编入了州县，这可以提高农民生产效率、保障赋税来源、加强技术引进和学习。辽朝的土地大概分为两种：公田和私田，沿边设置的土地由国家所有、由牧民负责耕种的称为"在官闲田"。这部分土地基础较弱，由平民耕种十年之后才负担缴纳赋税义务，起到了扩大土地耕种面积、安置农民的作用。私田则"占田置业入税"，多集中在辽朝国境内南端靠近中原地区。除改善土地质量、扩大耕地面积的土地改良工作外，耶律政权还积极引进作物和农耕技术，促进了农业的稳定，出现了"然而辽自初年，农谷充羡，振饥恤难，用不少靳，旁及邻国，沛然有余"（《辽史·食货志》）的成就。

（2）重视商业的政策。太祖耶律洪基建国之初就开始着手这方面的建设。首先设置官吏与机构专管商业贸易，加强对工商业活动的管理，"行富市场巡检使、大定府都市令"。这些机构的主要职责是规定市价、限制市场交易货物、规范交易行为，"又令有司谕诸行宫。布帛短狭不中尺度者，不鬻于市"（《辽史·食货志》）。此外，也肩负着遏制住各大奸商以次充好破坏市场的行为、维护市场交易秩序的职能，"诏南京不得私造御用彩缎，私货铁"。铜器的售卖历代都有限制，这涉及经济系统中的货币流通问题，需要严格管控。其次，减免赋税的政策。最具有代表性的就是"两税户"，许多平民都尽其所能地把自己的田产，钱财等捐献给寺庙，而寺庙扮演向朝廷纳租的任务。辽朝曾经有多次减免税负的行为，《辽史》中曾经有记载圣宗一人就曾经对燕云部分地区减轻税负多达八次，客观上无疑减轻了整个地区的居民生活的负担，《食货志》也给出了肯定的评价："亦皆利民善政也。"

3. 租赋思想

辽初尚无赋税制度。太祖任用政事令韩延徽，始制国用。太宗时，曾"籍五京户丁以定赋税"。乾亨五年（983年），针对富裕大户"善避徭役，遗害贫民"，放高利贷，规定凡利息已和本钱相等的"悉送归官，与民均差"。太平七年（1027 年），下令"在屯者力耕公田，不输税赋"，"余民应募，或治闲田，或治私田，则计亩出粟以赋公上"。统和十五年，募民开垦滦河旷地，十年后收租。辽代在对外征战中，所属各部首领及大臣，可把俘获的人口归其所有，建立头下军州（一种地方行政区划）。投下军州内，官位九品以下及井邑商贾之家所缴纳的税额，"各归头下（本主），惟酒税赴纳上京"。至于租税的征收形式，"南京（治今北京城西南）岁纳三司盐铁钱折绢，大同岁纳三司税钱折粟。开远军（今辽宁风城）故事，民岁输税，斗粟折五钱，耶律抹只守郡，表请折六钱"。辽代徭役繁重，特别是边戍。"每岁农事，一夫侦候，一夫治公田，二夫给纠官之役。"一家要有四丁去收税，所以给百姓带来了压力。

辽代的赋税种类较之唐朝不算太多，正税可从特定税种和征税对象两个方面进行探讨。《辽史·食货志》中针对特定税种方面，对农业田地税的描述最多。辽代的田税是政府税收收入的重要来源，"于密云、燕乐两县，占田置业入税"，而针对农产，朝廷特别设置了"每岁农时，一夫侦候，一夫治公田""按亩征桑，不纳两税"以督促和鼓励农户生产。辽代的土地制度是公田制，"在屯者力耕公田，不输税赋"，能够激发农户辛勤耕种以减轻土地税负。辽代在不同时期不同的情况下采取不同的减免农业赋税措施，促进农业生产、稳定秩序、巩固统治。《辽史·食货志》记载"太宗籍五京户丁以定赋税"，户丁税"始制国用"，辽代针对商业有"征商之法，则自太祖置羊城于炭山北，起榷务以通诸道市易……禺（日落）中交易市北，午漏（午时的滴漏）下交易市南"，即将商业区按照地理位置划分南、北二市且开放时间不同。针对市井之税"各归头下，惟酒税赴纳上京，此分头下军州赋为二等也"（《辽史·食货志》）。辽代存在着一种特殊的计税方式——计畜课征，由于草地是牧业的根本，对草地征收"牧税"。"于厥等部以……牛羊驼马、羴等物"（《辽史·食货志》）描述的是部族之间的商业贸易物品，牛羊等在一定区域与货币相等，而以畜计税和征收牧税，也就在情理之中。

4. 盐铁思想

盐铁在历朝历代都是备受政府关注和控制的资源。契丹历史上也有一次与盐有关的流血大事件——盐池之变，《辽史·食货志》有记"城在炭山南，有盐池之利，即后魏滑盐县也，八部皆取食之"。时任可汗的耶律阿保机占有了盐产地，以此为契机邀请反抗自己的部族首领前来，设宴将其击杀，为耶律阿保机统领七部建立辽王朝打下基础。"一时产盐之地如渤海、镇城、海阳、丰州、阳洛城、广济湖等处"，辽代的统治范围包括东海口长城以及而后兼并的渤海，当时的盐主要是海盐"而瀛、莫在焉，始得河间煮海之利"（《辽史·食货志》）。面对如此广泛的产盐范围以及数量充沛的食盐，政府设置专门的机构分管"五京计司各以其地领之"。海盐业，使辽代实现了海洋文化和自然经济的交融，促进了临海产业和社会经济的发展。

5. 坑冶思想

辽人认为，丰富的矿产资源是上天赐福，国家的兴盛发展，离不开这些矿产的开采使用，"自太祖始并室韦，其地产铜、铁、金、银，其人善作铜、铁器"（《辽史·食货志》）。其鼓铸之法，历史悠久技艺精湛，"先代撒剌的为夷离……太祖其子，袭而用之，遂致富强，以开帝业"（《辽史·食货志》）。为了管理日渐庞大的坑冶工程，辽设置了统管金银铜铁等坑冶之事的机构和专员，称其为"五冶太师"。矿产资源对一个国家有着极为重要的意义，辽对坑冶矿产的管理极为严格，"诏禁诸路不得货铜铁，以防私铸。又禁铜铁卖入回鹘，法益严矣"（《辽史·食货志》）。辽将各类金属矿产的铸造权牢牢地掌握在国家手中，逐渐补充完善相关的法律和形成完整的惩罚体系，以保证国家对金属矿产的绝对控制。

6. 贸易与泉币

《辽史·食货志》主张通过减少商品过关的费用，增强商品流动性，扩大商业交往的范围，"民艰食，请弛居庸关税，以通山西籴易"。同时对商户们所贩卖的商品品质做出了严格要求，质量不达标不允许买卖，"又令有司谕诸行宫，布帛短狭不中尺度者，不鬻（卖）于市"。政府设立专门车队，对路遥人稀之地的集市进行流通，以保证集市的正常运转，"诏以南、北府市场人少，宜率当部车百乘赴集"。

最初的商业交易是简单的"以物易物"。随着交易范围和交易物品种类的不断扩大，以物易物方式无法满足交易需求，出现了充当交易媒介、衡量交易物品价值的一般等价物—货币。"鼓铸之法，先代撒剌的为夷离，以土产多铜，始造钱币"（《辽史·食货志》），由于辽特殊的游牧经济和农手工商并重的经济形态，其货币铸造数量较少，市场中流通的货币量大大短缺，"景宗以旧钱不足于用，始铸乾亨新钱"，"散诸五计司，兼铸太平钱，新旧互用"，通过改铸新币以期缓解货币紧缺，并设置钱院进行管理，从事铸造工作，但并未彻底解决货币短缺问题。因此，"天祚之世，更铸乾统、天庆二等新钱，而上下穷困，府库无余积"，已国库空虚。辽代的"胡汉分治，因俗而至"使得货币经济的发展区域差异较大，前期难以统一，但是随着商业交往繁荣的推动，辽的货币经济也得到了长足的发展，逐渐与中原汉钱融合，不仅解决通货紧张问题，更保持了较为稳定的币值，这也成为保持辽政治安定、社会进步的重要原因。

辽代矿冶有明确记载是从太祖开始，"置五冶太师，以总四方钱铁"。此时铸钱数量很少。景宗时，铸乾亨新钱。圣宗时，"凿大安山，取刘守光所藏钱，散诸五计司，兼铸太平钱，新旧互用"。开泰时，禁止各地贩卖铜铁，"以防私铸，又禁铜铁卖入回鹘，法益严矣"。圣宗时期有更加严格的政策，曾经下令绝对禁止各地方买卖铜铁，以防止私铸钱币。道宗时期，规定"禁民钱不得出境"。道宗时，"钱有四等：曰咸雍，曰大康，曰大安，曰寿隆，皆因改元易名"。这些法令和规定在防止民间私铸滥造、币材外流和劣币流通问题上，颇有成效，保证了市场上货币流通的稳定。

（六）《金史·食货志》的经济思想

1. 重农思想

（1）金朝注重农业生产并且设置了相应的土地丈量标准。鼓励与支持农业和开垦农田，允许出售或者典当农田，"量田以营造尺，五尺为步，阔一步，长二百四十步为亩，百亩为顷，民田业各从其便，卖质于人无禁，但令随地输租而已"（《金史·食货志》）。同时，政府鼓励开垦荒田并进行税收减免，"请射荒地者，以最下第五等减半定租，八年始征收"。

（2）设置劝农官，奖励耕作，惩罚懒惰。劝农官职责就是确保人民从事农业生产，"太宗天会九年五月，始分遣诸路劝农之使者"（《金史·食货志》)。"如惰农饮酒,劝农谋克及本管猛安谋克并都管,各以等第科罪。收获数多者,则亦以等第迁赏。"(《金史·食货志》) 对于不从事农业的人,朝廷采取杖刑惩罚和奖励耕织两种措施。这种处罚不仅对汉族有效,对具有一定特权的猛安户也有效,"以不种者杖六十,谋克四十,受租百姓无罪"(《金史·食货志》)。"能劝农田者,每年谋克赏银娟十两匹,猛安倍之,县官于本等升五人。三年不怠者猛安谋克迁一官,县官升一等。田荒及十之一者挞三十,分数加至徒一年。三年皆荒者,猛安谋克追一官,县官以升等法降之。为永格。"(《金史·食货志》)

2. 货币思想

金国货币体系混乱。"正隆二年,历四十余岁,始议鼓铸。冬十月,初禁铜越外界,悬罪赏格。"(《金史·食货志》) 铜钱与旧钱同时使用,后由于铜钱的优势,金朝停用宋旧铜钱,并且加强了对铜器的管控,"十一年二月,禁私铸铜镜,旧有铜器悉送官,给其直之半。惟神佛像、钟、磬、钹、钴、腰束带、鱼袋之属,则存之"(《金史·食货志》)。面对铜矿过少不易生产低廉铜钱的困境,金朝仿照交子的模式发行纸钞,"初,贞元间既行钞引法,遂设印造钞引库及交钞库,皆设使、副、判各一员,都监二员,而交钞库副则专主书押、搭印合同之事。印一贯、二贯、三贯、五贯、十贯五等,谓之大钞;一百、二百、三百、五百、七百五等,谓之小钞。与钱并行,以七年为限,纳旧易新"(《金史·食货志》)。后币、钞通行,金朝禁止铜币外流并做出相应法规,"承安三年正月,省奏:'随处权场若许见钱越境,虽非毁,即与毁无异'"。"遂立制,以钱与外方人使及与交易者,徒五年,三斤以上死,驵侩同罪。捕告人之赏,官先为代给钱五百贯。其速及与接引、馆伴、先排、通引、书表等以次坐罪,仍令均偿。"后又多次尝试用银来兑换货币,但出现发行多、回收少的状况。后实施三合同交钞,但是也跟旧钞一样,造成国家国库空虚、人民贫困,最后无疾而终。

3. 消费思想

金朝茶饮消费高,百姓将茶作为基本消耗品,甚至出现以铜币换茶叶现象,"茶,饮食之余,非必用之物。比岁下上竞啜,农民尤甚,市井茶肆相属。商旅多以丝绢易茶,岁费不下百万,是以有用之物而易无用之物也"（《金史·食货志》）。为杜绝铜币外流现象，金朝立法明确禁止，"金币钱谷，世不可一日阙者也。茶本出于宋地，非饮食之急，而自昔商贾以金帛易之，是徒耗也……今河南、陕西凡五十余郡，郡日食茶率二十袋，袋直银二两，是一岁之中妄费民银三十余万也。奈何以吾有用之货而资敌乎？乃制亲王、公主及见任五品以上官，素蓄者存之，禁不得卖、馈，余人并禁之。犯者徒五年，告者赏宝泉一万贯"。

4. 赋税思想

金朝实行户籍制度，以方便监察人口、保障财政收入，"户口金制，男女二岁以下为黄，十五以下为小，十六为中，十七为丁，六十为老，无夫为寡妻妾，诸笃废疾不为丁。户主推其长充，内有物力者为课役户，无者为不课役户"（《金史·食货志》）。从税务来看，金朝实行官田缴租私田纳税制度。金朝将土地分为九等，并做如下规划，"夏税亩取三合，秋税亩取五升，又纳秸一束，束十有五斤。夏税六月止八月，秋税十月止十二月，为初、中、末三限，州三百里外，纾其期一月"（《金史·食货志》）。金朝对受天灾人祸影响的地区实施税收减免。金朝政府对百姓所拥有的物品征收物力税，"计民田园、邸舍、车乘、牧畜、种植之资，藏镪之数，征钱有差，谓之物力钱。遇差科，必按版籍，先及富者，势均则以丁多寡定甲乙。有横科，则视物力，循大至小均科。其或不可分摘者，率以次户济之。凡民之物力，所居之宅不预。猛安谋克户、监户、官户所居外，自置民田宅，则预其数。墓田，学田，租税、物力皆免"（《金史·食货志》）。

是猛安谋克部女真户所缴纳的税，每一具牛纳税粟五斗。金国朝廷曾因国库空虚而官营醋税，一段时间后国库充裕而放弃，"章宗明昌五年，以有司所入不允所出，言事者请榷醋息，遂令设官榷之，其课额，俟当差官定之"（《金史·食货志》）。金朝实施官营盐业，"贞元初，蔡松年为户部尚书，始复钞引法，设官置库以造钞、引。钞，合盐司簿之符。引，会司县批缴之数。七年一厘革之"（《金史·食货志》）。设立盐钞的同时，金政府严查私自煮盐行为，"世宗大定三年二月，定军私煮盐及盗官盐之法，命猛安谋克巡捕"（《金史·食货志》）。

（七）《元史·食货志》与《新元史·食货志》的经济思想

《元史·食货志》是明初翰林学士宋濂等奉旨编撰，史料可靠，然而因为编写时间短（整个元史不及一年），成书仓促，因此记事有缺陷。《元史·食货志》共有五卷，包括土地、农业、租赋、海运、盐、茶、市舶、钞法等十九项。内容以财政为主，对农业、商业、工业、科技、政治、民生等反映不多。《新元史·食货志》是清末民初柯劭忞所撰，以《元史》为底，前后花费 30 年所成，但食货志内容变动不多，只是新增田制、买斡脱官钱（利息）等内容。全文主要分为前言（总论）、经理、农桑、税粮、科差、海运、钞法、盐法、茶法、酒醋课、商税、市舶、额外课和岁赐等部分。

1. 农桑为本的思想

蒙古族原是游牧民族。元世祖忽必烈即位后，始重视农业，确立"国以民为本，民以食为本，衣食以农桑为本"的方针。命各路宣抚司择通晓农事者充劝农官。中统二年设劝农司，职能与金朝相似。至元七年，立司农司，考察各级官吏的政绩，主要以对农事的管理为判，"专掌农桑水利"。同时"分布劝农官及懂水利者，巡行郡邑，察举勤惰"，同年颁布"农桑之制"十四条，规定"凡五十家立一社，择高年晓农事者一人为之长。增至百家者，别设长一员。不及五十家者，与近村合为一社。地远人稀，不能相合，各自为社者听。其合为社者，仍择数村之中，立社长官司长以教督农民为事"。立社制度把劳动力组织起来，在田侧立写有木牌，社长经常检视劝诫。社中有疾病凶丧之家不能耕种的，合众力助之。一社之中灾病多的，两社助之。

至元二十五年，在江南设大司农司及营田司。至元二十八年颁布农桑杂令。农业经济的发展，使世祖在位期间做到了"家给人足"。至大二年，按北魏贾思勰《齐民要术》等书，把农民分为三等，"上户地十亩，中户五亩，下户二亩或一亩，皆筑垣墙围之，以时收采桑椹，依法种植"。三年，命大司农总挈天下农政，修明劝课之令。天历二年之前，对农桑种植屡有明令，但随时间推移，渐渐执行不力，仅成一纸空文。

2. "诸色户计"的户籍管理制度

元朝户籍制度最大的特点是"诸色户计"。所谓诸色户计，就是将从事不同职业的人按其从业在户籍上区分开来，并由此固定其所应承担的义务。户籍种类主要有：（1）民户，这是元代最基本、数量最多的一种户籍，承担国家一般的赋役；（2）军户，承担国家的兵役；（3）匠户，从事官办手工业的劳作；（4）站户，承担国家所设驿站的建造、维护和运行；（5）灶户，从事官办盐业生产。除了以上五种，还有僧、儒、道等被官方认可的几种户。不同户计的人不得擅自改籍，一般来说，户籍是世代相承的。元朝实行户等制，即将各户按其贫富状况分为上、中、下三等，每等又分上、中、下三等，一共九等，以此为摊派赋税和征发徭役的依据。

3."经理"的土地制度

元朝实施经理之法。所谓"经理"，是土地所有者自报田地。"经界"则是进行土地清丈。元征收田赋原无可据册籍，十分混乱，"民之强者田多而税少，弱者产去而税存"。世祖时，曾实行"经理"法，但"其间欺隐尚多，未能尽实"（《元史·食货志》）。延祐元年，又派大臣到江浙、江西、河南等地实施"经理"法，具体做法：先期张榜示民，限四十日，以其家所有田，自实于官。凡"以熟为荒，以田为荡，或隐占逃亡之产，或盗官田为民田，指民田为官田，及僧道以田作弊者，并许诸人首告"。被告者作弊在十亩以下的，"其田主及管干佃户皆杖七十七"，二十亩以下的，加一等；一百亩以下的，杖一百七；一百亩以上的，"流窜北边，所隐田没官"。郡县主要官员查勘有疏漏的，亦要"量事论罪，重者除名"。因申报期限短、弊病多，造成百姓不满，至延祐二年废除。

对于田制的划分，元朝的土地根据所有人的不同，可以分为官田和民田。官田是属官府或皇室所有，私人耕种、官府收租的田地，官田不可以自由买卖。民田是旧时民家私有的田地，可以自由买卖，分自营或租佃两种形式。元朝的民田主要包括官僚地主的占田和寺院所占土地，其中寺院所有的土地来源有三：前代遗留下来、皇室赏赐给寺院、信徒捐赠。元朝官田来源主要有三个方面：由前代延续下来的官田；由元朝政府没收宋朝皇室、权贵和犯有重大罪行的人的土地；政府购买一部分民田。元朝的官田主要包括赐田、职田和学田。赐田是皇帝赐给贵族、寺院、道观的土地，其田地所有权归国家所有。职田是官员的俸禄田，是官员俸禄的实物部分，其田地归官员所有。学田是学院教学的场地，来源于四方面：前代旧有学田、地方政府拨给、私人捐赠和书院本身有。元朝后期，民田所占比重超过了官田。

4. 货币思想

元代是历代各王朝中唯一把纸币作为全国范围内使用的流通货币的朝代。《元史·食货志·钞法》篇首指出，"钞始于唐之飞钱、宋之交会、金之交钞。其法以物为母，钞为子，子母相权而行，即《周官》质剂之意也"。

元代绝大部分时间都实行纯粹的纸币流通制度，禁止用银和用钱。中统元年发行两种纸币：一是交钞，"以丝为本"，以两为单位；二是中统元宝钞，以钱为单位。每两贯同白银一两。中统钞发行初期有金银做准备，物价稳定，后渐贬值。至元二十四年，发行至元钞与中统钞通行，一贯当中统钞五贯。至大二年，武宗造至大银钞，每一两准至元钞五贯，白银一两，赤金一钱。三年实行钱、钞兼行政策。第二年仁宗即位，仍专用中统、至元钞。至正十年，元朝统治已岌岌可危，朝廷进行了币制的大讨论。

"钞法"交代了纸币的发展，并且涉及纸币的发行数量应以流通中货物的价值为基础的思想。在制造铸币的同时、元廷规定了纸币与铸币的兑换比例，如"世祖中统元年，始造交钞，以丝为本。每银五十两易丝钞一千两，诸物之直，并从丝例"。后因纸币发行过多，导致通货膨胀。元朝解决通货膨胀之法多为发新币替代旧币，以致通货膨胀越发严重，《元史·食货志》有载，"大抵至元钞五倍于中统，至大钞又五倍于至元。然未及期年，仁宗即位，以倍数太多，轻重失宜，遂有罢银钞之诏"。因为无法解决通货膨胀问题，便取消了银钞之策。值得一提的是对于破旧的纸币以新币换之，破损的纸币退出流通领域，并且在钞法中对破损情况和兑换的情况也做了说明。

元初曾仿行宋、金旧制，由各地自行印造会子、交钞，互不流通，其面额也越来越丰富。世祖中统元年七月（1260 年），曾经发行中统元宝钞，面额有 8 种，一十文、二十文、五十文、一百文、二百文、五百文、一贯文、二贯文。以银为本位，每二贯折合白银一两，可用来交纳赋税。（《元史》）中统钞不限时、不限地在全国通用。同时，实行纯纸币制，禁止金银和铜钱的流通。后不断申严此禁，规定一切支付各种赋税一概用钞。至元二十四年（1287 年），为整顿财政金融，又发行至元宝钞，票面印有："伪造者处死，首告者赏银五锭，仍给犯人家产。"
面额共 11 种：五文、十文、二十文、三十文、五十文、一百文、二百
文、三百文、五百文、一贯、二贯。至元钞一贯折合中统钞五贯，两者
并行，终元不废。

元朝钞法管理的特点如下。第一，管理机构健全。中央由户部主
管，下设宝钞总库掌储藏，印造宝钞库掌制作，烧钞库掌焚毁昏烂宝
钞，地方设宝钞提举司。第二，注重稳定物价。各地设平准库，给钞一
万二千锭为本，用作调剂物价，维持钞值并负责买卖金银、倒换昏钞、
焚毁昏钞。第三，准备金充足。各地领取新钞，必须先交金银为本，集
中全国现银于国库，旨在安定人心。第四，法制周详严密。除伪造首谋
及参与伪造者并处死外，还立有分用伪钞罪、改钞补钞罪、阻滞钞法
罪、奉法不虔罪、不昏为昏罪等。

5. 赋税制度

（1）元代奉行的是"量入为出"的财政政策。"食货志"开篇作
者指出，"至元、大德"实行"量入为出"的财政政策，而"至于天历
之际，视至元、大德之数，盖增二十倍矣，而朝廷未尝有一日之蓄，则
以其不能量入为出故也"。后由于元代"岁赐"大，财政入不敷出，不
得不加大对百姓的剥削，加大了阶级矛盾并推动元代的灭亡。

（2）科差是中国唐宋元历代封建政府征收的代徭税，相似于更赋、
力庸。元朝征收内容主要包括丝料、包银、俸钞，一般是按户征收。科
差在元代由最初有代役钱性质逐渐发展成纯粹的赋税，分丝料和包银两
种。丝料的征收始于太宗八年，分"二户丝"与"五户丝"。"每二户
出丝一斤，并随路丝线、颜色输于官；五户出丝一斤，并随路丝线、颜
色输于本位。"包银始定于宪宗五年，原先每户征银六两，此时改征四
两，其中二两征银，二两折收丝绢、颜色等物。中统元年定户籍科差条
例，包银的征收也因户别而不相同。至元二十八年，以所订赋税法则
《至元新格》定科差法。

（3）税法。第一，对人口和土地征税（税法主要是"丁税""地
税"），即对男丁和土地征收课税。太宗元年，确定了对汉人以户征税，
对西域人以丁征税。太宗九年，正式确立了科征之法，对耕地的人
（农民）依据牛具的数量和土地征税；对于工匠、僧侣、道士征收地

税；对于商贾征收丁税（这是元朝税收的主要来源），商人中若丁税多、地税少的人则征收丁税；若丁税少、地税多则征收地税。第二，征收地税。主要分对官田征收地税和对民田征收地税。其中，对于官田来说，包含三种征税：定额地租；秋税，主要是粮食税；货币地租，针对地、山、荡等征税。对于民田来说主要包括税粮和货币地租。第三，征收粮食税，分夏、秋二税。第四，盐课。元代盐的运输和销售，主要有商运商销、官运官销。前者包括行盐法（商人向国家的盐务机构盐运司购买盐引，凭引贩卖食盐）和籴法（政府为军需或赈灾需要，招募商人入粮、偿以盐引、商人凭引贩盐），后者包括食盐法与常平盐局法。在食盐法与常平盐局法中"盐引"以数量和价格发挥作用。盐引制度，首先将各种赋税的征收权收归中央，随后户部开始履行全国性财税管理机构的角色。第五，酒醋课。主要涉及酒醋课，其相比于其他税增长幅度不大，酒醋课的征收与粮食的产量、自然灾害等有着极大的关系。第六，茶课。朝廷针对茶叶进行征税，茶课从唐朝开始征税，至元代仍呈现一个有增无减的趋势。第七，市舶课。元代实行市舶课税法。元承宋制，对国内与海外诸国往还贸易的商舶及海外诸国来华贸易的船只，统称市舶。第八，常课和额外课，主要针对商贾征收。常课是指每年要收的固定数额的税，同时记录了某一年各司各地区收税的情况。每年设定固定要缴纳的数额。额外课是指针对商贾专门征收的其他税课，共计有三十二种，"元有额外课。谓之额外者，岁课皆有额，而此课不在其额中也。然国之经用，亦有赖焉。课之名凡三十有二：其一曰历日，二曰契本，三曰河泊，四曰山场，五曰窑冶，六曰房地租，七曰门摊，八曰池塘，九曰蒲苇，十曰食羊，十一曰荻苇，十二曰煤炭，十三曰撞岸，十四曰山查，十五曰曲，十六曰鱼，十七曰漆，十八曰醋，十九曰山泽，二十曰荡，二十一曰柳，二十二曰牙例，二十三曰乳牛，二十四曰抽分，二十五曰蒲，二十六曰鱼苗，二十七曰柴，二十八曰羊皮，二十九曰磁，三十曰竹苇，三十一曰姜，三十二曰白药"（《元史·卷九十四》）。

6. 赈灾与防疫

元朝是一个多灾害的时代，为了应对各种各样的灾害，设立不同类型的赈恤，"救荒之政，莫大于赈恤。元赈恤之名有二：曰蠲免者，免其差税，即《周官·大司徒》所谓薄征者也；曰赈贷者，给以米粟，即《周官·大司徒》所谓散利者也。然蠲免有以恩免者，有以灾免者。赈贷有以鳏寡孤独而赈者，有以水旱疫疠而赈者，有以京师人物繁凑而每岁赈粜者……其为制各不同，今并著于后，以见其仁厚爱民之意云"（《元史·卷九十六》）。

设立粮仓药局。元朝各地分布相应的粮食储存仓，各州基本都有粮仓储备，"元立义仓于乡社，又置常平于路府，使饥不损民，丰不伤农，粟直不低昂，而民无菜色，可谓善法汉、唐者矣"（《元史·卷九十六》）。惠民药局是元明时期政府以官钱置本，收息市药救济贫民疾病的机构。"太宗九年，立燕京等十路惠民药局，以奉御田阔阔、太医齐楫等为局官，给钞五百两为规运之本。中统二年，诏成都路置惠民药局。三年，敕太医大使王猷、副使王为仁管领诸路医人惠民药局，四年，复置局于上都，每中统钞一百两收息钱一两五钱……凡局皆从各路正官提调，上路总医二名，下路、府、州各一名，其所给钞，亦验民户多寡以为等差。各路钞本之数。"（《新元史·食货志》）

第三节　中世纪欧洲经济思想

关于中世纪的划分标准，一般认为从公元 476—1453 年，始于西罗马帝国灭亡（476 年），终于东罗马帝国灭亡（1453 年）。中世纪欧洲的经济思想主要集中在经院哲学。按照熊彼特的划分，经院哲学的经济思想划分为三个阶段：第一个阶段是从 9 世纪到 12 世纪末，是经院思想的集聚时期；第二阶段是 13 世纪，是经院哲学的古典时期；第三阶段是从 14 世纪初到 17 世纪的最初几十年，这包括了经院经济学时期。在熊彼特的划分依据中，存在着一个"大缺口"，"西罗马帝国覆亡后，东罗马帝国凭借世人所见到的最令人感兴趣、最为成功的关联政治，又存在了一千年……不过，即使他们探讨了，探讨结果也已失散。这里应该提到的推理文件，一件也没有保存下来"[①]。熊彼特的视角始终集中

---

① ［美］熊彼特：《经济分析史》第 1 卷，商务印书馆 2015 年版，第 121 页。

在欧洲，忽视了欧洲以外的经济思想，本书采用伊斯兰教经济思想填补"大缺口"阶段的经济思想。

一　托马斯·阿奎那的经济思想

托马斯·阿奎那（1225—1274 年），出生于意大利的一个伯爵家庭。最初在那不勒斯大学学习，在二十岁的时候参加了多米尼克教团。作为教团的修道士，被派往巴黎，师从著名的亚尔贝兹·马格努（1193—1280 年）学习哲学。阿奎那长期住在意大利，担任教廷的随从人员。1266 年，开始撰写《神学大全》，1272 年，阿奎那成为多米尼克教团研究室最为著名的人物，主持了研究室工作。1273 年，历时 8 年的《神学大全》成书。1274 年 1 月，受教皇格利哥里十世邀请参加里昂的宗教会议，途中染病，于 3 月 7 日逝世于福萨诺瓦的修道院。

《神学大全》共分为三集，第一集《论上帝》成书于 1266—1268 年，是阿奎那任罗马教廷顾问期间完成；第二集《伦理学》完成于 1268—1272 年，是阿奎那在巴黎大学任教期间完成；第三集《教义神学》则完成于 1272—1273 年，是阿奎那在那不勒斯大学任教期间完成。全书是根据中世纪典型的反锁空洞的三段论法编撰而成，共有几百个问题，每个问题又分成许多条。每一条他先提出反面论点，再从《圣经》或教父的著作中援引一句话，对这些论点作一般性的完全否定；然后提出自己的意见，而这些意见总是折中的、诡辩的；最后逐点驳斥开头提出来的反面论点。《神学大全》的特点是将《圣经》、教父的教义和亚里士多德的思想综合起来，建立了一个将信仰和理性知识调和起来以适应封建社会统治需要的神学思想体系。《神学大全》作为中世纪经院哲学的百科全书，被尊称为"神学的泰斗"。直到近代，仍有很大影响。公元 1879 年教皇列奥十三世就颁布了一道教谕，宣称阿奎那是整个哲学和神学的导师，自此他的《神学大全》成为天主教会的官方哲学。

（一）阿奎那的财富论

阿奎那以前的神学家们，一直都延续早期基督教的教义，认为一切财富来源于上帝，共同占有财产才是最理想的财富占有形式，财产的私有制是社会不平等的结果。

　　随着中世纪商品经济的发展，商业逐渐繁荣，自然经济和商品经济的矛盾在财富获取和分配上越发凸显。一方面按照基督教教义，禁止为追求财富利润对他人进行欺骗，另一方面要想在商业交换中赚取差价必须进行策略性调整，这就产生了道德和利润的选择悖论。中世纪教会本身拥有大量财富，这就在财富获取合理性上存在争议。此外，随着商品经济的发展，财富的获取、分配、商品和货币、价格和利息等诸多经济范畴都需要从宗教教义角度进行诠释解惑。阿奎那恰逢其时地顺应了时代需求，他站在宗教神学的角度，试图依据基督教宗教神学的教义去辨析世俗经济现象，调和了宗教伦理和世俗经济之间的矛盾。正如美国学者指出："世俗领域与真基督徒的生活之间的缺口日益拉大，其后果直到宗教改革中才充分展示出来。世界秩序在严格意义上的基督教仪规之外被确立为一个自主的人类领域，基督教仪规变得愈加接近一种修道主义、禁欲主义的生活准则。中世纪的属世—属灵双重秩序分解为两套秩序：一是非基督教的政治—经济秩序，一是基督教的禁欲主义纪律。其结果是，自此以后，要么此世秩序遵循其自身的法则而不理会基督教的生活仪规，要么必须做出努力，把此世秩序维持在修道主义立场所规定的束缚中。"①

　　（二）阿奎那的公平价格思想

　　公平价格思想在阿奎那的经济学说中占据重要地位，这不仅体现在他很多的经济问题的研究都是以"公平价格"为出发点，还体现在他反映了从自然经济向商品经济转型过程中，基于宗教伦理视角看待利润问题。一方面，要体现宗教伦理的"公平"价格；另一方面在逐利过程中体现的贱买贵卖。阿奎那的公平价格思想很大程度上继承了其老师亚尔贝兹·马格努的观念，他在注释亚里士多德的《伦理学》中，解释了公平价格就是生产上劳动消耗的等值价格，"因为制造床的人呢，如果不能得到相当于床所消耗的数量和品质，那么他在将来就不可能重

---

　　① ［美］沃格林：《政治观念史稿：卷三．中世纪晚期》，华东师范大学出版社 2009 年版，第 127—128 页。

新制造一张床，从而制床业也就会消失。其他的职业也是如此"①。马格努提出了"成本价格"的概念，就是"依靠比例的报偿生活下去，而比例更是报酬的基础。"② 同时涉及了"价格与价值相等"的概念，蕴含着早期劳动价值论的萌芽，"一种劳动之所产，与其他劳动相比可能会有比较大的价值，而在劳动的量和费用上也常是很不相同的。然而交换却只有依存于比例均等才可实行，因此各种不同的物品就不得不基于某种比例使其成为均等的"③。

马格努的思想影响了阿奎那，他把公平价格演绎得更为深远，首先，他引入了"公平正义"的观念，指出"供人类使用的物品的价值是用给它的价格来衡量的……因此，不论一件物品的价格高于它的价值或是相反，都是因为缺乏公正原则所需要的那种均衡"④。公正作为一种原则，在经济行为中往往因逐利而更难执行，同时作为一种主观心理感受，反映阿奎那在讨论公平价格时遵循的是"公平原则""公义原则"，把主观的因素作为公平价格的基础。其次，阿奎那的公平价格涉及了主观效用的大小。他探索了效用的含义，即"可销售物品的价格并不以它们的自然等级为依据，而是以它对人的有用性为依据，因为有的时候一匹马比一个奴隶还要卖得贵。因此，一个卖者或买者并无必要去了解所售物品的那些隐藏着的性质，而只要知道那些使它适于人用的性质"⑤。这样，效用的主观性反映了需求方的爱好和他们对市场的主观计算。阿奎那的公平价格立足于成本观念同时也受效用观念的影响，

① ［德］亚尔贝兹·马格努：《亚里士多德的〈尼科马赫伦理学〉诠释》第五卷，第二篇，第七章。转引自鲁友章、李宗正：《经济学说史》，中国人民大学出版社2013年版，第27页。

② ［德］亚尔贝兹·马格努：《亚里士多德的〈尼科马赫伦理学〉诠释》第五卷，第二篇，转引自马涛《新编经济思想史第一卷中外早起经济思想的发展》，经济科学出版社2014年版，第263页。

③ ［德］亚尔贝兹·马格努：《亚里士多德的〈尼科马赫伦理学〉诠释》第五卷，第二篇，转引自马涛《新编经济思想史第一卷中外早起经济思想的发展》，经济科学出版社2014年版，第263页。

④ ［美］门罗：《早期经济思想——亚当·斯密以前的经济文献选集》，商务印书馆1985年版，第46页。

⑤ ［美］门罗：《早期经济思想——亚当·斯密以前的经济文献选集》，商务印书馆1985年版，第50页。

他比中世纪前期的学者更多的是考虑到了双方的自由意志，但受制于当时时代的限制，他把价值理解为主观效用和客观的劳动，两者构成了价格公平和价格不公平的原因。他只能采用折中方式来解决效用均等的问题，如果说把一件物品卖的高于它的价值，那"就本身来说是不公平的、不合法的"①。最后，公平价格与市场供求的关联。在新古典经济学中，供给和需求价格确定了均衡价格。阿奎那的公平价格阐述到了供求关系，他以小麦为例阐述，"一个带着小麦去谷物价格较高的地方卖的人，知道有许多人也正带着更多的小麦向这里赶来……而卖主不必把这个消息告诉别人"②，此人得到的价格仍然是公平价格。

（三）阿奎那的货币论、利息论

1. 货币思想

阿奎那的货币观念与他的公平价格思想有着密切关系。在阿奎那看来，商品的价格是公平价格，而货币则起到满足交易、交换和从属的作用，引申出货币产生于交换，人们发明货币是为了"用给它的价格"来衡量"人类使用的物品的价值"③。货币作为计算单位，提供了共同的价值标准和价值尺度，"货币之用途不是用货币来度量货币本身的效用，而是用它来衡量不同的人们以货币交换来度量货币本身的效用，而是用它来衡量不同的人们以货币交换财货时的财货之效用"④。

关于货币铸造权是阿奎那关于货币思想的另一个阐述。阿奎那赞同封建主拥有货币铸造权，这与他所处的时代密切相关。中世纪时期的欧洲，政治权利四分五裂，新兴宗教逐渐崛起，君权和神权矛盾显现，每一个封建主在自己领土内具有铸币权，这导致了对货币的价值认识界定为"指定的价值"。众多领主拥有铸币权，就产生货币兑换问题，当商品交换超出了领地范围时，足额的货币就会显现。货币应当具有一定的

①　［美］门罗：《早期经济思想——亚当·斯密以前的经济文献选集》，商务印书馆1985 年版，第 46 页。

②　［美］门罗：《早期经济思想——亚当·斯密以前的经济文献选集》，商务印书馆1985 年版，第 51 页。

③　［美］门罗：《早期经济思想——亚当·斯密以前的经济文献选集》，商务印书馆1985 年版，第 46 页。

④　转引自胡寄窗《政治经济学前史》，辽宁人民出版社 1988 年版，第 330 页

重量和内在的稳定价值，而货币过度滥发，"那时，贫困将打击所有在商业和交换中视货币为可靠尺度的人们。因此，贬损铸币无异于伪造重量和长度"①。

2. 利息思想

关于借贷货币是否应当收取利息，这是欧洲中世纪封建社会长期争论的一个问题。教会法学者对高利贷强烈谴责，而大封建主为了巩固封建土地所有制，扩大徭役赋税，认为高利贷是正当的。教会最初采用《圣经》教义，谴责放贷是一种不义行为。随着封建社会的发展，教会对放贷的规定越来越严厉。公元789年，僧侣会议出台了一项法则："禁止一切人，出借任何物品以趋利"。公元813年的法规进一步规定，不仅僧侣不得要求利息，即使俗人也不可以要求利息。② 阿奎那对高利取息的态度是否定的，他认为放贷而收取利息，其本身就是不公正的，此外还论述了延期补偿利息的问题。借贷按照规定应在截止时间前付息还本，但也存在延期借贷问题。阿奎那对贷款延期的态度并非一致，他在某种场合提倡应该多付利息而在部分场合又不认可这一行为。

（四）阿奎那的商业论

中世纪前期的神父对待商业一般是谴责，他们将商业看成贱买贵卖的代名词，其罪恶超过盗窃。截至公元1078年，罗马教廷还认定不论商人或兵士从事商业经营都不可能免于罪恶，故无希望达到"永生"，除非他们转到其他的职业。13世纪以后，神学家对待商人的态度开始转变，开始讨论商人的社会职能。马格努就是其中之一，他对待商业的态度影响了阿奎那，并开始为商业利润正名，"牟利本身并不包含任何有诚实的或必要的目标，它却也并不包含任何有害的或违反道德的事情。贸易就变成合法的了"③。阿奎那所处时代，正是商业在封建社会内部逐渐发展阶段，对待商业的态度也受社会环境的影响。此外，阿奎那讨论了商业欺诈行为，认为商业欺诈是不可饶恕，他定义的欺诈

① ［意］托马斯·阿奎那：《论君主政治》，第二篇第十三章，转引自鲁友章、李宗正《经济学说史》，中国人民大学出版社2013年版，第28页。

② 鲁友章、李宗正：《经济学说史》，中国人民大学出版社2013年版，第29页。

③ ［美］门罗：《早期经济思想——亚当·斯密以前的经济文献选集》，商务印书馆1985年版，第144页。

行为就是卖主在买卖活动中使用欺骗手段以高于物品所值的价格出售商品，获得利润。但同时他也说明了有两种情况采用贱买贵卖的行为可以免受道义谴责。第一，把收入用于正当的用途。"一个人用她从商业中获得的适当利润来维持自己的家庭生活，或者帮助穷人"。第二，"在贸易中按照高于买进物品时的价格出卖物品"。他把获利和利润进行了区分，认为"一有人用他在交易中获得的适度的盈利来维持他的家计，或者去帮助穷苦的人，有时甚或有人为着公共的福利而致力于贸易活动"，或者"他曾以某种方式改进了物品"，或者"因为随着地点和时间的变化而价格也有了变化，或是因为他把物品从一个地方运到另一个地方，甚至在把它运交给他自己的过程中承担了风险"。①

阿奎那对商业和商业利润的态度，某种情况中存在着"诡辩"思想，一方面在于继承经院哲学的传统思想，另一方面也反映了当时社会的现状，赚取利润虽然"并不包含任何诚实的和必要的目标，然而它也并不包含任何有害的或违反道德的事情"②。阿奎那仍然站在经营哲学的视角来论证商业的合理性。自阿奎那以后，中世纪教会学者基本上放弃了对商业和商业利润的非难态度，从这方面来讲，阿奎那的商业思想被后人接受，并影响了对待商业的态度。同时，13 世纪以后，商业经济发展迅猛，人们对商业的态度逐渐从"非商转为护商"。

阿奎那还讨论了关于等级制度、重视劳动的思想。他在新的历史条件下调整传统教义来为现实规则服务，这是整个基督教神学家的基本态度。作为那个时代最优秀的基督教神学家代表，他洞察到了中世纪从自然经济向商品经济转型过程中的经济思想，并影响了后世学者，正如熊彼特所说"托马斯的经济学（家务管理）尚处于萌芽状态，实际上只包含他有关公平价格和利息的一部分论述"③。

---

① ［美］门罗：《早期经济思想——亚当·斯密以前的经济文献选集》，商务印书馆1985 年版，第 56 页。
② ［意］托马斯·阿奎那：《神学大全》，第二部分之二，第七十七题，第四条，转引自鲁友章、李宗正《经济学说史》，中国人民大学出版社 2013 年版，第 29 页。
③ ［美］熊彼特：《经济分析史》第 1 卷，商务印书馆 2015 年版，第 150 页。

二　中世纪晚期经院哲学对货币思想的讨论

（一）货币产生与货币贬值的讨论：尼柯尔·奥雷斯姆

尼柯尔·奥雷斯姆（约1320—1382年），法国神学家，1356年获纳瓦尔大学硕士学位，1362年任鲁昂学院院长，1377年任利泽尔地区主教，直到逝世。奥雷斯姆著作颇丰，涉及经济学、神学、数学和天文学。经济学方面代表作《论货币的起源、性质、规律和演变》，被熊彼特称为"是第一本专门讨论某一经济问题的著作"①。它的分析方式不集中在形而上学和法律，而是聚焦于政治或经济方面。中世纪后期，随着商品经济兴起，货币再次被广泛使用。封建君主把货币看成一种价值的创造物，为了应付战争、掠夺财富，大量滥发货币，导致通货膨胀。14世纪中叶，英法长达百年的战争引发了财政困难，法兰西君王持续进行货币贬值，在此情况下，引发了对货币问题的讨论，产生了不少货币观点，奥雷斯姆的著作最具有代表性。

他对货币的讨论涉及了后人学者的研究点；首先，他讨论了货币的起源及职能。他认为货币起源为了解决物物交换的困难。奥雷斯姆认为，在上帝进行了初始分配之后就发生了某人拥有的某一事物多于其所需，另一人也需要这一事物，进而产生了需求的情况。正是由于这种彼此间需要产生了交换，但物物交换容易引发争执和困难，为了解决这些困难，货币就被发明出来了。奥雷斯姆认为，"货币的发明，特别是对公共福利来说，是必不可少的"。按照马克思的观点，货币具有价值尺度、流通手段、储藏手段、支付手段、世界货币五种职能。在奥雷斯姆这里，把货币的职能看成自然财富的交换手段，着重讨论了货币的携带性和交易性问题，他认为货币应便于携带且利于被接受，而只有贵金属才能符合这一特征，因此黄金之类的贵金属是铸造货币的理想材料，而如果黄金数量不够，可以采用白银代替；如果金银都无法获取情况下，才可以考虑其他贵金属或贱金属混合的合金来铸造。从这一点看，奥雷斯姆的货币思想中也掺杂着价值尺度的观念。但不同材质铸造的货币价值标准存有差异，贵金属和贱金属之间

---

① ［美］熊彼特：《经济分析史》第1卷，商务印书馆1991年版，第148—149页。

的购买力也会存在差异，奥雷斯姆涉及了这一现象，但基于他经院哲学的神学家角度和时代所限，仅仅讨论到货币金属论的范畴，而无法涉及货币本身的财富和价值问题。

其次讨论了政府政策的标准——共同的效用——货币为此被发明并为它所调节。国王拥有铸币权，但国王不能拥有流通中的货币也不能成为货币的主人，货币的主人是社会。国王不能利用货币贬值而谋求私利，这样做不仅损害了社会团体和个人的利益，还损害了君王的声誉："作为一个国王，如果降低附有他自己图像的货币的重量或成色，还有谁信任他？……度量的标准是专用于体现公正这一概念的，如果在这上面弄虚作假，还有上面比此更恶劣的罪行？"[①] 他把国王改变货币制度的行径总结为以下几种形式。在形式上和印记上、在货币金属之间的比率上、在价格和名称上、在体积和重量上、在材料的质量上。这些方面的单独或者混合使用，都是一种直接的欺骗，都无异于将社会或个人财富据为己有，这是赤裸裸的掠夺，因为"任何人一眼即可看出，这种勒索是真正的残暴行为，比埃及的暴君更差"[②]。为了防止君王的上述做法，奥雷斯姆提出了由市场或社会组织在公共场所公布铸币的标准和成色做法。甚至，与一直背负骂名的高利贷者相比，奥雷斯姆指出，高利贷的危害相比较货币贬值带来的危害要小得多，因为没那么严重也没那么普遍。他大声疾呼，"执政者没有权在任何方面篡夺这一职能"[③]，甚至提出应限制君王权力，"专制君王往往会伪称他是用这项所得为大众谋利益，这种说法并不足信；根据同样的理由，他也可以把我的大衣或者别的什么拿走，说他需要这个，是为了大众的福利……如果国王有权通过对货币一次单纯的改革而取得利益，他也可以以同样理由来一次更大的改革，取得更大的利益，进而一试再试，从而以多样化的改革取得无穷的利益……于是借助于这个方法，总有一天会吸进几乎全部的民

[①] ［美］门罗：《早期经济思想——亚当·斯密以前的经济文献选集》，商务印书馆1985 年版，第 82 页。

[②] ［美］门罗：《早期经济思想——亚当·斯密以前的经济文献选集》，商务印书馆1985 年版，第 80 页。

[③] ［美］门罗：《早期经济思想——亚当·斯密以前的经济文献选集》，商务印书馆1985 年版，第 81 页。

脂民膏，从而使庶民沦为奴隶状态"①。

（二）对货币道德和货币市场的讨论：尼德尔与比尔

中世纪后期对货币贬值的讨论，也引发了另外一类观念，即把货币当成一种商品。这种观念的代表人物是维也纳大学的神学教授尼德尔（1380—1438 年）。尼德尔认为，在商人职业和银行家职业之间，不存在根本的道德差异，二者对于利润的获取都是道德上所允许的。通货的交换是一种买和卖，应有货币的市场。而货币的价值同商品的价值一样可以因"公共的估计"而变化，银行家和商人一样可能获利也可能蒙受损失。秉承这一思想的还有来自蒂宾根大学的教授加布里埃尔·比尔（约 1424—1495 年）。他对银行家用汇票的方式获利给予肯定，他认为货币同一般商品一样，也需要市场。12 世纪时期，欧洲已经出现了汇票交易，这种方式促进了交易效率但也存在大量风险，比尔认为货币的运输需要制度的保障，而银行就是这种商品运输的保障。

三　中世纪晚期经院学者关于价值和效用的讨论

（一）关于对价值的观念

自阿奎那后，经院学者对公平价格讨论偃旗息鼓。而 14—15 世纪，农产品价格变化频繁，价格的上下波动给广大农户带来了很大影响，在此背景下，价格问题又引发了经院哲学家的关注。在价格波动背景下，产生了多种不同的观点，有学者赞成政府应对粮食规定最高限价，也有学者主张鼓励粮食自由流转。这就产生了对公平价格的再思考。对公平价格，"有的主张公平价格应由国家决定，有的主张应由市场竞争决定，也有的提出应由法律决定、由社会决定、由生产决定"②。在这种背景下，影响了对人的主观需要的分析，形成了关于商品价值和效用的讨论。13 世纪后期最后一位经院学者琼·奥里维（1248—1298 年）提出了关于价值的最新思考，他认为价值（价格）是由有用性、稀少性

---

① ［美］门罗：《早期经济思想——亚当·斯密以前的经济文献选集》，商务印书馆 1985 年版，第 84 页。

② 马涛：《新版经济思想史》第 1 卷，《中外早期经济思想的发展》，经济科学出版社 2014 年版，第 278 页。

和购买者的喜悦性三方面构成。奥里维的价值观念，已经触摸到了当代西方经济学的触角，阐述了效用（有用）、稀缺（稀少）和偏好（喜悦性）三者对商品价格的影响。然而，对于奥里维来讲，仍然没有办法区分商品价格和价值，而把两者合二为一，他阐述的是影响价格的因素，忽视了劳动对商品价值的影响。同样触摸到了当代西方经济学对价格探索的还有 14 世纪前半期的法国经院学者、巴黎大学校长波利丹（1295—1358 年），他从"人类需要"的角度阐述了人的需求变动会影响到效用变动进而影响商品价格，"人类需要的满足是衡量可交换事物的真正尺度。但满足一种较大的需要其价值也较大……同样，不产酒的地区其酒价就较产酒的地区贵一些，因为那里对酒的需要更大"①。

（二）关于对效用的观念

尼德尔对效用进行分析的时候，提出了主观效用和客观效用的观念。他认为，主观效用是人们对一种商品有用状态的估价或心理感觉，而客观效用是指人们对财货有用性的内在实质。尼德尔指出当"需要和愿意拥有某种商品的人数较多，而此商品的供给又较少时，对它总会以较高的价格估价和出售……这是说，假定在购买人不是愚人，未被要挟或欺骗条件下，则可以随意地通过自由选择来从事购买活动。②"同时，他也指出"一件事物的正当价值依存于买者们或者卖者们对价格的考虑方式"③，强调的是买卖双方对商品的主观评价，同时在内在实质的分析中，强调了劳动的作用，尼德尔强调了"个人应该按照他的劳动得到收入"的观点。

四　中世纪后期宗教异端的经济思想

中世纪封建地主对人们的残酷剥削，引发了人们的反抗。这种反抗斗争主要体现在农奴反抗封建剥削，城市贫民和商人对封建主的斗争，贯彻了整个中世纪历史。鉴于宗教势力的强大，王权和君权的矛盾，欧洲各国反抗压迫的斗争在许多时候都是以宗教形式进行的，而革命的政

---

① 转引自晏智杰《西方经济学说史教程》，北京大学出版社 2002 年版，第 31—32 页。
② 转引自晏智杰《西方经济学说史教程》，北京大学出版社 2002 年版，第 31 页。
③ 转引自胡寄窗《政治经济学前史》，辽宁人民出版社 1986 年版，第 360 页。

治学说和经济思想，也采取了神学异教的方式，正如恩格斯指出"反封建的革命反对派活跃于整个中世纪。革命反对派随时代条件之不同，或者是以神秘主义的形式出现，或者是以公开的异教的形式出现，或者是以武装起义的形式出现"①。

基督教被古罗马定为国教后，其影响越来越大。公元前 756 年，罗马教皇在意大利中部建立了主权和领土的政教合一国家——教皇国，其成为实际统治欧洲的宗教机构。此后，公元 800 年，法兰克国王查理曼经教皇加冕为查理大帝，教会主导政治的作用更强。到公元 11 世纪，罗马教廷宣传教皇的权力高于一切。教会与君王之间的斗争时有发生，各有胜负，但教会本身已经成为庞大的精神和财富的集合体。中世纪反封建的革命也就顺理成章以异教学说的形式出现，且在 12—13 世纪阐述了两大代表：城市市民异教和农民平民异教。

（一）城市市民异教的经济思想

市民阶层在早期欧洲发达的城市最先出现。市民刚刚从农奴制度中解放，天生带着反抗教会和反抗封建制度的心理，与农民和平民走的更近。步入 12 世纪以后，欧洲城市兴起、数量众多，城市中较为富裕的市民和中等市民逐渐被认定为一个等级，可以根据自身权益和力量，联合起来反抗世俗封建主。城市市民异教的代表主要是意大利的阿尔诺德、英国的维克利夫和捷克的胡斯。

阿尔诺德（1100？—1155 年），出生于意大利的布里西亚。早年求学巴黎，研究神学，后来回到故乡参加当地的反对教会的斗争。阿尔诺德主张恢复古代基督教的习俗，主张剥夺教会的一切世俗权力，把财产归还世俗封建主。1146 年，他参加罗马城市居民反抗教皇权力的起义，因城市上层分子的背叛，起义以失败而告终，阿尔诺德也被教会烧死。与阿尔诺德反抗教皇不同的是，英国的维克利夫利用英国议会反抗教皇的方式阐述自己的世俗思想。约翰·维克利夫（1320—1384 年），英国牛津大学教授、牧师。1365 年，英国议会为了反抗教皇，通过了一项决议，禁止僧侣对法庭的判决向教皇提出申诉，废除每年向教皇缴纳贡赋。维克利夫积极参与，在自己著作中公开反对教会，并为议会的决议提供了

---

① 《马克思恩格斯全集》第 7 卷，人民出版社 1959 年版，第 401 页。

理论依据。英国政府起初支持维克利夫，后因害怕广大农民战争在英国的开展，改变了对他的态度。维克利夫生前免受死刑，死后遗体则遭到焚毁。维克利夫认为英国国王不仅有权从罗马教皇那里夺回世俗权力，而且可以没收教会的土地。他依据《圣经》来解释，认为《圣经》中没有规定教皇的世俗权力，也没有规定教会的等级制度，教皇和教父对世俗社会的解释没有依据。土地是罗马教会最大的财富，维克利夫此举触动了教会的核心利益。同时，维克利夫的宗教改革触动了教会的精神地位，影响了 15 世纪捷克的宗教异教运动即胡斯运动。

　　杨·胡斯（1369—1415 年），捷克民族运动和宗教运动的首创者，他出生于农民家庭，后进入布拉格大学学习，毕业后留校任教，先后任讲师、教授、校长，1409 年任神父。他支持维克利夫的学说，主张用捷克语举行宗教仪式，反对封建主和教会对捷克人民的压榨，攻击教士们的堕落行为。1412 年，罗马教皇在布拉格兜售"赎罪券"，胡斯挺身而出痛斥教会的贪婪无制、腐败堕落，号召人民决绝购买。胡斯的活动得到了捷克人民的广泛响应，成为民族解放运动和宗教运动的领袖，同时引起了教会的仇视，于 1415 年被判处火刑。胡斯遇害后，引起了捷克人民长达十几年的反抗，又称为胡斯战争。战争的领导者分为两派，一派是温和的圣杯派①，其主要参与者是商人、手工业者和小封建主，目的是夺取被霸占的教会财产，建立捷克的民族教会；另一派是激进的塔波尔派②，其参与者主要是农民和城市贫民，他们的主张是消灭封建制度。

　　城市市民异教抨击了教会、教皇和僧侣们的贪婪，建立了与中世纪教会相对立的思想学说。但城市市民异教也具有很大局限性，他们只是反对等级制度主张恢复基督教的人人平等，集中反对教会的封建制度，而不反对整个封建制度。这只是一种纯粹宗教内部的异端。

　　（二）农民平民异教的经济思想

　　农民平民异教与城市市民异端有很大不同，它总是代表着暴风骤雨式的农民起义，构成了农民起义的理论纲领。随着中世纪封建制度的发

---

　　①　这一派的称呼来自拉丁语酒杯（calix）。

　　②　这一派的称呼源于斗争的核心地点是塔波尔城。

展，农民的地位愈加艰难，正如恩格斯所说"平民在当时是完全被摒于正式存在的社会之外的唯一阶级。他们处于封建组织之外，也处于市民组织之外。他们既无特权，又无财产；连像农民和小市民那样一点带着沉重负担的产业也没有"①。这种阶级地位，决定了平民和农民必然成为同盟军。农民平民异教对教会、教皇的态度继承了城市市民异教的主张，同时走得更远，他们要求废除包括教会封建制度在内的一切封建制度，得到了英国、捷克等国家农民起义的呼吁。

约翰·博尔（卒于 1381 年）英国人，肯特地方的牧师，罗拉德派的传道者。约翰·博尔的学说成为英国 1381 年瓦特·泰勒领导农民起义的指导思想。约翰·博尔指出社会不平等的根源在于人为的制度，在他看来，贵族、教会、僧侣对农民的压榨和剥削，是奴隶制度和农奴制度存在的根源。博尔号召人民群众起来打破"多年的束缚和压迫"，提出财产共有和普遍平等的要求。他说"我们英国的事情，要不是一切财物都归共有，既没有农奴也没有贵族，彼此都完全不平等，那就决不会弄好，而且将来也不会弄好。②"泰勒的起义很快被镇压，约翰·博尔也同时被杀。

在 15 世纪捷克起义中，约翰·杰士卡（1378—1424 年）成为塔波尔激进派的领导人。他们要求恢复基督教早期组织，取消私有制，实行公有制，实行人人平等。塔波尔激进派在起义过程中，效仿早期基督教成立了社团，在社团中以兄弟姐妹相称，不承认"你的"或者"我的"，财产归社团所有，实行平均分配。

中世纪也被称为"黑暗世纪"，占据统治地位的思想仍旧属于宗教神学，经院哲学是这个体系的核心，整个经济思想也围绕这个体系展开。经院哲学思想基本沿着古希腊、古罗马思想缓慢发展，封建专制王权和世俗专制的神权在竞争和合作中博弈斗争，使得意识形态僵化。经院哲学在试图寻找解决宗教教义和商品经济兴起的均衡点，虽然以失败而告终，但客观上推进了经济思想的深化，这种深化表现在分析逻辑上从伦理抽象逐渐向数理实证转移。这种转变，在方法论层面上，为西方

---

① 《马克思恩格斯全集》第 7 卷，人民出版社 1959 年版，第 404 页。
② 转引自鲁友章、李宗正《经济学说史》，中国人民出版社 2013 年版，第 34 页。

社会注重实证分析奠定了历史基础。

思考题

1. 如何理解刘晏的"理财"思想？

2. 阐述魏晋时期宗教兴起的原因。

3. 试论述称提的货币管理思想。

4. 试论述《叶李十四条划》所蕴含的货币思想。

5. 试论述两宋及元朝在货币思想上的异同。

6. 对比王安石、司马光的经济思想。

7. 阐述阿奎那的经济思想。

8. 对比中国南北朝至明朝中叶与欧洲中世纪经济思想的差异与相似。

9. 简要论述中世纪欧洲经院哲学家们的作用与意义。

10. 简要对比中国南北朝至明朝中叶与欧洲中世纪货币思想。

推荐阅读文献

1. 汪圣铎：《两宋货币史》，社会科学文献出版社2003年版。

2. 周建波、孙圣民、张博、周建涛：《佛教信仰、商业信用与制度变迁——中古时期寺院金融兴衰分析》，《经济研究》2018年第6期。

3. 周建波、曾江、李婧：《农村金融与清代江南的早期工业化：以农民兼营手工业为中心》，《中国农史》2021年第2期。

4. 知凡：《托马斯·阿奎那斯的经济思想》，《历史教学》1982年第11期。

5. 贾根良：《论加强经济政策史和经济政策思想史的研究》，《经济思想史学刊》2021年第2期。

6. 冯天瑜：《经史同异论》，《中国社会科学》1993年第3期。

7. 侯厚吉：《元代叶李的货币管理思想》，《中南财经大学学报》1996年第5期。

8. 葛金芳：《两宋摊丁入亩趋势论析》，《中国经济史研究》1988年第3期。

9. 虞云国：《略论宋代太湖流域的农业经济》，《中国农史》2002

年第 1 期。

10. 周雪光：《从"官吏分途"到"层级分流"：帝国逻辑下的中国官僚人事制度》，《社会》2016 年第 1 期。

11. 李埏：《略论唐代的"钱帛兼行"》，《历史研究》1964 年第 1 期。

12. 林文勋：《宋王朝边疆民族政策的创新及其历史地位》，《中国边疆史地研究》2008 年第 4 期。

13. 林文勋：《中国古代"富民社会"的形成及其历史地位》，《中国经济史研究》2006 年第 2 期。

第 四 章

明朝中叶与欧洲前古典时期
重商主义经济思想

第一节 明朝中叶与欧洲前古典时期
社会经济发展概述

一 明朝中叶社会发展状况

明朝是高度集权的朝代。皇帝废除中书省，六部直接对皇帝负责，后设内阁，内阁的作用只是顾问，六部的权力也比较弱。到了仁宣之治之后，明朝文官治国的思想逐渐浓厚，行政权向内阁和六部转移。同时还设有监察机构和特务机构，加强对全国臣民的监视，在地方设立三司，加强地方管理。军制上，明朝中叶实行与屯田制相结合的卫所制，皇帝独揽军政大权。全国战略要地设立卫所，军丁世代相继，给养仰赖屯田。

明朝中叶南北人口发展存在着不平衡性。在明以前漫长的中国封建社会，国家一直以土地和人丁为双重标准征税。但随着商品经济的发展，土地买卖的加速、人口数量的激增及农民反抗的加剧，封建国家越来越难以束缚农民于固定的土地之上，直接向农民征收人口税更加困难，旧的标准很难维持下去。国家对人口的控制相对松弛，所以人口流动性增大，在南北经济发展差异、自然条件差异以及政治制度差异的共同作用下最终导致南方人口日趋减少，北方人口逐渐增加。

明代是中国传统时令年节的发展期。其主要特点是时令年节习俗已开始从宗教迷信的笼罩中解脱出来，发展为礼仪性、娱乐性的文化活动。节日期间，自宫廷到民间，都有形式多样、内容丰富的活动内容，形成别具一格的社会风尚。明代的时令节日风俗，主要有以下特点：承袭古代而有发展创新，充分展示了时代的精神面貌；全国各地区域经济和文化发展的不平衡性以及前后变化，也在节令风俗中得到体现；求生存、求发展以及宴享娱乐游戏是节日风俗的主旋律。节日风俗已趋定型完善。

明代手工业的生产形态，从大体上讲，还是官营手工业与民间手工业两大块，但是由于商品经济的不断发展，明代的手工业有了一些变化。官营手工业的经营上，工匠制度逐步瓦解，从轮作工匠到以银代役，标志着工匠已经摆脱了劳役制度的压迫，手工业者的独立性大大增加了，有了很大的工作自由。手工业发展到明朝中叶，在商品经济高度发展的基础上，一些手工业部门出现了雇佣现象，其中以江南的丝、棉纺织最为明显，江南各地有大批从事丝织业的民间机户，在进入市场的过程中，机户不断发生两极分化。由于明朝官营手工业主要负责制造官府专用和皇帝私用的物品，生产不计成本，且产品不在市场流通；加上管理模式陈旧，劳动者生产积极性受到压抑，所以逐渐走向衰落。而民营手工业主要生产民间消费品，产品在市场流通，随着商品经济的发展，民营手工业便超过了官营手工业，占据了手工业的主导地位。

二　欧洲前古典时期社会发展现状

中世纪晚期，西欧社会开始从封建生产关系向近代的资本主义生产关系转变，在这一转变过程中，西欧社会的政治、经济、思想文化等方面都经历了剧烈的动荡和变革。

15 世纪末，西欧各国出于与东方国家进行贸易的需要，开始寻找通往印度的海上新航线，同时，由于在与东方国家的贸易中，黄金不断流出欧洲，流入东方国家的口袋，因此这些国家也充斥着欧洲人的"黄金渴望"。1492 年，哥伦布发现了新大陆。1497 年，达·伽马绕过好望角，发现了通往印度的新航路，自此以后的一系列的地理新发现具有重要意义，不断刺激着商业、航海业和工业的发展，促进了世界市场的形成。

在中世纪晚期，商业资本发挥着极为突出的作用，商业和商业资本的发展，扩大了旧的市场，又不断开辟新市场，促进各国国内市场的统一和世界市场的发展。重商主义产生并盛行于西欧封建社会的晚期和近代资本主义社会的初期，这个事情正是西欧封建社会解体并向资本主义过渡的时期。在农业和手工业都进步的基础上，生产力的提高和社会分工的扩大，促进了商业生产的增长和商品交换的发展，小商品生产者发生分化，出现了新型的资本家阶级和雇佣工人。

在封建社会晚期的西欧各国，社会生产力有了很大提高。随着铁制农具的广泛应用、农业技术的不断改进，农作物种类不断增加，产量逐年提高。在这一时期，农民呈现急剧分化趋势，一部分农民日渐富裕，成为富有的村民；另一部分农民则日渐贫穷，加入无产者雇工的行列。土地和财富不断集中到封建主和富农手中，农民人数减少处境艰难、雇工队伍不断壮大，劳动力市场初步形成，促进了资本主义雇佣关系的兴起。

中世纪中后期时，工商业的复兴、城市的大量兴起以及罗马法的复兴等因素，使农奴制遭到瓦解，这就动摇了封建社会赖以存在的剥削基础，宗教势力衰落。随着战争的频发和商品经济的不断发展，以工商业者为代表的新兴贵族逐渐形成，资本主义生产关系逐渐产生，西欧封建制度进入瓦解时期。

第二节　明朝中叶经济思想

这一时期，封建地主经济在唐宋时期达到顶峰后，开始走下坡路。虽然这一过程是缓慢的、反复的、阵痛的，但经济思想的进程却未停滞。思想层面涌现出"中国式"的总结性文献和启蒙思想，比如徐光启的《农政全书》，宋应星的《天工开物》，邱濬对"中国经济思想"的"杂烩羹"等，此外还出现了以黄宗羲、顾炎武、王夫之为代表的启蒙思想。经济思想没有形成中国的学科范式。

明清时期是东西方走出各自经济发展路径的时期。这一时期，欧洲逐渐从封建主义转为资本主义，其经济形态也从领主经济转为市场经济。以雇佣剥削和追求效率为主要特征的资本主义经济带动了生产力的发展。在经济思想领域，欧洲社会产生了自己的经济学说，形成了符合自身路径的学科框架与理论范式，推动了经济快速发展并逐渐走在了世界前列；中国的经济发展方式仍然沿着传统路径缓慢前行，"自给自足式"的农本经济形态依旧有着强大的生命力，尽管出现过经济发展的封闭（闭关锁国），但仍然维持着中国经济总量世界第一的地位。① 经济思想上虽然出现了总结性的文献但没有产生自己的经济理论，传统经济思想在道德礼制和经济发展中寻找边界和量化，除了要在哲学上寻求根基、在历史上反映趋势外，还在思想上追本溯源。

一　邱濬及《大学衍义补》的经济思想

明代中叶，商品货币经济有了相当繁荣地发展，并出现资本主义萌芽。明王朝统治开始由盛转衰，政治日益腐败，社会基本矛盾进一步尖锐。邱濬为探索和巩固明朝统治，遂作《大学衍义补》。《大学衍义补》充分展现了"通古今之变"的意识，对于涉及的各项政务，都"采六经诸史百氏之言"，在参考历朝史实及前人观点的基础上提出自己的见解。从历史中汲取政治智慧和治国方略，以解决他所处时代的现实问题。②

邱濬（1420—1495 年），字仲深，广东琼山（今海南琼山）人。少年好学，少年时期正处于明朝的全盛时期，于 1454 年考中进士，长期从事编撰工作，曾参加《英宗实录》《续通鉴纲目》《宪宗实录》的编撰工作，进礼部右侍郎、掌管祭酒事，后擢升为礼部尚书，晚年兼文渊阁大学士，参机政务。他对《论语》《孟子》《大学》等儒家经典推崇备至，强调以"治国平天下"为本，《明史·邱濬传》说他"尤熟国家典故，以经济自负"。邱濬认为真德秀（1178—1235 年）的《大学衍义》并不完备，只论述为治之理而未讨论治国平天下的具体内容，于是在公事之余"博采群书补之"，从治国平天下的角度对《大学》展开梳理，竭平生之精力编成《大学衍义补》，对中国传统儒家思想作了

---

① 参见［美］麦迪森《世界经济千年史》，伍晓鹰译，改革出版社 1997 年版。
② 高寿仙：《〈大学衍义补〉的经世情怀》，《学习时报》2019 年 4 月 14 日。

新的阐释与发展。在明孝宗即位后，邱濬把《大学衍义补》进献给了朝廷，获得了明孝宗的高度评价。《大学衍义补》，全书共一百六十卷，其中论述经济问题的达二十三卷，虽有歌功颂德之嫌但更有扶植日趋衰弱的明朝之意，体现了求真务实的风格。胡寄窗认为"邱濬的'杂烩羹'标志着以往传统观点的大汇总"①。

（一）货币思想

关于货币的问题，邱濬在《大学衍义补》中专门写了上、下两篇《铜楮之币》加以论述。他详细系统地记录了货币的起源、职能、铸造和流通，其中很大部分也是对前人思想的总结。

1. 货币起源

邱濬从商品交换的角度来论述，"日中为市，使民交易以通有无，以物易物，物不皆有，故有钱币之造焉"（《大学衍义补·卷二六》）。他认为货币是随着生产力的发展和社会分工而产生，有了剩余产品就产生了交换的需要，这一见解是杰出的。

2. 关于货币的职能

邱濬和一切货币金属主义者一样，强调货币的价值尺度和储藏手段，并提出了货币与商品价值相等的新见解。邱濬说纸币流通是"以空文质实货"，是"以无用之物，易有用之物"（《大学衍义补·卷二六》）。

3. 关于纸币的发行和铸造

他坚决反对滥发纸币，以免造成通货膨胀的现象，强调货币的铸造权和发行权统一归国家所有。他主张铸造铜币须"造一钱，费一钱"，反对铸造不足值的铜币。关于货币制度的改革方案，邱濬主张"三币之法"即"以银为上币，钞为中币，钱为下币"（《大学衍义补·卷二七》），反对使社会倒退回物物交换的落后主张，还企图通过立法把金属货币推广到一切贫穷偏僻的落后地区，他建议："苟或偏方下邑，有裂布帛，损米谷以代钱用者，官府尚为之禁制，况立为之法乎？"（《大学衍义补·铜楮之币》）

（二）劳动价值思想

邱濬在《大学衍义补》第二十七卷《制国用铜楮之币下》中，提

---

① 胡寄窗：《中国经济思想史》下，上海财经大学出版社1998年版，第370页。

出过劳动价值论的观点，"世间之物，虽生于天地，然皆必资以人力，而后能成其用。其体有大小精粗，其功力有浅深，其价有多少直，而至于千钱，其体非大则精，必非一日之功所成也"。邱濬已经认识到劳动创造价值，物质资料与劳动力结合生产出物品，物之用指的是使用价值，各种物品千差万别体现了物品的有用性。在价值上，他认为取决于"功力"（耗费）的劳动量，即生产一种商品的劳动决定该商品的价值，这与劳动程度和劳动时间相关，从而决定其价格集中在"用"上。这种观点在三百多年后才在配第、马克思的思想中有所体现。

（三）自由放任思想：听民自为

邱濬的"听民自为"思想来源于"自秦汉以来，田不授井，民之产业，上不复制，听其自为而已"（《大学衍义补·市桑之令》），但邱濬的表述更为具体，他主张听民自为，明确反对政府干预市场，插手私人工商业的经营，甚至对于在除了粮食外的行业打击商人的囤积居奇都不赞同。在诸如盐、茶等商品上，他还主张政府放弃垄断只负责监管，让生产、运输、销售全部由商家进行。"听民自为"论本质上是一种市场调民思想，它继承和发展了司马迁的"善因论"，把追逐财利看作个人的事，国家不要干预和控制，更不要由国家机关直接从事求财利的经济活动。邱濬认为自秦汉以来，成功的发展经济政策都是"听民自为"，反对由国家规定田制及对私人占地施加种种限制，明确主张"苟民自便，何必官为"，反对侵犯富人和商人的利益。邱濬"听民自为"的市场调节思想开始探索中国古代市场经济条件中如何加强市场体系建设、维护市场机制、实施政府调控等，标志着中国传统经济思想发展到了一个新阶段。

（四）国民经济管理思想

1. 重视农业的思想

邱濬首先注意的还是农业问题，"民之所急者衣食也"，"盖天地之立君，凡以为民而已，而民之中。农以业稼穑，乃人所以生生之本，尤为重焉"（《大学衍义补·市桑之令》）。中国的重农思想由来已久，邱濬继承了历代重视农桑的思想，认为农业发展是其他行业发展的基础，多次指出"农者，王政之本"，要求"劝农桑，益种树"。邱濬的农业思想突破了农业和畜牧业的范围，把稼穑、树蓺、牧畜三业相结合，从家庭生产的角度讨论产业发展，"民之所以为生者，田宅而已。有田有宅，则有生生之具。所谓生生之具：稼穑、树蓺、牧畜三者而矣"（《大学衍义补·固邦本》）。邱濬把这重农思想具体化，认为既可以繁荣城市经济，又能富民富国，"三者既具，则有衣食之资，用度之费"（《大学衍义补·固邦本》）。邱濬还论述了城市资源思想，认为山林是城市发展的重要资源但过度滥伐导致山林稀少，"不知何人，始于何时……伐木取材，折枝为薪，烧柴为炭，致使木植日稀"（《大学衍义补·驭夷狄》）。

2. 配丁限田思想

面对严重的土地问题，邱濬既维护土地私有制又主张限制土地兼并。他认为夏商周三代"井田已废千余年矣，决无可复之理"（《大学衍义补·卷一四》），提出"配丁限田法"。配丁限田法，"一丁惟许占田一顷，余数不许超过五十亩"（《大学衍义补·卷一四》），实际上是一种限田制度，每人可以拥有田一顷，超过一顷的维持现状，徭役按拥有田地人口来征发，这限制了皇亲、国戚、官僚、贵族、大地主无限制占有土地的现象。邱濬作为地主阶级的典型代表，他的主张很自然地反映出了其阶级实质，带有保护大官僚大地主阶级既得利益的一面。邱濬的"配丁限田法"主张，既有利于鼓励农民开垦荒地、发展生产，也有利于保护地主阶级的利益，最终是为巩固明朝的封建统治服务。但这是在不触动地主阶级利益下对未出现的兼并未雨绸缪，与历代思想家提出的土地分配方案相比，有明显的妥协性，是不可能从根本上解决农民的土地问题的。

3. 富民思想

"安富""保富"思想在邱濬的经济思想中占有重要地位。邱濬从"藏富于民"的儒家思想出发，认为"民之富，即君之富""财生于天，产于地，成于人"（《大学衍义补·卷二》），认为人是治理国家和发展经济最主要因素，要养民。他主张裕民政策，把"富民"当成治国安邦的首要任务，但他并不主张人人皆富，认为"天生众民，有贫有富"是自然之理。邱濬认为富民的存在是社会和经济发展的需要，国家的强弱取决于富民的多少，"天下之盛衰在庶民，庶民多则国势盛，庶民寡则国势衰"（《大学衍义补·卷一三》）。邱濬极力维护富民和贵族阶级的利益，公开为富民呐喊、为富民辩护，他反对抑商观点，认为"贫吾民也，富亦吾民也"（《大学衍义补·市籴之令》）。强调富民是国家的基础，富民是贫民所依靠的来源。他主张减轻赋税，推崇"民为邦本"的价值观，诠释着"下养民，上富国"思想。

4. 财政思想

《大学衍义补》中，邱濬把财政问题视为治国之本，提出了"理财为天下之要道，财用为立国之本"的思想，认为财政问题直接关系到国富民强，兵之强弱，世之治乱，是人君治世、大臣经国必须重视的重要问题。邱濬的财政思想涉及面很广，涉及理财、节用、岁入赋税等，反映了经济发展的背景。他的这种财政思想继承了儒家的财政经济教条，承袭了儒家的节用爱民的基本观点，将"仁"的哲学普遍推行于财政，排斥了与之相对立的各种财政措施，把宋代道学家的注释奉为至高无上的原则。

邱濬提出了为民理财思想，"理财者，乃为民而理，理民之财尔"。他主张为民理财比为国理财更重要，"善于畜国者，必先理民之财，而为国理财者次之"，主张民财是国财的源泉，调强国君理财必须做到"富者安其富，贫者不至于贫"（《大学衍义补·市籴之令》），他否定将国家财政"专用之以奉一人"，主张民不足则取之君。

5. 疏通漕运

邱濬主张用海运代替河运，将江南漕粮运往京师。为了驳斥那种认为海运损失甚大的错误观点，他列举了元王朝至正二十年至天历二年共四十七年的海运粮食石数及其损失数字，对比分析，证明海运比河运有利。在邱濬以前的思想家也有运用统计数字来作为其论点佐证的，但一般都只利用过个别年度的数字。邱濬从国家要减轻漕赋、逐步完善漕运制度，及海运与河运应双管齐下等角度，将自己的漕运思想加以整理著述并收录在《大学衍义补》中。

（五）统计思想

邱濬是南宋郑伯谦以后又一个非常重视会计的思想家。[①] 他主张设

---

① 胡寄窗：《中国经济思想史》下，上海财经大学出版社 1998 年版，第 363 页。

立会计稽查制度，"凡天下秋粮、夏税、户口、盐钞……一一开具"
（《大学衍义补》）。他从不设立稽查制度的弊端谈起，"一年之内所出之
数比所入之数或有余或不足或均适"（《大学衍义补》）。是否盈余，不
建立会计制度则无法"瞭然在目"，建立会计则会"国计不亏而岁用有
余矣"（《大学衍义补》）。

邱濬主张设立专门的政府机构来进行统计、会计、预算工作，并建
议依照汉代旧例，设立"计相"一类的官员来统管这类工作。邱濬用
长达 47 年的统计数据，对统计数字进行了加工、计算，主张依据数据
对经济政策进行调控。他要求每年统计人口数量、粮食生产数量、各类
仓库蓄积数量，同时统计官吏、士兵、膳生员数量，汇总后统计国家一
年消费开支多少，存余多少，国家财富历年盈余积累多少，然后再根据
这些数据，决定具体财政政策是出减免赋税还是收缩支出。会计工作
中，邱濬主张"钩考"（审核）和"书记"（簿记）应当分立，不由一
人专管。他还建议，仿照唐人编制《国计簿》和宋人编制《会计录》
的先例，将明代自洪武以迄弘治的各朝财政收支，编成会计录，每朝一
卷。会计录不是每年都要编制，而是根据各朝岁计出入最多一年的数字
进行编制，以此代表一朝的岁计情况。

二　明朝的对外贸易思想

（一）禁止对外贸易的思想

冯璋（生卒年不详）认为应该禁止对外贸易。第一，对外贸易严
重威胁了国家安全。冯璋在《通番舶议》中说"其初番中，本无盐硝、
火药，亦无铳炮器具，后因中国之人接济往来，私相教习，违犯严禁，
将带出境，以济番人之用。如佛郎机大铳、鸟铳、手铳，为害最大，然
犹惧有法网，交换未多，番人以为难得。若今明开通税之门，略同互市
之法，火铳、火药公然交易，得番人无用之物，济番人有用之器，是持
其柄而授之兵也。"在没有贸易的时候，外国因为经济和技术落后等原
因无法制造出火药、铳炮器具等物品，对外贸易使得军火走私成为可
能，这无异于将武器直接送到外国手上，严重威胁了国家安全。第二，
国家难以管理对外贸易。"通番之人，必是积年在海强徒恶少，舍命轻
生，藐视官法。"（《通番舶议》）冯璋认为从事海外贸易的人都是一些

"强徒恶少"，他们"藐视官法"，不利于政府管理。第三，对外贸易影响社会治安。"又况泉漳风俗，嗜利通番，今虽重以充军处死之条，尚犹结党成风，造船出海，私相贸易，恬无畏忌，设使宽立科条，明许通税，顽民借口势宗擅权，出海者愈多，而私贸私易者，不过治以笞杖之罪而已。自此益无禁忌，恐其法坏于上，利归于下，无补国计之分毫也。"（《通番舶议》）在立法尚严的现今，尚且结党成风，泉漳等地本就有对外贸易的风俗，如果放开政策进行贸易，更会助长这种风气，严重影响社会治安。第四，对外贸易是引起祸乱的原因。他认为元朝正是因为贪图海上贸易的小利造成了祸患，"终启日本之祸，末年乃有张士诚、方国珍海上之变"（《通番舶议》）。海禁政策是"万世宏远不易之定计"，"生后人无穷之患，恐其即开而难塞"（《通番舶议》），一旦废除，祸乱就开始，以后想要再实行"海禁"就更难。第五，对外贸易中逃税漏税问题突出。"强徒恶少"不仅"藐视官法"，他们还会"躲名匿税"，"奸猾商人"通常"徒有开税之名，而终无可税之实，势所难禁者也"（《通番舶议》）。对外贸易中逃税偷税现象过于频繁而政府又难以管理，政府的税收收入无法得到保障。第六，对外贸易"无补国计之分毫"。"商贩所来，不过胡椒、苏木等件，民间用之不多，食之有限，贩来既盛，价值必轻"，国外商人带来的进口货物价值不高，国内需求不多，而国内出口的货物价值高，都是外国人需求强烈的物品，"得番人无用之物，济番人有用之器"，用技术含量高的物品交换实用价值低的物品，这种对外贸易对于本国经济毫无益处。

归有光（1507—1571 年）认为放松通番禁令开放贸易是荒谬之举，他在《论御倭书》中写道"议者又谓宜开互市，弛通番之禁。此尤悖谬之甚者"。同时还以古人之言来教育那些提倡对外开放贸易的人，"元人有言，古之圣王，务修其德，不贵远物"。归有光认为倭寇源于违反禁令、内外勾结，"况亡命无籍之徒，违上所禁，不顾私出外境下海之律，买港求通，勾引外夷，酿成百年之祸"（《论御倭书》）。

朱纨（1494—1550 年）认为内外勾结导致了倭寇之乱，他在《阅视海防事》中提到内外勾结导致了倭寇之乱，不严令禁止船只出海，倭寇之乱势必无法解决，"（漳州沿海）贼船番船则兵利甲坚……臣反复思维，不禁乡官之渡船，则海道不可清也。故不惜怨谤，行令禁革，以清弊源"。

胡宗宪（1512—1565 年）也持有相同的意见。他认为倭寇能够动辄千万计的人数出没，正是因为内地奸人接济货物并予以向导，只有彻底禁海才能保障国家的安全，"倭奴拥众而来，动以千万计，非能自至也，由内地奸人接济之也……济以米、水，然后敢久延，济以货物，然后敢贸易，济以向导，然后敢深入。海洋有接济，犹北陲之有奸细也，奸细除而后被虏可驱，接济严而后倭夷可靖"（《广福人通番当禁论》）。

总的来说，以上海禁论者的观点可以主要总结为以下几点。第一，"严华夷之防"。儒家思想中的"大一统"观念根深蒂固，中国是"天朝上国""礼仪教化之邦"，在这种思想的指导下，中国主张"不战而屈人之兵"的藩属关系。在统治者看来，中国的文明程度是藩属国不可比拟的。在这种不平等关系的背景下，强调"严华夷之防"就不足为奇。冯璋《通番舶议》中说"既称通番之人，必是积年在海。强交通之路，生人混淆、夷夏无别，其害将不可收也。"王忬《条处海防事宜仰祈速赐施行疏》中"臣惟《春秋》之义每于华夷之限，而祖宗之制犹重于倭寇之防。"不通华夷就成为传统理念，成为维护国家安全的基本措施。第二，"酿成百年之祸"。在"华夷"观念的基础上，大多数人认为没有"严华夷之防"，违背"祖训"就成了祸乱的根源。归有光在《论御倭书》中就写道："不顾私出外境下海之律，买港求通，勾引外夷，酿成百年之祸。"第三，"无补国计之分毫"。在明代，自给自足的农业经济在社会经济生活中仍然占据着主导地位。封建社会中传统的"重农轻商"思想仍然影响着这个时代，"轻商"思想认为商业过度发展会影响作为一国之本的农业。随着资本主义萌芽和商品经济的发展，明代中后期传统的"轻商""抑商"思想受到了冲击，但是保守派仍然保持着这种观念，他们大多认为出海通商对于经济没有任何益处，"自此益无禁忌，恐其法坏于上，利归于下，无补国计之分毫也"（《通番舶议》）。

（二）支持开海通商的贸易思想

唐枢（1494—1574 年）认为，对外贸易是大势所趋，应该顺应时势开放贸易。第一，趋利是人的本性，对外贸易的趋势不可避免。在《复胡梅林论处王直》中，他指出"华夷同体，有无相通，实理势之所必然。中国与夷，各擅土产，故贸易难绝，利之所在，人必趋之。本朝立法，许其贡而禁其为市，夫贡必持货与市兼行，盖非所以绝之"。（《复胡梅林论处王直》）第二，从国家安全方面来说。禁海对国家治安有所威胁，出海成为许多人的谋生手段，禁海使得一些人失去生活来源、落海为寇，"嘉靖六七年后，守奉公严禁商道，不通商人，失其生理，于是转而为寇"。开放贸易使百姓生活得到保障，各自安于本业，滋生祸乱的因素进一步减少，"使有力者，既已从商而无异心，则琐琐之辈，自能各安本业，无所效尤，以为适从"。第三，从国家财政方面来说，唐枢认为"开市，必有常税。向来海上市货暗通，而费归私室。若立官收料，倍于广福多甚。况今海上成额，即令事平，必欲如九边故事，定立年例，以充饷费"。开放贸易就能将商人的获利收归国家所有，税收增加了，就可以用以支持军队，同时，"且兵荒之余，百姓贫苦，不忍加赋"（《复胡梅林论处王直》），这也解决了财政支出增加与百姓税赋过重的问题。

许孚远（1535—1604 年）认为开海不仅有助于解决倭寇之乱，保障国家安全，而且对于民生以及财政大有裨益。《疏通海禁疏》开篇写道："批据潭州府海巧同知王应干呈称：查得漳属龙溪、海澄二县，地临滨海，半系斥卤之区，多赖海市为业……迨隆庆年间，奉军门涂右佥都御史议，开禁例题，准通行许贩东西，诸番惟日本倭奴素为中国患者，仍旧禁绝。二十余载，民生安乐，岁征税饷二万有奇，漳南兵食藉以充裕。近奉文禁绝，番商民心汹汹告扰。"许孚远首先将嘉靖和隆庆年间不同的贸易政策与结果进行对比，发现实行海禁的嘉靖时期深受倭患困扰，而开海政策下的隆庆年间民生安乐。他的观点分为以下几个方面。第一，对外贸易有助于国家治安。许孚远认为"市通则寇转而为商，市禁则商转而为寇"，这就是通市与国家治安之间的关系。他认为海上贸易并不是倭患的原因，反而通过海上贸易才能解决倭寇之乱，正所谓"往者商舶之开，正以安反侧杜乱萌也"。"请开市舶，易私贩而为公贩……几三十载，寺大盗不作，而海宇宴如。"因此只要通市，开海进行贸易，就可以达到"海宇宴如"。第二，对外贸易有助于民生和国家财政。沿海百姓"以贩海为生，其来已久""田不足耕，非市舶无以助衣食"，地理位置决定了沿海百姓靠海维生，禁止对外贸易不仅会加重倭患，还会降低百姓的生活质量。"又商船坚固数倍，兵船临事可资调遣之用；商税二万不烦督责，军需亦免搜括之劳。市舶一通，有此数利，不然防一日本，而并弃诸国，绝商贾之利，启寇盗之端。"开放出海，不仅可以调动商船作为军事力量，从对外贸易中获得的税收收入还可以补给军费，免除对百姓的额外征收，减轻政府的财政负担。第三，对外贸易是有限制性、有规划地进行开放。许孚远认为，"而去此又非禁令之所能及"，一方面，海禁无法杜绝这些货物流出，另一方面，政府可以对出口货物的种类和数量等进行限制，"凡走东西二洋者，制其船只之多寡，严其往来之程限，定其贸易之货物，峻其夹带之典型，重官兵之督责，行保甲之连坐，慎出海之盘诘，禁番夷之留止，厚举首之赏格，蠲反诬之罪累，然而市舶诸人，不恬然就约束而顾身家者，未之有也。"第四，对外贸易是一种历史趋势，是符合当下民情和时代潮流的。"然民情趋利如水，赴壑决之甚易，塞之甚难。"民情如此，就只能顺应趋势进行对外贸易，"禁不便，复之便，急复之为尤便"！只要管制得当，就能将对外贸易的害处转化为益处，禁止对外贸易"不几于因噎而废食乎"？

徐光启在《海防迂说》中提出了通市以御倭的观点，他认为要积极推进对外贸易来抵御倭寇。他从朝廷限贡导致的供给需求矛盾出发，讨论了嘉靖年间倭寇之患的原因，认为正是海禁导致了倭寇之乱，"元时来贡绝少，而市舶极盛，亦百年无患也"。他首先提出海上贸易并不是倭寇祸乱的原因。"盖彼中所用货物，有必资于我者，势不能绝也"。"而市物又少，价时时腾贵，湖丝有每斤价至五两者，其人未能一日忘我贡、市也。"徐光启反复强调日本对于明朝货物的需求十分强烈，依赖性很强，因此不断求"贡市"。而"官市不开，私市不止，自然之势也；又从而严禁之，则商转而为盗，盗而后得为商矣。"在"官市"朝贡无法满足日本对明朝货物需求时，只好发展"私市"，如果政府继续打压"私市"，商人势必与倭寇互相勾结。基于此上原因，他进一步提出只有对外贸易才能解决倭寇之乱的观点。"愚尝有四言于此：惟市而后可以靖倭，惟市而后可以知倭，惟市而后可以制倭，惟市而后可以谋倭。"日本的需求可以通过开放贸易得到满足；在互相贸易的过程中，可以"知倭"，了解日本的国情；解除海禁还有利于缓和海商关系，使明朝可以进一步利用海商的势力"制倭""谋倭"。

何乔远（1558—1632 年）针对财政危机提出开海通商的观点。《请开海禁疏》中有"南京工部右侍郎臣何乔远，为乞开海洋之禁，以安国裕民事"，开海的目的主要是"安国裕民"。第一，开海的必要性。首先，"窃见闽地狭窄，田畴不广，又无水道可通舟楫，上吴越间为商贾。止有贩海一路，可以资生"。同前人一样，从地理位置和自然条件看，沿海人民"田畴不广"，因此"止有贩海一路，可以资生"，海外贸易对于百姓的民生至关重要。其次，"然海滨民众多生理无路，兼以天时旱涝不常，饥馑洊臻，有司不能安抚存恤，致其穷苦益甚，入海从盗"。在严格的海禁制度下，百姓赖以生存的海上贸易无法开展，在发生旱涝等自然灾害时，百姓的生活无法得到保障，只好"入海从盗"。正所谓"海禁一严，无所得食，则转掠海滨。"然后，"且始惟以海贼横劫贩船故，禁一船不许下海，贼既不得志于海，而反为暴于海滨之民"。海禁让海寇无利可图，海寇就会残害沿海百姓。如上所述，百姓的生存依赖于出海，严厉的海禁断绝百姓生路，最终只会逼迫百姓加入海盗的队伍，同无利可图的海寇一起，滋生沿海祸乱。因此，开海是非常有必要的。第二，开海的可行性。首先，"此东、西二洋之夷，多永乐间太监郑和先后招徕入贡之夷，恭敬信顺，与北虏狡悍不同"。何乔远认为，与中国进行长期贸易往来的国家大多都是郑和下西洋招徕中国朝贡的，都是一些恭敬值得信任的国家，与之进行海外贸易对国家安全没有任何威胁。其次，"其人狞顽，惟利是嗜，不畏死而已，而其信义颛一之性，初未尝负我钱物，且至其国者，大率一倍获数千倍之利"。红毛番这种国家主要目的在于与明朝进行贸易，并且与之贸易可以获得巨大利益。最后，商船"俱带有火药器械"，具有一定的防御能力，并且"自郑芝龙招抚之后，颇留心为我保护地方"。何乔远还招抚了海寇集团头目郑芝龙，借助其势力为明朝出海贸易商船护航。综上所述，开海是具备可行性的。第三，开海有助于国内经济发展。《请开海禁疏》中有"大西洋则暹罗、东柬埔、顺化、哩摩诸国道，其国产苏木、胡椒、犀角、象齿、沉香、片脑诸货物，是皆我中国所需。"从进口的角度来看，开海贸易使得我国需要的外国货物进入中国，增加了我国的消费选择，提升我国的福利水平。"是佛郎机为中国养百姓者也。"从出口的角度来看，开海贸易使得我国产品可以销往国外，扩大了我国产品的市场，一个巨大的海外市场使得外需拉动国内经济增长得以实现。第四，开海有利于国家财政收入增长。"我民奸阑出物，官府曾不得其一钱之用，而利尽归于奸民矣。"虽然有海禁的政策，但是私下海上贸易一直都存在，这部分收益一直都为民间所得，如果开放政策，政府从中收税，那势必可以实现足国裕民。"臣伏念万历年间，税以二万余也，立法之始则然也。"万历年间开海就可以获得税银两万余两，"且往者既多，积渐加税，度且不止二万余，但可充闽中兵饷而已"。开海之后贸易量增大，再逐渐加税，势必能够获得更多的税额，获得的这部分税收收入就可以补充军饷，同时也减轻了百姓的负担。

将开海通商者的观点总结起来，主要包含了以下几个方面。第一，"然民情趋利如水"。明朝后期生产力和商品经济持续发展，资本主义势力势必会推动市场向外扩张，这是符合经济一般规律的。伴随着生产力发展而萌芽的经济思想也蕴含了这些因素。相较于海禁者"祖宗之法不可乱"的想法，开海通商者的思想有了一些进步。开海通商者认为在与外国的交往中，对外贸易是自然而然的事。唐枢认为"利之所在，人必趋之"，趋利是人的本性，对外贸易的趋势不可避免。许孚远认为"然民情趋利如水，赴壑决之甚易，塞之甚难"。民情如此，就只能顺应趋势进行对外贸易，只要管制得当，就能将对外贸易的害处转化为益处，禁止对外贸易"不几于因噎而废食乎"？第二，"两利之道"。与海禁者"无补国计之分毫"的观点相比，针对对外贸易对经济的作用，开海通商者有了初步的认识。对外贸易是"两利之道"，对中国和外国都有好处。徐光启认为"且通货既多，我之丝帛诸物，愈有所泄；往者既众，彼中之价亦平：故曰'两利之道'耳。"何乔远还进一步从进口和出口两个方面分析了这个观点。"大西洋则暹罗、东埔寨、顺化、哩摩诸国道，其国产苏木、胡椒、犀角、象齿、沉香、片脑诸货物，是皆我中国所需。"进口增加了我国的消费选择，提升我国的福利水平。"是佛郎机为中国养百姓者也。"出口扩大了我国产品的市场，使得外需拉动国内经济增长得以实现。第三，"市通则寇转而为商，市禁则商转而为寇"。开海通商者不仅认识到了对外贸易并不是倭寇之乱的原因，他们还分析了对外贸易与倭寇之乱的关系，并详细阐述了这之间的传导机制。他们认为海禁导致了倭寇之乱，并且只有通过开海通商才能解决倭寇之乱。许孚远认为"市通则寇转而为商，市禁则商转而为寇"，徐光启认为"官市不开，私市不止，自然之势也；又从而严禁之，则商转而为盗，盗而后得为商矣"，何乔远认为"海禁一严，无所得食，则转掠海滨"。不通市，就无法满足国外对中国货物的需求，无法通过合法途径办成的事就只好选择非法途径。因此海禁就导致了倭寇之乱。第四，"军需亦免搜括之劳"。开海通商一方面有助于经济增长和百姓民生，另一方面又有利于国家财政状况的改善。许孚远认为"商税二万不烦督责，军需亦免搜括之劳"，何乔远认为"且往者既多，积渐加税，度且不止二万余，但可充闽中兵饷而已"。开海通商之后，对外贸易由国家进行管理，以往全部归于商人的利益部分通过税收的形式收归国家，并且随着贸易量的增加和加税，这部分税收收入会逐渐增长，这将最大限度地改善国家财政，将这部分收入补给军饷，也减轻了百姓的赋税，一举两得。

三　王阳明、李贽的经济思想

王阳明（1472—1529 年），名守仁，字伯安，浙江余姚人，曾筑室于阳明洞，世称阳明先生。明孝宗弘治十二年（1499 年）进士，曾任主兵部主事、庐陵知县、右副都御史等官，嘉靖六年（1528 年）兼左都御史，第二年死于任上。王阳明是明代著名思想家，对宋元以来的道学有重要贡献，形成了与程朱理学相抗衡的阳明学说（也称王学）。王阳明提出，在"道"来看，士、农、工、商没有高低先后之分，都是社会发展需要的产业，应明确给予商人的社会地位。他反对困商，认为增加商业税收是"不得已而为之"，不得多抽商人的赋税，主张把赣州、南安两地的商税合为一处，减轻商人赋税。

李贽（公元 1527—1602 年）指出了"谋利"的思想，主张义利结合，把富国放在首位，提出富国的含义，"史迁传货殖则羞贫贱，术平准则厌功利。利固有国者之所讳与！然则，太公之九府，管子之轻重，非欤？夫有国之用与士庶之用，孰大？有国之贫与士庶之贫，孰急？"

（《藏书》）富国思想在中国古代一直存在，在如何富国的道路上，李贽认为要发挥城市工商业的重要作用，要把握大势，认清社会现实发展情况，"天与以致富以才，又借以致富之势。界以强忍之力，赋以趋时之识"（《李氏文集》）。此外，他又提出只有少数认清社会大势的人，才能富裕，"是亦天也，非人也。若非天之所与，则一邑之内，谁是不欲求富贵者，而独此一两人也耶"（《李氏文集》）。李贽为城市工商业辩护，认为工商业是"制四海安边足用之，不可废也"。征收重税使商人"无利自止"，主张减轻商税。

明清时期，城市经济的发展引发对财富和"私"的反思。市民阶层的壮大，李贽提出"私有财产"的讨论符合城市市民对私有财产保护的心理趋势，成为市民思想的代表。在李贽看来，私有财产是市民阶层经济活动的动力，认为这是正常的自然规律，"私者，人之心也"，反映了市民阶层的本质。在他看来，工商业者是城市市民的重要组成，"挟数万之资，经风涛之险，受辱于关吏，忍垢于市易"，更应该重视其"私有财产的保护"。李贽从商品交易的角度解释社会成员之间的关系，认为可以从"欲望"和"资源"去解释市场交易之道，"以天下尽市道之交也"（《论交难》），以"利""势"作为成员之间交往方式势必"利尽则疏""势去则反"（《论交难》），体现出中国式社会成员交际准则。但他不排斥交易，认为不同阶层之间财货各不相同，通过市场交易可以"互通有无"，"以身为市者，自当有为市之货，固不得以圣人而为市井病。身为圣人者，自当有圣人之货，亦不得以圣人而兼市井"（《续焚书》）。

四　徐光启与《农政全书》的经济思想

徐光启（1562—1633 年），字子先，号玄扈，上海人。出生于地主兼商人家庭，幼年家道中落。八岁入读私塾，二十岁［万历九年（1581 年）］考中秀才；三十四岁认识了意大利传教士郭居静，初涉西学；三十五岁时，即在万历二十五年（1597 年），中举人；三十九岁时，徐光启赴南京，与意大利传教士利玛窦相遇，师从利玛窦，两人合作翻译西方名作；万历三十二年（1604 年），四十三岁的徐光启迎来了人生新的际遇，高中进士，登入仕途；万历三十四年，徐光启和利玛窦合作翻译《几何原本》；万历三十五年，《天学初函》传世；崇祯时，任礼部尚书、文渊阁大学士。徐光启是中国古代四大农学家之一，他重视实践、勤于学习，积极制作先进观测仪器，重视理论学习和域外知识，主持编撰《崇祯历书》，奠定了中国近三百年的天文历法基础，代表作为《农政全书》。

《农政全书》分十二大门，计农本、田制、农事、水利、农器、树艺、桑蚕、蚕桑广类、种植、牧养、制造、荒政；每门又分若干子目，凡六十卷，约六十万字。书中征引了大量古代农业文献，反映了明朝各地农民的生产经验和经营技术。该书的写作目的正如徐光启在《农政全书·凡例》中所写："徐文定公忠亮匡躬之节，开物成物之姿，海内具瞻久矣。其生平所学，博究天人，而皆主于实用。至于农事，尤所用心。盖以为先民率育之源，国家富强之本。故尝躬执耒耜之器，亲尝草本之味，随时采集，兼之访问，缀而成书。"书中大量阐述了稻田的旱作技术、棉花甘蔗的栽培经验，同时对开垦、水利和荒政高度重视。尤其花了约三分之一篇幅介绍防灾、救灾措施，提出"藏富于民，积极备荒"。全书记录了一百五十九种栽培植物和种植技术，总结了农、林、牧、副、渔等大农业的经营管理和精耕细作的经验技术。《农政全书》以"农政"为名，体现了"富国必以本业"的农本思想，全书要求主政者从政治上重视农业、从技术上提高产量、从政策上防荒备灾，体系连贯，享有"中国古代农业百科全书"的称号。

表 4-1　　　　　　　　　　　《农政全书》体系目录

条目	主要内容	条目	主要内容
1. 农本	农业在国民经济中的基础地位	7. 桑蚕	栽桑养蚕的技术
2. 田制	对历史上土地制度的考证	8. 蚕桑广类	棉麻作物的栽培
3. 农事	土地开垦、农事季节、气候	9. 种植	经济作物的种植技术
4. 水利	对农田水利的介绍、对西洋水利的介绍	10. 牧养	家畜、家禽的饲养及兽医
5. 农器	介绍从种到收的农具及图谱	11. 制造	农产品加工
6. 树艺	粮食、蔬菜、果蔬的栽培技术	12. 荒政	灾荒时，可供采食的植物名录

（一）农学基础——水利思想

第一，主张南北兴修水利。徐光启认为，明代京师和北部边关对粮食（尤其是军粮）需求猛增，但北方地区水利常年失修，灌溉面积大幅减少，粮食从南方运输耗费惊人。徐光启建议开发西北水利，他赞同徐贞明[①]的主张，认可发展西北水利，既可以改变"惟寄命于天"的旧观实现"田垦而民聚，民聚而赋增"，又可减轻北方人民赋税之苦，有利于东南地区经济发展；同时兴修水利还有设险御侮作用。如果说徐光启从政治角度思考西北水利，那么他对南方水利的考量则完全基于经济需要，他认为东南地区是国家粮食主产地，虽然水域众多但易生涝患，"诚国家之基本，生民之命脉，不可一日而不经理"（《农政全书》）。

第二，提出因地制宜、综合治理思想。他从北方地势高亢、干旱少雨的实际出发，认为应旱时引水、河塞则浚，疏通河道。他强调应找到水患的原因，反对当时"治河先治运"的政策，他通过借用前朝事例，提出南方水患的原因在于水位提高和河尾沙塞。

第三，官为倡率、富民出资的兴修主张。徐光启认为兴修水利需要政府的组织、明确的目标和灵活的方式，提出政府应该设立专门机构和人员统率督查，建立奖惩制度，提倡富民出资。徐光启的水利思想，是为了增加京粮、减轻负担，从根本上说是为了拯救日趋没落的明王朝，但他反映了人民群众对征服自然、以水造福的强烈愿望，体现了荒政治标、水利治本的农学思想。

（二）以农为主的农学体系

第一，提出"财"的含义。他提出"欲论财计，当先辩何者为财？"（《农政全书·卷十六》）认为货币不是财，只有粟帛才是财，粮食衣服是基本必需品和直接劳动产品，徐光启从当时现状重新解读了"货"，认为"生之者众，食之者寡……为之者急，用之者舒，此言货也"（《农政全书·农本》）。他从物品用途出发，诠释货的构成，粟帛虽然是劳动产品，但财货并非仅限于此。

第二，探究"财"的根源。他从"讲求财所出"入手，得出"农

---

① 徐贞明（约 1530—1590），代表作《潞水客谈》，主张在西北兴修水利，进行屯田。

者生财者也"(《徐文定公集·馆课》)，提出财富来自农业的观点。他把手工业和商业看成了农业的辅助，"商出于农，贸易于农隙"(《农政全书·卷三》)。

第三，农业生产总目标"粟多而价贱"。他看到粮食多寡对国家的利弊，提出"今日之大利，在田垦而粟贱"(《农政全书·农本》)。他意识到了粮食数量增多而价格下降的关系，同时指出"和籴易而蓄积多耳，不在多取也"(《农政全书·农本》)。徐光启主张通过增加粮食数量降低粮食价格，粮食价格低便于政府和民众蓄积。为了实现"粟多"目标，他主张多措共举。首先大力垦田，主张授予爵位，"二十人耕水田百亩，入米十石为小旗，内以五石为本名粮，余半纳官"(《农政全书·垦田疏》)。其次，他主张富民出资开垦，强调富民垦田。他认为开垦田地需要借助豪强之力，"何时无豪强，与下民何害，顾用之如何耳"(《农政全书·卷十二》)。他意识到了豪强的作用，却忽视了富民豪强对农民的压迫。最后，他主张发展畜牧业，认为畜牧业可以增加收入，"久而群聚，增人牧守"。徐光启的畜牧业从规模来看，已经不仅是家庭副业，而是有一定基础的经营牧场，"则买小马二十头，大骡马两、三头；又买小牛三十头，大牸三、五头；构草屋数十间；使二人掌管，二人仍各授一便业以为日用饮食之资"(《农政全书·卷四十一》)。

徐光启认为，农业的基础地位由粮食决定的。民以食为天，离开粮食人们不能生产，国家也不能巩固。所以国家治理的基础是农业，"君以民为重，民以食为天，食以农为本"，"故圣人治天下，必本于农"(《农政全书·农本》)。

五　宋应星与《天工开物》的经济思想

宋应星（1587—1666 年）字长庚，江西奉新人。万历四十三年（1614 年）中乡试，崇祯七年（1634 年）任江西分宜教谕，崇祯十一年任福建汀州推官，崇祯十四年任安徽亳州知州。其代表作为《天工开物》，共三卷十八章，涉及农业和工业近三十个部门的技术。其主要经济思想如下。

（一）农工商并重的思想

宋应星在《天工开物·序》中写到"卷分前后，乃贵五谷而贱金玉之义"。重视农业是中国古代思想家共有特征，然而对待工商业的态度却不一样。他以农为本，强调农业是国家经济的基础。《天工开物》讲授了水稻栽培技术、油料作物、甘蔗的播种技术、荞麦的吸肥特征。他坚持法家重视农业、发展生产、繁荣经济的路径，弘扬晁错的"贵五谷而贱金玉"思想，"今天下何尝少白金哉？所少者，田之五谷，山林之木，墙下之桑，洿池之鱼耳"（《天工开物·野议》）。宋应星论述了工业的重要性，全书十八章论述工业的有十二章。他提出了无工业则农业不安的思想，"世无利器，即般、安所施巧哉？"（《天工开物·锤锻》）对待商业，宋应星从空间地域入手，认为人群、物产各不相同，只有商贸往来才能构成社会，而价格的贱贵则促使商人贩卖运输，满足需求。宋应星认为农工商缺一不可，必须加以重视和扶持，经济才能发展，财富才能聚集。

（二）唯物主义自然观

宋应星的自然哲学有两个显著特征：一是源于生产实践和科学技术，二是敢于批判。宋应星所处时代，正是王阳明"心学"盛行。他反对"心外无物"，从生产到天文都对"天人感应"进行了抨击。他把"天工"（自然形成万物的功力）"开物"（开通万物之理）相结合，批判"天人感应"。他认为"天工开物，就是自然形成万物和人对其开放利用"，表明了他跟当时占据正统思想的"心外无物"针锋相对，体现了他从世界本身说明世界的唯物主义自然观。

（三）对待财富的态度

《天工开物》的目的在于介绍生产经验和技术，促进生产、发展经济，改善生活，突出了对待财富的态度。宋应星把财富范围扩大，认为货币也是财富，"财之为言，乃指百货，非专言阿堵也"（《天工开物·野议》）。百货为财，扩大了财富的范围。对待如何取得财富，宋应星提出劳动力和自然相结合，财即生矣，"夫财者，天生地宜，而人功运旋而出者也"（《天工开物·野议》）。自然生财说自管子即起，劳动生财说自管子终。但在这里，宋应星强调劳动的作用，"五谷不能滋生，而生人生之"（《天工开物·野议》）。

（四）高利贷思想

高利贷和土地兼并，是明末统治者控制与剥削农民的主要手段，也是引发农民起义的直接原因。宋应星对高利贷进行了揭露和批判，"因有称贷助成慵懒，甚至左手贷来，右手沽酒市肉，而馈糜且无望焉。即令田亩有收，绩蚕有绪，既有称贷重息，转盻输入富家……夫子母称贷，朘削酿乱如此，而当世建言之人，无片语及之者何也？盖凡力可建言之人，其家未必免此举也。材木不加于山，鱼盐蜃蛤不加于水，五谷不加于田畴，而终日割削右舍左邻以肥己，兵火之至，今而得反之，尚何言哉！"（《天工开物·野议》）宋应星把农民贫困的原因归咎于高利贷的剥削，把它当成"酿乱"的主要原因。宋应星反对高利贷并分析地主阶级从事高利贷活动的特点，指出其不仅榨取小生产者，也促使土地所有者破产，但把它说成农民起义的唯一原因，这点结论过于勉强。

六　陈子龙与《明经世文编》的经济思想

陈子龙（1608—1647 年），明朝晚期地主阶级改革派的著名思想家。字卧子，号大樽，松江府华亭县（今上海松江区）人。早年立志救世、关心国事，以"昌明泾阳之学（顾宪成），振起东林之绪（杜登春：《社学始末》）"为己任。崇祯十年（1637 年），陈子龙中进士，选任徽州府推官。赴任路上，继母去世，回乡丁忧三年，其间编印《明经世文编》。崇祯十三年（1640 年）后入仕，历任诸暨县令、绍兴知府、兵科给事中。明朝灭亡后，积极参加反清斗争，直至被俘，以身殉国，终年 40 岁。《明经世文编》是集体智慧的产物，参与编撰的有徐孚远、宋征璧等复社君子。全书共 504 卷，补遗四卷，以人为纲，按照年代先后为序，选录了四百二十人的文章。综计全书，列名选辑的有 24 人，列名参阅的有 142 人，参加文集的收集或校选工作。[①] 明末处于动荡时代，农民起义频发、国内民族矛盾激化，在严峻的社会危机前，社会上流行士大夫的空疏学风。陈子龙在《明

① 马涛：《新编经济思想史》第 1 卷《中外早期经济思想的发展》，经济科学出版社 2014 年版，第 437—438 页。

经世文编·序》中指出"俗儒是故而非今……故曰'士无实学'"。《明经世文编》的目的在于救世，其经济思想具有明细的实用、通今特征。

（一）"重经济"的救世思想

明朝时期，小农经济发展缓慢，农民处于极端贫困落后状态，生产积极性和生产能力无从发挥，"夫农夫作苦，无间丰凶。岁凶苦谷贵，无钱可买；至丰年，始得石粟，则公私督债，交迫一时，又苦谷贱，所售无几，终岁勤劳，转眼罄空"（《明经世文编》）。陈子龙在编辑文编时，用"以资世用"为标准，特别强调"重经济"特征，"一司农专领度支，丰俭盈缩，必资必计……故广屯种，兴鼓铸，汰冗滥，准食货，其大端也"（《明经世文编·凡例》）。

（二）"护生计、保国家"的民生思想

儒家具有民本思想的传统，《尚书》中介绍"民惟邦本，本固邦宁"，将人民看成国家根本，孟子延续这一观点，提出"民为贵、社稷次之、君为轻"（《孟子·尽心上》），经过几千年的发展，"儒家化善政与为君之道，国君要正己治民，节俭利民，厚生养民"[1]。《明经世文编》中记载了明代士大夫的部分奏疏议论，多讨论民生问题，士大夫多受儒家思想影响，如谢迁（1449—1531 年）以道事君促成弘治中兴；王守仁（1472—1529 年）提出"养遂而民生可厚矣"思想，规劝皇帝休养生息；张居正则将民生作为宁邦固本基础，提出"庶民生可遂而邦本获宁也"（《陈六事疏》）。明代士大夫对民生问题的讨论，以解决人民生计、保障国家长治久安为目的，提出整顿吏治改善官民关系，如赵南星（1550—1628 年）提出"吏治浊而民生苦"。明代士大夫对民生问题的讨论，践行了儒家"重视民生、使民顺遂"的民本思想。民生与国计乃一体两面，国家和社会也紧密相连。吏治与民生的关系，说明了为官一任造福一方的思想对古代官吏的基本要求，也是儒家思想对朝廷勤政爱民治理理念的塑造。

---

① 常建华：《明代士大夫的民生思想及其政治实践——以《明经世文编》为中心》，《古代文明》2015 年第 4 期。

（三）轻徭薄赋的财税思想

明朝中期，赋役盘剥严重。北方原来"永不起科"的土地，在景泰时期全都征收赋税。万历四十六年（1618 年），借口辽东战事，征收"辽饷"，相当于全年总赋税的三分之一以上；天启年间（1621—1627 年），又增添关税、盐课、杂项等赋税徭役。《明经世文编》对此给予了无情的批判，"嘉靖者，言家家皆净，而无财用也"（《明经世文编·治安疏》）、"人民逃散，闾里萧条""其仅存者，屑槐柳之皮，杂糠而食之，父弃其子，夫弃其妻，插标于头置之通衢，一饱而易，命曰人市"（《明经世文编·山西灾荒疏》）。针对上述情况，《明经世文编》中提出了轻徭薄赋以纾民困的主张，提出减缓专项赋税，如减免苏州办驿传马匹二万一千余两，减免麦税、芦席税赋，"宽一份而民受一分之惠"。同时，《明经世文编》还主张厉行节俭，张居正主张"爱民者必先节用"，魏大忠主张"发内帑以宽加派"等措施。《明经世文编》中记载的厉行节俭、轻徭薄赋政策都是封建国家面临社会困苦、社会动荡、缓解矛盾的一种工具，这种政策无法从根本上解决明代的社会矛盾。

（四）"因民所便"的货币思想

陈子龙的货币思想体现在其《钞币论》中，他提出"因民所便"，主张发行钞币解决社会出现的威胁朝廷稳定的铜银货币严重匮乏的货币危机。陈子龙提出"终元之世，无一人知有钱之用，而衣于钞，食于钞，贫且富于钞，岂尽禁令使然哉！"（《钞币论》）第一，陈子龙指出钞作为货币，具有基本的流通作用，可以交换基本的生活资料，保障物质流动。"楮非钱也，而可执券以取钱，无致远之劳，有厚赍之用。"（《钱币刍议》）第二，陈子龙指出了货币流通的差异。他认为货币具有两方面作用：可以致富亦可以致贫。在货币流通作用下，出现了"贫""富"差异，货币在差别流通中发挥调节作用。第三，陈子龙提出"便行于财，不可久矣"思想。他认识到金银钱币是衡量货币财富的尺度，"夫金银钱币，所以衡财也"（《明经世文编》），但没有认识到货币的其他职能。他提出"钞以便于行财耳，以钞为财则万不可久也"（《明经世文编》），看到了钞的流通便利性，但又不把钞作为财富的标准。陈子龙的货币思想含有矛盾之处，这恰恰说明纸钞作为商品交换的工具具有时代特征。

七　《明史·食货志》的经济思想

《明史·食货志》共六卷，记述了洪武元年（1368年）至崇祯十七年（1664年）共二百七十六年的经济史事，主要从户籍制度、土地制度、赋役制度以及货币制度等方面记录了明朝的经济政策及经济状况，涉及户口、田制、赋役、漕运、仓库、盐法、茶法、钱钞、坑冶、商税、市舶、马市、上供、采造、柴炭、采木、珠池、织造、烧造、俸饷、会计。《食货志》阐述了"富国之本，在于农桑"，"强本节用，为理财之要"的传统经济思想，其"理财之道"贯穿在《食货志》各卷之中。

（一）生产思想

明朝时期，认为加强农业生产和节省政府开支是进行财政管理的两大关键，即"国初之充裕在勤农桑，而不在行钞法也。夫强本节用，为理财之要"。而促进经济发展的途径主要涉及户籍、田制以及盐茶矿管理制度。

1. 建立完备的户籍管理制度

通过籍天下户口，置户帖、户籍，"有司岁计其登耗以闻"，以年为单位，每年汇报人口增减情况。将户籍分为"民，军，匠"，三等人口按照各自职业记载入册，通过"毕以其业著籍"等途径，保障各行业劳动力的有效供给和管理。确立管理"逃户""流民""附籍者""移徙者"的管理制度，政府应当实施一定的福利措施鼓励其生产，"归本者，劳徕安辑，给牛、种、口粮"，当大规模流民出现时，可"置郡县之法，使近者附籍，远者设州县以抚之"。对于平衡人地矛盾，明朝将地少人多之处迁徙到人少地多之处，"古狭乡之民，听迁之宽乡，欲地无遗利，人无失业也"，同时增加补贴、减少赋税以减轻民众负担，"给牛、种、车、粮，以资遣之，三年不征其税"，或是将其"散处诸府卫，籍为军者给衣粮，民给田"，还可以通过设置屯所，开垦土地等措施安置百姓。

2. 制定田制

"富国之本，在于农桑"，朱元璋即位之初，便开始核田亩、定赋税的工作。明朝田制分为"民田"和"官田"，政府通过编著鱼鳞册和黄册，考核田亩，制定赋税制度，打击富户躲避赋税现象，"富民畏避徭役，大率以田产寄他户，谓之铁脚诡寄"。另外，政府还要开垦荒地，统计户口并按规定授予田地，设置"司农司"，管理黄河以南的事务。政府鼓励耕种，"召民耕，人给十五亩，蔬地二亩，免租三年"，主张通过实行屯田制度，利用劳动人口，"立民兵万户府，寓兵于农"。明代屯田有军屯和民屯。军屯由卫所管理，边镇的驻军，三成人口守卫城池七成人口屯田进行生产；内地驻军，二成人口守卫城池，八成人口进行生产。此外还有商屯，这是明政府利用食盐专卖供给边军粮草的措施，即募民在边地屯垦，就地交粮草，换取盐引领盐。

3. 制定盐法、茶法，加强对矿产开采管理

盐不再是政府专营管理，可令盐商贩卖，通过纳税使得政府获利，"立盐法，置局设官，令商人贩鬻，二十取一，以资军饷"。同时设置盐官，照辖区划区对盐生产进行管理；当私盐屡禁不止时，减低正盐价格可使"私贩自息"；区别商人盐引价格；罢除官买余盐，免除各盐运司临时征收的赋税，改善商人的困窘局面，避免"旧有盐引壅塞停滞"的现象。

对于茶法的管理，政府实行茶引政策，令商人于产茶地买茶，纳钱请引；加强设置机构如"置茶局批验所""茶马司"等，鼓励民众举报、制定严法加强对私茶管控，"无由、引及茶引相离者，人得告捕"。

对于矿产的开采，明朝前期指出开银场弊大于利。对于铁矿的管理，明朝设置铁冶所、铁厂，禁止私贩，延循旧制。至洪武时期，开办诸多银坑，并规定其缴纳赋税。英宗时期"下诏封坑穴，撤闸办官"，后由于民众盗矿，重开银场；后又由于众多银所因开采空绝而停止开发，而后官家、私人竞相开采，"于是公私交骛矿利"之后，"开采之端启，无地不开"，宦官四处出派，欺压百姓。

（二）货币思想与政策

1. 钱钞通行，禁止私铸

明初曾推行纸币。洪武八年发行大明通行宝钞。钞一贯准银一两，四贯准黄金二两。开始时大明宝钞与铜钱并用，百文以下用钱。商税钱三钞七。后禁用铜钱，实行纯粹纸币流通制度，但推行困难。永乐二年

（1404 年）实行户口食盐法以收钞。宣德时（1426—1435 年），加税以收钞，但最后钞仍不行。

第一，对于宝钞的发放数量政府有规定：量多则价低，量少则贵重，出现钞的发行数量与市场需求不一致时，要回收市面部分流通的纸钞，重新规定数量，即"度量轻重，加其课。钞入官，官取昏软者悉毁之"。

第二，政府限制民间用银钱进行交易。更着重使用钞，这样可"禁民间不得以金银物货交易，违者罪之；以金银易钞者听"；规定商税缴纳"兼收钱钞，钱三钞七"，盐粮赋税缴纳皆用钞；若钞使用年久溃烂，"立倒钞法"可以旧钞换新钞，官员、军士的俸禄"皆给钞"。但这导致百姓重钱轻钞，导致物价上涨，"民重钱轻钞，有以钱百六十文折钞一贯者，由是物价翔贵，而钞法益坏不行"。由于"钞壅不行"，所以统治者开始放松对银钱交易的禁令，钱钞兼收，之后宦官专权，钞长久不流通，钱也很壅塞，所以更加专用银，开始了大规模铸钱，提高了铸币成本，"盖以费多利少则私铸自息也"。

2. 调节宝钞币值的政策

明仁宗即位（1425 年）后，因钞法混乱，钞票贬值，流通阻滞，商议提高大明宝钞钞值的办法。户部尚书夏原吉提出让有宝钞的商户以钞换盐引，于是规定各盐司收宝钞给盐引，沧州以三百贯宝钞兑换一盐引，河东、山东减半，福建、广东以百贯换一盐引。

（三）财税思想

1. 十税一的赋税之法

《明史·食货志一》有一篇短序，扼要概述明代财政经济状况以及强本节用原则，认为明前期"百姓充实，府藏衍溢"，"劝（劝）农务垦辟，土无莱芜，人敦本业"。世宗以后"府库匮竭"，神宗时"加赋重征"，"横敛侵渔"，而"民多逐末，田卒污莱"，以至"海内困敝，而储积益以空乏"。明初设立"赋税十取一"。明太祖即位之初，以黄册来定赋税之法："租曰夏税，曰秋粮，凡二等。夏税无过八月，秋粮无过明年二月。"征收的内容以米麦为主，绵、绢、钱钞等为辅，前者称"本色"，后者称"折色"。洪武九年，以银、钞、钱、绢折纳税粮，银一两，钱千文，钞一贯，各折米一石，小麦则减值十分之二。正统元年，将南方不通舟楫地区的运京俸米折成布、绢、银解京，米麦一石折银二钱五分，减少了路途耗费，此银入内承运库，称为"金花银"。并作为长期实行的规定，各地赋税都折成银两缴纳。百姓赋税逐渐增加，而拖欠税粮的方法越来越巧妙。万历时期（1573—1619年），已经缴纳应当上解却拖延至越过期限的有的达十年，没有征缴却上报说已征收的，一个县中有达十万之数。赋税拖欠之多，各县有数十万两，依赖一条鞭法的推行，才没有其他课征的骚扰，不至于过多损伤民力。

2. 盐法政策

明太祖建国之初，就订立了盐法制度，盐税按二十分之一征收，用以资助军饷。由于盐具有垄断专卖的特性，往往可以作为特殊手段进行物资调控，如广东的盐，按规定是不出境销售的，但商人大都贿赂把守关口的官吏，越境到广西销售。巡抚叶盛认为听任商人的行为则会破坏法令，若禁止他们则会损害商人的利益，奏请下令要商人向边镇输送粮食，才允许他们出境销售盐，这样对公对私都有利。成化初年（1465年），连年灾荒，京城储粮不足，朝廷到淮安、徐州、德州的港口粮仓纳粮换盐。

第三节　前古典时期重商主义经济思想

重商主义的经济思想是基于对现实的观察，上升为政策导向。商人兼经济思想家的现象在英国非常突出，但这些人在其著作中很少讨论私人利益——尽管这些利益受他们主张影响——这与当时英国传统环境有关。正如斯皮格尔指出："经济著作当做特别吁请变得可疑了。试图消除这种怀疑很可能倒产生更多的怀疑来。这些尝试同城采用声明的形式，作者在其中申明忠诚社会利益，许诺不把这些置于他自己的利益之上。"①

---

① ［美］威廉·斯皮格尔：《经济思想的成长》，晏智杰等译，中国社会科学出版社1991年版，第84页。

重商主义产生于 15 世纪西欧封建制度解体和资本主义生产方式交融期，迎合了这一时期商业资产阶级的利益。开始时，重商主义作为封建国家经济政策，并逐渐发展到重商主义政策体系和经济学说，盛行于16—17 世纪，在 18 世纪下半叶逐渐消沉、瓦解。中世纪西欧商品经济发展，伴随地理大发现和随之而来的价格革命，成为刺激商品货币关系强大的推动力。一方面，小商品生产者两极分化，对农民土地的强力剥削和海外殖民掠夺的政府，推进了商品货币关系向资本关系的转型；另一方面，中央集权的民族国家日渐成型，海外市场的扩大和共同的利益关系，促进了王室和新兴阶层对金钱的追求，探索"剩余价值"获取的途径，成为这个时代追寻的课题。

重商主义矢志不渝地追求财富积累，把追求更多的货币资本作为立国之本。限于历史条件时空，重商主义者把"剩余价值"归结于流通流域，甚至认为对外贸易是谋取利润的来源，然而与宗教伦理转变到世俗标准和原则相比，他们确是进了一大步。早期的重商主义追求金银，而随着更接近现实和从流通领域看问题的视角，晚期重商主义更集中讨论到贸易差额。

1600—1667 年这段时间，欧洲只有一年没有战争。英国在 1588 年成功击败西班牙的无敌舰队，一跃成为欧洲强国。17 世纪，英国从同荷兰竞争中脱颖而出，成为欧洲最强大的商业民族，18 世纪上半期，结束了法国的扩张，成为欧洲最强大的军事国家。重商主义思想也伴随英国并步而起。重商主义（Mercantilism）一词在重商主义流行的二百多年并未出现，只偶尔出现在 18 世纪下半叶的重农学派著作中，真正赋予该词确切含义的是亚当·斯密。斯密在《国富论》中，第一次将重商主义作为同重农主义相对照的一种政治经济学体系加以论述，尽管他采用的是"商人体系"或"商业体系"。亚当·斯密之后，"重商主义"的提法逐渐被人们接受。

重商主义是被用来称呼 16—18 世纪中叶的经济思想和经济实践。经院哲学的经济思想和经济文献主要出于中世纪牧师或神职人员之手，而重商主义的经济思想和实践则是商人的杰作。重商主义时期，经济思想的重要特点是每个人都是自己的经济学家。不同"经济学家"持有不同的观点，每位学者都倾向集中于一个主题。这个时代所呈现出的特征是，经济学主要表现是特定经济问题的小册子。重商主义主要的经济思想集中在法国和英国。

西方重商主义的发展经历了两个阶段——早期重商主义和晚期重商主义。早期重商主义约从 15 世纪到 16 世纪中叶，晚期重商主义从 16 世纪下半期到 17 世纪中叶。早期重商主义的代表人物有英国的约翰·海尔斯、威廉·斯塔福德、热拉尔·德·马利内和法国的让·博丹、巴泰莱迈·德·拉菲马斯、安徒安·德·孟克列钦。晚期重商主义的代表人物有英国的爱德华·米塞尔登、托马斯·孟、乔赛亚·蔡尔德、查尔斯·达芬南和法国的让·巴蒂斯特·柯尔贝尔。早期和晚期重商主义的相同点是都以商业流通为研究对象，认为货币（金、银）是最好的财富，一切经济活动的目的都是为了获得货币；财富的直接源泉在于商业流通，除了开采金银矿外，商业是获得货币财富的唯一源泉，在商业中，国内贸易不能增加一国货币总量，只有对外贸易才能使一国货币财富增加；利润是贱买贵卖的结果，是一种让渡收入，只有对外贸易才能为一国带来真正的利润；对外贸易的原则是少买多卖，少支出多收入，实现外贸顺差，而国内的商品生产应服从于外贸出口需要，主张鼓励和发展有利于出口的本国工场手工业；主张国家积极干预经济生活，如垄断对外贸易、奖励和监督工业生产、保护关税等。总之，采取有力措施保护本国商业和工业，促进对外贸易的发展。

早期重商主义和晚期重商主义的不同点在于对获取财富方法的认识和对货币的态度。早期重商主义主张国家以行政手段禁止货币外流，禁止金银出口，鼓励吸收外国货币，通过对外贸易的少买多卖，使本国货币增加，使货币贮藏于国内；主张外贸可以输出制成品，也可以输出原料，忽视生产等。而晚期重商主义主张国家允许货币输出国外，扩大对外国商品的购买，加工后再输出，或发展转口贸易，但必须保证把更多的货币运回国内，即保证外贸出超，认为只有把货币投入流通中才能获得更多的货币，把货币贮藏起来不能增加货币；主张限制或禁止原料出口，对外国货物的购买，要少买成品多买原料，强调进口原料、工具，以发展本国出口商品的生产；重视生产，强调发展本国商品生产是发展对外贸易的重要基础。早期重商主义又被称为重金主义或货币差额论，晚期重商主义又被称为重工主义或贸易差额论。早期重商主义主要是把货币看作贮藏手段，即以贮藏货币的形式积累财富；坚持 G—W—G' 的流通公式；主张每一次对外贸易都须顺差。而晚期重商主义则已把货币看作在运动中增殖自身的手段，看作货币资本，主张把货币投入流通以带来更多的货币；坚持货币的 G—W—P—W' —G' 的运动公式；认为只要贸易总额出超就能保证本国货币财富的增加，在一定时期或对一定国家出现外贸逆差也可以允许。

重商主义经济思想主要受三个方面的影响。一是 14—16 世纪欧洲文艺复兴的思想启迪。劳动致富、创新致富成为社会主流，商业和新兴中产阶级逐渐成长。二是地理大发现的市场刺激。大航海和地理大发现勾勒出最初的世界体系，全球化市场扩大刺激了海外贸易的繁荣和商业资本的流通，促进了欧洲民族国家的兴起和现代社会的转型。三是宗教和神权精神控制减弱。新兴国家基于自身利益出发，试图摆脱宗教和神权的精神控制，建立起以国家利益为核心的国家体系，对外谋求民族独立、对内加强统治。

重商主义从货币财富观出发，认为货币就是财富，而货币主要产生于金银生产部门和外贸部门，金银的增多又体现于流通领域而非生产领域。因此重商主义把生产劳动归结为生产金银和外贸部门的劳动，流通（对外贸易）是财富的源泉。

一　法国的重商主义经济思想

法国在 16—17 世纪，工厂手工业有了一定发展。随着地理大发现，国内贸易繁荣，法国的商业资本有了长足发展。同时，封建的法国政府也把殖民贸易看成扩大财源的工具，先后在美洲、非洲、亚洲建立了殖民地和海外殖民公司。在当时，封建制度在法国占据统治地位，地主阶级的庄园制仍然发展迅猛，严重阻碍了法国资本主义经济发展。农民遭受封建地主的剥削，农业仍然是农民主要从事的产业，农业生产技术落后，农村十分贫困。在这种条件下，重商主义在法国具有极强的地域特色。代表人物为蒙克莱田和柯尔贝尔。

（一）蒙克莱田的经济思想

安徒安·德·蒙克莱田（孟克列钦）（1575—1622 年），是 17 世纪法国重商主义代表人物。他是一个新教徒，积极支持宗教改革运动，同时作为一个金属器皿的制造业主，关心法国政府政策。1615 年，他发表了《献给国王和王太后的政治经济学》。在这本书中，他第一次提出了"政治经济学"这个名词，并用它作为书名。蒙克莱田想用此来说明这本书所阐述的问题不仅已经超过了家庭管理的范畴，而且涉及了整个国家经济，他在书中讨论了工厂手工业、商业、航海业等诸多行业和经济政策。

1. 蒙克莱田对商业的态度

蒙克莱田重视商业，主张每个人都应该工作，反对懈怠。他认为人生就应该不断地运动和工作，认为国家政策应达到没有人懈怠。他反对松懈，认为懈怠是繁荣和富裕的瘟疫，是罪恶之母。他从法国利益角度出发，认为政府的目标是保持国家的长久繁荣。他主张推行有利于法国商人的政策，提倡建立新式工厂手工业，提高商品质量，通过竞争把外国商品排除到法国本土以外。他同其他重商主义者一样，特别重视金银，把黄金提高到政府治理高度。因为获得黄金的途径只能通过对外贸易，因此他建议政府应该扶持本国的对外贸易。从蒙克莱田对待工作的态度，可以看出他认为财富来自劳动。

2. 对待"政治经济学"的态度

蒙克莱田的政治经济学是一门治理人类的科学，它允许君主采取尽可能最好的手段来增加人民的财富，从而增加自己的财富。蒙克莱田是绝对君主政体的支持者。他围绕财富的定义、国家监管干预的必要性和培训劳动力的必要性三方面，认为国王有责任确保社会政体的健康、各组成部分之间的平衡与和谐。他指出王国的财富取决于其生产活动和贸易活动的数量，而贸易活动又取决于其人口规模。

蒙克莱田阐述了一种深刻的政治思维方式，将经济视为社会生活的一个新兴方面。蒙克莱田遵循机械论而非自省的思想路径解读经济发展，认为经济不是一种自主的思想范畴，他主张创造财富的人应该成为政府关注的主要对象，并将经济定性为政治经济。在蒙克莱田看来，宗教作为道德标准的刺激因素，在社会生活中处于从属地位。为了避免社会主体的解体，政府必须嵌入经济活动，经济活动的自主性从根本上与政治性是相对的。政治经济学不过是一种对可以被认为是法兰西王国的民族进行良好管理的艺术，政治经济学并不是市场原则意义上的市场科学，并不等同于通过价格体系对稀缺资源配置的理性认识。

在蒙克莱田看来，政治经济学是一种艺术而不是一门科学。他说，私人假期要公开，房子是第一座城市，城比王国大。政治艺术取决于经济属性，并且具有很多一致性。因此，一方面，政治经济学是一门艺术。另一方面，这是主权国家及其非主权国家之间的一门科学。但本能，因为这不是一门科学，只有伟大的政治家，才华横溢的他们在科学的基础上，可以包容这一切，并根据自己的立场，拥有加强或增进普遍繁荣所必需的资源，并以个人经验为指导，实践政治经济学。这就是蒙克莱田所说的政治经济学。

（二）柯尔贝尔的经济思想

柯尔贝尔（1619—1683 年），出生于一个呢绒商家庭，一生从政。早年曾经担任过路易十四幼年时首相马扎然（1602—1661 年）的助手，1661 年路易十四亲政后，任命柯尔贝尔为财政大臣，监管工业、商业、农业和海军事务，直到去世。柯尔贝尔掌管法国财政和经济政策超过20 年，力推重商主义，被称为"法国重商主义之父"。[1]

柯尔贝尔是一个重金主义者。他赞成增加出口、减少进口以限制金银流出。为了保护法国的国家利益，他主张必须建立强大的国防，"你必须限制所有职业使他们服务于设计的伟大目标：发展农业、贸易、陆战和海战"[2]。殖民贸易对法国影响深远，成为贸易输出地和原料供应地，为此他认为法国必须拥有一只强大的海军和商舰保护贸易。柯尔贝尔认为荷兰限制了法国的发展，必须毁掉荷兰的威力才能扩大法国的利益，为此法国和荷兰进行了长期的商业战争，同时与英国开展了对印度的争夺。

为了配合国际贸易，实现国际贸易的出超，必须保障有足够多的出

---

[1]　参见［法］伊奈丝·缪拉《科尔贝：法国重商主义之父》，上海远东出版社 2012 年版。

[2]　转引自［美］斯坦利·布鲁、［美］兰迪·格兰特《经济思想史》（第 8 版），北京大学出版社 2014 年版，第 23 页。

口商品，同时商品要有一定的竞争力，柯尔贝尔积极推动国内贸易的进展。他努力制定统一的度量衡和减少阻碍商业流通的内部通行费、国内关税壁垒和地方关卡税，但由于封建的地方主义、大地主和贵族，尤其是教会等既得利益集团的反对而失败。同时，柯尔贝尔修建连接大西洋和地中海的朗多克运河，尽管采用国家赋役（强制农民以服役方式）遭到了抵制，但还是建成了15000英里的路。

柯尔贝尔建立多种措施鼓励本国手工业的发展，如聘请外国手工匠、给手工业组织发放贷款等，促进了一系列新式手工业的发展；同时，柯尔贝尔以"商业管制"建立"皇家生产商"，在1661—1683年执政的20多年时间内，大的"皇家生产商"从68个增加到113个。

柯尔贝尔推行重商主义政策，但在商业理论上却未提出新观点，只是将已经流行的重商思想加以实践。作为欧洲同时代唯一的贯彻重商主义的政治家，他的重商主义保护政策虽然给法国工厂手工业带来了发展，但由于过分强调商业忽视了对农业的保护，加之波旁王朝的专制统治，过多的苛捐杂税损害了新兴资产阶级利益，同时遭到了农民和农场主的反对，使法国的资本主义发展落后于英国和其他国家，法国的财政危机加重，在他死后，柯尔贝尔的重商主义受到广泛批判，促进了与之相对立的重农学派的产生。

二　英国的重商主义经济思想

（一）托马斯·孟的经济思想

托马斯·孟（1571—1641年）是英国早期最主要的重商主义者，东印度公司的董事。代表作是1621年出版的《论英国与东印度的贸易》，该书主要是偏袒东印度公司和驳斥对东印度公司的指责。1628年，孟开始写作第二部代表作《英国得自对外贸易的财富》，在其去世后，1664年由其儿子出版。

在书的前半部分，托马斯以其长远的视角和切合的事例加以证实，提出了晚期重商主义的核心观点，贸易顺差为增加一国财富的主要途径。在对外贸易的过程中有三种利益，分别是国家的利益、商人的利益和国王的利益。提高或贬低币值，不能使国家增多现金，也不能防止现金输出。应该保证它的公正与稳定，否则短期之内会出现乱象，物价随币值变化。准许外币以高于其实值的比例与我国本位货币兑换并在我国通用，不会增多我们的财富，而是会破坏互相交往的规律，并使衡量财富的尺度不正确。同时，强迫外国人遵守使用现金的法令并不能增加或保全本国现金，因为外国也会将其加在我们身上，这将会使我们本国商人受到损失，并且要促成广大贸易就必须要有一些输入和输出，否则我们的生活质量会和贸易一起衰落下去。

晚期的重商主义产生在商业资本发展的较高阶段，这种观点在托马斯·孟的《英国得自对外贸易的财富》一书中得到了较为系统的反映。托马斯·孟和一切重商主义者一样，把财富和货币等同起来，并且认为货币的增加就意味着财富的增加。孟认为必须把货币投入流转才能增加财富，他把重点放在了在货币、汇率与贸易三者的关系上，详细叙述了贸易与货币、国际汇兑与国际贸易的关系，反对货币主义者限制货币输出的行为，要求取消禁止货币输出的法令，统制货币和调节利率。

（二）威廉·配第的经济思想

威廉·配第（1623—1687 年），出生在英国一个贫困的布商家庭，自幼勤奋好学，16 岁时，已经掌握了拉丁语、希腊语、法语，同时爱好数学、天文学和航海知识。配第一生做过很多职业，包括商船上的服务员、水手、医生、音乐教授，同时还是一位发明家、测量员、议员、作家、统计学家和大地主。英国资产阶级革命时期，他拥护革命，并担任英国驻爱尔兰总司令的私人医生。后来担任了爱尔兰土地分配总监，让他成为拥有 5 万英亩土地的大地主。英国复辟时期，他又转向国王查理二世，获得男爵地位。他先后办过冶铁、铝矿灯企业，晚年拥有约27 万英亩土地。作为政治活动家，配第毫无政治立场，正如马克思所说"配第是个轻浮的、掠夺成性的、毫无气节的冒险家"①。作为新贵族，并未妨碍他对资产阶级政治经济学的贡献，这也成为英国资产阶级革命的缩影即资产阶级与新贵族结成联盟。配第的代表作主要有《赋税论》（1662）、《献给英明人士》（1664）、《政治算术》（1690）、《货币略论》（1691）。

---

① 《马克思恩格斯全集》第 13 卷，人民出版社 1962 年版，第 44 页。

1. 配第的重商主义观点

配第的经济思想源于他在实践中的经验积累和感兴趣的事宜，包括征税、政治、货币等，同时配第是最早采用所谓经济变量或梳理统计的经济学者。他给出采用政治算术的理由，"所谓政治算术，意指运用数字，对于与政府有关的实务进行推理的技巧……这种技巧本身无疑是很古老的……首先给它起了这个名字，并且理出了一些规则和方法"①。正如他在文中阐述到"我所采取的方法尚不常见。与只是用比较级和最高级的词语，以及单纯做思维的论证相反，我采用了这样的方法……用数字、重量或者尺度的词汇来表达我自己的想法；只利用诉诸人们感官的论点，只考察在本质上具有明显基础的原因。"②

他在政治算术中，试图从三个国家的经济现象中探讨共同的规律。配第应用算术方法，用数字论证了英国、法国、荷兰三国的经济力量，也论证了荷法两国不如英国的理由，"对英国国王的臣民说来，掌握整个商业界的世界贸易，不但不是不可能的，而且是完全可以做到的事情"③。配第设法度量一个国家的人口、国民收入、进口、出口等变量，受制于当时的社会环境，数据获取的方法非常简单，以至于亚当·斯密说配第完全用不上政治算术。

配第在研究经济问题时，不仅把研究对象从流通领域转向生产领域，而且从经济现象表面深入经济现象内部，"研究了资产阶级生产关系的内部联系"④。马克思也对配第和政治算术给予很高评价，认为"政治算术"是"政治经济学作为一门独立科学分离出来的最初形式"⑤。配第写作《政治算术》时正值第三次英荷战争时期（1672—1674 年），法国在路易十四领导下，施行重商主义政策，大力发展工业、建立商船队和设立海外贸易公司。第三次英荷战争结束后，法国取代荷兰，成为英国最主要的竞争国。在面对如何打垮荷兰

---

① ［美］熊彼特：《经济分析史》第 1 卷，人民出版社 2015 年版，第 327 页。

② 转引自［美］哈里·兰德雷斯、［美］大卫·柯南德尔《经济思想史》（第 4 版），人民邮电出版社 2014 年版，第 54 页。

③ ［英］威廉·配第：《政治算术》，陈冬野译，商务印书馆 2014 年版，第 87 页。

④ 《马克思恩格斯全集》第 23 卷，人民出版社 1979 年版，第 98 页。

⑤ 马克思：《政治经济学批判》，人民出版社 1976 年版，第 37—38 页。

和法国两国的优势时，限于内外交困的应该资产阶级产生了悲观情绪，他们亟须清除这种悲观思想以拓展海外贸易、扩大殖民行动。配第的《政治算术》迎合了英国资产阶级的需求，他写道："英国的事业和各种问题，并非出于可悲的状态。"他号召英国资产阶级，"在任何可疑的情况下，都应往其最好的方面设想……绝不轻易绝望"。正如马克思指出："当荷兰作为一个贸易国家还占着优势地位，而法国似乎要变成一个称霸于世的贸易强国的时候，他（配第）在《政治算术》的一章中就证明英国负有征服世界市场的使命。"①

从分析和政策结论来看，配第是一个典型的重商主义者，他试图考察经济学的一些基本方法论问题，尤其是通过数字、重量、尺度等术语来描述本质上的基本论点，超出了当时占据主流的书面语言方法。配第本着"土地是财富之母，劳动是财富之父"的观点，把土地和人口看作社会经济生活的两大基本因素，他主张拥有大量人口，认为人口增多可以增加政府收入、减少政府统治的成本，"一个 800 万人口的国家拥有的财富，将是有着相同国土面积但人口只有 400 万的国家所拥有的财富的两倍。而对同一统治者来说，他们统治较多人口与较少人口的花费是相差无几的"②。配第的人口思想与当时英国的政策密切相关。英国国王亨利八世在位期间（1509—1547 年），曾有 7200 个小偷被绞死。1536 年，颁布法令宣布"强健的流浪汉"将被割掉耳朵，第三次发现时将被处以死刑。1547 年，拒绝工作的人们将被判给揭发他们的人做奴隶。1572 年，伊丽莎白女王颁布一项法令，未经许可的 14 岁及 14 岁以上的乞丐要受到鞭打并打上烙印，除非有人愿意雇用他们；若第二次触犯，如果没有人愿意雇用他们，他们将被处死；若第三次触犯，他们将被视为重罪犯而被毫不留情地处死。③ 配第从人口的视角引申到对就业的重视，他认为政府应该雇用那些失业的人来从事基础设施建设，如修路、挖河道、种树、采矿等。从这个意义来看，他涉及了政府采用

---

① 马克思：《政治经济学批判》，人民出版社 1976 年版，第 37 页。
② 转引自［美］斯坦利·布鲁、［美］兰迪·格兰特《经济思想史》（第 8 版），北京大学出版社 2014 年版，第 25 页。
③ 转引自［美］斯坦利·布鲁、［美］兰迪·格兰特《经济思想史》（第 8 版），北京大学出版社 2014 年版，第 15 页。

公共服务来解决周期性，或者结构性失业的思想。此外，他还从增加劳动力的角度提出赦免要被绞死的小偷，"为什么不应该将那些无力偿债的小偷处死，而是应该将他们变成奴隶？……如果英国用较少的人口，就能创造和现在一样多的财富，那么就必须使这些人的工作量是目前的两倍；也就是说，应该让一些人成为奴隶"①。

配第主张通过殖民地制度、国际贸易等各种手段增加资本原始积累。他鼓吹英国资产阶级应通过发展本国产业、争夺海外市场，获取更多的金银财富，以扩大英国的统治，正如马克思所说"当荷兰作为一个贸易国家还占着优势地位，而法国似乎要变成一个称霸于世的贸易强国的时候，他在《政治算术》的一章中就证明英国负有征服世界市场的使命"②。《赋税论》中，配第暗示金银是谷物的等价物，并对货币的价值尺度职能进行阐述，在《政治算术》中，他强化了这一观点，认为"金、银、珠宝不易腐朽，也不象其他物品那样容易变质，他们在任何时候、任何地方都是财富。然而酒品、谷物、鸟肉、兽肉之类的东西尽管很多，它们却只是一时一地的财富"③。

2. 作为古典经济学先驱的威廉·配第

配第主张使用算术方法分析社会经济问题，重视实证反对主张想象是他分析社会科学的根本原则。他认为不能诉诸人们的感官论证和主观臆测，应该用数字、重量、尺度等能够加以论证的东西衡量和计算客观经济事实。威廉·配第还阐述了古典经济学的一些思想，如劳动价值、货币利息、地租、工资等。

根据配第的观点，如果收获一蒲式耳谷物与制造一盎司白银所需要的劳动相同，那么它们的价值就应该相等。配第已经认识到商品的价格是由该商品的劳动和劳动时间决定，但他不理解劳动的二重性，也不理解创造价值的劳动和创造使用价值的劳动的区别，他把两种劳动混为一谈。此外，他又把价值和使用价值混合使用。他看到了劳动是财富之父，但他看到的不是使用价值的生产而是价值的生产，正如他指出

---

① 转引自［美］斯坦利·布鲁、［美］兰迪·格兰特《经济思想史》（第 8 版），北京大学出版社 2014 年版，第 25 页。

② 马克思：《政治经济学批判》，人民出版社 1976 年版，第 37 页。

③ ［英］威廉·配第：《政治算术》，商务印书馆 2014 年版，第 24 页

"所有物品都是由两种若干面积的土地和若干数量的劳动。理由是，船和上衣都是土地和投在土地上的人类劳动所创造的"①。

《政治算术》通过对当时处于世界前列的资本主义国家进行对比分析，探索其不断扩张的原因。第一，英国国民对于本国的社会福利有不安感。主要体现于对国民资产保护，没有明文的规章制度，导致了大量资金的流失。第二，英国缺乏金、银，为了资本积累，只能不断探索或掠夺富有贵金属的土壤。第三，英国就业不充分。劳动力优势促使了英国工业的迅速发展，尤其是手工、羊毛生产、造船、造币、玻璃制造、酿酒、冶铁等工业。第四，英国航海发展面临荷兰和法国两个劲敌。发现新大陆后，航海业的盛衰成为衡量国力强弱的标准。发展海外贸易可以扩大产品流通，带动财富流入，缓解了英国金、银缺乏问题。

针对英国出现的问题，配第提出解决对策：第一，为社会底层群体减免赋税或义捐以保障基本需求，来避免国家财富的损失；第二，保障船舰性能，壮大海军实力，发展海外贸易。

作为经济学家，配第彻底分析了英国以及欧洲的经济发展状况以及如何发展经济贸易，同时他对当时英国的经济贸易政策以及税收提供了有效的方案。作为政治家，配第的政策建议维护了英国统治阶级的利益，促进了英国的殖民统治和领土扩张。

（三）马利尼斯与戴维南特

1. 马利尼斯的经济思想

杰拉德·马利尼斯（1581—1614 年）出生于比利时的安特卫普，父母是英国人。后来回到英国从事国际贸易，担任过英国贸易委员会驻比利时的委员、政府的贸易事务顾问、造币厂的化验师和造币事务委员会委员。其代表作为出版于 1622 年的《古代商业法典》。

（1）重商主义思想。他为商人辩护，认为商人可以增加国家的利益。在贵族看来从事商业地位低下，马利尼斯认为商人能够带来利益和贸易，"商人作为一种工具和方法，和其他阶层一样，对君主制度和增

---

①　［英］威廉·配第：《赋税论、献给英明人士、货币略论》，商务印书馆 1978 年版，第 42 页。

加国家的荣耀、辉煌及利益作出了重要贡献。因此，毫无疑问，商人的地位是崇高的，应该被珍视的。因为通过他们，新的国家被发现，发展了国家之间的友谊，也获得了政治经验"①。

（2）重视对外贸易。他以布料为例，阐述了在国外出口布料带来如市场需求广、关税增加的好处，为了保护这种利益，他主张政府要对商品进行管理。

（3）货币刺激商业的主张。马利尼斯发展了重商主义的货币思想，认为一国货币过多会导致物价上涨进而刺激商业活动。他区分了货币充足、货币稀缺对商品的影响，"货币量充足通常会使所有的东西变得昂贵，货币量稀缺则通常会使东西变得相对便宜。特别是商品通常也会因为其本身数量的多寡、用量的多少而变得昂贵或便宜"②。他看到了货币数量多寡与商品数量两者之间的关系，触摸到通货紧缩与通货膨胀的关联，"当货币量稀缺的时候，即使商品供给充足并且相对便宜，贸易量也会下降；反之，当货币量充足的时候，即使商品供给不足并且价格昂贵，贸易量也会增加"③。但他只看到货币多寡在单位商品上的数量，而没有考虑到商品供给多寡对货币的影响。马利尼斯没有谈到现实中货币数量的决定因素，而只用货币数量多寡的相对量进行对比，单纯从商品供给的视角解读，势必不能触摸到商品和货币的真正关系。

2. 戴维南特的经济思想

查尔斯·戴维南特（1656—1714 年），一生在政府部门任职，主要处理在税收、出口和进口方面的事务，代表作为《论东印度公司的贸易》（1696 年）。查尔斯·戴维南特在开篇就强调了贸易对一个国家富裕和发展的重要性，接着提出了他的两个主要观点：

第一，与东印度的贸易对当时的英格兰是大有裨益的。戴维南特带有明显的早期重商主义，即重金主义的特点，早期重商主义是注重金银

---

① 转引自［美］斯坦利·布鲁、［美］兰迪·格兰特《经济思想史》（第 8 版），北京大学出版社 2014 年版，第 24 页。

② 转引自［美］斯坦利·布鲁、［美］兰迪·格兰特《经济思想史》（第 8 版），北京大学出版社 2014 年版，第 25 页。

③ 转引自［美］斯坦利·布鲁、［美］兰迪·格兰特《经济思想史》（第 8 版），北京大学出版社 2014 年版，第 25 页。

货币的重金主义，他很注重运出金银和带进金银的差额，他在书中写道："在本国少消费低廉的外国产品，而以最高的价格出售本国产品，并在外国消费，是一切从事贸易的国家的利益所在。"在《论东印度贸易》中，他承认通过对印度和东南亚各国经营垄断贸易和殖民地掠夺，使巨额财富源源流入英国，有力地促进了新兴工商业资本的发展。为了增加英国的财富，戴维南特也和重商主义者一样主张政府干预经济，主张废除济贫法，建立贫民习艺所强迫贫民劳动，生产廉价产品，在价格上击败海外市场的所有竞争者。在《论东印度贸易》一书中，戴维南特在鼓吹重商主义的理论和政策的同时，又提出了主张自由贸易的新论点，在他创作这本书的时候，英国资产阶级的利益已经从流通领域转向生产领域，这也是戴维南特不再固守旧观念的根本原因。

第二，禁止对外贸易，对英格兰不利。他强调自由贸易，"它自行寻找航道，并且最为妥善的自由引航，因此对贸易制定规则和方向，对社会来说并无裨益"。但同时他也认可政府干预经济，"关于贸易，政府应当在总体上像上帝一般加以仁慈的照管"。他批判了由议会提出的用毛织品裹尸下葬的法令，认为这一举措虽增加了羊毛消费，但并没有带来利益，与此相比，将毛织品在英格兰廉价生产，再卖到国外控制海外市场，才能更有效地促进毛织品制造业的发展。戴维南特还认为济贫法是破坏英格兰制造业的源头，他鼓励贫民习艺所的建立，以获得更多的劳动力支持制造业发展。

戴维南特提出了国内战争优于国外战争的观点，他说"一场国外战争必定会消耗一国的财富……法国自查理九世至亨利四世统治时期一直内战不断……但这些战争并没有输出财富，因而并没有使法国变穷"[①]。

（三）曼德维尔的经济思想

伯纳德·曼德维尔（1670—1733 年），哲学家，医学博士。他生于荷兰鹿特丹，博学多才，对文学、哲学、心理学均有深入研究并引发广泛思考；同时他的代表作《蜜蜂的寓言：私人的恶德，公众的利益》引起了凯恩斯的广泛称赞。曼德维尔善于用活泼的寓言讽刺当时感情脆

---

① 转引自［美］斯坦利·布鲁、［美］兰迪·格兰特《经济思想史》（第 8 版），北京大学出版社 2014 年版，第 26 页。

弱的道德家，激发了世人的同感。曼德维尔对道德的阐述影响了沙夫茨伯里（Shaftesbury），而沙夫茨伯里又影响了亚当·斯密的老师弗朗西斯·哈奇森（1694—1746 年）。沙夫茨伯里对人性善良天性充满乐观。曼德维尔认为自私是一种道德恶习，但他不否认自私可以被引导而能够产生或影响社会利益。曼德维尔把希望寄托在政府身上，他主张"在一个熟练政治家的灵巧管理下，私人恶习有可能变成公众利益"①。

曼德维尔与道德家的争执主要体现在针对储蓄的态度。一般来讲，储蓄增加将会减少消费，将会导致更低的产量和更少的产出。而当时的人们和现在的人们则更倾向于储蓄，认为储蓄是一种美德而支出是一种恶习。道德家们赞成储蓄的行为被曼德维尔用蜜蜂的形式给予嘲讽，他写道：

> 罪恶之源，贪欲，
> 那可诅咒的扭曲恶习，
> 沉醉于浪费，
> 那高贵的罪恶；而奢侈，
> 为百万穷人服务，
> 可憎的傲慢雇佣了百万人以上：
> 羡慕与虚弱，
> 是产业的奴仆；
> 他们可爱的愚蠢和浮躁，
> 在食物、家具和服装上，
> 那陌生可笑的恶习，
> 制成转动产业的巨轮。②

曼德维尔建议道德家们去劝说蜜蜂，用通常的美德代替浪费、傲慢的私人恶习。在曼德维尔看来，私人美德的最终结果是经济衰退。作为一个重商主义者，曼德维尔主张政府对海外贸易进行管制，从而保障出

---

① ［美］哈里·兰德雷斯、［美］大卫·C. 柯南德尔：《经济思想史》（第 4 版），人民邮电出版社 2017 年版，第 56 页。

② ［美］哈里·兰德雷斯、［美］大卫·C. 柯南德尔：《经济思想史》（第 4 版），人民邮电出版社 2017 年版，第 56 页。

口超过进口。他主张拥有大量的劳动力，即使大量的劳动人口将会导致低工资，因为这样可以使出口商品在价格上具有竞争优势。

（四）坎蒂隆的经济思想

理查德·坎蒂隆（1680—1734 年），出生于爱尔兰，一生主要生活在法国，而且研究对象也以法国为例，因此被列入法国经济学家行列。他在巴黎度过了大半生，作为一个银行家积累了大量财富。1734 年病逝于英国，其代表作《商业性质概论》出版于 1755 年。坎蒂隆的经济思想在该书出版后并未得到很高重视，1776 年《国富论》出版后，《商业性质概论》的影响愈加势弱。1881 年，杰文斯重新发现了坎蒂隆的主张，并且给予其很高的评价，将其称为"政治经济学的摇篮"。

《商业性质概论》全书分为三个部分，各部分没有标题。但从其包括的内容来讲，第一部分论述了以物质财富生产为基础的社会经济的发展，包括经济活动范围、社会分工发展、流动人口划分；第二部分论述了蕴藏在商品交换中的货币流通规律和货币利息决定；第三部分讨论了对外贸易、货币制度和银行等问题。

1. 关于价值学说

坎蒂隆认为"土地是所有财富由以产生的源泉或质料，人的劳动是生产它的形成。"他接受了配第"劳动是财富之父，土地是财富之母"的思想，明确指出土地是财富的源泉，人类劳动是财富的动力，而财富是人类社会的必需品、便利品和舒适品。坎蒂隆总结到两个经验式的原理，第一，"任何东西的内在价值都可以用在它的生产中所使用的土地的数量以及劳动的数量来衡量"；第二，或者反过来说，"物品的价格与内在价值一般是生产该物品所使用的土地和劳动的尺度"。坎蒂隆认识到土地和劳动对财富的影响，却没有得到价值决定于劳动量的结论，他承认由于生产条件不同，土地和劳动在形成它的价值中的比重也不同。他把农产品价值分解为地租、工资和种子，而对其他商品分解为生产费用和土地生成物的生产成本。

2. 货币思想

坎蒂隆的货币思想源于此书物物交换的第二部分。货币思想的讨论在物物交换后才正式开始。他在文中阐述到，货币的实质是直接代表社会劳动，所以才能执行社会的价值尺度职能。坎蒂隆认为价值由生产中所必需的劳动和土地决定，而劳动和土地之间有一种平价关系。

3. 地租思想

坎蒂隆论述的地租不是资本主义已经发展成熟的超额利润，而是资本主义发展还不够成熟，利润成为一个独立的经济范畴，但平均利润率还没完全形成条件下的地租。关于地租的形成，坎蒂隆认为租地农场主取得土地产品的三分之二，作为补偿成本、供养帮工和赚取利润，土地所有者取得土地产品的三分之一，作为地租。他认为，三分之二的产品直接或者间接由经营农业和与经营农业有关的人消费，后三分之一的产品不仅供养了土地所有者还供养了土地所有者所雇用的所有工匠和其他人。这种从物质观点考察的地租理论，却成为重农主义纯产品理论的思想源泉，这种地租就是土地产品中扣除了种子、工资和利润的余额，恰好就是重农主义认为要转为地租的纯产品。在资本主义发展初期，坎蒂隆不可能对资本主义的地租问题即基于土地自由权下的资本家夺取剩余价值超过平均利润的部分进行研究。

4. 货币思想

货币承担了在交换中确定各种物品价值比例的职能。坎蒂隆认为价值是由生产者所必需的劳动和土地决定的，两者之间有一种平价关系。但这种平价关系显然无法建立，即使假设能够建立，也只是说明价值决定本身，但价值表现为交换价值，货币还是交换价值的结果。坎蒂隆没有认识到这一点，隐约感觉到要用土地和劳动以外的因素来表现商品的价值，也就是货币。

5. "企业家"称呼的由来

坎蒂隆在文献中使用了"企业家"这个称呼，并认为企业家将会在社会生活中起作用，"因此现金是必不可少的，不仅用于支付地主的地租……而且用于支付农村消费掉的城市生产的产品……当地主将农场主一次性支付给他的租金分批分次在城市进行消费时，当城市的企业家、屠夫、面包师、酿酒商将他们一点一点积攒下来的钱向农场主一次性购买牛、小麦、大麦等产品时，货币循环就发生了"①。坎

---

① 转引自［美］斯坦利·布鲁、［美］兰迪·格兰特《经济思想史》（第8版），北京大学出版社 2014 年版，第56—57 页。

蒂隆的工作预示了纯粹的经济范式，因为他对企业家的定义非常广泛，并基于一种均衡理论。更一般地说，坎蒂隆似乎有效地开创了经济学的主流精神，这种精神是一种选择的科学，独立于市场的存在。

（五）大卫·休谟的经济思想

大卫·休谟（1711—1776 年），英国资产阶级哲学家，经济史学家、经济学家、政治家。休谟出生于英格兰小地主家庭，在爱丁堡大学学习文学、法律、哲学和经济学。代表作为《人性论》（1740 年）、《政治论丛》（1752 年）、《大不列颠史》（1754—1761 年）、《若干问题论丛》（1777 年）。马克思说"在 1691—1752 年这段时间……这个出现了很多杰出思想家的时期，对研究政治经济学的逐渐产生来说是最重要的时期"①。1752 年，就是休谟出版《政治论丛》的年份。休谟生活在英国资本主义迅速发展的时期，经历了工业革命前夕，其思想兼具重商主义和古典政治经济学。

1. 作为重商主义者的大卫·休谟

1748 年至 1758 年间，当时的英国、德国等学者以通信的方式展开了一场大讨论，讨论的重点在于，是否存在"自然的"过程，国际经济会自然而然地保持平衡，如果平衡被打破，不需要政府的广泛或有步骤的干预即可自行恢复；如果有这样的"自然的"过程，它又是如何起作用的。② 休谟参与了这次论证，这次讨论实际上就是反对重商主义的论战。

大卫·休谟接受了约翰·洛克（1632—1704 年）的思想，认为一个经济体的经济活动水平取决于货币数量及周转速度，并对一国的贸易平衡、货币数量及价格总水平之间的关系做出了高度概括。休谟认为，一个经济体不可能持续保持重商主义者所提倡的贸易顺差，贸易顺差将导致金银货币的增加。在不利的经济体中，将会呈现相反的趋势。这一过程最终导致贸易平衡的自动调整。遗憾的是，重商主义者没有注意到休谟的这一观点。

大卫·休谟的重商主义思想主要体现在对货币的看法。重商主义者

① 《马克思恩格斯全集》第 3 卷，人民出版社 2009 年版，第 277 页。
② 陈玮译：《休谟经济论文选》，商务印书馆 1984 年版，第 2 页。

认为，货币供给的变化能增加实际产量。重商主义者只把金银作为唯一财富，将其看成交换价值的结晶。货币数量增加将会促进贸易顺差，货币增加货币价值下降，商品价格上涨。基于这样的思想，休谟认为货币数量增加，其结果不过是商品价格的提高，对国家并不带来什么好处。休谟认为，一国货币的绝对量不影响实际产量，而货币供给的增加将会引起产量的增加。

2. 作为古代政治经济学者的大卫·休谟

休谟的经济理论哲学基础是人性论。休谟认为，"自私"和"贪欲"是人的本性。人的欲望是劳动的唯一动机。他指出交换的原因在于一个人的劳动满足不了自身的多种欲望，而私有制的产生是由于人类的欲望超过了自然界的供应。休谟把人类社会经济活动和私有制度都归结于人类天性，认为追求私利只要不威胁公众利益就不应加以限制。只有当两者发生矛盾冲突时，才有必要把对私人利益的追求限制在对私人占有不构成威胁的框架内。

休谟论述了一国既不会长期保持贸易逆差，也不可能长期保持贸易顺差，由于货币数量和商品价格在国际贸易中的作用，贸易会自动趋于平衡。休谟反对重商主义者追求贸易顺差的观点，认为贸易差额论者力求保持贸易顺差是徒劳的。《论贸易平衡》阐释了贸易问题，严厉抨击了单边主义和贸易保护主义。休谟以供求原理和货币数量论为理论基础，认定国际贸易从长期来看将自动趋于平衡，重商主义者积累金银的策略结果将适得其反。并且他认为，一国的贸易能力在于该国经济发展水平，经济发展水平越高，贸易能力就越强，越容易占据主导地位。每个国家都有发展的长处和优势、不同的产业和劳动产品，所以更应该重视贸易往来与合作，形成商品、技术和人员的交换，贸易合作国之间彼此受益，更有利于贸易平衡。

休谟的国际贸易理论在批判贸易差额论中体现得淋漓尽致。其基本内容如下。第一，各国的才能、气候、土壤等自然条件不同，导致各国依据本身优势生产主要产品，但都会对他国有所求，加上欲望的多样化，为各国之间的贸易交流提供了稳定的基础。第二，各国从进行商品交换发展到技术交换，促进产业发展，这是一种必然趋势。第三，国际贸易导致各国之间的自由竞争，将会导致各国改进生产经营和提高技术革新，生产出更多更好的商品。第四，国内工业的发展为对外贸易奠定了基础，保障了出口盈利。为此，他提出通过国际贸易和自由竞争，使各国的经济利益都可以得到调和，即"任何一个国家的商业发展和财富增长，非但无损于而且有助于所有邻国的商业发展和财富增长"①。因此他认为，凡属有利于扶持、发展国内产业的关税和政策措施，都是正当的。

休谟出版《政治丛论》是在 1752 年，恰逢重商主义由盛转衰而重农学派兴盛期。那时，重商主义者为了积累硬币而希望提高出口盈余，重农主义基本上不关心对外贸易，而休谟遵循自然法则，提出了价格—铸币流动机制。一国货币的储量水平保持着一个动态平衡的状态，这个平衡是相较于该国一国的时间线和同时期国际水平来说，无论该国的货币储量有多大幅度的变化，它始终会受一定市场规律和国际贸易的影响而由波动状态趋向稳定状态，当该国劳动必要时间减少，劳动生产率上升，此平衡线会自然地适当上调，该国在现有生产水平下能储存的货币量自然会增加，反之则减少。

并且休谟注意到了促进国际贸易均衡的另一重要因素——这一因素超越了价格变动及黄金的流动。当两国间货币的汇率可以自由浮动时，贸易的不平衡就可以自我纠正。若英国进口大于出口，最终英镑与他国货币的比值将降低，贬值的原因是英国为了支付其进口而需要的外汇数量超过其出口赚得的数量，这一外汇缺口将导致外汇价格上涨，那么英国商品变得便宜，又将使英国的出口增加，从而用过的净出口盈余就消失了，并且他观察到一个国家各省间的货币近乎均衡，货币量的差别和工业与商品量的差别保持一定比例，从而维持了均衡。

第三个较为重要的部分是休谟强调了金银的重要性。"在货币增加与物价上涨的间歇期，增加货币可以刺激工业；有价证券（纸币）也同样能产生这种有利影响。然而，急于求成滥发纸币确实危险的"。纸币的大量发行将导致通货膨胀这一观点与现代非常接近，纸币还能更有效地阻止与外国人的所有贸易活动，因为纸币本身真正具有的内在价值很小。

---

① 陈玮译：《休谟经济论文选》，商务印书馆 1984 年版，第 69 页。

思考题

1. "听民自为"思想产生的时代背景是什么？

2. 试阐述明朝对外贸易发生转变的原因。

3. 简要论述明朝的重农思想与前朝重农思想的差异。

4. 明朝出现了多部总结性的经济思想著作，试分析产生这一现象的原因。

推荐阅读文献

1. 龙登高、王明、黄玉玺：《公共品供给的微观主体及其比较——基于中国水运基建的长时段考察》，《管理世界》2020 年第 4 期。

2. 龙登高、温方方、邱永志：《典田的性质与权益——基于清代与宋代的比较研究》，《历史研究》2016 年第 5 期。

3. 胡寄窗：《中国古代的人口政策与人口思想》，《经济研究》1981 年第 1 期。

4. 郭尔雅：《从"海商"到"倭寇"——陈舜臣〈战国海商传〉的重商主义倭寇观》，《东疆学刊》2019 年第 2 期。

5. 刘强：《重商主义？——十三行时期中国的对外贸易政策评述》，《中国城市经济》2011 年第 29 期。

6. 李新宽：《试析英国重商主义国家干预经济的主要内容》，《史学集刊》2008 年第 4 期。

7. 李增洪：《"重商主义"刍议》，《齐鲁学刊》1990 年第 6 期。

8. 胡鹏、魏明孔：《养民与聚民：清代粮食市场中的国家调控（1644—1840）》，《中国农史》2021 年第 6 期。

9. 王思明：《如何看待明清时期的中国农业》，《中国农史》2014 年第 1 期。

10. 许檀：《明清时期华北的商业城镇与市场层级》，《中国社会科学》2016 年第 11 期。

11. 栾成显：《明清庶民地主经济形态剖析》，《中国社会科学》1996 年第 4 期。

12. 傅春晖：《明清以来的市镇：中国城镇化发展的历史因缘》，《社会》2020 年第 1 期。

第 五 章

清朝中期与欧洲重农
学派经济思想

第一节　1776 年以前中国与欧洲
经济社会发展概述

一　18 世纪中前期的中国经济社会发展

清朝的政治制度大体沿袭明代。清朝政治制度仍是以皇权为核心，其制度既有中原传统王朝的共性又有满洲民族特色，形成以满洲贵族为主体的满汉官僚联合执政，专制主义达到一个更高程度。清朝前、中期，兵权主要控制在皇帝手中。雍正时设军机处，军机大臣都由皇帝的亲信担任，凡是军队调动使用均需要皇帝的旨意。

虽然有数据显示明朝中期中国人口数量已经超过 1 亿，但由于明末战乱的缘故人口大量锐减，顺治年间全国人口锐减，估计不超过五千万，而到了清朝末年，全国人口竟突破了四亿。清王朝用了不到两百年的时间，使国家人口增长了数倍，主要由于雍正初年正式废除了人丁税，康乾盛世的稳定繁荣，又伴随着医疗水平和种植技术的提升，番薯、玉米等新农作物引入中国，最终导致清朝中期人口开始了爆炸式的增长。清朝初期官营手工业虽然仍然存在，有织造、陶瓷、铸钱、军器火药、造船、御用工艺品等门类，但是在经营范围和作坊数量上，都不如民间手工业。清朝的手工业在康熙中期以后逐步得到恢复和发展。至乾隆年间，江宁、苏州、杭州、佛山、广州等地的丝织业都很发达。江南的棉织业、景德镇的瓷器都达到了历史高峰。手工业分成官营与民营，由于工匠实行以银代役，所以顺治二年就下令废除工匠制度，官营缺乏必要的工匠而逐渐衰落。

二　古典经济学以前欧洲的社会经济状况

在消费上，中世纪后，在人口增长的同时，贵族和富裕者购买越来越多的奢侈品；在宗教上，因宗教改革，信奉天主教与新教地区的对抗激烈。法国和西班牙仍然信奉天主教，而德意志、英格兰、尼德兰地区则因新教纷争陷入混乱；在艺术上，建筑方面，欧洲采用意大利文艺复兴大师的构图、人物类型化以及仿古。各国宫廷发现意大利的风格对于宣扬他们的权力作用显著，所以也像意大利一样修建豪华宫殿，艺术风格上打破文艺复兴时期的严肃、含蓄和均衡，崇尚豪华和气派；在服饰上，17 世纪欧洲服饰以法国为中心，强调服饰的宏伟华丽的特点，服装元素中有大量的蕾丝、缎带等，都是当时的特色，偏中性的男性服装亦如是，注重服装造型，色彩绚丽夸张，极尽奢华。

新航路的开辟、早期殖民扩张和文艺复兴三个重要事件给欧洲经济带来翻天覆地的变化。新航路开辟和早期殖民扩张、世界各地区之间的经济联系开始发生或加强，这都标志着世界市场开始出现，资本主义萌芽产生。首先是 1581 年世界上第一个资本主义国家荷兰的诞生，并获得"海上马车夫"称号。1640 年英国资产阶级革命揭开了欧洲和北美资产阶级革命运动的序幕，为工业革命提供了政治前提。资产阶级和新贵族领导的英国资产阶级革命，确立了君主立宪制的资产阶级专政，标志着世界近代史的开端。英国工业革命是工厂手工业发展到大机器生产的一个飞跃，它在生产领域和社会关系上引起了根本性变化。

16—17 世纪欧洲中世纪结束，文艺复兴带来了人们的觉醒，束缚人们思想自由发展的烦琐哲学和神学的教条逐步被摧毁。封建社会开始解体，代之而起的是资本主义社会，生产力大大解放。资本主义工厂手工业的繁荣和向机器生产的过渡，带动科学技术和数学的迅猛发展。首先是哥白尼提出日心说改变了人类对宇宙的认识，从根本上动摇了欧洲中世纪宗教神学的理论基础。16 世纪下半叶德国天文学家克卜勒总结出行星运动的三大定律，导致后来牛顿万有引力的发现。克卜勒的

《酒桶的新立体几何》做出积分学的前驱工作。而整个 17 世纪这个创作丰富的时期最辉煌的成就是微积分的发明，它的出现是整个数学史也是整个人类历史的一件大事。伽利略制造了天文望远镜，论证了哥白尼的日心说。比萨斜塔的双球实验推翻了亚里士多德的主张，开创了以实验事实为根据的严密逻辑体系，带动整体社会由传统科学走向近代科学。牛顿建立了经典力学体系、创立了微积分，引发了以英国工业革命为首的第一次技术革命，使人类进入蒸汽时代。

第二节　清朝中前期经济思想

一　明清启蒙思想家的经济思想

（一）顾炎武的经济思想

顾炎武（1613—1682 年），字宁人，直隶昆山（今江苏昆山）人。明清时期杰出的思想家、经学家，与王夫之、黄宗羲、唐甄并称为"四大启蒙思想家"。著有《日知录》《天下郡国利病书》等。

1. 工商皆本，民富先于国富

明确提出"工商皆本论"的人是黄宗羲，但"工商皆本"在顾炎武的思想中也有很大程度的体现，"民享其利，将自为之，而不烦程督"。顾炎武提倡政府引导民间的积极性，自发地去实现经济发展。国家应当采取鼓励百姓致富的政策，不仅要保护富民的利益，而且要在政治上提高富民的社会地位。在《天下郡国利病书》中曾多次出现对于东南沿海工商业的繁荣发展现象的描述，如"武安最多商贾，厢房村虚，罔不居货"（《天下郡国利病书》）、"商贾虽余货，多不置田业"（《天下郡国利病书》）等，顾炎武肯定了工商业发展对于商品经济的促进作用，改变了以往传统的重农思想。

2. 反对专制统治者的垄断行为

针对当时封建政府实行严格盐业专卖制度造成的盐商经营活动的极大限制以及自由贸易的极大阻碍，顾炎武力主盐业、矿业由私人自由经营，反对国家对这些产业的垄断经营。"盐之严于场，犹五谷之生于地，宜就场定额。一税之，不问其所之，则因与灵两利。"（《日知录》）

关于盐业，他坚决反对国家实行专卖政策，主张盐业完全由私人经营，任其自由买卖，政府不加行政干预，只用税法来加以调节和控制。商品流通有自己的规律，依据各区域自然条件地形等来决定，而不应该由中央政府来干涉。

3. 强调市场经济秩序的构建

顾炎武极力反对官商勾结的行为，官商勾结不仅体现为腐败，更干扰了正常的市场秩序。顾炎武认为商品经济中公平的贸易交换很重要，"令'近臣自诸曹侍中以上，家亡得私贩卖，与民争利，犯者辄免官削爵，不得仕宦'此议今亦可行"（《日知录集释》）。他要求发展商品经济的主张，是同历史发展的必然趋势相吻合的，它反映了当时新兴社会力量的普遍要求。在他看来，只要废除超经济剥夺，令人们自为经济，就是富国之策。

4. 减轻税赋徭役

在沉重的赋税和徭役背景下，顾炎武提倡政府应为民减轻赋税和徭役，"稽古税法，斟酌取舍以宜于今者而税之，轻其重额，使民如期输纳，此则国家有轻税之名，又有征税之实矣"（《日知录集释》）。顾炎武从税法的古今之变中得出了应当统一度量标准、简化税科等级。为了减轻战后农民负担，提高农民垦荒积极性，他又建议官田依民田起科，减轻屯田农民赋税，并呼吁"禁限私阻，上田不得过八斗"（《日知录集释》）。顾炎武批判对民间工商业沉重的税赋，国家应"藏富于民"，促进工商业的繁荣发展，君主不应"擅天下之利"，对于民众的过度剥削往往是一朝走向灭亡的开始，减轻徭役也可以解决其与商品经济之间的冲突，让民众负担减轻。

5. 主张自由贸易

此部分思想集中在《钱粮论》中，顾炎武主张开放海禁，允许民间商人出海开展对外贸易活动。要求贸易应反映商品经济发展的要求，顾炎武继承了晚明学者关于自由贸易的思想。他主张自由贸易，指出食盐、粮食、棉麻、茶叶及其他生活必需品其贸易应不受任何地域限制。顾炎武在维护商品经济下的市场秩序上强调自由发展，极力反对政府过度的赋税徭役以及垄断、官商勾结的行为，但这并不意味着顾炎武是完全排斥中央政府的作用的，相反，他在货币、赋税等多方面问题的解决上都将政府放在首要地位，利用行政权力解决经济问题。

6. 统一货币政策

顾炎武关于货币的思想论述主要体现在《钱法论》中，"钱自上下，流而不穷者，钱之为道也。今之钱则下而不上，伪钱之所以日售，而制钱日壅，未必不由此也"。顾炎武肯定了货币在商品流通交易中的重要作用，但"伪钱日售"需要政府对货币的管控，"钱者，历代通行之货，虽易姓改命，而不得变古"（《钱法论》）。商品贸易的顺利进行需要统一的货币体系，顾炎武主张政府应统一币制，使各区域商品畅行无阻，并保障新币值的稳定，"凡州县之存留支放，一切以钱代之。使天下非制钱不敢入于官而钱重"（《顾亭林诗文集》）。

（二）王夫之的经济思想

王夫之（1619—1692 年），湖南衡阳人。晚年隐居衡阳石船山，故称船山先生。王夫之是 17 世纪中国著名的唯物主义哲学家，王夫之继承了北宋张载的朴素唯物主义，认为物质"气"是普遍存在的，具有永恒性，物质只有聚散、往来，而没有消灭、增减。在工商业领域，王夫之赞成自由经营，鼓励竞争，主张开放政府私营的盐业，允许商人自由买卖，反对对商人的剥削，认为国家应该对商人进行保护，废除当时处处设卡的"钞关制度"。采用市场机制对价格进行调节，是王夫之自由主义思想的一大特征。

（三）黄宗羲的经济思想

黄宗羲（1610—1695 年），字太冲，号南雷，浙江余姚人，人称黎洲先生，明清之际我国最杰出的启蒙思想家。父亲黄尊素，东林党中坚人物，因弹劾宦官魏忠贤而入狱，惨死狱中。老师刘宗周也因为弹劾阉党被革职，在清军攻破杭州之日，绝食而死。黄宗羲深受影响，年轻时参加过反抗阉党斗争，此后经历大明起义和抗击清朝的斗争，抗争失败后，不肯仕清，隐居著书。一生著作丰富，有《明夷待访录》《南雷文案》《明儒学案》等代表作，其经济抱负都集中在《明夷待访录》中。

"工商皆本论"是《明夷待访录·财计三》中富民理论的著名观点。他认为"民仍不可使富也"的障碍有三：习俗未去、蛊惑不除、奢侈不革，上述三个障碍关系到社会流通领域的生产、流通、消费三个环节。黄宗羲从流通问题入手，讨论本末，提出"工商皆本"。"今夫通都只市肆，十室而九，有为佛而货者，有为巫而货者，有为倡优而货者，有为奇技淫巧而货者，皆不用于民用，一概痛绝之，亦庶乎救弊之一端也。此古圣王崇本抑末之道。世儒不察，以工商为末，妄议抑之。夫工固圣王之所来，商又使其愿出于途者，盖皆本也。"①

黄宗羲把工商纳入，立为国之本，在当时不少"世儒"仍不理社会现状而一味空谈之际，尤其是思想抑制越发强烈之时，"以工商为本"的观点犹如一道新鲜空气注入了混浊的现实当中，引起了更多人的关注。传统的儒家学说已经不能解释社会变化的现实，新兴生产方式的出现，国际间贸易交流的加强，导致了城市经济的巨大变化，引发了更多人的共识。

1. 商品贸易的垄断

在《日知录集释》中多处，顾炎武对商品贸易垄断现象进行了描述与批判。首先，他对某些经济部门的垄断进行了批判，认为专制统治者不应垄断某些行业，"今日盐利之不可兴，正以盐吏之不可罢，读史者可以慨然有省矣"（《日知录集释》）。顾炎武认为国家垄断食盐贸易阻碍了食盐流通，利于盐吏谋私，这是导致食盐行业不兴盛的原因。其次，在晚明时期有许多地方的豪绅和有权力的官员垄断了一部分市场，由于他们的垄断势力扰乱了市场中的公平竞争，使得商品经济受到了一定的破坏，"自万历以后，天下水利、碾硝、场渡、市集无不属之豪绅，相沿以为常事矣"（《日知录集释》）。

2. 反对管制

明末经济崩溃与赋税沉重有极大关系。顾炎武指出："愚历观往古，自有田税以来，未有若是之重者也。以农夫蚕妇冻而织，馁而耕，供税不足，则卖儿鬻女，又不足，然后不得已而逃，以致田地荒芜，钱粮年年拖欠。"（《日知录集释》）明朝改革了赋税制度将实物税收改为货币税收，一定程度上方便了税赋的缴纳，但"太仓之粟，朝受而夕粜之，意在得银钱耳"（《日知录集释》）。沉重的赋税影响了农民生产的积极性，不利于商品市场上产品的供给，直接影响了商品经济。

① 转引自赵靖《中国经济思想通史》，北京大学出版社 2002 年版，第 1878 页。

3. 自由贸易的限制

14 世纪时明朝政府对海事进行了一系列限制政策，称为"海禁"政策。"海禁"限制对外贸易，阻碍了商品经济的进一步发展，顾炎武在《天下郡国利病书》中详细阐述了海上贸易于国于民的利处，不过多局限于对于东南沿海居民的生计考虑，最终落脚于商品经济的发展。

（四）唐甄的经济思想

唐甄（公元 1630—1704 年），字铸万，四川达州（今达县）人。唐甄出身没落贵族，顺治十四年中举人，康熙十年任山西长子县知县，因与上司意见不合，只做了十个月便被革职，从此潜心学术。唐甄提出自由放任的城市农业思想。

1. 城市产业思想

城市农业不仅指种植业，还包括养殖业、畜牧业等，"陇右牧羊，河北育豕，淮南饲鹜，湖滨缫丝，吴乡之民，编蒉织席，皆至微之业也"（《潜书·富民》）。唐甄认为粮食的产出在于劳动力和土地两种生产要素的合理组合，"海内之财，无土不产，无人不生"（《潜书·富民》）。他指出资本在农业生产中的重要作用，认识到资本的流通性对经济的作用，"然而日息月转，不可胜算，此皆操一金之资，可致百金之利者也"（《潜书·富民》）。他认识到市场在农业生产中的重要作用，"里有千金之家……与之为市者众矣……石麦斛米，佃农贷之；匹布尺帛，邻里党戚贷之"（《潜书·富民》）。

2. "听民自利"论

唐甄主张自由放任的经济活动，认为财富的产生和增殖是一个自然而然的过程，"海内之财，无土不产，无人不生，岁月不计而自足，贫富不谋而相资"（《潜书·富民》）。国家不应该对经济活动进行干预，而唯一能做的是听任经济活动本身的发展。他的经济思想，在明清之际的人物中，具有更为典型的市民阶级经济思想的特色。[1] 他继承"仓廪实而知礼节"，"民富而后国治"的思想，认为"治国之道无他，惟在于富，自古未有国贫而可以为富者"。"富民"论的理论基础是"认为人的欲望是生而有之，而财富是满足欲望的必要手段"，特点是重视

---

[1]　赵靖：《中国经济思想通史》，北京大学出版社 2002 年版，第 1958 页。

"末富"。司马迁把求富活动分为三类：本富、末富、奸富。本富指从事农业及相关农事而致富；末富指从事工商业致富；奸富指通过作奸犯科等违法犯奸而致富，司马迁肯定本富、末富，否定奸富。唐甄继续强调末富，指出致富的行业为"陇右牧羊、河北育豕、淮南饲鹜、湖滨缫丝、吴乡之民编蓑织席"（《潜书·富民》）。致富的产业涉及饲养业、畜牧业、丝织业等。

二　清朝赋税调控思想

（一）清初赋役制度发展历程及其影响

清朝进入中原后，赋役制度沿用明朝的一条鞭法。"息复明万历间之旧。"顺治时期，由于明末农民起义及明清连年战争，使人民流离失所，户口、土地册籍荡然无存。满族统治者把这种凄惨的局面归罪于前朝的弊政。顺治帝在位期间，提出汇编并订正《赋役全书》，顺治十四年（1687 年），清政府的统治稍稍稳定，再次重提赋役之事。以明万历年间的赋役额为准，免除明末天启、崇祯年间繁重的三饷和杂派，编成《赋役全书》，颁行全国，每州县发放两本。另立鱼鳞册（丈量册）、黄册（户口册），与《赋役全书》相表里。为了防止官加私派，还发"截票"，在票面中间盖上"钤印"，官民各执一半。此外，还有印簿、粮册、奏销册等许多册籍作为辅助。

康熙当政后，采取了奖励垦荒的措施。农民耕地积极性变高，全国耕地面积不断扩大，农民生产稳定下来，农业也得到恢复和发展。同时，康熙帝下令重修《赋役全书》，康熙二十六年修成《简明赋役全书》，采用多种手段限制官吏贪污，比如地丁银、截票法、滚单法等等。康熙在不断改进赋役征收办法的同时，也不断蠲免钱粮。国家每有盛事、喜事，就大规模地普免天下钱粮。康熙朝在全国各省共免钱粮五百余次，减轻了百姓的负担，促进了清初经济的恢复和发展。经过几十年的励精图治，国家政局稳定，生产发展，人口也在不断增加。康熙五十一年，"应以现在丁册定为常额，自后所生人丁，不征收钱粮，编审时，止将实数查明造报"（《清史稿·卷一百二十》）、"缺额人丁，以本户新添者抵补。不足，以亲戚丁多者补之。又不足，以同甲粮多之丁补之"（《清史稿·卷一百二十》）。这就是"滋生人丁，永不加赋"制度，即以康熙五十年在册人丁数为标准，把全国丁银总额固定下来，以后不论人口增减，丁银总额不变，这使农民负担稳定下来，为后来人口增加、经济发展奠定了基础。

虽然康熙时期的"永不加赋"政策只是固定丁银总额而没有取消丁役，但是它为"摊丁入亩"创造了不可缺少的条件。《清史稿·食货志》记载：雍正初，令各省将丁口之赋，摊入地亩输纳征解，统谓之地丁。可知把各省丁银原额分摊在各州县地亩上，据地分担丁银，然后地丁合一，一起"输纳征解"，称为地丁制度，也就是摊丁入亩制度。从此，丁银摊入田粮，政府依地征收赋役，国家的收入稳定，无地人民负担减轻，可以从事其他行业。但并非取消丁银，只将它融入田赋之中，用简单的方法征税，去除繁杂手续，是一种比较合理的经济措施。

（二）赋役制度所体现的经济思想

第一，鼓励发展工商业。对于工商业者来说，明清赋役制度的改革是他们发展的一大福音。把丁税部分摊入田地征收，封建政府对土地征税量增加了，这就抑制了商人用资本购买土地，打消了长期以来"以末致富，以本守之"的保守心理，促使经商。赋役改革促使商人把资本投向商品生产，对当时资本主义萌芽的发达也有积极意义。

第二，限制地方权力，防止贪污腐败现象出现。赋役制度规范相关政策，使其更加标准化、透明化，主张国家宏观调控。从顺治帝时期开始，国家组织修订《赋役全书》，"以作征赋之依据"。《赋役全书》经过历朝修订，不断更新，为征收赋税提供了规范化、标准化的标准。另外，顺治时期还设立鱼鳞册（丈量册）、黄册（户口册）与《赋役全书》相表里。在开始征收赋役的前一个月，向纳税户颁发"易知由单"，将征赋情况向纳税户说明，以防出现差错及欺诈。

第三，稳定人口，安定民心，社会分工不断发展，封建人身依附关系进一步松弛。随着封建社会走向后期，国家对人民的人身控制逐渐减弱，作为人头税的丁役，从汉高祖的算赋开始到明末清初之际，已经逐渐衰落。赋役征收，不以户丁为根据，官府对五年一次户口编审制度逐渐放松，削弱了对户口的控制。从康熙时期到雍正时期的"摊丁入亩"，对人口的限制越来越小，使人们获得进行商品活动的自由，并为商品生产提供大量的自由劳动力。同时，自由的人身关系也能使他们从事各类经济活动，这就有利于农工商各产业的分化。

第四，根据社会经济状况，吸取前代经验，与时俱进。顺治帝时期，根据当时兵荒马乱的社会状况，先是废止明朝的三饷政策，后又不断提出一些防止官员贪污走私的政策。康熙时期和雍正时期的相关赋役政策也是在吸取经验的基础上不断改革、发展完善的。

三　颜李学派的经济思想

颜李学派是清初形成的重要思想学派，代表人为颜元和李塨，主张四实"实文、实行、实体、实用"。颜元（1635—1704 年），字易直，号习斋。直隶博野县人（今属河北）。8 岁从学吴持明，20 岁家道中落，弃举业。家贫、学医、设私塾，后沉迷程朱理学，后因发现朱熹《家礼》存在诸多问题，怀疑理学，倡导实学，传世著作有《四存编》《存性编》《存学编》《存治编》等。李塨（1659—1733 年），字刚主，号恕谷。19 岁中秀才，32 岁中举人，60 岁选为通州学正。21 岁起师从颜元，受六艺之教。他一生著作甚多，有《平书订》《恕谷后集》等。王源（1648—1710 年），字昆绳，号或庵，直隶大兴（今北京）人，性格豪迈、不拘古制，聪明好学，年少成名。著作《兵论》三十二篇，参加修撰明史，《明史稿·兵志》出自其手，五十六岁拜师颜元，成为颜李学派重要的代表人物。

（一）因地制宜的土地政策

颜元力主均田。他认为均田制可以使"游顽有归。而士爱心臧，不安本分者无之，为盗贼者无之，为乞丐者无之，以富凌贫者无之"（《存治编》）。这不仅可以使百姓"免于饥寒，家给人足"，而且可以做到"学校未兴，已养而兼教矣"（《存治编》）。李塨提出井田为上策、均田为中策、限田为下策的思想，认为"田有水可蓄泄者，则沟洫井之。无水而人民新造地，足分者则均之，一家八口百亩……如不得均，则限之。一夫不得过五十亩，多者许卖不许买。宅亦有限"（《颜元、李塨评传》）。根据地理条件，李塨提出不同的土地政策因地制宜。如果田块有蓄水条件，采用挖沟的办法来实行井田制。对于新开辟的田块，土地足够分配的话，按照平均每人一百亩的土地分配；如无法做到均田的话，就采取限制田地的办法，一个农夫不得超过五十亩，同时土地多者只许卖出不许买进。

王源把城市粮食收入与城市等级相对应，突出县城服务郡城、郡城服务州藩（城）、州藩（城）服务都城的关系。在王源看来，城市主要分为四个层级，都城、州藩、郡城、县城。四级城市之间的关系可以通过粮食赋税数量得以体现，体现城市存储粮食的功能，可以看出，都城、州藩、郡城、县城（中县）的比例为 1∶30∶150∶750。县级城市成为粮食的最初来源地。

表 5 - 1　　　　　城市等级与粮食收入、存储、上缴情况　　　　　单位：石

城市等级	岁入粮食	存储粮食	上缴粮食
县城（中县）	12 万	3 万	4 万
郡城	20 万	5 万	15 万
州藩	78—80 万	40 万	20—30 万
都城	600—700 万	400—500 万	

资料来源：王源：《平书·制田》。

（二）"经世致用"思想

"经世致用"思想是梁启超在评论明清之际学术思想时提出。所谓"经世"，就是要求人民协助治理国家和社会，所谓"致用"就是能够为国家和帝王所用，积极关注社会、反对消极避世。颜李学派的经世致用思想，体现了恢复孔孟、匡复国力的天下己任思想，被梁启超称为"举朱陆汉宋诸派所凭借者一切催陷廓清之，对于二千年来思想界为极猛烈诚挚的大革命运动"[1]。主要体现在封建、官刑、济时、重征举四方面的治理策略。

第一，封建。颜元主张恢复古制，约束君王权力，防止权力集中腐败。他对"封建"的理解在于地方上的拥兵镇主，君王要限制根除这一弊端。李塨则持有不同观点，他主张不应简单遵循古法，提出"郡县而重权久任，即兼封建之利"（《平书订》）。第二，从刑罚、济世、官吏选拔讨论具体的治国政策。针对刑罚的态度，颜李学派对刑罚持有

---

① 梁启超：《中国近三百年学术史》，山西古籍出版社 2001 年版，第 105 页。

基本态度，认为刑罚要具有威慑力。以宫刑为例，他们主张恢复宫刑，认为只要为政能够秉持公正和审慎使用刑罚，宫刑就只是起到威慑作用，就不会产生坏处。对于济世，颜李学派提倡君王具有五德（躬勤俭、远声色、礼相臣、慎选司、逐佞人）、九典（除制艺、重征举、均田亩、重农事、征本色、轻赋税、时工役、静异端、选师儒）（《存治编》）。王源非常重视农业生产，反对传统轻商思想，提出"假令天下有农而无商，尚可以为国乎？"（《平书订》）反对对商人征收重税，提出新的征税办法：把商人分为坐商和行商，坐商由有司发给印票，作为资本的凭借，根据资本的月利润抽取十分之一，如资本有增减或改行，再另换印票。这种思想已经触及盈利、成本和亏损的问题，涉及近代所得税的税收制度。针对选拔人才，颜李学派反对八股取士，认为八股取士"有言不必有德"（《存治编》），选举人才多为庸才。颜李学派主张恢复征举制，作为选拔人才和官员的标准。

总之，颜李学派的"经世致用"思想，一方面希望寄托古制，去除君主集权的封建危害，另一方面寄希望于实干兴邦，变革不合理的政策举措。

四　《清史稿·食货志》的经济思想

《清史稿·食货志》由赵尔巽等编写，记录了清天命元年至宣统三年（1616—1911 年）共二百九十六年的社会财政经济的发展和变化，共六卷；其中《食货志一》为《户口》《田制》，《食货志二》为《赋役》《仓库》，《食货志三》为《漕运》，《食货志四》为《盐法》，《食货志五》为《钱法》《茶法》《矿政》，《食货志六》为《征榷》《会计》。书中介绍了清代的田法、赋役制度、户口制度（分四户、四籍进行统计）、仓库制度、漕运制度（改漕运为海运以节省开支）、盐法、钱法（推行国币）、茶法矿政以及征榷会计等几个方面的内容。

（一）重视农业生产的思想

清代土地分为官田和民田两类，官田掌握在政府手中，不可买卖，民田是地主和自耕农手中的土地，可以自由买卖。一方面清初期注重农田水利工程及在各地鼓励垦荒屯田，另一方面，为解决"东来满洲"的生计问题，清初政府施行暴力圈地政策，清朝将所圈土地按照级别分配给八旗兵丁，并在这些土地上实行封建农奴制经营，使得百姓流离失所，此举加深了社会矛盾，也极大地影响了社会生产力。直到康熙下令"嗣后永不许圈"，圈地才正式告终。

制定田制保障农业生产，增加国库收入。田制即官田，设专人管理；庄田分四等，十年一编定。土地的分配则是按规定数量拨地给王室宗亲及官兵，对于旗人种植不善导致私卖官田的现象，政府规定"清理旗地，令颁帑赎回。凡不自首与私授受者，胥入官为公产"；制定红册，"以备审勘旗民田土之争"；"回赎旗地仍归原佃承种，庄头势豪争夺者罪之"；禁止掠夺农户增收地租的行为，后来禁令松弛，百姓大量失业。划分八旗屯界，给予生产工具支持，并禁止官员侵占。划分驻防兵田地，后来出现私相售卖的情况，制定"井田改屯地"，制定文庙、祠墓、寺观、祭田公地等部分地区免征税政策；设置屯田官制，并规定屯卫田亩可典与军户，不得私典与民，并设营田水利府，开垦荒地引水治田。

（二）货币思想

清朝时期用钱币交换，出现新旧币并行的现象。清朝设置宝泉局和宝源局专铸"天命通宝"钱，严禁假币、私铸，后更禁造铜器、严禁铸造军器、乐器之类。为了稳定社会，允许在偏远地区使用旧币，"闽地僻远，犹杂制钱行之"，于是听从民便，"尽宽旧钱废钱之禁"。后来银钱大量流失，政府实行"制造钱钞与银票相辅并行"的制度，银票可用于交纳地丁钱粮一切税课捐项。后来铜矿缺乏，"更铸铅制钱"，政府禁止伪造钞票，严禁私铸，按照"银七票三"的比例征收赋税。

（三）赋税制度

1. 差异性的赋役制度

赋税是国家财政收入的主要来源，赋役制度也是古代中国重点。清朝康熙、雍正、乾隆三位皇帝在其统治时期采取了不同的赋役制度。清初顺治时期赋役制度原则上"法明"，但取消了明末的各类杂派。康熙帝采取宽松的执政方针，以增加税源、减少开支为主要原则，整体方针为"惜国用不加赋"。但这种政策后期导致贪官横行、钱粮短缺、国库空虚。雍正即位后为改善这种局面大力整顿吏治，进行大刀阔斧的改革，大力打击贪官的同时加强了赋税征收以保证国库的充足，同时大兴垦荒。乾隆则结合了之前两位君主的治国方略，宽严结合，停止了垦田和捐纳政策、重视农桑等培养税源的项目。在赋税管理上杜绝了谎报垦田形成加赋的不良风气，并开始把稳定地亩的数额作为赋税征收基础，从而确保了赋税征收额的稳定。

2. 摊丁入亩的徭役制度

清初的役法同样沿用明朝制度，直至康熙皇帝下令以五十年的人丁为常额，"盛世滋丁，永不加赋"，这一规定为之后雍正朝推行摊丁入亩创造了条件。雍正时期进行改革，将人口税和田税合二为一，被称作摊丁入亩，摊丁入亩制度施行以后，基本上取消了地主阶级豁免丁税的特权。他们要根据自己土地的多少负担摊派的丁税，这样就减轻了没有土地和拥有少量土地农民的负担，一定程度缓和了当时的阶级矛盾。但雍正、乾隆两朝以后，名目繁多的额外赋税加派层出不穷，加重了人民的负担。即便如此，摊丁入亩仍是中国封建社会后期赋役制度的一次重要改革，它的成功实施标志着中国实行两千多年人头税的废除。

清朝役法沿用明朝的旧制，任命里长管理一里的事物，轮流应征，催办钱粮。实行编审之法，"核实天下丁口，年六十以上开除，十六以上添註，丁增而赋随之"。民众有市民、农民、富民、佃民、客民之分，民工外还有军队、工、灶、屯、站、土丁名；丁徭沿用三等九则法和一条鞭法，同时"禁止私役；禁人民私充牙行、埠头"。由于"人户消长不同，田亩盈缩亦异"，于是实行均田均役法，定十年编审之法，役随田转，册因时更。雍正时期，实行地丁制度，"将丁口之赋，摊入地亩输纳征解"，即将丁银随地起征，自后丁徭与地赋合而为一，民纳地丁之外，别无徭役。

（四）政府管控思想

1. 加强人口管制

制定户籍制度，加强人口管理。"凡腹民计以丁口，边民计以户"；将藩外民族户口归入理藩院；户籍分为民、军、卫、商和灶籍，官吏任免、参与考试等都需要考察其祖籍；区分良民和贱民；禁止假冒户籍的行为；涉及盐场、矿厂、商船、渔船等职业的，要查核雇工人员；下禁令，"凡台湾民、番不许结亲，违者离异"，苗疆地区不可随意进入，同时禁止外界贸易；安抚"棚户"与"寮户"，解决流民问题，给予荒地令其开垦；确定编审原则，同时编审 5 年举行一次，即可清户口"，亦可稽察游民，且不必另查户口"。清朝前期采取休养生息的政策，人口每年递增。

2. 加强对盐、茶、矿业的管控

设置盐官，划分区域管理，根据各地区情况制定不同的管理制度。严禁商人私卖，"欲缉商私，必恤商而严其禁"；根据实际情况规定盐价，即"将本年成本之轻重，合远近脚价，酌量时值买卖。至食盐难销处，值有纲地行销不敷，亦准改拨"；当盐业过于冗杂，则裁减盐官，免收部分地区课银。将场商停设，发帑委官监收，处理帑盐。清朝时期茶法沿用明朝之制度，茶法分为官茶（储边易马）、商茶（给引征课）；贡茶（上用）；严禁私造、置茶官茶马御史，规定茶引颁发流程。清初严禁开矿，后来矿禁逐渐放宽。咸丰时期，"以宽筹军饷，招商开采金银诸矿"，矿禁大开，各地请开。

3. 常平仓制度

常平仓通过平粜、赈济和出借，实现平抑粮价、救济灾荒的目的。顺治十七年（1660 年），"户部议定常平仓谷，春夏出粜，秋冬籴还，平价生息，凶岁则按数给散贫户"。季节性波动、自然灾害、战乱等都会引起粮价上涨，此时政府以常平仓所存之粮减价向市场投放粮食，时称"平粜"；当粮食丰收市场粮价下跌时，政府又平价购粮还仓。清政府规定平粜、出粜定例为存七粜三，"各省常平仓谷每年存七粜三，原为出陈易新，亦使青黄不接之时，民间得以接济"。乾隆二十九年（1764 年），清政府进一步调整政策，"其寻常岁稔价平之年，不必拘定粜三之例，或竟可全数停粜，或止需酌粜十分之一二，总看各处情形，临时酌办"。

清朝亦沿用明朝仓库旧制，京师和各直省都有仓库、直省水仓，"给发运军月粮并驻防过往官兵粮饷之需"；设置常平仓和裕备仓。乡村设社仓，市镇设义仓，东三省设旗仓，近边设营仓，濒海设盐义仓，或以便民，或以给军。雍正以前，太仓之粟常有余，后期，因"因赈恤屡截留漕运"导致京师粮贵，以江浙地区之粮补给京师。

第三节 欧洲重农学派经济思想

一 重农学派的概述

"重农主义"（Physiocratie）一词译自 Physiocracy，来自希腊文，由两部分组成，Physio 表示"自然"，cratie 表示"力量、权力"，原意是"自然的主宰"，含有服从自然法则之义。法国重农学派是由以魁奈为首的一些关心经济问题、自称"经济学家"的人组成的，主要有奈穆尔、利维埃以及杜尔哥等。重农学派以"纯产品"学说作为理论依据，他们认为只有农业才生产"纯产品"，是生产劳动，工业只是财富的相加，是非生产的。他们阐述一种取代重商主义（Mercantilism）的学说。

在西方经济学的形成演化中，重农学派具有重要的承上启下作用。尤其是法国的重农学派思想，对西方经济理论的发展影响深远。重农学派的思想，主张从农业的角度解读国家财富的构建及影响，提出了农业是财富源泉，扩大了现代经济国民财富构成的范围。重农学派的思想，主张从农业的角度分析财富的构成，进而提出了一整套的分析框架。

二 布阿吉尔贝尔的经济学说

皮埃尔·布阿吉尔贝尔（1646—1714 年），法国重农学派先驱之一，法国古典政治经济学的创始人。出生于法国卢昂，担任过卢昂地方议会的法官。代表作为《法兰西详情》（写于 1695 年，出版于 1714 年）、《谷物论》（1697 年）、《论财富、货币和赋税的性质》（1706 年）。

（一）重农思想

布阿吉尔贝尔提出社会的发展注意力应该倾向于农业。他指出，"耕种者的繁荣昌盛是一切其他等级的财富的必要基础"，"一切财富都来源于土地的耕种"。[1] 他认为农业是国家的基础，比工商业重要，应

---

① ［法］皮埃尔·布阿吉尔贝尔：《谷物论·论财富、货币和赋税的性质》，商务印书馆 1979 年版，第 20—21 页。

大力发展。他公开宣称，社会财富是农业中生产出来的农产品，财富来自农业生产。为了保护农业，他批评政府的财政开支和财政政策，尤其是赋税的繁重、财政收入的滥用、关税的不恰当、宫廷的挥霍和巨大的债务赤字。布阿吉尔贝尔对农业生产领域的研究，标志了法国资产阶级古典政治经济学的开始，他并没有创立一套完整的经济理论体系，只是阐述了重农的意义，并针对法国当时的经济状况提出针对性建议，但他毕竟反映了资本主义生产的一些内部联系。作为法国古典政治经济学的创始人，他秉承了法国古典政治经济学的特点——一开始就为小生产者，即广大农民的利益辩护。正如马克思所指出，"布阿吉尔贝尔虽然身为路易十四的法官，却既热情又勇敢地替被压迫阶级声辩"①。

（二）反对重商主义的财富观

重商主义认为财富就是金银货币，国家的基本政策就是尽力积累货币财富。布阿吉尔贝尔坚决反对这一观点，认为凡是能满足人们物质生活和精神生活需要的具有使用价值的东西就是财富，"财富包括人们的全部享受，不仅是生活必需品，也包括非必需品以及能够满足人们身体官能快乐的一切物品"。布阿吉尔贝尔反复证明货币并不是财富，他说"货币本身并非财富，而且它的数量一般和一个国家的富裕无关"，"国民收入的增长与消费而不是与硬通货数量的增加成正比例"。布阿吉尔贝尔认为货币只是为了便利商品交换，其职能在商品流通中充当流通手段和支付手段，他不赞成储藏货币，主张应不断地将货币投入流通以发挥其作用。布阿吉尔贝尔把财富看成具有使用价值的东西，认为财富是土地的产物，"耕种者的繁荣昌盛是一切其它等级的财富的必要基础"。重商主义者认为财富就是货币，财富来源于商业及流通流域，特别是海外贸易。而布阿吉尔贝尔则证明社会财富主要是农业中生产出来的农产品，财富来自农业生产。他把经济分析和经济研究从流通流域引向生产领域，引起马克思的称赞，"真正的现代经济科学，只是当理论研究从流通过程转向生产过程的时候才开始"②。

---

① 《马克思恩格斯全集》第13卷，人民出版社1962年版，第43页。
② 《资本论》第3卷，人民出版社2004年版，第376页。

（三）自然法思想

重农学派有着极强的自然法观念，这点在布阿吉尔贝尔身上体现得也很明显。他把自然规律概念用来解释法国经济问题，认为社会经济活动及发展都有其自身规律，人们的经济活动只能按照自然规律进行。如果违反了自然规律，就会遭到大自然的迅速惩罚。布阿吉尔贝尔认为重商主义政策就是对经济自然规律的干预，认为经济活动只有大自然能恰如其分地加以必要的整顿，他要求法国封建政府"停止对自然采取十分粗暴的行为"。在布阿吉尔贝尔看来，实行自由竞争就是按照自然规律办事。他认为法国国民经济比例失调，只有采用自由竞争才能让各行各业保持均衡，社会成员才能获益。他的自然规律和经济自由思想都为后来魁奈所继承而形成自然秩序学说，为法国古典政治经济学奠定了理论基础。①

（四）劳动价值学说

布阿吉尔贝尔没有专门论述劳动价值理论，而是在分析农产品的价格时涉及如何确定价值时谈到这个问题。当时法国由于重商主义，使得谷物价格低到不足以补偿其生产费用，造成农业减产，各行业比例失衡，危机国家经济发展。布阿吉尔贝尔认为国民经济各行业都相互关联，一个国家各种职能都是相互支持、相互为用，社会各经济部门应该保持合理发展比例，并进一步分析这种比例关系的构成。他提出了以农业为基础，恢复国民经济的思想。为了拯救农业，需要确定农产品的"公平价格"，也就是价值，又称为比例价格，是由消耗生产另一件商品的同样劳动时间决定的。要想实现公平价格，必须保障整个社会各部门之间对物品的相互需要与整个社会的劳动依照比例在社会各部门分配。为了实现这一目标，他主张自由竞争，认为通过市场价格来调节劳动在各部门之间的分配，从而把交换价值归结为劳动时间。

布阿吉尔贝尔所说的自由竞争，是指各生产部门之间的竞争；他说的平衡，是指各个生产部门之间使用劳动和生产的平衡，他说的真正价值或比例价格，既指一个部门同类商品总量的价值，也指单位商品的价

---

① 伍纯武：《布阿吉尔贝尔选集》，商务印书馆 1984 年版，第 10 页。

值，后者是商品总量的真正价值的平均数。[①]

三   魁奈的经济思想

弗朗索瓦·魁奈（Francois Quesnay，1694 – 1774）是一个土地所有者的儿子，是重农学派的奠基人和领袖。他受过医学训练，他通过在医学和外科手术方面的技术获得了一笔财富。魁奈后来成了路易十五的宫廷医生，不久之后他对经济学的兴趣超过了医学。在 1757 年发表在《百科全书》中的一篇文章中，魁奈指出小农场主没有能力采用最有效率的生产方式，它支持由"企业家"经营的大农场，因此也就期望出现我们这个时代已经存在的大型农业企业。

魁奈生活在因重商主义思想盛行而使国家财富缩小、民不聊生的时代，在这样的背景之下，他提出重农思想。他的重农思想认为"一切利益的来源实际是农业、只有农业才是满足人们需要的财富的来源"，表达了他对于农业的重视与推崇。

在《租地农场主论》里，魁奈通过一系列的分析对比，论证了大农经营对农业经营利益的获取有极大的帮助，让财富很好地用于生产。魁奈将国民分为三个阶级，生产阶级、土地所有者阶级和不生产阶级，他认为工商业者并不创造财富，只有农业才能生产出"纯产品"，使财富增加。魁奈十分重视将财富用于生产，将财富看成发展农业的大原动力，对财富如何有效用于生产提出了一些措施。在农业方面，《谷物论》中阐释了大农经营的生产优势，从农产品的角度出发发表了对财富的看法与理解，他认为财富和货币有明显的区别，决定国家财富多少的，并不是货币财富的多少；对外贸易利益的增加，不在于货币财富的增加等观点，反驳了重商主义过分重视货币的思想。同时，魁奈并未忽视人口对财富增长的促进作用，人口与财富的增长也存在相互作用，人口的存在与需求，促使财富的增长，人必须依靠财富维持生存和生活，因此人口的增长又以财富的增长为条件。《人口论》中，魁奈认为，构成国家强大的因素是人，在增加产品的生产和消费方面人们本身就成为自己财富的第一个创造性因素，国家财富的维持与扩大，离不开劳动力

---

① 赵崇龄：《外国经济思想通史》，云南大学出版社 2015 年版，第 69 页。

的使用与人口的增长。他分析了法国人口的现状与人口缩减和增长的原因，致力于如何使国家财富增长的研究。

马克思高度评价重农学派对价值在生产领域而非流通领域的阐述，"重农学派把关于剩余价值起源的研究从流通领域转到直接生产本身的领域，这样就为分析资本主义生产奠定了基础"①。

《经济表》是弗朗斯瓦·魁奈的一部十分重要的著作，魁奈的《经济表》，不但后来受到马克思的重视和高度评价，就是在当时也深受重农学派的推崇，成为魁奈在经济学史上最杰出的贡献。诚如马克思所说："大家知道，重农学派在魁奈的《经济表》中给我们留下了一个谜，对于这个谜，以前的政治经济学批评家和历史学家绞尽脑汁而毫无结果。这个表本来应该清楚地说明重农学派对一国总财富的生产和流通的观念，可是它对后代经济学者自然是不可了解的。"②

首先，魁奈在《经济表》中对纯产品的解释是"从土地取得的盈利扣除了一切支出以后，所余的产品就是构成国家收入的每年创造的财富"。之所以说土地所有者不应当把纯产品保留起来，而应把盈利花掉，是因为这样做促进了全国再分配。一个国家出售工业品不能从国外吸取财富，这些制造品是靠本国的收入来支付的。但是，也存在依靠贸易和工业劳动赚到的工资创造自己的财富的。

其次，魁奈把社会划分为生产阶级，土地所有者阶级和不生产阶级三个主要阶级，三个阶级间无数买卖行为都合成一次总的交换，货币只在三个阶级之间流通，各阶级内部的流通都舍掉，社会再生产是简单再生产。魁奈在《经济表》中把整个流通过程归结为包括商品和货币流通的五次交换行为，流通过程结束以后，土地所有者用他们在流通前所取得的地租换取工业品；而不生产阶级获得生活资料确保生存需要和工业原料，保证再生产的继续；而生产阶级以上一年度生产中的农产品换得相应生产资料和货币。除了上述进入流通外，生产阶级还有一定价值的农产品保留在他们手中，作为种子和本阶级的生活资料，不参加流通。这样整个运动就完成了。在本年度，简单的再生产可以再进行，而

① 《马克思恩格斯全集》第33卷，人民出版社2004年版，第16页。
② 恩格斯：《反对林论》，人民出版社1976年版，第241页。

在本年度生产结束后，同样的流通又可以再进行。

农民	地主	技工与仆人
2000 利弗尔	作为地租支付——2000 利弗尔	
1000 利弗尔	作为地租支付的净产品——1000 利弗尔	1000 利弗尔
500 利弗尔	作为地租支付的净产品——500 利弗尔	500 利弗尔
250 利弗尔	作为地租支付的净产品——250 利弗尔	250 利弗尔

图 5－1　魁奈的《经济表》

　　而魁奈的一些经济理论都体现在图 5－1 中，如自然秩序、财富、纯产品，三个阶级的划分、重农思想等。但这个表的建立，还以三个假定为前提。第一是价格不变性（图 5－1 中所描述的是自然秩序下的等价交换，把市场价格的变动，以及市场价格和自然价格之间的差异略去，因为这种差异使研究工作和说明复杂化）。第二是简单再生产（就是把注意力集中在简单再生产上，以此来说明各经济部门是如何相互制约和相互依存，以及农业如何通过流通滋养整个经济体系）。第三略而不谈对外贸易（就是所说明的是不受外国市场干扰的稳定的经济状况）。除上述假定前提外，《经济表》还以一定的计算数字为出发点（人口数、耕地量、流动资本额、固定资本额、总产出量、货币量等）。

　　马克思指出：概括在魁奈《经济表》中的重农学派体系"是第一个对资本主义生产进行分析，并把资本在其中被生产出来又在其中进行生产的那些条件当作生产的永恒规律来表述的体系"①。实际上，魁奈

----

① 《马克思恩格斯全集》第 33 卷，人民出版社 2004 年版，第 23 页。

这个尝试所取得的成果，对以后政治经济学的发展产生了很大的影响。

四　杜尔阁的经济思想

杜尔阁（1727—1781 年），法国经济学家，重农学派的代表人物之一。生于法国巴黎，就学于巴黎神学院，当过修道院院士和名誉副院长。后放弃神职从政。1761 年被任命为利摩日州州长。1774 年路易十六即位后，杜尔阁出任海军大臣、财政大臣。在位期间着手实行重农学派的经济纲领，推行社会改革，后因遭到各阶级的反对而下野，代表作为《关于财富的形成和分配的考察》。

杜尔阁是重农学派的重要代表人物，杜尔阁的学说明显地反映出从封建主义的内核中脱生出来的资本主义社会的要求。马克思认为，"在杜尔阁手上，我们看见了重农主义学说的最高发展"。在著名的经济著作《关于财富的形成和分配的考察》一书中，他发挥了重农主义基本原理，论证了关于农业是财富唯一源泉的观点。

农业不仅提供了人们生产生活的最基本物质资料，更为工业和商业提供了原材料与交换物。没有农业，人类社会将不能维系，杜尔阁认为农民或者说土地耕种者是整个社会机器的第一个发动机，是其他一切劳动的基础。"我们可以一般地说，纵然没有其他工人的劳动，农人照样可以生活；但是，如果农人不使工人能够生活的话，任何工人就无法劳动。这样看来，在这种由于互通有无，使人们互相依赖，从而成为社会纽带的流通过程中，提供原始动力的就是农人的劳动。农人的劳动使土地能够生产他本人需要以外的东西，这些东西乃是社会中一切其他成员用他们的劳动交换得来的工资的唯一基金。"①

杜尔阁首先假定平均分配土地，使每个人只拥有维持他自己生活所必需的土地。显然，既然大家都处于同等的情况下，就不会有人愿意为别人工作，是不可能发生商业行为的。但上述假定情况从未存在过，即使存在也不可能继续下去。任何一块土地都不可能生产出所有东西来，土壤的多样性会导致土地产品和其他产品的交换。而且，土地产品必须经过较长的和艰苦的制作过程才能满足人类的需要。土地为满足人类种

---

① ［法］杜尔阁：《关于财富的形成和分配的考察》，商务印书馆 1997 年版，第 20 页。

种需要而生产出来的各种农作物，大部分需要经过人的加工。其加工过程有一大部分都需要相当的照料、注意和长期经验。于是制作过程的必要性产生了以土地产品交换劳动的现象。

杜尔阁认为，生产原料的农人比从事原料加工的工匠更为重要。农人是劳动流通的第一个发动者，他是使土地生产出一切工匠的工资的人，纵使没有其他工人的劳动，农人照样可以生活，但是如果农人不使工人能够生活的话，任何工人就无法劳动。农人的劳动使土地能够生产他本人需要以外的东西，这些东西乃是社会中一切其他成员用他们的劳动交换得来的工资的唯一基金。当后者利用从这种交换中得来的代价再来购买农人的产品时，他们只不过是把他们从农人那里得到的东西交回给农人而已。由于劳动力的自由竞争，工人只能得到维持生活所必需的工资，而农人可以通过辛勤劳动在肥沃的土地上生产出"剩余产品"，因此农人是一切财富的唯一源泉。

社会被划分为两个阶级：一个是生产阶级，也就是土地耕种阶级，另一个是薪资阶级，也就是工匠阶级。在最初的时代里，还不能把土地所有者和耕种者区别开来，随着社会的进步，土地所有者开始能够把耕种劳动交由雇用的耕种者来负担，土地所有权就同耕种劳动分离开了。此时，社会再被划分为土地耕种者、工匠和土地所有者三个阶段。杜尔阁接着列举了土地所有者从土地提取收入的五种途径：由奴隶来耕种、让渡土地以换取一种定额的报酬、对分佃耕制、土地的包租、出租。杜尔阁给资本下的定义是："积累起来的流动的价值"。在资本的来源和用途方面，杜尔阁进行了独特的论述。他举出资本的五种使用方式：

（1）买进一份田产。提供一定收入的一份田产只不过是价值等于这种收入的一定倍数的一个总值的等价物。在杜尔阁的经济思想中，农业是一切财富的唯一源泉，购买田产改变了原本资本价值的形式，却能生产出比原来价值更大的价值。所以，一笔资本的所有者首先可以利用资本来买进土地。

（2）用作制造业和工业方面的垫支。无论在土地耕种、工业或商业方面，各种不同的劳动都需要垫支。只有一个资本所有者或可动的积累起来的价值的所有者，才可以运用资本的一部分当作垫支，借以修建作坊和收购原材料；运用另一部分作为垫支，借以偿付制造的工人的计日工资。

同时杜尔阁对资本主义社会的资本家和雇用工人两个主要阶级，进行了比较正确的解剖和说明，指出资本家占有和投入资本，使别人从事劳动，而赚取利润；雇用工人则一无所有，靠给别人劳动，只能挣得工资。

（3）用作农业企业的垫支。拥有大笔资本的人，为了在农业企业中运用资本来挣取利润，便以大量地租向土地所有者租用土地，并且负担耕种方面的全部垫支。

（4）用作商业企业的垫支。企业家只能通过土地或制成的商品的销售来收回他们的垫支和利润，企业家觉得他们有必要及时地和按期地收回他们的资金，而消费者并非总是在收割时期或成品制成时期需要农产品或制成品。于是商人这个职业便成了必要的存在。各种不同等级的商人都有一个共同点，他们为了卖出而买进，他们的业务全靠种种垫支来进行，这些垫支必须带着利润收回来，以便再度投入企业中去。

（5）放债取息。货币所有者总是把他们的资本可能由于企业的失败而遭遇的风险，拿来同不必从事劳动就可以享受一笔确切的利润这种好处相互较量。他们据此决定为他们的货币要求多大的利润或利息，或是否同意按借款人提出的利息把货币借出去。

五　法国重农学派的中国渊源

在西方经济学的形成演化中，重农学派具有重要的承上启下作用。尤其是法国的重农学派思想，对西方经济理论的发展影响深远。重农学派的思想，主张从农业的角度解读国家财富的构建及影响，提出了农业是财富源泉，扩大了现代经济国民财富构成的范围。然而，重农学派的思想，主张从农业的角度分析财富的构成，进而提出了一整套的分析框架。纵观中国历史，如果从农业的角度解读财富的构成并提出分析框架的角度出发，中国的重农学派自先秦伊始，一直贯穿整个古代。分析研究中国的重农思想，既能与西方的重农学派对比，找出不同的发展路径，对"言必称西方"的学者提供参考的素材，也能为当前的经济思想变革提供传统因素的借鉴。

中国的重农思想自然不会按照西方经济范式发展演化，自有其特殊的思想传承性和时代变迁性，为了彰显出中国重农思想的特征，我们按照西方经济学思想的演化范式进行梳理，阐述其特征。

1585 年在罗马以西班牙文出版的《中华大帝国史》，相继被译成英文、法文等多种文字，稍后《管子》《论语》《荀子》《孟子》等中国先秦诸家经典也传入欧洲，并有英、法、德等文字译本，对欧洲社会和文化产生重大影响。① 17、18 世纪，中国和欧洲尤其是与法国之间，存在着一段文化交流历史，持续时间达一个半世纪，波及整个欧洲的"中国热"就是这一背景的产物。正如朱谦之所言，18 世纪启蒙时期，中国文化对欧洲的影响已经代替了希腊文化对欧洲的影响。② 18 世纪被称为法国的时代，但在当时的法国，"中国比欧洲本身的某些地区还要知名"，"现在的风气，一切都变为中国式或中国化了。甚至最平常的用具，无一不受中国的影响"。③ 一句话，启蒙时代欧洲的中国观被涂上了一层靓丽迷人的玫瑰色。④

从经济学角度，人民首先注意到在当时独特历史条件下，孕育并产生了以崇尚中国文化著称的法国重农学派。⑤ 重农学派的领袖魁奈被称为"欧洲的孔子"，其代表作为《中国的专制制度》；另一位代表人为杜尔阁，曾经专门为两位中国留法青年杨德望和高类思撰写中国问题集及其"序论"，即经济学名著《关于财富的形成和分配的考察》。

1751 年，杨德望和高类思到法国学习法文、逻辑和神学，1763 年在巴黎的神学院毕业后任司铎（神父）。1764 年，经国务大臣、重农学派成员亨利·贝尔坦（Henri Bertin，1720 – 1792）的引荐，会见了当时任里摩日州州长的著名经济学家安纳·罗贝尔·雅克·杜尔哥（Anne Robert Jacques Turgot，1727 – 1781），杜尔阁向他们提出若干有关中国的经济问题，要求二人回国后收集有关中国的财富、土地、劳动、资本等经济问题和造纸、印刷等工艺问题。两人回国时，杜尔阁写了《给两位中国人关于研究中国问题的指示》，列了 52 个问题的调查

① 曹俊杰：《浅析管仲的分工思想对斯密的影响》，《管子学刊》2001 年第 3 期。
② 朱谦之：《十八世纪中国哲学对欧洲哲学的影响》，《哲学研究》1957 年第 4 期。
③ 谈敏：《重农学派学说的中国渊源》，上海人民出版社 1992 年版，第 49 页。
④ 耿兆锐：《法国重农学派视野里的中国形象》，《中国经济史研究》2015 年第 4 期。
⑤ 谈敏：《重农学派经济学说的中国渊源》，《经济研究》1990 年第 6 期。

提纲。为了使这两名中国留学生能够深入理解提出上述问题的目的和意义，系统了解重农主义的思想主张，杜尔阁还专门写了《关于财富的形成和分配的考察》一书。[①]

（一）自然秩序思想

自然秩序是重农思想的哲学基础，其法语原文的本意是自然的统治，或"自然秩序的科学"。重农学派自然秩序的内涵主要有五方面：第一，揭示支配人类社会的自然规律或普遍法则。此类含义孕育了中西方两渊源。魁奈指出由于"中国宪法乃基于明达不移的法律之上"，"古老博学和文明"的中华帝国"胜过欧洲最文明的国家"。明达不移的法律，就是根据他对中国"基本法"的理解。在魁奈看来中国的一切法规如伦理与政治合一的"成文法"、税法，设有各级监督系统的民法、刑法以及奖励官吏的吏法等，都须体现和保障自然法的贯彻实施，故"中国的统治制度是建立在自然法的基础上"。[②] 第二，自然秩序虽然归结于西方传统含义，但重农学派仍然从中国古典文籍所谓"天""天道"中找到了对自然秩序的经典解释。重农学派强调要"顺应天意"，强调自然法则一经确立，就不用再去考虑神的作用，而是集中在认识和遵循这些法则。第三，认为自然秩序是通过人类理性、人类智慧体现出来。魁奈在考察自然法时，以中国人的"理性之光"为指导，称赞对自然法的研究，中国处于最高程度的完善。第四，遵循自然秩序获得最高福利。儒家学派强调修身、齐家、治国、平天下，对事物规律的认识建立在"格物致知"之上，重农学派强调遵守自然发展获得辅助的方式契合了儒家的基本含义。第五，重农抑商与重农主义。中国古代具有典型特色的重农思想，从荀子"强本论"到商鞅践行农业是财富生产的源泉的农战论，再到韩非子在理论上提出"耕农之本"思想。正如有学者指出"中国上古经济思想在西洋各国，确曾产生相当之影响，尤以对法国之重农学派为显著"[③]。中国古代传统的"籍田"大礼给重农学派留下深刻印象，魁奈曾鼓动法王路易十五及其皇太子效仿中

①　叶坦：《"中学西渐"对西方经济学的影响——立足于经济学术史的考察》，《经济思想史学刊》2021 年第 1 期。

②　谈敏：《重农学派经济学说的中国渊源》，《经济研究》1990 年第 6 期。

③　唐庆增：《中国经济思想史》上卷，商务印书馆 1936 年版，第 366 页。

国皇帝的籍田仪式。马克思也认为，重农学派从中国古代传统中"请出亡灵来给他们以帮助"[①]。

（二）自由放任与"顺应天道"

重农学派从自然秩序引申出经济自由主义。而中国古代"顺应天道""取法于天"的观念一直深入人心，中国主张"因民之所利而利之"，信服"无为而无不为"，重农学派主张"自由放任"，承认道德的规律和秩序，认为人类社会也存在自然秩序，政府应当尊崇自然秩序，反对政府干预。重农学派的自由放任思想，包括了多重含义，如自然主义的个体自利观点，国际贸易的自由通行原则、反对政府干预等，魁奈指出："中华帝国不是由于遵守自然规律而得以年代绵长、疆域辽阔、繁荣不息吗？"[②]

（三）土地单一税

重农学派先驱沃邦（1633—1707 年）鼓吹中国式的什一税。魁奈也在政策主张中，提倡土地单一税。魁奈以土地税为主，按照土地面积及肥沃程度作为征课的基础，一切赋税都由土地所有者负担。他提倡的税制特点是以土地为基本，建立单一赋税的立法基础。他在总结中国法赋税制度时候，认为在一个农业国家里，国家所需的赋税总额不可能是别的，只不过是土地所有者"扣除花在作物上的劳动支出以及其他支出而剩余的产品的一个部分"[③]。

思考题

1. 简要论述"工商皆本论"的理论与现实意义。
2. 简要论述经济自由主义思想的主要内容和意义。
3. 试阐述欧洲重农学派的理论主张。
4. 试阐述法国重农学派与中国经济思想的关系。
5. 试阐述中西方重农思想的差异及产生差异的原因。

---

① 《马克思恩格斯全集》第 8 卷，人民出版社 1961 年版，第 121 页。
② 《魁奈经济著作选集》，商务印书馆 1997 年版，第 420 页。
③ 《魁奈经济著作选集》，商务印书馆 1997 年版，第 411 页。

推荐阅读文献

1. 邹进文：《中国近代经济思想研究在西方的反响》，《中国社会科学》2021 年第 5 期。

2. 谈敏：《重农学派经济学说的中国渊源》，《经济研究》1990 年第 6 期。

3. 王昉、燕红忠、高宇：《晚清区域货币市场发展研究——以营口"过炉银"为中心》，《历史研究》2016 年第 3 期。

4. 龙登高、温方方、邱永志：《典田的性质与权益——基于清代与宋代的比较研究》，《历史研究》2016 年第 5 期。

5. 陈志武、何石军、林展、彭凯翔：《清代妻妾价格研究——传统社会里女性如何被用作避险资产?》，《经济学（季刊）》2019 年第 1 期。

6. 杜恂诚：《论中国的经济史学与西方主流经济学的关系》，《中国经济史研究》2019 年第 5 期。

7. 叶坦：《中国经济学术史的重点考察——中国经济思想史学科创始与发展优势论析》，《中国经济史研究》2003 年第 4 期。

8. 程霖、岳翔宇：《晚清金融思想的现代化转型》，《财经研究》2014 年第 6 期。

9. 贾根良：《从五百年经济政策史中探寻国富国穷的奥秘》，《国外理论动态》2013 年第 3 期。

10. 刘亚中：《汪志伊〈荒政辑要〉所见之荒政思想》，《中国农史》2006 年第 4 期。

11. 李大龙：《中国疆域诠释视角：从王朝国家到主权国家》，《中国社会科学》2020 年第 7 期。

12. 杨政：《伦理情境下的博弈、仪式与象征——关于清朝中晚期士绅和庶民生活的个案研究》，《社会》2005 年第 6 期。

附　件

一　《摩奴法典》的经济思想

古代印度的经济思想可以从其代表性法典——《摩奴法典》——了解一二，这反映了早期文化的共性特征。

《摩奴法典》作为古代印度最为重要的法典，对印度次大陆影响深远。与其他法典有区别的是，《摩奴法典》的影响不仅在古代同时还对近现代印度产生影响。英国人 18 世纪在印度建立殖民地，也充分认识到《摩奴法典》的重要性。《摩奴法典》同其他法经、法论一样，不是国家颁布的法典，而是婆罗门教祭司根据《吠陀经》和古代习惯变成的教律与法律相结合的作品。① 《摩奴法典》共有 12 卷，涉及创造、净法、婚姻、生计、斋戒和净法的规定、林栖和苦行的义务、国王和武士种姓的行为、法官的任务、民法与刑法、杂种种姓、苦行与赎罪、轮回，其核心是种姓制度。学界认为《摩奴法典》有一个形成的过程，但自 20 世纪 80 年代毕勒尔提出《摩奴法典》成书于公元前 2 世纪—公元 2 世纪之间的说法以来，这个意见基本已为大多数学者所同意，接近于定论了。② 《摩奴法典》作为古印度最重要法典，一段时间内存在年代难以断定的问题，法国学者迭郎善将《摩奴法典》定年于公元前 13 世纪，但因依据是没有提到释迦牟尼而引发争论。

---

① ［法］迭郎善译，马香雪转译：《摩奴法典》，商务印书馆 1982 年版，第 i 页。
② ［法］迭郎善译，马香雪转译：《摩奴法典》，商务印书馆 1982 年版，第 iii 页。

（一）关于"生计"

《摩奴法典》涉及经济思想的方面较多在体现"生计"这部分。提出了"利多"即生计的含义，文中区分了真正的生计（利多）、不朽的生计（阿摩利多）、凡人的生计（摩利多）、凡而又凡人的生计（普罗摩利多）。生计的来源是劳动，"从事特别适合于自己的无可厚非的职业"①，同时，该文提出根据不同人口数量来从事不同的生计，对于人口较多的家庭，有拾落穗、受布施、求布施、耕田、经商、放贷；对于人口较少的家庭，有祭祀、教授盛典、接受布施；第三种人从事祭祀、教学；第四种人以传播盛典为生。法典中没有区分人口多寡的数量，也把接受布施作为生计的基础。布施并非财富的来源，而是财富分配的手段和工具，但能成为其他人的生计来源。同时，财富的来源和生计的方式具有不同的内涵，从财富的来源来看，土地、劳动、技术、资本、企业家才能等现代生产要素在法典中是以职业划分，并转换成获取生计的方式。法典中特别强调财富取得的标准是是否妨碍学习盛典，"应该放弃一切足以妨害学习圣典的财富，而谋求一个无害于学习圣典的生计，因为它可以给人带来幸福"②。

（二）关于"欲望"

欲望是人性的共性，围绕欲望，法典采用道德约束欲望，"如追幸福，为人要完全知足，节制欲望，因为知足为幸福之源，反之则为不幸之源"③。采用"知足"的概念约束欲望，这种方式在中国早期也采用，在"物质稀缺性"约束下，人口数量过多会导致物品更为稀缺，在此约束下，节制欲望的方式只能"克己"，与中国古代"克己复礼"相近的是采用自足来衡量。法典中并非阐述知足的标准，提出了偏好的含义，"不要沉湎于任何肉欲，要尽心竭力克服声色过度的偏好"④。

①　［法］迭郎善译，马香雪转译：《摩奴法典》，商务印书馆 1982 年版，第 87 页。
②　［法］迭郎善译，马香雪转译：《摩奴法典》，商务印书馆 1982 年版，第 89 页。
③　［法］迭郎善译，马香雪转译：《摩奴法典》，商务印书馆 1982 年版，第 88 页。
④　［法］迭郎善译，马香雪转译：《摩奴法典》，商务印书馆 1982 年版，第 88 页。

二　《古兰经》、突斯、伊本·泰米叶的经济思想

（一）《古兰经》中的经济思想

《古兰经》是伊斯兰教唯一的根本经典，也是 7 世纪阿拉伯社会政治变化和经济发展在意识形态的集中体现。阿拉伯半岛地处交通要道，贸易活跃。《古兰经》记载了当时麦加商贸的繁荣情形。在贸易活动中，麦加、塔伊夫等地日益富裕，私有制发展促进原始社会瓦解和奴隶制度形成。半岛的富人霸占大量绿洲、草地和牲畜，积累了大量财富，而广大民众受尽盘剥，困苦不堪。麦加作为半岛经济、文化、宗教中心，成为矛盾聚焦点。广大群众迫切需求一种新制度的出现，以调整他们之间的经济利益关系，缩小贫富差距，缓和社会矛盾。就在这样的历史环境中，穆罕默德顺应历史潮流，传播了伊斯兰教。[①]

伊斯兰教作为世界性宗教，有着独树一帜的教义。伊斯兰教在其形成之初就必须建立一套全体穆斯林都遵守的行动准则，形成团结所有穆斯林的基本社会制度，其中合理地调整人们之间的经济利益关系显得尤其重要。[②] 伊斯兰教是有着两世幸福的宗教，它既追求现世幸福也要来世富饶。只要是真主赐予的大地上所有的"合法而且佳美的食物"，人们都可以尽情享受，"迷惑世人的，是令人爱好的事物，如妻子、儿女、金银、宝藏、骏马、牲畜、禾稼等。这些是今世生活的享受；而真主那里，却有优美的归宿"[③]。"今世的生活，只是游戏和娱乐。"[④]

1. 限制财富膨胀、均贫富

它试图把个体与集体在共同利益的基础上结合起来，进行有益的经

---

①　王广大：《试析伊斯兰经济思想》，《阿拉伯世界》2003 年第 3 期。

②　王广大：《试析伊斯兰经济思想》，《阿拉伯世界》2003 年第 3 期。

③　《古兰经》，中国社会科学出版社 1981 年版，第 37 页。

④　《古兰经》，中国社会科学出版社 1981 年版，第 395 页。

济活动。① 伊斯兰经济思想对私人财富提出多项限制措施：第一，财富获得必须通过合法渠道；第二，获取财富不能靠投机倒把、缺斤少两，"他曾规定公平，以免你们用称不公。你们应当秉公地谨守衡度，你们不要使所称之物份量不足"（《古兰经》）；第三，按照教法规定缴纳天课。天课是蕴含纯净、施舍之意在内的穆斯林必须履行的"五功"② 之一。总的原则是越富之人缴纳的天课越多，同时规定了享用天课之人——"贫穷者、赤贫者、管理赈务者、心被团结者、无力赎身者、不能还债者、为主道工作者、途中穷苦者"③。这种富裕之人缴纳更多天课而又被贫困者使用，一方面可以让大家感受到教众之间的温暖，另一方面含有再分配职能，隐约之间含有均贫富、缩小贫富差异之音。伊斯兰运行私有制，将财产分为公共财产和私有财产，激发大家追求财富，但反对贫富差距过大。

2. 对财产权的规定

《古兰经》中涉及了财产的所有权、占有权、支配权和使用权。它指出："天地万物，只是真主的。"④ 天地万物的所有权不容置疑和侵犯，都是安拉的。这就构成了一个权力基础，在这个基础上再去谈论其他权力。人类是代替真主对时间财富行使占有权、支配性和所有权。所有财富都是真主委托人们"代管的资产"⑤，"把真主赐予你们的财产的一部分"给"忠实的奴婢"⑥。"你们可以吃真主所赐你们的给养。"⑦ 伊斯兰教义肯定了财产的收益，肯定了这是人类的权利并上升到真主的赐予，明确对待财产的态度，进一步引出获得财产的渠道：继承、劳动和施舍。财富的价值和相应权利确立后，《古兰经》详细介绍了财富的获取，尤其花费大量篇幅仔细阐述继承权。在处理继承权时要遵循以下

---

① 马忠杰、米寿江：《伊斯兰经济思想与我国穆斯林经济的发展》，《中国穆斯林》1994年第 5 期。

② 五功是《古兰经》明确规定的五项基本义务：即念功、礼功、斋功、课功、朝功。

③ 引自王广大《试析伊斯兰经济思想》，《阿拉伯世界》2003 年第 3 期。

④ 《古兰经》，中国社会科学出版社 1981 年版，第 71 页。

⑤ 《古兰经》，中国社会科学出版社 1981 年版，第 420 页。

⑥ 《古兰经》，中国社会科学出版社 1981 年版，第 268 页。

⑦ 《古兰经》，中国社会科学出版社 1981 年版，第 108 页。

几个原则：首先要先偿还债务、遗嘱；其次继承关系从亲缘关系到旁系关系；再次子女继承权一致。四兼顾弱者原则，"析产的时候，如有亲戚、孤儿、贫民在场，你们当以一部分遗产周济他们"①。最后财富劳动论。继承和施舍都是财富分配方式而非财富的来源，《古兰经》中阐述了财富的来源，即劳动产生论。劳动创造财富的观念在世界各地早期的经济思想中都有涉及，这是出于实践经营的深刻总结，"个人只得享受自己的劳绩"②。此外，《古兰经》强调分配平均制，"如果亡人有两个以上的女子，那么她们共得遗产的三分之二；如果只有一个女子，那么她得二分之一"③。施舍作为财富获取的另外一个途径，在古兰经中也经常可见，"将所爱的财产施济亲戚、孤儿、贫民、旅客、乞丐和赎取奴隶"的人是忠贞的、敬畏的。④

（二）突斯的经济思想

伊斯兰学者突斯（1201—1274 年），在著名的《纳赛里伦理书》中提出了关于生产、交换、分工、合作的思想，"自从人们互相合作以及每个人都从事一种特定的职业，并生产比满足他自己的花费更多（东西）以来……这种分工带来生存方式的国际化结构和人类的经济体制"。自从人类的生存没有多边的合作便无法继续、没有社会的联系便不能存在以来，人类的本性便依靠着社会。⑤

（三）伊本·泰米叶的经济思想

伊本·泰米叶（1263—1328 年），全名塔吉丁·艾哈迈德·本·阿卜杜·哈里姆，1263 年出生在哈兰（今土耳其），长期居住在大马士革和开罗。泰米叶的生平主要分为三方面：作为一名战士，参加了反抗蒙古铁骑、十字军等战争；作为一名学者，他担心伊斯兰教育落后于公元前 4 世纪教育水准而努力耕耘；作为一名改革家，他力倡革新，数次入

---

① 《古兰经》，中国社会科学出版社 1981 年版，第 56—57 页。
② 《古兰经》，中国社会科学出版社 1981 年版，第 410 页。
③ 《古兰经》，中国社会科学出版社 1981 年版，第 57 页。
④ 《古兰经》，中国社会科学出版社 1981 年版，第 19 页。
⑤ 刘天明：《伊斯兰教经济思想》，宁夏人民出版社 2001 年版，第 78—79 页。

狱，辞世于大马士革监狱。泰米叶的著作主要完成于马木留克第一王朝（1260—1382 年）时期，也反映了中世纪学者经济思想的主要特征：人的终极价值是获得拯救，而经济诉求退居第二。这些学者经济思想中的宗教道德诉求十分明显，对经院哲学法理学的探讨都限定于宗教道德范畴，对经济议题的观照本意并非立足于经济生活本身，其理论学说的前提是，人类的所有活动包括经济活动都是有的放矢，其终极目标指向最高实在并获得拯救。①

首先，关于"公正"经济体系的思考。泰米叶经济思想的出发点是建立公正的经济秩序，他认为公正的含义是互换合作、互不指责，同时指出公正的结果和价值"所有人都赞同不公正的后果是暗淡的，公正的结果是令人敬佩的"②。泰米叶的经济思想延承了宗教教义，为此他建议统治者战胜饥饿、解决百姓的基本需求，并视此为公正与善良的支柱。

其次，关于"价格"的观念。泰米叶对价格的思考已经涉及从市场供求入手谈论价格的形成。他认为价格的涨落不仅源于部分人的不公正和欺凌，还取决于市场力量，有时也源于需求品生产的下降和进口的减少，供小于求则价格上涨、供大于求则价格下降。泰米叶的阐述凸显了供求关系对价格的影响，同时阐述了需求强度与产品丰裕多寡和个人信用的关系，此外他还讨论了支付方式对商品价格的影响。泰米叶认识到了信用与销售的关联，当信用交易普遍时，买方面对日后付款的不确定性，卖方有可能对现金交易贴现。

再次，泰米叶的《伊斯兰中的希斯拜》论述了希斯拜的宗旨为"扬善禁恶"，讨论了商业和经济活动的伦理指导、价格控制和征集商品等经济观念，同时阐述了信息共享对市场价格的影响，同时如果在隐瞒或误导信息的基础上签订合同，影响买卖双方作决定，都被视为不合法。

---

① 杜发星、曹庆锋：《中世纪阿拉伯—伊斯兰经济思想——伊本·泰米叶经济思想研究》，《经济研究导刊》2010 年第 27 期。
② 转引自杜发星、曹庆锋《中世纪阿拉伯—伊斯兰经济思想——伊本·泰米叶经济思想研究》，《经济研究导刊》2010 年第 27 期。

最后，关于私有财产权的论述。泰米叶承认财产私有是社会基本制度，私有财产神圣不可侵犯，但他认为国家不应高于私有产权之上。泰米叶的经济思想反映了中世纪伊斯兰教的宗教教义，伊斯兰教集宗教、道德、法律于一体，既履行着律法功能亦实践着道德功能。

参考文献

著作

胡如雷:《中国封建社会形态研究》,生活·读书·新知三联书店 1979
年版。

赵鼎新:《东周战争与儒法国家的诞生》,华东师范大学出版社 2006
年版。

期刊

陈勇勤:《中国经济学是符合中国国情和特色的经济学》,《黑龙江社会
科学》2008 年第 5 期。

程恩富:《马克思主义政治经济学理论体系多样化创新的原则和思路》,
《中国社会科学》2016 年第 11 期。

程霖、张申、陈旭东:《选择与创新:西方经济学说中国化的近代考
察》,《经济研究》2018 年第 7 期。

程霖、张申、陈旭东:《中国经济学的探索:一个历史考察》,《经济研
究》2020 年第 9 期。

方留碧:《社会主义政治经济学研究对象的几个问题》,《经济科学》
1981 年第 2 期。

傅筑夫:《唐宋时代商品经济的发展与资本主义因素的萌芽》,《陕西师
大学报》(哲学社会科学版)1979 年第 1 期。

高培勇:《在"接地气"中实现中国经济学的创新》,《经济研究》

2015 年第 12 期。

谷霁光：《王安石变法与商品经济》，《南昌大学学报》（人文社会科学版）1978 年第 3 期。

谷书堂、杨文进：《对中国社会主义政治经济学走向的思考》，《经济学家》2003 年第 5 期。

郝煜：《蒙住眼，因为剁手难——为什么大一统的中华帝国晚期越来越"轻徭薄赋"，也越来越腐败》，《经济资料译丛》2017 年第 3 期。

郝煜：《中华帝国晚期的一个政治经济学框架》，《经济资料译丛》2016 年第 3 期。

洪银兴：《以创新的理论构建中国特色社会主义政治经济学的理论体系》，《经济研究》2016 年第 4 期。

黄杰：《中华帝国政治体系下的君主制与国家治理——一个历史社会学的分析》，《兰州学刊》2010 年第 7 期。

黄少安：《经济学研究重心的转移与"合作"经济学构想——对创建"中国经济学"的思考》，《经济研究》2000 年第 5 期。

蒋学模：《关于社会主义政治经济学体系结构的几个问题》，《东岳论丛》1982 年第 4 期。

兰玲、程恩富：《构建马克思主义广义政治经济学的思考》，《马克思主义研究》2018 年第 7 期。

林光彬：《中国社会主义政治经济学理论体系建构：回顾与展望》，《当代经济研究》2020 年第 9 期。

刘国光：《关于中国社会主义政治经济学的若干问题》，《政治经济学评论》2010 年第 4 期。

马敏：《对社会主义政治经济学研究对象的一点思考》，《财经研究》1991 年第 3 期。

孟捷：《当代中国社会主义政治经济学的理论来源和基本特征》，《经济纵横》2016 年第 11 期。

孟捷：《在必然性和偶然性之间：从列宁晚年之问到当代中国社会主义政治经济学》，《学习与探索》2018 年第 5 期。

闽佐：《对李贽所处时代资本主义萌芽问题的探讨》，《福建师大学报》（哲学社会科学版）1975 年第 4 期。

苏绍智：《社会主义政治经济学研究些什么》，《学术月刊》1961 年第 7 期。

汤安中、于洪波：《社会主义政治经济学研究对象辨探》，《山东师大学报》（社会科学版）1986 年第 3 期。

王立胜、郭冠清：《论中国特色社会主义政治经济学理论来源》，《经济学动态》2016 年第 5 期。

王晓林、石晶莹：《科学发展范畴群：中国社会主义政治经济学基本理念》，《教学与研究》2010 年第 8 期。

吴易风：《毛泽东论中国社会主义政治经济学》，《政治经济学评论》2004 年第 1 期。

吴铮强：《唐宋时期科举制度的变革与社会结构之演变》，《社会学研究》2008 年第 2 期。

武力：《应当加强广义政治经济学研究》，《经济导刊》2016 年第 9 期。

修晓波：《明代巡视监察制度若干问题探讨》，《历史研究》2018 年第 4 期。

徐永禄：《创立有中国特色的社会主义经济学的有益探索》，《上海经济研究》1990 年第 6 期。

杨永华：《论政治经济学内部的学科结构》，《华南师范大学学报》（社会科学版）2017 年第 4 期。

杨勇：《盐铁会议"儒法之争"与法家在西汉周期的危机》，《中国史研究》2017 年第 3 期。

尤怡文：《中华帝国治理的"不可能三角"与治乱周期：从"风险论"出发》，《社会》2017 年第 3 期。

张光照、杨致恒：《社会主义政治经济学研究对象初探》，《探索》1985 年第 5 期。

张明龙：《推进经济学理论体系创新研究》，《学术月刊》2005 年第 1 期。

赵春丽：《西方社会科学学术话语体系构建路径分析》，《马克思主义研究》2020 年第 1 期。

周文：《时代呼唤中国经济学话语体系》，《经济研究》2016 年第 3 期。

周雪光：《黄仁宇悖论与帝国逻辑——以科举制为线索》，《社会》2019

年第 2 期。

周雪光:《寻找中国国家治理的历史线索》,《中国社会科学》2019 年第 1 期。

[美] 艾尔曼:《中华帝国后期的科举制度》,《厦门大学学报》（哲学社会科学版）2005 年第 6 期。

后　　记

在编写《比较经济思想史（1776年前）》过程中，编写团队得到了云南大学的大力支持。要感谢近十年来在"经济思想史"授课过程中研究生、本科生的学习心得和研究体会，正是你们在阅读古代优秀经济思想后的反馈坚定了我出版本教材的信心。

本教材融入了作者指导的云南大学国家级大学生创新训练项目"中国古代政治经济学的研究探索"部分成果，团队成员为周烜、杨玺平、罗玉婷、张聪、张煜、曹喆奕。六位同学思想活跃、充满活力、身体力行，感谢你们的辛苦付出。本书还得到王梅梅、胡文亮的具体审校，并提出修改意见。在此一并谢过。

限于作者水平有限，书中难免有不少缺点和错误，恳请提出批评、指正。当然，文责自负。

柴　毅

2023 年 6 月